Discorsi sul corpo nel tempo - Aspetti linguistici e interdisciplinari

Daniela Pietrini e Mara Papaccio (a cura di)

Discorsi sul corpo nel tempo – Aspetti linguistici e interdisciplinari

PETER LANG
Berlin - Bruxelles - Chennai - Lausanne - New York - Oxford

Informazioni bibliografiche pubblicate dalla Deutsche Nationalbibliothek
La Deutsche Nationalbibliothek elenca questa pubblicazione nella Deutsche Nationalbibliografie; i dati bibliografici dettagliati sono disponibili online all'indirizzo: http://dnb.d-nb.de.

La pubblicazione di questo volume è stata realizzata grazie al sostegno del DAAD nell'ambito del programma "Dialogo tra le università tedesche e dell'Europa meridionale 2024".

ISBN 978-3-631-93290-2 (Print)
ISBN 978-3-631-93291-9 (E-PDF)
ISBN 978-3-631-93292-6 (E-PUB)
DOI 10.3726/b23113

Pubblicato da Peter Lang GmbH, Berlino (Germania)

info@peterlang.com

Questa pubblicazione è stata sottoposta a peer review.

www.peterlang.com

Credo alla vitalità del corpo, alla sua saggezza.

Mi appassionano la performance fisica, l'azione energetica, la sensualità della vita, il progetto biologico. Ma tutto questo non è super umano, è assolutamente umano.

Attivare l'energia che c'è dentro il nostro organismo mi sembra la cosa più naturale del mondo e ognuno può farlo a modo suo, e non per corrispondere a un ideale di perfezione.

(Jovanotti e Gianmarco Tamberi leggono le parole del filosofo Franco Bolelli durante la prima puntata del Festival di Sanremo 2025)

Indice

PARTE V

IL CORPO E LE SUE PARTI

Introduzione

Daniela Pietrini e Mara Papaccio

1. Il corpo nel discorso scientifico e specialistico

Difficile trovare scienze e ambiti specialistici in grado di fare a meno del termine *corpo*. Nelle scienze naturali si definisce genericamente 'corpo' «qualsiasi porzione limitata di materia, che si precisa mediante le caratteristiche di estensione (dimensioni geometriche), divisibilità, impenetrabilità e le proprietà chimiche e fisiche, quali stato di aggregazione, composizione chimica, massa, elettrizzabilità, magnetizzabilità, trasparenza alle varie radiazioni, ecc.» (DSF, s.v. *corpo*). Innumerevoli le specificazioni: dalla fisica (si pensi ai *corpi grigi* e *neri* della termodinamica, distinti in base alla rispettiva capacità di assorbire la radiazione termica rispetto al corpo incidente, cfr. UNINA) alla matematica, in cui il corpo è una struttura algebrica (cfr. EdM, s.v. *corpo*); dalla chimica, che chiama 'corpo' «qualsiasi porzione di materia che può essere descritta e misurata» (GMPE) considerando il *corpo semplice* come sinonimo di 'elemento', all'astronomia con i suoi *corpi celesti*, cioè i corpi fisici nello spazio, «chiaramente separati dal loro ambiente», come il sole, i pianeti, le stelle, i satelliti (OAE, s.v. *corpo celeste*); dalla meccanica, che di corpi abbonda (*corpo elastico*, *corpo continuo*, *corpo rigido*, *problema a molti corpi* ecc., cfr. DSF, s.v. *corpo*), alla geometria elementare, nei cui vecchi trattati «si chiamavano corpi tutte le figure solide, come i poliedri, il cilindro (circolare), il cono (circolare retto), il tronco di cono, la sfera: questi ultimi quattro si dicono i corpi rotondi della geometria elementare» (Fazio-Allmayer/Giovannoni 1931, s.v. *corpo*). Ma l'onnipresenza del termine *corpo* non si limita certo alle scienze naturali: se in filosofia il corpo «è l'antitesi del concetto di anima, della quale il corpo è considerato lo strumento» (GDLI, s.v. *corpo*), la sociologia parla di *corpo sociale* per indicare la stretta connessione degli uomini tra di loro, la collettività. Sono tanti anche gli usi di *corpo* nella terminologia giuridica: si pensi non solo al ben noto *corpo del reato*, «le cose sulle quali o mediante le quali il reato è stato commesso nonché le cose che ne costituiscono il prodotto, il profitto o il prezzo» (art. 253 Codice di procedura penale), ma anche alla distinzione degli appalti pubblici in quelli detti "a misura" e nei *contratti a corpo*, in cui «il costo dell'opera è fisso e determinato globalmente, indipendentemente dalle quantità di materiali utilizzate o dalle ore di lavoro impiegate» (BibLus 2023). Impossibile rendere conto di tutti gli usi specialistici e settoriali di *corpo*, tanti dei quali omessi nella breve panoramica appena delineata, così come non mancano gli usi figurati, come nell'araldica, in cui *corpo* indica la parte figurata dell'impresa (cfr. GDLI, s.v. *corpo*).

Nel linguaggio comune, il corpo per antonomasia è quello umano o animale; tuttavia, per estensione, si parla di *corpo* anche per indicare gruppi di persone unite da uno scopo o un'attività comune, come nel caso di *corpo militare* o *corpo docente*. Infine, si definisce *corpo* anche «un insieme di cose simili che formano un tutto omogeneo» (TREC, s.v. *corpo*), come testimonia anche il termine della linguistica *corpus* ('corpo' in latino) in riferimento a raccolte di testi o dati.

2. Il corpo nella comunicazione

In quanto struttura fisica dell'uomo, il corpo è anche un potente strumento di comunicazione. È sul corpo che vengono incisi i tatuaggi, segni dell'appartenenza per eccellenza, un «modo di costruire un senso di identità all'interno del contesto sociale» (De Luca 2023), pratica antica – si pensi ai tatuaggi tribali per segnalare lo status o la fede religiosa – ma ancora attuale, che include anche marchi sul corpo non volontari (come i tatuaggi identificativi imposti ai prigionieri di Auschwitz-Birkenau o quelli di alcuni detenuti).

Inoltre, il corpo può anche fungere da oggetto di espressione artistica: è ciò che accade nell'ampia fenomenologia di manifestazioni della *Body art*, i cui artisti utilizzano il corpo e la corporeità come strumento di rappresentazione e ricostruzione del reale, talvolta influenzati anche da pratiche orientali di controllo corporeo come la meditazione Zen (cfr. Macrì 1998).

In tema di corporeità e comunicazione è infine obbligato il riferimento al linguaggio del corpo, considerato la forma principale di comunicazione non verbale:

> A differenza di quanto accade con la comunicazione verbale, con il corpo non possiamo "tacere": comunica senza sosta.
>
> Non c'è parte di noi che non trasmetta qualche messaggio: perfino l'erezione di un alluce, uno scatto involontario del ginocchio, l'impronta che una mano bagnata

> lasciata su un banco tradiscono quello che stiamo provando o i nostri atteggiamenti. (Pacori 2010)

Senza poterci addentrare qui, nell'ambito di una panoramica necessariamente breve e incompleta, nei dettagli delle diverse manifestazioni del linguaggio del corpo, ci limitiamo a sottolineare come il corpo comunichi non solo attraverso gesti e movimenti più o meno volontari (oggetto della cinesica), ma anche in base alla propria posizione nello spazio rispetto agli altri individui, oggetto della prossemica (si ricordino in proposito le accese discussioni sorte attorno al concetto di *distanza sociale* nell'ambito delle prime fasi dell'emergenza sanitaria da coronavirus, cfr. Pietrini 2020; 2021, 58–59). A ciò si aggiungono ulteriori modalità paralinguistiche di comunicazione (cfr. Faloppa 2011) legate anche al volume della voce e a espressioni "corporee" quali il singhiozzare, il tossicchiare ecc. Non va dimenticata infine, tra le forme di comunicazione realizzate attraverso il corpo, la lingua dei segni, che sfrutta «l'integrazione simultanea e coordinata di più articolatori, manuali [i segni] e non manuali [le labializzazioni, ovvero i movimenti della bocca], all'interno di uno spazio tridimensionale» (Mantovan 2023, 3).

Eppure oggi l'uso del corpo come strumento di comunicazione trascende gli aspetti appena menzionati. Sempre più spesso l'esibizione del (proprio) corpo, che caratterizza l'attuale società della comunicazione, serve per comunicare malattia o sofferenza: i mass-media – non soltanto i social – pullulano non solo di corpi belli, giovani, atletici e sani, ma anche di corpi malati e debilitati. Diversi i motivi alla base dell'esposizione mediatica o comunque pubblica del proprio corpo malato: a parte qualche caso di esibizionismo estremo, mostrare la sofferenza e i segni fisici della malattia (cicatrici, dimagrimento eccessivo, perdita di capelli ecc.) è considerato soprattutto un modo per lanciare messaggi di resilienza e di speranza. Tra i casi più recenti e noti ricordiamo il rapper Fedez che, 48 ore dopo un'operazione per un tumore al pancreas, «condivide [sul proprio profilo Instagram] alcuni scatti del pre e del post tra cui un dettaglio dell'organo e l'immagine di una cicatrice profonda» («Fedez mostra la cicatrice sui social. "Operato per un tumore al pancreas"», Quotidiano nazionale, 25-03-2022, https://www.quotidiano.net/cronaca/fedez-mostra-la-cicatrice-sui-social-operato-per-un-tumore-al-pancreas-900be121). Un altro caso particolarmente significativo riguarda il campione olimpico di salto in alto Gianmarco Tamberi che, alla vigilia delle

Olimpiadi di Parigi 2024, pubblica sul proprio profilo Instagram dapprima una foto di sé stesso «davanti allo specchio in mutande, con una tartaruga addominale scolpita in un ventre così magro da lasciare spazio praticamente solo al disegno dei sottili fasci muscolari. Una foto scioccante» («Tamberi magro per le Olimpiadi: i rischi per lui e il messaggio. "Non imitatelo"», 06-07-2024, Corriere della sera, https://www.corriere.it/sport/olimpiadi/24_luglio_06/tamberi-magro-rischi-olimpiadi-087fa193-673e-4fe2-a42e-25fc-76c1axlk.shtml), per giunta corredata dell'indicazione dei valori – estremi – di massa magra e grassa raggiunti. Poi, colpito da una colica renale immediatamente prima della finale olimpica, l'atleta pubblica anche una foto del proprio braccio, con tanto di ago della flebo in primo piano, scattata in ambulanza[1]. Completa questa breve carrellata di esempi la modella Bianca Balti, che durante la sua partecipazione come co-presentatrice alla serata finale del festival di Sanremo 2025 non ha celato in alcun modo, anzi li ha esibiti, i segni del tumore che l'ha colpita, sfilando senza capelli, senza parrucca e con una lunga cicatrice post-operatoria sulla pancia, ben visibile grazie a un taglio ad hoc dell'abito da sera indossato (cfr. «Bianca Balti alla finale di Sanremo 2025, senza capelli e con cicatrice a vista, invita a trovare la bellezza autentica ovunque», 16-02-2025, Vogue Italia, https://www.vogue.it/article/bianca-balti-sanremo-2025-bellezza-autentica-senza-filtri).

3. I discorsi sul corpo

Al centro del discorso pubblico contemporaneo non figurano solo il corpo "perfetto" e quello sano e/o malato, ma anche il corpo che potremmo definire "quotidiano", messo in scena nella sua dimensione ordinaria, con o senza trucco, nudo o vestito, prima o dopo la dieta, con o senza rughe. Insomma, a ragione possiamo considerare il tema del corpo nel suo insieme come un elemento caratterizzante della contemporaneità: dopo aver in gran parte perso le convinzioni religiose o laiche tradizionali e abbandonato l'entusiasmo ideologico, sembra che la società industrializzata occidentale abbia trovato

---

1 Emblematico quanto a esposizione mediatica del corpo debilitato anche il testo del post che accompagna quest'ultima foto: «Sono passate 10 ore e la colica renale ancora non è passata. Il dolore che sento da questa mattina, per quanto forte, è nulla confronto a quello che sto provando dentro. [...] Sono appena stato portato in pronto soccorso in ambulanza dopo aver vomitato due volte sangue [...]» (@gianmarcotamberi).

nel culto del corpo un filo conduttore. Il corpo occupa senza dubbio un posto centrale nel nostro universo simbolico, nella misura in cui il nostro stile di vita attuale è fortemente caratterizzato dalla preoccupazione per il corpo (bellezza, salute, fitness, alimentazione, giovinezza ecc.). La corporeità è sempre coinvolta nei discorsi e nei processi di rappresentazione e percezione: «Körper sind [...] Normalitäts- und Ästhetikdiskursen unterworfen[2]» (Bruner 2005, 33).

Dal punto di vista discorsivo, inoltre, il corpo può diventare anche un bersaglio: spesso alcuni processi corporei e caratteristiche fisiche (come l'invecchiamento, la disabilità, l'obesità) vengono tabuizzati o fungono da pretesto per atti di discriminazione (ageismo, abilismo, body shaming ecc.). Ed è proprio da un convegno precedente sulla discriminazione linguistica, intitolato "Lingua e discriminazione – La lingua contro la discriminazione" (cfr. Pietrini 2023a), che nasce l'idea di un progetto incentrato sugli aspetti linguistici dei discorsi sulla corporeità. Nel contesto degli studi sul rapporto tra lingua e discriminazione, oltre a tematiche come il genere o l'appartenenza etnica, è emersa infatti la rilevanza del discorso sul corpo, con il quale si sono confrontati alcuni dei contributi linguistici presentati (Clemenzi 2023; Miani 2023; Pietrini 2023b; Willenberg 2023), ma soprattutto è emersa l'opportunità, se non la necessità, di trattare separatamente la corporeità da una prospettiva linguistica.

Sebbene la tematica del corpo dal punto di vista sociologico, antropologico, religioso, medico, psicologico, giuridico e artistico abbia dato luogo a una vivace produzione scientifica, gli studi linguistici sul parlare del corpo sono ancora insufficienti. Tuttavia, l'analisi della costruzione linguistica e della concettualizzazione del corpo è particolarmente rilevante, perché attraverso lo studio linguistico del lessico, delle connotazioni, delle metafore, dei topoi argomentativi ecc. è possibile riflettere su come si produce il sapere in relazione al corpo, nonché evidenziare i modelli di pensiero concorrenti e i rapporti sociali di potere che vi si riflettono. Dal desiderio di colmare almeno parzialmente questa lacuna nasce il progetto "Discorsi sul corpo nel tempo – aspetti linguistici", interamente finanziato dal DAAD (*Deutscher Akademischer Austauschdienst* – "Servizio Tedesco per lo Scambio Accademico") nell'ambito del programma *Hochschuldialog mit Südeuropa*

---

2 «I corpi sono [...] sottoposti a discorsi di normalità e di estetica» (trad. DP).

("Dialogo tra le università tedesche e dell'Europa meridionale")[3], di cui questo volume rappresenta l'atto conclusivo. La ricerca, promossa dall'Università di Augusta in collaborazione con il Dipartimento di Lettere e Filosofia (DILEF) dell'Università di Firenze, si è posta l'obiettivo principale di analizzare aspetti linguistici della corporeità sull'esempio dell'italiano attraverso il lavoro parallelo e condiviso di studiosi – prevalentemente italianisti – afferenti a università italiane e tedesche. Lo studio della rappresentazione linguistica di aspetti controversi della corporeità (giovinezza, invecchiamento, presunta normalità, diversità, bellezza, corpi reali vs. virtuali o idealizzati, alcune funzioni corporee ecc.) si è sviluppato secondo due linee principali di ricerca: da un lato la ricostruzione delle rappresentazioni linguistiche della corporeità in una prospettiva diacronica e di semantica storica per mettere in luce i processi di sedimentazione delle rispettive associazioni di significato, dall'altro lo studio della costruzione linguistica, della percezione e della valutazione dei corpi attraverso esempi attuali e all'interno di spazi e media comunicativi selezionati (stampa, letteratura, testi giuridici, film, trattatistica di vario orientamento ecc.).

4. I saggi di questo volume

I contributi raccolti in questo volume rappresentano una selezione dei lavori presentati durante il convegno conclusivo del progetto, che ha avuto luogo ad Augusta dal 23 al 26 ottobre 2024 nei locali della Zeughaus (v. Fig. 1).

L'eterogeneità dei temi trattati (malattia, vecchiaia, bellezza, magrezza e grassezza, performance ecc.) e dei metodi di analisi applicati (dall'analisi lessicografica tradizionale alla linguistica del discorso di matrice francese e tedesca) mette in evidenza la ricchezza di aspetti della tematica della corporeità, molti dei quali ancora da esplorare in prospettiva linguistica. Spicca anche la varietà dei contesti comunicativi analizzati, che vanno dalla stampa generalista (Auch, Pietrini, Valenti) e scientifica (Meier) alla letteratura (Forner, Gualdo, Rumine e, riguardo all'infanzia, Tarallo), dai testi giuridici (Becker, Clemenzi) alla trattatistica teatrale (Nobili, Rothenberger), dalle prediche (Merida) ai manuali di culturismo (Mantovani), dall'autonarrazione (Hein,

[3] Per ulteriori informazioni su attività e servizi si rimanda al sito dell'organizzazione, in italiano all'indirizzo https://www.daad.it/it/ (25-03-2025).

Figura 1: Locandina del convegno internazionale "Discorsi sul corpo nel tempo – Aspetti linguistici" (realizzazione grafica Universität Augsburg)

Orrù) alla rappresentazione cinematografica (Rossi), dai dizionari (Paulikat) a testi di pedagogia e di antropologia criminale (Setti/Miani) fino agli scritti leonardeschi (Fanini). Resta infine da menzionare l'interdisciplinarietà del volume, risultato del lavoro collettivo di studiosi di discipline in parte anche molto distanti tra loro.

Il volume consta di sei sezioni che raggruppano i contenuti in base agli aspetti della corporeità (vecchiaia, malattia, performatività, singole parti del corpo ecc.) posti volta per volta in primo piano.

Apre il volume la sezione dedicata alla rappresentazione della senilità, tema centrale nel contesto dei discorsi attuali sul corpo. Utilizzando gli strumenti della semiotica, Anke Auch analizza i corpi degli anziani così come essi vengono rappresentati nelle fotografie pubblicate nel quotidiano tedesco *Frankfurter Allgemeine Zeitung* (*FAZ*) dal 2022 al 2024, constatando il ricorrere di una forma di *othering*, per cui gli anziani rappresentati risultano in un certo senso già fuori dalla scena della vita. Si sposta invece nell'ambito letterario Fabio Forner, che si dedica alle rappresentazioni del corpo senile nell'opera di Petrarca. Oltre a ricostruirne le caratteristiche fisiche nel *Canzoniere* e in alcune opere latine del poeta, Forner analizza anche alcune illustrazioni grafiche dei corpi senili petrarcheschi realizzate prima del XIX secolo.

Con il saggio di Daniela Pietrini è la lingua a essere al centro dell'attenzione. L'autrice analizza la rappresentazione linguistica della vecchiaia nella stampa italiana attuale, sia quotidiana sia periodica, utilizzando gli strumenti dell'analisi linguistica del discorso. Dopo aver identificato i filoni discorsivi principali e le rispettive parole chiave, Pietrini si dedica in particolare allo studio delle denominazioni collettive per le persone anziane e alla costruzione linguistica dei concetti di vecchiaia e invecchiamento.

I saggi della seconda sezione del volume, pur concentrandosi su aspetti diversi della corporeità, sono accomunati dall'analisi di testi in cui il corpo o alcune sue caratteristiche, per motivi e scopi diversi (identificativi, evocativi, esplicativi ecc.), vengono descritti. Nel suo contributo sui corpi nella giurisprudenza Laura Clemenzi combina metodi quantitativi e qualitativi per indagare la rappresentazione linguistica di caratteristiche fisiche quali la grassezza e la magrezza all'interno di sentenze emesse negli ultimi trent'anni; facendo ciò l'autrice tiene conto sia dell'evoluzione semantica di alcuni lessemi in prospettiva diacronica sia delle diverse percezioni di uno stesso termine a seconda dell'ambiente linguistico in cui viene utilizzato.

È la bellezza il tema centrale del contributo di Riccardo Gualdo, che ripercorre in prospettiva diacronica dalle origini al Settecento la tradizione poetica e letteraria italiana con l'obiettivo di identificare i topoi prevalenti nella descrizione del corpo e della bellezza femminile e maschile, verificandone persistenze, cambiamenti e ritorni.

La magrezza torna nell'articolo di Frank Paulikat che propone, basandosi sull'approccio cognitivo-storico-etimologico del DECOLAR (*Dictionnaire Etymologique et Cognitif des Langues Romanes*), uno studio onomasiologico del concetto di 'magro' in italiano, concentrandosi sull'origine di diversi lessemi associabili al campo semantico della magrezza.

Il contributo di Fabio Rossi si occupa invece del rapporto tra cinema e corpo, analizzato sotto diversi aspetti: mentre la prima parte dell'articolo si sofferma su alcuni esempi del lessico "corporeo" del e nel cinema, nella seconda l'attenzione si sposta sulla lingua delle sceneggiature per quanto riguarda l'interazione tra corpo scritto e corpo filmato. Infine, l'autore discute alcuni aspetti della sceneggiatura del film *È stata la mano di Dio* (Paolo Sorrentino, 2021).

Questa sezione si conclude con un *case study*: Claudia Tarallo analizza la versione italiana del *Dizionario folle del corpo* di Katy Couprie (2019), opera lessicografica sul corpo pensata per bambini e ragazzi, mettendo in luce alcune strategie linguistiche adottate dall'autrice del dizionario per presentare il corpo umano a un pubblico non adulto.

Segue una sezione dedicata a diverse forme di concettualizzazione del corpo leso o malato. Christoph Becker ripercorre nel suo contributo, strutturato in ordine cronologico inverso dai codici civili moderni al primo diritto romano, la storia del risarcimento dei danni causati da lesioni corporali, introdotto nella legislazione con molto ritardo rispetto al risarcimento per danni a beni materiali (ivi compresi gli schiavi) o patrimoniali.

Il contributo di Franz Meier ci porta invece alla fine del Settecento per esaminare alcuni casi clinici scritti da medici pratici e pubblicati nella stampa scientifica italiana della fine del XVIII secolo. In linea con i principi della linguistica testuale, il saggio ricostruisce l'organizzazione logico-argomentativa ed enunciativa dei casi clinici del tardo Settecento. La narrazione della malattia è anche l'oggetto di analisi di Paolo Orrù, raccontata però dal malato stesso (cosiddetta *autopatografia*). Attraverso l'analisi qualitativa di un corpus di testi scritti da pazienti oncologici l'autore esamina le forme linguistiche in grado di evidenziare la prospettiva dello scrivente rispetto alla malattia, il legame tra corpo e identità, e infine le metafore impiegate per concettualizzare la malattia. Chiude questa sezione del volume il contributo di Cecilia Valenti: attraverso l'analisi lessicale e testuale di un corpus di articoli di giornale pubblicati in Italia negli anni Ottanta e Novanta del

Novecento, l'autrice studia la narrazione mediatica dell'epidemia HIV/AIDS, concentrandosi in particolare sull'emergere dell'immagine del corpo malato associato a cosiddette "categorie a rischio".

I discorsi sul corpo non si limitano a rappresentare un corpo "statico", ma possono anche riguardare il corpo "in azione", come dimostrano i contributi contenuti nella quarta sezione di questo volume. Giulia MANTOVANI analizza i primi due manuali di culturismo pubblicati in Italia negli anni Cinquanta, uno destinato agli uomini e l'altro alle donne, e indaga, attraverso un'analisi semantico-lessicale del linguaggio utilizzato per descrivere il corpo, gli elementi linguistici che trasmettono un'interpretazione differente del concetto di *culturismo* in base al genere. Raphael MERIDA prende invece in esame la rappresentazione del corpo nelle prediche di argomento sacro tra l'inizio del Quattrocento e la fine del Seicento, analizzando sia le strategie linguistiche e retoriche relative alla narrazione del corpo umano e divino sia alcuni aspetti dell'*actio* oratoria dell'epoca. Gli ultimi due contributi di questa sezione sono dedicati al corpo "in scena", nella recitazione o nella danza. Claudio NOBILI prende le mosse da due trattati ottocenteschi di recitazione per studiare le strategie (meta)linguistiche e testuali di cui gli autori si servono per descrivere la performance attoriale, per quanto riguarda sia la voce sia il corpo. La danza non può esistere senza il corpo: Eva ROTHENBERGER si interroga, attraverso l'analisi di alcuni trattati di danza pubblicati in Italia e in Francia tra il Cinquecento e l'Ottocento, sui meccanismi linguistici usati per mettere per iscritto il corpo danzante e su come si sia sviluppato nei secoli il concetto di corporeità.

I saggi raccolti nell'ultima sezione di questo volume, pur senza perdere di vista il corpo nella sua interezza, si soffermano su alcuni aspetti specifici. Il contributo di Barbara FANINI prende in esame alcune note anatomiche di Leonardo Da Vinci dimostrando come la sua visione integrata delle conoscenze del mondo abbia permesso un adattamento non solo teorico ma anche linguistico dei principi e degli elementi della meccanica all'indagine sul corpo umano. Ray HEIN si basa sulla teoria antropologica del "rituale" per inquadrare l'uso del binder da parte di persone transmaschili, sottolineando così, attraverso l'analisi di due interviste e di alcuni video pubblicati sui social media, l'importanza centrale che tale indumento assume durante la loro transizione. Irene RUMINE esamina i cambiamenti nella rappresentazione del corpo all'interno della fraseologia, ripercorrendo la storia lessicografica di tre fraseologismi somatici attestati nella tradizione letteraria e tuttora in uso nell'italiano: *legarsela al dito*, *con le spalle al muro* e *essere la mano di Dio*. Il volume si conclude con il contributo di Raffaella Setti e Stefano Miani, che esaminano la discriminazione linguistica e culturale subita dai mancini attraverso un'analisi lessicografica e paremiologica, evidenziando le connotazioni negative storicamente attribuite a numerose espressioni comprendenti i lessemi *sinistro* e *mancino*.

5. Ringraziamenti

"Discorsi sul corpo nel tempo – aspetti linguistici" è stato concepito come un progetto di ricerca binazionale con il Dipartimento di Lettere e Filosofia dell'Università di Firenze. Il nostro ringraziamento va in particolare alla collega e amica Raffaella Setti, che ha accolto immediatamente con entusiasmo il nostro invito prodigandosi anche nella ricerca di partecipanti e temi. Quanto all'Università di Augusta, un ringraziamento molto sentito va alle colleghe e ai colleghi di discipline estranee alla linguistica italiana che, nonostante i diversi approcci scientifici, non hanno esitato ad accettare l'invito a partecipare al convegno contribuendo con i loro specifici metodi e punti di vista ad arricchire le nostre discussioni. In questo senso ci teniamo a ringraziare coloro che, pur avendo presentato una comunicazione orale al convegno, hanno dovuto rinunciare al contributo scritto per gli atti, in particolare per l'Università di Augusta Sita-Rose Boileau (Linguistica francese); Diana Egermann-Krebs (Archivio della città di Königsbrunn); Georg Gasser (Filosofia); Ina Hagen-Jeske (Etnologia europea); Rotraud von Kulessa (Letteratura francese e italiana), e Emilio Boaretto (Letteratura italiana) e Giuseppe Sergio (Linguistica italiana) rispettivamente delle università di Verona e Milano Statale.

Last but not least, l'intero progetto e questo volume non sarebbero stati possibili senza il sostegno generoso del DAAD, finanziatore unico dell'iniziativa.

Bibliografia

BibLus (2023): *Appalto a corpo: cos'è, differenze con l'appalto a misura*. URL: https://biblus.acca.it/appalto-a-corpo-differenze-con-lappalto-a-misura/ (25-03-2025).

Bruner, Claudia Franziska (2005): Körper und Behinderung im Diskurs. Empirisch fundierte Anmerkungen zu einem kulturwissenschaftlichen

Verständnis der Disability Studies. In: *Psychologie und Gesellschaftskritik* 29/1, 33–53.

Clemenzi, Laura (2023): Verso una 'speciale attenzione': un percorso terminologico nella normativa scolastica. In: Pietrini (a cura di) (2023a), 95–112.

Codice di procedura penale. Testo del D.P.R. 22 settembre 1988, n. 447. URL: https://www.altalex.com/documents/codici-altalex/2014/10/30/codice-di-procedura-penale (25-03-2025).

De Luca, Noemi (2023): Il tatuaggio tra rito e appartenenza: per non sentirsi soli. In: *MDS*. URL: https://www.mardeisargassi.it/il-tatuaggio-tra-rito-e-appartenenza-per-non-sentirsi-soli/ (25-03-2025).

DSF = *Dizionario delle Scienze Fisiche* (1996). Roma: Istituto della Enciclopedia Italiana Treccani. URL: https://www.treccani.it/enciclopedia/elenco-opere/Dizionario_delle_Scienze_Fisiche/ (25-03-2025).

EdM = *Enciclopedia della Matematica* (2013). Roma: Istituto della Enciclopedia Italiana Treccani. URL: https://www.treccani.it/enciclopedia/elenco-opere/Enciclopedia_della_Matematica/H/ (25.03.2025).

Faloppa, Federico (2011): Fenomeni paralinguistici. In: Simone, Raffaele (a cura di): *Enciclopedia dell'italiano*, vol. II. Roma: Istituto della Enciclopedia Treccani, 1036–1037.

Fazio-Allmayer, Vito / Giovannoni, Gustavo (1931): Corpo. In: *Enciclopedia Italiana*. Roma: Istituto della Enciclopedia Italiana Treccani. URL: https://www.treccani.it/enciclopedia/corpo_res-9279a1a4-8bad-11dc-8e9d-0016357eee51_(Enciclopedia-Italiana)/ (25-03-2025).

GDLI = *Grande dizionario della lingua italiana*, diretto da Salvatore Battaglia e poi da Giorgio Bàrberi Squarotti, 21 voll. (1960–2011). Con 2 voll. di *Supplementi* (2004, 2009) curati da Edoardo Sanguineti. Torino: Utet.

GMPE = Gruppo Mineralogico Paleontologico Euganeo: *La materia*. URL: https://www.gmpe.it/chimica/materia#:~:text=La%20porzione%20di%20materia%20che,definite%20proprietà%20chimiche%20e%20fisiche. (25-03-2025).

Macrì, Teresa (1998): Il corpo come oggetto artistico: la Body art. In: *Universo del corpo*. Roma: Istituto della Enciclopedia Italiana Treccani. URL: https://www.treccani.it/enciclopedia/il-corpo-come-oggetto-artistico-la-body-art_(Universo-del-Corpo)/ (25-03-2025).

Mantovan, Lara (2023): Segni, gesti e parole: uno sguardo d'insieme. In: Mantovani, Lara (a cura di): *Segni, gesti e parole. Studi sulla lingua dei segni italiana e su fenomeni di contatto intermodale*. Venezia: Edizioni Ca' Foscari, 3–15.

Miani, Stefano (2023): *Cretino, idiota, imbecille*! Le parole per fare del male. Dalla medicina all'ingiuria. In: Pietrini (a cura di) (2023a), 113–129.
OAE = Office of Astronomy for Education: *Glossario IAU OAE*. URL: https://astro4edu.org/it/resources/glossary/search/ (25.03.2025).
Pacori, Marco (2010): Il linguaggio del corpo. In: *Lingua Italiana Magazine*. Roma: Istituto della Enciclopedia Italiana Treccani. URL: https://www.treccani.it/magazine/lingua_italiana/speciali/corpo/Pacori.html (25-03-2025).
Pietrini, Daniela (2020): Distanziamento sociale. In: *Lid'O: Lingua italiana d'oggi* XVII, 128–133.
Pietrini, Daniela (2021): *La lingua infetta: l'italiano della pandemia*. Presentazione di Giuseppe Antonelli. Roma: Istituto della Enciclopedia Italiana Treccani.
Pietrini, Daniela (a cura di) (2023a): *Lingua e discriminazione. Studi diacronici, lessicali e discorsivi*. Berlin et al.: Peter Lang (Language and Text Studies, vol. 23).
Pietrini, Daniela (2023b): Aspetti lessicali e battaglie semantiche nel discorso giornalistico italiano sulla *body positivity*. In: Pietrini (a cura di) (2023a), 131–147.
TREC = *Vocabolario Treccani online*. Roma: Istituto della Enciclopedia Italiana. URL: https://www.treccani.it/vocabolario/.
UNINA = Università degli Studi di Napoli Federico II: *Irraggiamento termico*. URL: https://www.docenti.unina.it/webdocenti-be/allegati/materiale-didattico/34008131 (25-03-2025).
Willenberg, Merle (2023), Talking about bodies on YouTube: Linguistic and multimodal avoidance strategies in the context of *body shaming* and eating disorders. In: Pietrini (a cura di) (2023a), 149–166.

PARTE I

Il corpo senile

Gli sguardi dei vecchi. Rappresentazioni visive di persone anziane nella *Frankfurter Allgemeine Zeitung (FAZ)* e nella *Frankfurter Allgemeine Sonntagszeitung (FAS)*, 2022–2024

Anke Auch

Abstract: In the generic portrayal of elderly people in photographs published in the *Frankfurter Allgemeine Zeitung* (including the Sunday edition, period of analysis: 2022–2024), their faces are mostly invisible, often due to being captured from behind. The absence of gazes – indeed, the absence of the very possibility of eye contact – renders any interaction between viewer and subject impossible, even on an imaginary level. This creates a form of *othering*, as if the elderly had already turned away from the living and were in the process of disappearing. This study examines, through semiotic analysis, how different compositional choices evoke this impression – or, in rare cases that prove the rule, do not.

Keywords: elderly people, Frankfurter Allgemeine Zeitung, invisible, othering, semiotic analysis

1. Introduzione

Circa due anni fa ho notato una curiosa ricorrenza: un certo tipo di foto veniva spesso utilizzato per rappresentare le persone anziane, non solo nella *Frankfurter Allgemeine Zeitung* (*FAZ*), ma anche nella *Süddeutsche Zeitung* e nella *Neue Zürcher Zeitung*: venivano molto spesso rappresentate di spalle, oppure si trovavano altre "soluzioni" per nascondere i loro visi. In questo contributo vorrei concentrarmi sulla *FAZ*, prestigioso quotidiano nazionale che raggiunge quotidianamente oltre 840.000 lettori (cfr. *Über uns*). L'immagine che trasmette di una determinata categoria di persone mi sembra incisiva. Le fotografie, in particolare, possiedono un'elevata credibilità perché catturano l'attenzione anche di chi non legge i testi. Una volta notata la ricorrenza, ho iniziato a individuare lo stesso tipo di immagini in diverse sezioni del giornale: economia, finanza e imprese, immobiliare, cultura, scienza, lifestyle. Per completare la mia ricerca, ho consultato l'archivio della *FAZ*, che permette di visualizzare le pagine intere nella loro versione originale di stampa.

Nella mia analisi ho volutamente escluso le immagini di singole figure celebri della politica o dello spettacolo, come Joe Biden o Madonna, anche se in entrambi i casi l'età viene spesso messa in evidenza, seppur con prospettive molto diverse. Ho tralasciato anche le fotografie pubblicitarie, poiché si tratta di composizioni studiate con obiettivi specifici. Del resto, nella *FAZ* lo spazio per la pubblicità è piuttosto limitato. Il mio interesse si è invece concentrato sulle immagini utilizzate negli ultimi tre anni per rappresentare l'età avanzata come categoria generica. Ho considerato l'edizione della domenica (*FAS*), ma non la sezione regionale né altre pubblicazioni della *FAZ* (edizioni online, riviste). Il mio approccio sarà soprattutto semiotico.

2. Panoramica sui principali studi precedenti

Che cosa significa davvero *vecchio* o *anziano*? Chi viene definito con queste etichette, e chi stabilisce tali definizioni? Le risposte a queste domande possono variare a seconda della prospettiva storica. A questo proposito, desidero richiamare l'attenzione sugli studi fondamentali di Gerd Göckenjan, che ha analizzato la storia del discorso sulla vecchiaia fin dall'antichità, con particolare riferimento al periodo del secondo dopoguerra.

Secondo Göckenjan (2007) una svolta cruciale si ebbe con la riforma delle pensioni del 1957. Dopo la Seconda guerra mondiale, un numero enorme di anziani viveva in condizioni di estrema povertà. Gli appassionati di cinema ricorderanno inevitabilmente *Umberto D.* di Vittorio De Sica, un film che dimostra che la vita dei pensionati in Italia era altrettanto difficile.

Il concetto di economia sociale di mercato (*soziale Marktwirtschaft*), sviluppato in quegli anni, mirava a includere anche i pensionati, considerandone la partecipazione al miracolo economico una questione di giustizia sociale. Per questo motivo fu introdotto il sistema pensionistico a ripartizione, che permise un aumento significativo delle pensioni, adeguate all'andamento dei salari (fino al 1969 si registrarono incrementi pari al doppio). Le conseguenze furono profonde e durature. Göckenjan riassume:

> Die Rentenreform von 1957 hat zwar alte Leute auf einem bis dahin unbekannten Umfang ökonomisch abgesichert und damit sozial gestärkt. Aber es ist mit diesem freigestellten und abgesicherten Rentenalter, der sozial formierten Alterslebensphase, zugleich ein homogenisiertes Altersbild des Rentners entstanden

> mit den Merkmalen des Abgeschobenseins, der Funktionslosigkeit, der Sinnleere und Abhängigkeit. (Göckenjan 2007, 135–136)[1]

Con l'aumento delle pensioni, il mercato ha iniziato a rivolgere la propria attenzione agli anziani, ormai capaci di permettersi beni che vanno oltre il semplice soddisfacimento delle necessità primarie. Per evidenziare questa novità e introdurre una nuova concezione della categoria "anziani" o "vecchi" – o almeno per modificarne la percezione – vengono adottati nuovi termini, spesso dal carattere eufemistico.

Il termine *Senior*, introdotto negli anni Settanta, nacque per sostituire il termine *vecchi*, carico di connotazioni negative, valorizzando il ruolo dei giovani pensionati. All'epoca queste persone, generalmente dai 60 anni in su, venivano identificate come un interessante target di consumo. Successivamente, sono apparse nuove espressioni come *neue Alte*, *junge Alte* o, con pseudo-anglicismi, *Best Ager* e *Silver Ager*. Questi termini mirano a distinguere gli anziani attivi, considerati ottimi consumatori, da coloro con una minore capacità di iniziativa (per l'uso del termine *Senior* nella *FAZ* tra il 1993 e il 1995 v. Galliker/Klein 1997). Si introduce così la distinzione tra la terza età, che ha inizio intorno ai 60 anni, e la quarta età, identificata con l'età cronologica in cui metà della coorte di nascita originale non è più in vita, cioè a partire dagli 80 anni circa (cfr. Baltes 2003, 15 e Pichler ^{2}2020, passim).[2]

Intorno agli anni Duemila, in Germania, si è registrato un piccolo boom di studi sulla rappresentazione degli anziani, alcuni dei quali rivolgono l'attenzione alla loro raffigurazione nella stampa dei decenni precedenti. Gli autori si sono interessati prevalentemente ai testi, talvolta anche alle

---

1 «La riforma delle pensioni del 1957 ha certamente garantito agli anziani una sicurezza economica in una misura fino ad allora sconosciuta, rafforzandoli così dal punto di vista sociale. Tuttavia, con questa fase della vita formata socialmente, caratterizzata da un'età pensionabile protetta e regolata, è emersa anche un'immagine omogeneizzata dell'anziano pensionato, definita da caratteristiche come l'esclusione, l'assenza di una funzione sociale, il vuoto di significato e la dipendenza.» (Tutte le traduzioni dal tedesco e dal francese sono dell'autrice.)

2 In Germania, i 60 anni non coincidono con l'età pensionabile, che, a partire dalla generazione nata nel 1964, sarà fissata a 67 anni. Tuttavia, è interessante notare che, per vari motivi, molte persone smettono di lavorare prima. Attualmente, l'età media effettiva di pensionamento in Germania si colloca tra i 64 e i 65 anni (cfr. *Renteneintrittsalter*).

rappresentazioni fotografiche o all'interazione reciproca. Segue una rapida panoramica degli studi più rilevanti.

Christiane Streubel (2009) ha analizzato 334 fotografie tratte dallo *Spiegel*, dallo *Stern* e dalla *Zeit*, risalenti agli anni Settanta, Ottanta e Novanta, focalizzandosi su aspetti quali il genere, le espressioni facciali, la postura, le attività rappresentate, l'interazione sociale, la posizione nello spazio e i luoghi ritratti. L'analisi mostra la prevalenza di immagini di figure femminili, spesso raffigurate sedute, in atteggiamenti passivi, con espressioni malinconiche e scarsa interazione reciproca. Mancavano quasi del tutto rappresentazioni di attività utili o creative, scene di unità familiare, contesti religiosi, richiami al passato – come la guerra – o coinvolgimenti in attività politiche. Come *generic icon* o cliché visivo, il motivo dello *stare seduti su una panchina nel parco* diventa emblematico. Streubel sottolinea come questo discorso visivo si discosti da una narrazione contemporanea più positiva, che vede negli anziani un gruppo di interesse soprattutto in qualità di consumatori.

Negli anni Novanta l'immagine degli anziani, rappresentati come figure malinconiche da un lato o come consumatori spensierati nella pubblicità dall'altro, venne in parte sostituita da una narrazione incentrata sul conflitto intergenerazionale, scaturito dai nuovi progetti di riforma pensionistica. Gli anziani iniziarono a essere ritratti come parassiti o spreconi, percepiti come un peso per le giovani generazioni impegnate nel lavoro. Titoli come «Die Rentenreform oder Wie die Alten die Jungen ausplündern» («La riforma delle pensioni, ovvero come gli anziani depredano i giovani», *Der Spiegel*, 6/1997), «Die Jungen werden verschaukelt» («I giovani vengono presi in giro», *Focus*, 40/2000) o «Die Alten waren noch nie so rüstig wie heute. Leider wird das noch böse enden…» («Gli anziani non sono mai stati così in forma come oggi. Purtroppo, questo finirà male...», *Süddeutsche Zeitung*, 259/2002) riflettono questa nuova prospettiva. Non mancano illustrazioni caricaturali, volte a sottolineare visivamente il presunto sfruttamento (v. Ziegelmaier 2006, 70 e 2009, 117).

Nella sua analisi delle fotografie pubblicate su quattro settimanali (*Focus*, *Der Spiegel*, *Stern* e *Die Zeit*) tra il 2000 e il 2005, Saskia Ziegelmaier (2006) identifica tre principali cornici semantiche, oltre a quella del conflitto intergenerazionale. Queste includono: l'età come problema e stigma (impotenza, bisogno di aiuto, malattia, morte, solitudine); l'età come fonte di felicità (ozio, attività, vita intellettuale, armonia di coppia); e infine, la solidarietà, rappresentata dai giovani che offrono supporto agli anziani. I frame della vecchiaia sono quindi decisamente contraddittori.

Caja Thimm (2009) evidenzia come, nella pubblicità degli anni Duemila, un'immagine idealizzata, a volte distorta degli anziani si contrapponga ai giudizi negativi. Donne anziane ritratte in modo fin troppo affettuoso o eccentrico, talvolta al limite del ridicolo, e uomini anziani rappresentati come dinamici e attivi sono utilizzati principalmente per promuovere prodotti anti-invecchiamento. Numerosi studi hanno esplorato il tema della rappresentazione pubblicitaria (ad esempio Schwender 2009; Auer-Srnka et al. 2008). Sebbene non intenda approfondire ulteriormente questo aspetto, desidero sottolineare come i media offrano una varietà di rappresentazioni, ideate per pubblici e finalità diversi.

Indipendentemente dal contesto, sia esso pubblicitario o editoriale, esiste un consenso generale sui segni distintivi della vecchiaia. Questi includono caratteristiche fisiche come capelli bianchi o grigi, calvizie, rughe e una postura curva, oltre a elementi legati all'abbigliamento, come abiti o gioielli fuori moda. Si aggiungono ausili e strumenti che compensano le fragilità fisiche: alcuni servono a supportare la mobilità, come le stampelle, mentre altri riguardano i sensi, come gli occhiali. In questo contesto emerge una marcata intersezionalità con la disabilità.

Thiele et al. (2013) hanno analizzato campioni di pubblicazioni tedesche e austriache, mentre Thiele e Atteneder (2019) hanno condotto uno studio simile su pubblicazioni austriache del 2015 e del 2016. Non hanno distinto chiaramente tra articoli giornalistici e pubblicità. Tuttavia, i risultati evidenziano chiaramente che, per le persone di età compresa tra i 55 e i 70 anni, sono stati sviluppati stereotipi specifici. Questi "anziani giovani ideali" sono descritti come in forma, felicemente inseriti in una relazione di coppia, sempre attivi, senza preoccupazioni finanziarie, capaci di trasmettere la loro esperienza professionale e competenti nell'uso dei nuovi media. Per questa fascia, i segni dell'età sono attenuati: le rughe sono appena accennate e i capelli grigi si armonizzano con una figura snella. La mezza età continua a essere considerata la norma.

Così anche il tentativo di rivalutare positivamente la terza età implica una forma di alterità: si distingue, infatti, tra un *altro* positivo e uno negativo, quest'ultimo rappresentato dalla quarta età. È ciò che sostiene Silke van Dyk (2016) che mette in rilievo, nella prospettiva dei *postcolonial studies*, come il meccanismo ricordi quello del razzismo o del sessismo. La rivalutazione relativamente positiva della terza età, inoltre, sembra servire a sfruttarne il potenziale per il lavoro di cura non retribuito, analogamente a quanto accadeva – e accade tuttora – per le donne. In questo senso, gli anziani giovani possono essere considerati le nuove donne (cfr. van Dyk 2016, 115 e 117). Tuttavia, questo aspetto non emerge dalle fotografie pubblicate sulla *FAZ*.

In uno studio recente, Shari Adlung e Annabella Backes (2023) analizzano la rappresentazione delle persone anziane durante la pandemia di Covid-19. Nelle immagini e nei testi mediatici esaminati (*FAZ*, *FAS*, *Süddeutsche Zeitung*, *taz*, *Bild*), l'attenzione tematica si concentra sull'isolamento forzato e sulle misure di assistenza. Gli anziani vengono raffigurati come soli, vulnerabili, confusi, ma anche riconoscenti; in breve, come individui carenti e subordinati, con poca agency.

3. Fotografie nella *Frankfurter Allgemeine Zeitung* e nella *Frankfurter Allgemeine Sonntagszeitung* 2022–2024

Non è stato difficile ritrovare determinati tipi di immagini descritti nei contributi sopra citati riguardanti periodi precedenti. La solitudine è un topos ricorrente, rappresentato, ad esempio, da figure singole che osservano il mondo attraverso una finestra (13-08-2024, 26; 19-10-2024, 29[3]), che stanno aspettando (*FAS* 08-09-2024, 21) o che camminano da sole in città, senza alcuna presenza umana intorno (03-07-2024, 11; 08-10-2024, 8).

La fotografia di un uomo seduto da solo su una panchina in un parco, ripreso di spalle, trasmette un senso di profonda tristezza. Alla sua sinistra, sulla panchina stessa, si trova una busta di plastica bianca, il cui contenuto rimane sconosciuto. I manici sono rivolti verso di lui, sarà sua. Alla destra della panchina, un cestino della spazzatura trabocca di rifiuti, mentre un sacchetto di plastica blu giace abbandonato davanti ad esso. L'associazione visiva tra l'uomo solitario e i rifiuti diventa quasi inevitabile, amplificando la desolazione della scena (09-11-2024, 17).

Le persone anziane non vengono rappresentate quasi mai insieme ad altri membri della famiglia. La foto 1, che accompagna un articolo sul tema di

---

[3] Qui e a seguire, l'indicazione delle date senza ulteriori aggiunte si riferisce alla *FAZ*.

come lasciare in eredità i propri beni, esce da questa norma. A prima vista si percepisce che la scena è stata deliberatamente composta. Al centro dell'immagine possiamo identificare una donna descrivibile come una giovane anziana: abiti e capelli moderni, dimestichezza con il computer. Nella foto appaiono tre generazioni, ma in che rapporto stanno tra loro?

La foto ha una struttura narrativa, i corpi, i visi e gli sguardi ci raccontano un momento decisivo nella storia di una famiglia. Basta la nostra conoscenza quotidiana per trovare una interpretazione plausibile (cfr. Plümacher 2005, 123).

Seguendo il percorso di lettura a partire dal volto della donna con i capelli bianchi, si sviluppa una spirale (in senso orario): inquadra la sua testa, si sposta verso il volto dell'uomo più giovane, scende lungo il suo braccio, risale a sinistra sopra le teste delle altre persone, scompare sul lato destro e torna lungo la linea che collega il braccio e la gamba dell'uomo in primo piano. La gamba, con i pantaloni quasi neri, è fotografata come una larga striscia orizzontale, conferendo peso e stabilità all'immagine. Questo elemento contrasta con le cornici delle finestre, riprese in obliquo, che suggeriscono un mondo caotico.

È interessante osservare la direzione degli sguardi: due persone fissano il bambino dietro la testa della figura centrale, senza però rivelarne il volto, mentre tre – incluso il bambino piccolo – guardano lo schermo, anch'esso invisibile. Nessuno incrocia lo sguardo dell'osservatore della scena, così che tutti si presentano come oggetti della nostra osservazione. Se, come sostengono i semiotici Kress e van Leeuwen, nelle rappresentazioni visive guardare equivale a pensare («[…] looking is the way thinking is represented in images […]», [3]2020, 62), possiamo interpretare il processo narrativo della scena. La giovane anziana che assume all'interno della scena famigliare il ruolo sistemico della nonna sembra cedere volentieri (con un sorriso) la propria eredità alla generazione successiva, rappresentata dall'uomo in primo piano, che appare altrettanto soddisfatto (sorride). Il nonno, invece, è distratto, concentrato sul bambino nascosto (come la giovane donna), proiettando l'attenzione verso un futuro che si prospetta luminoso (suggerito dalle luci esterne). L'uomo in primo piano, occupando una posizione dominante e con la sua gamba che conferisce stabilità alla scena, sembra destinato a diventare la figura centrale in un mondo instabile, evocato dalle finestre oblique. La donna anziana, posizionata al centro della scena, conserva la sua importanza finché rimane in possesso dei beni da lasciare in eredità. («Wer vermögend ist, darf auch alt sein.» / «Chi ha soldi può anche essere vecchio», Thiele et al. 2013, 44).

Foto 1: Tre generazioni e un'eredità (*FAZ* 27-07-2024, 33) ©Westend61

Un'altra immagine che ritrae tre generazioni (20-08-2024, 23) appare più autentica, ma ciò che cattura maggiormente l'attenzione sono gli alberi, non le persone, le quali occupano solo la metà inferiore della foto. Una giovane coppia e alcuni bambini piccoli sono seduti su una coperta da picnic, mentre un anziano, inginocchiato ai margini e ritratto al telefono, si trova visibilmente ai confini della scena e non è pienamente presente mentalmente. Se interpretiamo la coperta come una sorta di cornice simbolica che delimita lo spazio della famiglia, una donna anziana su una sedia a rotelle appare addirittura esclusa. Le linee verticali dei tronchi degli alberi sullo sfondo conferiscono una certa stabilità alla composizione, ma ogni individuo sembra rivolgere lo sguardo in una direzione diversa. Il campo lunghissimo (le figure umane occupano meno della metà dell'altezza dell'immagine) e la distanza pubblica (più di quattro persone sono visibili nella loro interezza; definizioni da Kress/van Leeuwen [3]2020, 123–124) creano una distanza significativa tra noi osservatori e i soggetti rappresentati. Se nella foto 1 la costruzione era altamente artificiale, questa ritrae sì anziani in compagnia della famiglia, ma con un evidente distacco.

Abbiamo già visto che ritorna il motivo degli *anziani seduti su una panchina*; a volte il loro sguardo si rivolge a un parco (15-04-2024, 15; 09-11-2024, 17), ma più spesso a una superficie d'acqua (19-10-2022, 16; *FAS* 06-11-2022, 31; 08-11-2022, 25). In nessuna delle immagini analizzate si tratta di acque correnti, ma sempre di mari o laghi.

Tra queste, una foto in particolare (foto 2) risulta particolarmente interessante. I colori sono luminosi, con tonalità di blu, bianco e verde molto pure. La superficie d'acqua è appena distinguibile. Quattro anziani siedono insieme: tre donne e un uomo. Qui non c'è traccia di solitudine, come suggerisce la posizione delle gambe, che sembrano chiudere la scena sia a sinistra che a destra. Acconciature, abiti e borse fuori moda fungono da indicatori inequivocabili per identificare i soggetti come anziani. Tuttavia, l'elemento dominante dell'immagine non sono le persone, bensì la panchina. Questa si interpone tra gli osservatori e i soggetti ritratti di spalle, creando una sorta di barriera. Le doghe bianche della panchina suddividono la scena in strisce, frammentando le figure umane. In un certo senso, queste appaiono quasi cancellate. In contrasto con l'effetto vivace e luminoso dei colori, la foto stabilisce una netta separazione tra *noi* e *loro*, sottolineando una distanza visiva e simbolica.

Foto 2: Sulla panchina (*FAZ* 16-09-2022, 25) ©Jens Gyamarty

Il motivo *persona vecchia con badante / assistente* continua a godere di grande popolarità. Streubel (2009, 146) aveva già osservato che gli anziani con problemi di salute venivano spesso rappresentati insieme al personale sociosanitario ma mai accanto a figure con ruoli gerarchicamente superiori, come medici o dirigenti delle case di cura. Questa tendenza trova piena conferma anche nel periodo da me analizzato – con un'eccezione emersa l'ultimo giorno del periodo di indagine, quando si insinua almeno un frammento di camice da medico (31-12-2024, 15). La vecchiaia sembra una malattia che non vale la pena di trattare. C'è sempre un contatto fisico fra l'operatrice sociosanitaria (si tratta solo di donne) e la persona anziana, e il gesto dell'assistente esprime protezione e sostegno. Di solito quest'ultima *fa* qualcosa con l'anziano o l'anziana, come nella foto 3. Non ho trovato rappresentato il caso contrario. Potrebbero ridere insieme, per esempio. L'agency sta tutta dalla parte dell'operatrice assistenziale. Spesso il motivo *con badante* viene combinato con *vista dalla finestra* (27-05-2023, 19; 23-07-2024, 20; 24-07-2024, N2; 10-08-2024, 21).

La foto 3 presenta un altro motivo ricorrente, la collocazione della donna anziana e bisognosa in un corridoio di ospedale o casa di cura. Questo scenario è caratterizzato da una prospettiva centrale, fortemente sottolineata dalle linee che convergono verso un punto che, curiosamente – e non di rado nella storia dell'arte – rimane invisibile. Anche in altre foto i corridoi terminano in rettangoli inondati di luce, con un punto di fuga misterioso. Inoltre, le teste e i corpi degli anziani oscurano la destinazione (ammesso che ve ne sia una), rendendo a noi impossibile distinguerla chiaramente (10-06-2023, 21; 23-07-2024, 20). La disposizione è tale che la persona anziana, a differenza di noi osservatori, dovrebbe essere in grado di vedere il punto di fuga.

Vorrei proporre di leggere lo spazio come tempo, come ha fatto lo storico dell'arte Rudolf Arnheim: «[…] central perspective portrays space as a flow oriented toward a specified end. It thereby transforms the timeless simultaneity of traditional, undeformed space into a happening in time – that is, a directed sequence of events.» (Arnheim 1974, 298) Se la persona raffigurata si allontana da noi in direzione di un punto di fuga che lei può vedere, ma noi no (perché il suo corpo lo oscura), e se lo spazio può essere interpretato come tempo, allora il corridoio rappresenta il progredire del tempo della vita. La convergenza delle linee nel punto di fuga può essere interpretata come la fine della vita. Immerso nella luce, il punto di fuga, ossia la morte, sembra alludere allo splendore del paradiso. Sembra che le persone raffigurate, per la loro posizione nello spazio, lo possano già vedere.

Foto 3: Verso la luce (*FAZ* 31-10-2022, 17) ©Maximilian von Lachner

Nella maggior parte delle fotografie con un punto di fuga accentuato, l'ambientazione è costituita da ospedali o case di cura. Tuttavia, lo stesso schema si ritrova anche in spazi pubblici, in particolare nelle stazioni ferroviarie, forse perché i binari si prestano in modo ideale a rappresentare gli anziani attraverso una prospettiva centrale marcata. In una fotografia (09-11-2023,17), ad esempio, una coppia vista di spalle occupa il centro della scena, mentre i binari a sinistra e a destra convergono perfettamente verso il punto di fuga, amplificando l'effetto grazie all'illuminazione a strisce sul soffitto, che lo duplica visivamente.

Un elemento distintivo accomuna quasi tutte le fotografie del corpus, di cui questo contributo analizza in maniera dettagliata una selezione: degli anziani non si vede il viso. Non vedere il volto significa impedire qualsiasi interazione con lo spettatore, fosse anche solo a livello immaginario. Ne segue una specie di reificazione, una netta distinzione fra quelli che guardano – noi – e i rappresentati, che stanno per conto loro e si offrono come oggetti. I semiotici Kress e van Leeuwen ([3]2020, 17) sottolineano questa separatezza:

> [...] a depicted person may be shown as addressing viewers directly, by looking at the viewer. This conveys a sense of interaction between the two parties. But a depicted person may also be shown as turned away from the viewer, which will convey the absence of a sense of interaction, and make the depicted person into an object for the viewer's visual scrutiny.

Molto spesso il viso è nascosto, poiché gli anziani vengono ripresi di spalle (come nelle foto 2 e 3). Questo accade non solo quando sembrano allontanarsi da noi nello spazio (e nel tempo), ma anche quando sono immobili (seduti o sdraiati) o – caso raro – quando svolgono un'attività, come un uomo intento a dipingere un muro (07-12-2024, 27).

Un altro modo per escludere i volti delle persone consiste nel mostrare nella fotografia solo una parte, più o meno ampia, del loro corpo, escludendo la testa. A volte bastano le mani con le rughe per far capire l'età dei rappresentati (02-11-2023, 17; *FAS* 18-02-2024, 15; 13-08-2024, 23; 14-09-2024, 31; 02-10-2024, 27). Quando la macchina fotografica è troppo vicina, i corpi vengono frammentati. Anche nel caso opposto, con la macchina fotografica troppo lontana, i volti vengono esclusi, e il risultato è una netta separazione: gli anziani occupano uno spazio talmente ridotto all'interno di una fotografia più ampia da apparire quasi trascurabili (20-06-2023, 16; 22-07-2024, 15; 20-08-2024, 23).

Un'altra tecnica per omogeneizzare la rappresentazione degli anziani consiste nello sfocare la parte della foto in cui si trova la testa. Ho trovato tre casi (07-08-2024, 17; 10-08-2024, 21; 21-10-2024, 17).

Qualcuno potrebbe obiettare che non mostrare i volti sia una questione di tutela della privacy. Tuttavia, basterebbe chiedere il consenso alle persone interessate. È questo il caso di due foto del corpus, evidentemente scattate nella stessa occasione, che rappresentano un gruppo di vecchi seduti in un centro diurno intenti a giocare a palla: una foto rappresenta la parte sinistra dello spazio (17-09-2024, 23), l'altra la parte destra (17-08-2024, 18). Qui si vedono i visi.[4] Ad ogni modo nel mio contributo non interessa tanto il motivo per certe scelte, ma l'effetto che questa rappresentazione inevitabilmente sortisce.

Quindi ho l'impressione che nella *Frankfurter Allgemeine Zeitung* si noti una certa forma di *othering*, sottile, ma innegabile. Le foto che ho preso in considerazione sono 54. Non sembra molto per un periodo di tre anni, ma la mancanza di volti e sguardi, così apparentemente normale, mi sembra particolarmente notevole. È un mezzo per creare una distanza e stabilire una differenza così forte che non importa nemmeno se la persona viene fotografata da vicino o da lontano. Anche se non fossi riuscita a individuare tutte le foto di persone anziane pubblicate nei tre anni del periodo di indagine, ciò non cambierebbe nulla di sostanziale nel risultato.

Questo mi sembra più importante del riscontro che in molte foto (circa il 30 %) con gli anziani, siano essi ripresi di spalle, con corpi frammentati o minuscoli, o con volti sfocati, si notino ausili per l'assistenza, in particolare sedie a rotelle, deambulatori e stampelle. Tale frequenza è legata al fatto che molti articoli della *FAZ* affrontano i costi dell'assistenza agli anziani, coperti in gran parte da un'assicurazione obbligatoria in Germania. In questi casi, l'intersezione tra età e disabilità appare giustificata.

L'effetto di separatezza è altrettanto forte quando vengono rappresentate attività di svago. Come luoghi ritroviamo il parco (meno spesso di prima) e l'acqua, in questi casi non come oggetto della contemplazione ma come luogo di attività in comune per mantenere la forma fisica o mentale. Camminatori

4 In un dossier (*Pflege-Spezial*, 24-11-2024, 9-16) sono presentate sette persone residenti in diverse case di cura, ciascuna accompagnata da una o più fotografie. Sebbene non si tratti di individui celebri, alle immagini sono associati un nome e una storia personale. Per questo motivo non le ho considerate fotografie generiche, come quelle che intendevo presentare.

vengono mostrati di spalle (10-11-2022, 17). Un uomo chinato, ripreso dall'alto, compare in due foto diverse mentre si prende cura della stessa aiuola di rose (10-06-2024, 17; 03-08-2024, 32). Le figure di un gruppo di ginnastica in spiaggia sono poco distinguibili (20-06-2023, 16), alcuni giocatori di scacchi in una piscina sono piuttosto corpi che teste (*FAS* 08-09-2024).

In una composizione visivamente improbabile, si vedono due uomini e una donna ripresi a mezzobusto mentre fanno il bagno in uno stagno che confina direttamente con una strada asfaltata. Alle loro spalle, un cigno con due pulcini passeggia tranquillamente. Dall'altro lato della strada si erge una casa elegante, davanti alla quale sembra parcheggiata una bicicletta, ulteriore segno di attività. Anche se l'elaborazione dell'immagine è chiaramente di scarsa qualità, va sottolineato che tutte le figure umane guardano direttamente verso la macchina fotografica; due di loro, addirittura, hanno gli occhialini da nuoto sollevati sulla fronte. Sorge spontanea la domanda sul perché sia stato scelto un fotomontaggio poco convincente per illustrare un articolo dedicato al miglior stato mentale e fisico degli anziani di oggi. Se la foto solleva dubbi sulla sua autenticità, dobbiamo estendere questi dubbi anche al testo, per semplice analogia?

Anziani fotografati nell'atto di leggere sono rarissimi. Ho trovato solo un anziano immerso nel suo libro, sta con il busto nudo su una sedia a sdraio (22-08-2023, 15). Così l'attività intellettuale viene connotata come attività vacanziera, paragonabile agli uomini che giocano a scacchi in piscina.

Altre foto mettono in scena uomini vecchi – non donne – che stanno guidando una macchina, chi una macchina d'epoca (11-07-2023, 25), chi una cabriolet (01-04-2023, 27). Si tratta di veicoli costosi, ed evidentemente il paesaggio non è tedesco, quindi viene sottolineato l'elemento vacanziero. Il fatto che siano persone ricche non cambia il fatto che vengano mostrate di spalle o di profilo, ma dietro il finestrino che serve come barriera destinata a trattenere il nostro sguardo.

Una eccezione assoluta è costituita dalla foto 4: c'è il mare, ma questa volta nessuno dei presenti lo guarda. Invece una donna anziana con il viso bene in mostra si guarda allo specchio mentre si ritocca il rossetto. Qui entra in scena una componente sensuale, molto insolita per la *FAZ*. Non a caso si tratta di un articolo dell'edizione domenicale, che offre più spazio a temi generali come gli stili di vita. L'articolo riflette su come le donne, con l'avanzare dell'età, desiderino presentarsi ed essere percepite dalla società. Lo specchio conferma la propria identità. Trovo notevole che anche la luce giochi un ruolo diverso dal solito. L'ombrellone delimita il cielo, quasi a sottolineare che in questo caso la vecchiaia non è un preludio all'aldilà (come nelle foto con marcata prospettiva centrale), ma una parte integrante della vita terrena.

Foto 4: Il rossetto (*FAS* 30-06-2024) ©Antoine Coucoureux/Connected Archives x Kintzing

4. Conclusione

I volti degli anziani sono quasi sempre invisibili: nascosti dalla vista di spalle (29 casi) o di profilo (quattro casi), esclusi dall'inquadratura (nove casi), sfocati (tre casi) o ridotti a dimensioni minuscole (tre casi). In solo cinque fotografie si vedono i volti, ma solo in quella mal riuscita con il cigno (v. § 3) le persone guardano direttamente nell'obiettivo della macchina fotografica (e quindi verso di noi). L'assenza di sguardi rende impossibile qualsiasi forma di interazione con loro, fosse anche solo immaginaria.

Fotografati di spalle spesso sembra che gli anziani vedano qualcosa che rimane nascosto ai nostri occhi. Sarà l'aldilà? Poco è stato scritto sull'argomento (Marangoni 2020 tratta di opere d'arte). Kress e van Leeuwen ([3]2020, 137) considerano la prospettiva di spalle come complessa e ambivalente, che combina affetto e avversione, il desiderio di avvicinarsi e quello di mantenere la distanza. L'interpretazione più concisa, anzi brutale, è in Jean Ziegler (1975, 262): «*L'homme vivant regarde le mourant de dos.*» (corsivi nell'originale; «*L'uomo vivente guarda il moribondo dalle spalle.*») La scelta di rappresentare così spesso gli anziani di spalle implicherebbe, dunque, di non considerarli più pienamente parte del mondo dei vivi.

La rappresentazione della vecchiaia non deve necessariamente seguire questo schema; sarebbe più opportuno considerarla come una fase della vita unica e autonoma. Come dimostrato nella foto 4, è possibile raffigurare visivamente la vecchiaia come un periodo distinto, senza ridurla a una semplice preparazione alla morte. Chiunque abbia dubbi può trovare esempi significativi, anzi bellissimi, raccolti dall'Accademia Leopoldina (Staudinger 2010).

Bibliografia

Adlung, Shari / Backes, Annabella (2023): "Die Schwächsten der Gesellschaft" – Repräsentationen hochaltriger Menschen im Corona-Risikodiskurs. In: Grittmann, Elke / Müller, Kathrin F. / Peil, Corinna / Pinseler, Jan (a cura di): *Medien und Ungleichheiten. (Trans-)nationale Perspektiven auf Geschlecht, Diversität und Identität*. Magdeburg: Deutsche Gesellschaft für Publizistik- und Kommunikationswissenschaft e.V., 1–13.

Arnheim, Rudolf (1974): *Art and visual perception. A psychology of the creative eye. The new version*. Berkeley / Los Angeles: University of California Press.

Auer-Srnka, Katharina J. / Meier-Pesti, Katja / Grießmair, Michele (2008): Ältere Menschen als Zielgruppe der Werbung: Eine explorative Studie zu Wahrnehmung und Selbstbild der "Best Ager" sowie stereotypen Vorstellungen vom Alt-sein [sic] in jüngeren Altersgruppen. In: *Der Markt. International Journal of Marketing* (3), 100–117.

Baltes, Paul B. (2003): Das hohe Alter – mehr Bürde als Würde? In: *Max-Planck-Forschung* (2), 15–19.

Galliker, Mark / Klein, Margot (1997): Implizite positive und negative Bewertungen – eine Kontextanalyse der Personenkategorien "Senioren", "ältere Menschen", "alte Menschen" und "Greise" bei Tageszeitungen. In: *Zeitschrift für Gerontopsychologie und -psychiatrie* 10 (1), 27–41.

Göckenjan, Gerd (2007): Diskursgeschichte des Alters: Von der Macht der Alten zur "alternden Gesellschaft". In: Fangerau, Heiner / Gomille, Monika / Herwig, Henriette / auf der Horst, Christoph / von Hülsen-Esch, Andrea / Pott, Hans-Georg / Siegrist, Johannes / Vögele, Jörg (a cura di): *Alterskulturen und Potentiale des Alter(n)s*. Berlin: Akademie Verlag, 125–140.

Graham, Megan E. (2022): "Remember this picture when you take more than you need": Constructing morality through instrumental ageism in COVID-19 memes on social media. In: *Journal of Aging Studies* 61, 1–10.

Kress, Gunther / van Leeuwen, Theo ([3]2020): *Reading images. The grammar of visual design*. London: Routledge.

Marangoni, Eleonora (2020): *Viceversa. Il mondo visto di spalle*. s.l.: Johan & Levi.

Pichler, Barbara ([2]2020): Aktuelle Altersbilder – "junge Alte" und "alte Alte". In: Aner, Kirsten / Karl, Ute (a cura di): *Handbuch Soziale Arbeit und Alter*. Wiesbaden: Springer, 571–582.

Plümacher, Martina (2005): Piktoriale Narrativität – "Geschichten" in bildlich dargestellten Körpern und Szenarien. In: Nöth, Winfried / Hertling, Anke (a cura di): *Körper – Verkörperung – Entkörperung*. Kassel: Kassel University Press, 121–148.

Schwender, Clemens (2009): Alter als audio-visuelles Argument in der Werbung. In: Petersen, Thomas / Schwender, Clemens (a cura di): *Visuelle Stereotype*. Köln: Halem, 79–94.

Staudinger, Ursula M. (a cura di) (2010): *Neue Bilder vom Alter(n). Wettbewerb und Ausstellung*. Halle: Deutsche Akademie der Naturforscher Leopoldina e.V. – Nationale Akademie der Wissenschaften (Nova Acta Leopoldina, N.F., Supplementum 23). URL: https://www.leopoldina.org/fileadmin/redaktion/Publikationen/Nova_Acta_Leopoldina/2010_Leopoldina_NAL_Suppl._23.pdf (18-01-2025).

Streubel, Christiane (2009): Postmoderne Ansichten des Alters. Visuelle Repräsentationen im bundesdeutschen Fotojournalismus. In: Kampling,

Rainer / Middelbeck-Varwick, Anja (a cura di): *Alter – Blicke auf das Bevorstehende*. Frankfurt a.M. et al.: Peter Lang, 133–151.

Thiele, Martina / Atteneder, Helena / Gruber, Laura (2013): Neue Altersstereotype. Das Diskriminierungspotenzial medialer Repräsentationen "junger Alter". In: Schwender, Clemens / Hoffmann, Dagmar / Reißmann, Wolfgang (a cura di): *Screening Age: Medienbilder – Stereotype – Altersdiskriminierung*. München: KoPaed, 39–53.

Thiele, Martina / Atteneder, Helena (2019): Zu jung, um alt zu sein? Visiotype der "Best ager" in Journalismus und Werbung. In: Dimitriou, Minas / Ring-Dimitriou, Susanne (a cura di): *Der Körper in der Postmoderne*. Wiesbaden: Springer, 169–183.

Thimm, Caja (2009): Altersbilder in den Medien: zwischen medialem Zerrbild und Zukunftsprojektionen. In: Ehmer, Josef / Höffe, Otfried (a cura di): *Altern in Deutschland, Bd. 1: Bilder des Alterns im Wandel*. Halle: Deutsche Akademie der Naturforscher Leopoldina e.V. (Nova Acta Leopoldina, N.F. 363, 99), 153–163. URL: https://www.leopoldina.org/uploads/tx_leopublication/NAL363_Bd_1_001-244_Online.pdf (18-01-2025).

Van Dyk, Silke (2016): The othering of old age: Insights from Postcolonial Studies. In: *Journal of Aging Studies* 39, 109–120.

Ziegelmaier, Saskia (2006): Zwischen Kaffeekränzchen und Sterbebett – Bilder des Alters in deutschen Nachrichtenmagazinen. In: *zfkm Zeitschrift für Kommunikationsökologie und Medienethik* (1), 65–73.

Ziegelmaier, Saskia (2009): *Visuelles Framing von Alter. Eine empirische Studie zur medialen Konstruktion von Alter*. Frankfurt a.M. et al.: Peter Lang.

Ziegler, Jean (1975): *Les vivants et la mort. Essai de sociologie*. Paris: Seuil.

Fonti in internet

Über uns = Frankfurter Allgemeine (s.d.): *Über uns*. URL: https://www.frankfurterallgemeine.de/die-faz (19-01-2024).

Renteneintrittsalter = Bund – Länder Demografie Portal (s.d.): *Renteneintrittsalter*. URL: https://www.demografie-portal.de/DE/Fakten/renteneintrittsalter.html (18-01-2024).

Il corpo del vecchio in Petrarca

Fabio Forner

Abstract: The paper explores Petrarch's concepts of the body and old age as they have been described so far by critics. For the poet, senility is the moment in which the profound meaning of existence is revealed to humankind. Particular attention is given to the physical characteristics attributed to the senile body in some Latin works and in the *Rvf.* In conclusion, the paper examines how the images of senile bodies are featured in the well-known Querinian incunabulum G V 15 and in the 1756 edition of Petrarch's *Rime* printed in Venice by Zatta.

Keywords: old age, body, Petrarch, Antonio Grifo, Antonio Zatta

1. Il corpo in Petrarca

Come sottolinea Riccardo Gualdo nel suo contributo in questo volume, nei *Rvf* le descrizioni del corpo umano sono importanti, ma non centrali; ciò risulta evidente se si considerano i numerosi versi che fotografano le passioni dell'animo: qui emerge il vero interesse e l'attenzione peculiare di Petrarca. Posta questa premessa, non mancano nell'opera del poeta cenni alle parti più nobili del corpo umano, presentate nella loro naturalezza e positività. Non godono invece del favore di Petrarca gli artifici che modificano il nostro aspetto. Sotto questa categoria ricadono, per esempio, non solo i trucchi ma anche le acconciature e gli abiti, soprattutto i più complessi, che sono frutto dell'arte umana e velano o nascondono il corpo che Dio, attraverso la natura, ha creato; in un qualche modo, dunque, vorrebbero mostrare ciò che non siamo, far vedere ciò che la natura non ci ha donato, mentendo in tal modo al prossimo e, in ultima istanza, anche a noi stessi (cfr. Forner in corso di stampa).

Se l'attenzione principale è rivolta all'interiorità, i corpi, come è stato sottolineato, sono considerati come carcere dell'anima, come un elemento opaco che non permette di vedere e comprendere le verità più elevate. All'impedimento indotto dal corpo si aggiungono i vizi dell'anima che, come mostrato in *Rvf* 364, rappresentano la causa ultima della carcerazione dello spirito nel corpo (cfr. Marcozzi 2011, 13–41). Il dualismo corpo-anima è un tema centrale in

Petrarca; alcuni personaggi, come Sofonisba e Scipione, sono soggetti a descrizioni più ampie rispetto a quelle che si leggono di Laura e Petrarca nei *Rvf*, dove l'aspetto esteriore assurge al ruolo di «sentinella nell'ossessivo scorrere del tempo» (Rigo 2016, 114). In generale, i corpi nella poesia petrarchesca sono proposti non come idoli in sé, da adorare nella loro carnalità, ma come icone. In particolare, questo vale per Laura, icona attraverso la quale, già nella prima e in modo particolare nella seconda parte dei *Rvf*, colui che contempla la donna amata, o una parte del suo corpo, per esempio quella più nobile, il volto, può risalire dal visibile all'invisibile (cfr. Rigo 2017).

2. La vecchiaia

Oggetto di questo contributo è come si collochi in tale contesto petrarchesco la vecchiaia e, in particolare, quale ruolo abbiano i segni che essa lascia sul corpo e come questi siano stati rappresentati nelle poche illustrazioni dei singoli componimenti del *Canzoniere* anteriori al XIX secolo. Stroppa (2014), alla quale si rimanda anche per l'ampia bibliografia, ricorda come Petrarca dia voce nei suoi componimenti all'età di mezzo e alla vecchiaia, e in particolare nel sonetto 361 ricordi il valore della senilità che costringe l'uomo a prendere atto della propria condizione naturale a causa delle mutazioni del corpo senile: in questo senso l'età avanzata diventa una benedizione per l'anima.

Macrì (2014) affronta il tema della vecchiaia negli scritti latini e si sofferma sul trattato 82 (83), del secondo libro del *De remediis*, intitolato *De senectute*[1]. Il secondo libro è dedicato all'illustrazione degli aspetti positivi di ciò che viene solitamente considerato in modo negativo; il testo va perciò letto in parallelo con *De remediis*, I, 1-6 con i capitoli dedicati alla giovinezza. Un altro scritto di Petrarca sulla vecchiaia è la *Senile*, VIII, 2: una lode dell'ultima parte della vita indirizzata ai suoi amici sull'esempio del *De senectute* ciceroniano. Gentile (2014) si sofferma in particolare sui testi delle *Senili*, e ricostruisce la concezione petrarchesca della vecchiaia, rivalutata come momento ideale per riflettere sul significato della vita proprio grazie al venir meno dei traviamenti indotti da un corpo giovanile e prestante. Eppure «Tutti quanti

---

[1] Ringrazio Giuseppe Frasso per i preziosi consigli e Emilio Boaretto per aver letto una versione di questo contributo. Per la traduzione italiana del *De remediis* rimando all'ed. Dotti (2016); ma si veda anche ed. Stoppelli (2009); per il testo latino ed. Huss (2021–2022).

vogliono diventare vecchi, ma nessuno lo vuole essere» (ed. Dotti 2016, 1499) afferma la *Ratio* in *De remediis* II, 82 (83), 52[2]. È su questa follia che governa le vite di uomini e donne che Petrarca riflette per cercare di togliere un po' di oscurità dalla vecchiaia, ma anche, come si dirà, dal corpo senile (cfr. Macrì 2014). Parto proprio da *De remediis* II, 82 (83); il § 2 ribadisce che chi ha raggiunto la vecchiaia «gode di un chiaro segno del favore divino» che gli ha consentito di vivere così a lungo (ed. Dotti 2016, 1489). Non solo: se pochi sono i bambini che giungono alla vecchiaia, «ancor più pochi sono quelli che hanno sempre saputo vivere onestamente» (ed. Dotti 2016, 1489): se si è tra questi fortunati, allora è possibile guardare, stanchi ma «lietamente», al traguardo non lontano (ed. Dotti 2016, 1489).

Ma il punto più rilevante per il tema del volume è quello nel quale Petrarca afferma che sono proprio le infermità del vecchio a essere un dono di Dio perché ci possono liberare dalle schiavitù indotte dai diletti che dona un corpo giovanile, costringendoci a dedicarci ai piaceri dell'anima. Ecco l'elenco dei caratteri distintivi, e potenzialmente vantaggiosi, del corpo senile. In primo luogo, la canizie:

> Quando i vecchi sono persone per bene la loro canizie va onorata: dà loro non solo maggiore autorità, ma quel senso di piacevole austerità che certo non possono dare tutte le brutte seduzioni dei giovani. E non rammaricarti se hanno mutato colore [...] (ed. Dotti 2016, 1489).

In realtà, la canizie, soprattutto quella precoce, è oggetto di preoccupata attenzione da parte di Petrarca stesso che ne parla anche nel *Secretum*. Alla domanda di Agostino: «Ma ti chiedo: non ti sei accorto che il tuo volto cambia di giorno in giorno, e che sulle tempie comincia a farsi vedere qualche capello bianco? [...] non ti ha cambiato in parte anche l'animo?», il poeta risponde citando una frase di Domiziano: «Porto impavidamente una chioma ch'è già bianca mentre ancora sono giovane». Petrarca cita anche altri personaggi famosi diventati canuti già da giovani. Ma la risposta non soddisfa Agostino: «Hai un gran mucchio di esempi: ne avessi altrettanti di quelli che inducono al pensiero della morte! Questi tuoi, infatti, non li approvo, che insegnano a censurare il fatto che i capelli bianchi sono il segno della vecchiaia che

2 «Senes fieri volunt omnes, senex esse vult nemo». Cic. *Cato maior De senectute*, 2, 4; poi ripresa, fra gli altri, da Agostino, e Abelardo.

s'avvicina e preannunziano la morte» (ed. Fenzi 1992, 247). Nelle parole del venerato Agostino la canizie è comunque legata all'ultima parte della vita ed è qualità positiva in quanto *memento mori*, e come tale va accolta, non trascurata, dimenticata o nascosta, pensando, magari, che anche i grandi uomini del passato hanno avuto i capelli bianchi.

Inequivocabile segno di vecchiaia sono le rughe, ancor più della canizie che può colpire anche i giovani. Afferma infatti il Dolore nel *De remediis*, II, 83: «Sono invecchiato e brutte rughe mi solcano il corpo». Ma la Ragione risponde con un paragone agreste: «Un suolo ben arato dà una raccolta più abbondante e i frutti migliori di un'esistenza ben condotta sono proprio quelli della vecchiaia» (ed. Dotti 2016,1493)[3].

Anche la gobba, o l'ingobbimento senile, porta con sé un insegnamento fondamentale: «Ragione: Comincia ora a guardare alla terra e pensa da dove vieni e dove vai: di lì sei uscito e lì stai tornando. La natura ti fa conscio sia del tuo principio, sia della tua fine. Avresti potuto sviarti e ti è stata indicata la strada giusta» (ed. Dotti 2016, 1499).

Con la vecchiaia viene meno la prestanza fisica. «Ragione: La bellezza l'agilità, la salute, le forze sono tutte cose che svaniscono rapidamente: solo la virtù sta salda e non scompare neppure con la morte» (ed. Dotti 2016, 1505). È proprio dunque con la decadenza fisica che la virtù ha l'agio di risplendere meglio, anche fra le malattie.

E fra queste spiccava certamente, ai tempi di Petrarca, la gotta, che viene trattata in un capitolo apposito del *De remediis* II, 83 (84), e che, insieme ad altri acciacchi ai piedi e alle gambe, non propri solo dei vecchi, rende difficoltosi i movimenti; anche la perdita dell'udito è associata in particolare alla senilità (*De remediis* II, 96 (97).

---

3 Si può udire qui l'eco dei versi di Virgilio (*Georgiche*, I 43–49) «Vere novo, gelidus canis quum montibus humor / Liquitur, et Zephyro putris se gleba resolvit, / Depresso incipiat jam tum mihi taurus aratro / Ingemere, et sulco attritus splendescere vomer. / Illa seges demum votis respondet avari / Agricolæ, bis quæ solem, bis frigora sensit; / Illius immensæ ruperunt horrea messes». Così la traduzione di Clemente Bondi: «Ne la nuova stagion, quando dai monti scorrono giù le liquefatte nevi, / E ammollita dai zefiri si scioglie / L'umida gleba, converrà, che allora / A gemer sotto il profondo aratro / Il bue cominci, e ne gli aperti solchi / Lo srugginito vomero risplenda / Che quel terren che a doppia estate esposto, / E a doppio inverno stia, quello è, che ai voti / Meglio risponda del cultore avaro, / E i suoi granai sotto la messe incurva».

Nell'ultima parte della vita è tutto il corpo che si trasforma e diventa quasi irriconoscibile rispetto alle forme della giovinezza, ma la Ragione così commenta (*De remediis* II, 82 (83), 32): «Ti guarderai quindi un po' meno allo specchio e, se piacerai un po' meno ai tuoi occhi, piacerai certo un po' meno a quelli delle giovincelle, che non so se sia più segno di vanità o di lussuria. Quel che è certo è che coloro che amano la fedeltà, la costanza, la serietà e la prudenza sperano trovare queste qualità più nelle rughe che nella freschezza della carnagione» (ed. Dotti 2016, 1493). Infine, la vecchiaia per Petrarca non deve separare i destini di spirito e corpo: «Lasciate, senza sdegnarvene, che spirito e corpo giungano insieme alla loro fine come insieme sono entrati in questa vostra vita, e non permettete che quando l'uno si avvicina al termine del suo corso l'altro cerchi di resistere e di rivolgersi all'indietro» (ed. Dotti 2016, 1503)[4].

3. La vecchiaia nei *Rvf*

È nel contesto fin qui delineato che si collocano la decina di occorrenze di *vecchio/a* e dei suoi derivati riferiti al corpo umano nei *Rvf*[5]. Ancora meno, come si vede sotto, sono i passi nei quali il poeta si sofferma a descrivere il corpo senile. La bassa frequenza non stupisce perché, come esplicitato in *Rvf* 1, Petrarca dedica in particolare ai giovani il suo lavoro poetico, soprattutto a coloro che hanno avuto esperienza d'amore. Nonostante questo e, anzi, forse proprio per questo, la vecchiaia, con le conseguenze che essa provoca sul corpo umano, rimane sempre sullo sfondo, come momento del *redde rationem*, come termine al quale solo alcuni giungono, ma che va sempre tenuto

4 Anche lo studioso del poeta del *Canzoniere*, Santagata (2000), ha reso protagonista di un suo romanzo un Petrarca nella sua estrema vecchiezza, descritto, in particolare nelle prime pagine, con tutti gli acciacchi della senilità.

5 *Rvf* 16, v. 1 «vecchierel canuto et biancho»; *Rvf* 33, v. 5–6 «vecchiarella, / discinta et scalza»; *Rvf* 50, v. 5 «Stanca vecchierella»; *Rvf* 51, v. 13 il «vecchio stanco» è Atlante; *Rvf* 53 v. 12 «vecchia, otïosa et lenta» è l'Italia personificata e al v. 98 la «vecchiezza» è sempre quella dell'Italia; v. 58 «vecchi stanchi»; *Rvf* 136, v. 9 «vecchi»; *Rvf* 168, v. 12 il poeta invecchia; *Rvf* 197, v. 5 «vecchio» è sempre Atlante; *Rvf* 219, v. 8 «pettinando al suo vecchio i bianchi velli» è una metafora mitologica; *Rvf* 304, v.11 la «vecchiezza» è quella del poeta; *Rvf* 361, v. 4 il poeta è «veglio»; in *Rvf* 46, v. 6 è il dolore che invecchia; in *Rvf* 330 («e 'l vostro per farv'ira, vuol che 'nvecchi») e 360 («ché legno vecchio mai non róse tarlo») il poeta si riferisce a oggetti.

in considerazione dai giovani lettori (cfr. Gentile 2014). Al corpo del vecchio e della vecchia, in particolare, sono attribuiti i segni consueti elencati sopra: la canizie (*Rvf* 16, v. 1; 30, v. 15; 83, v. 1; 210, v. 14; e 219, v. 8)[6], il pallore (*Rvf* 16, v. 1 «bianco»), la difficoltà di movimento, la stanchezza (*Rvf* 16, vv. 5–8) la perdita di vigore, il rimpicciolimento del corpo al quale allude l'uso del diminutivo *vecchierella* (*Rvf* 33, v. 5; 50, v. 5). Ma la persona anziana, in sé, è generalmente posta in una luce positiva: si veda il «caro padre» di *Rvf* 16, v. 4 così come la «vecchierella, / discinta e scalza» di *Rvf* 33, v. 5 e la «vecchierella pellegrina» di *Rvf* 50, v. 5 il cui corpo anziano, però, non è descritto con particolari connotazioni fisiche. Così, anche in *Rvf* 53, vv. 57–59 «Le donne lagrimose, e 'l vulgo inerme / de la tenera etate, e i vecchi» sono nominati insieme a indicare il popolo oppresso e impossibilitato a reagire; le persone attempate, in particolare, non sono in grado di diventare parte attiva della rinascita italiana per motivi fisici, come la stanchezza, e morali («ch'ànno sé in odio et la soverchia vita»).

L'anziano, tuttavia, non ha solo un ruolo positivo: è redarguito se si macchia degli stessi vizi dei giovani come in *Rvf* 136, vv. 9–11 «Per le camere tue fanciulle et vecchi / vanno trescando, et Belzebub in mezzo / co' mantici et col foco et co li specchi». In questo caso il corpo del vegliardo, comprensibilmente, non è connotato dai classici acciacchi dell'età avanzata, che, infatti, se ci fossero stati, ne avrebbero impedito la corruzione morale[7].

Uno degli strumenti che evidenziano i segni della vecchiaia sul corpo è lo specchio, presente in più sonetti (cfr. Stroppa 2014). In *Rvf* 168, il poeta è tormentato dall'amore per Laura: gli anni passano e nelle due terzine si legge:

> In questa passa 'l tempo, et ne lo specchio
> mi veggio andar ver' la stagion contraria
> a sua impromessa, et a la mia speranza.
>
> Or sia che pò: già sol io non invecchio;
> già per etate il mio desir non varia;
> ben temo il viver breve che n'avanza.

---

6 In *Rvf* 304 è lo stile della poesia a divenire canuto e in *Rvf 213* si trova la «canuta mente».

7 Come si è accennato sopra anche l'Italia, con le sue popolazioni, nella canzone politica 53, v. 12 è descritta come una vecchia «otiosa e lenta» che dovrebbe essere risvegliata dal pigro sonno, tema ripreso al v. 98.

In questo caso i segni del tempo, nemmeno descritti, non toccano ancora il corpo con quelle infermità che farebbero scemare il desiderio dell'amante. Ciò avviene, invece, proprio in *Rvf* 361, al quale *Rvf* 168 è strettamente legato. Come ha sottolineato Stroppa (2014), *Rvf* 361 è cruciale perché segna il punto di svolta e la conclusione positiva del *Canzoniere*. Lo specchio che riflette l'immagine del corpo vecchio permette la salvezza dell'anima: non ci sono più dubbi, il poeta è entrato nell'ultima fase della sua vita[8]. Questa presa di coscienza, obbligata e provocata dalla constatazione delle mutate fattezze del suo corpo, dall'imporsi visivo della sua nuova natura e dall'impossibilità materiale di vivere ancora delle fallaci vanità giovanili, termina la sua illusione amorosa e apre finalmente il cuore alla possibilità della contemplazione della Vergine Maria e, dunque, alla salvezza.

361
Dicemi spesso il mio fidato speglio,
l'animo stanco, et la cangiata scorza,
et la scemata mia destrezza et forza:
- Non ti nasconder piú: tu se' pur vèglio.

Obedir a Natura in tutto è il meglio,
ch'a contender con lei il tempo ne sforza.
- Súbito allor, com'acqua 'l foco amorza,
d'un lungo et grave sonno mi risveglio:

et veggio ben che 'l nostro viver vola
et ch'esser non si pò piú d'una volta;
e 'n mezzo 'l cor mi sona una parola

di lei ch'è or dal suo bel nodo sciolta,
ma ne' suoi giorni al mondo fu sí sola,
ch'a tutte, s'i' non erro, fama à tolta.

Con questo sonetto giunge al culmine la riscrittura dei primi componimenti: il Petrarca esce dall'inganno e si prepara alla contemplazione delle realtà celesti (cfr. Stroppa 2014, in particolare 138–139).

---

8 Vecchi Galli (2013, 27–47) mette in rilievo il valore ambiguo dello specchio che può essere strumento di vanità o di diabolica perfidia, ma anche mezzo di perfezione spirituale (42). *Rvf* 361 è dunque un vero autoritratto, l'unico del libro di rime (46). Sul problema non secondario dell'ordinamento degli ultimi sonetti rimando a Soldani (2006).

4. Le illustrazioni della vecchiaia

Restringo ora il campo e mi soffermo in particolare su quei versi dei *Rvf* sopra ricordati, nei quali compare il corpo del vecchio e che hanno avuto la ventura di essere stati graficamente illustrati prima del XIX secolo. Come noto, i *Trionfi*, anche a causa del loro contenuto, sono stati affiancati fin da subito da numerose e talvolta splendide miniature già nei manoscritti, dal XIV secolo in poi; al contrario, sono pochissimi non solo i codici, ma anche le edizioni del *Canzoniere* con esteso apparato iconografico (cfr. Belloni 1985, 317 e Giacomello/Nodari 2003, 75). La prima eccezione alla mancanza di illustrazioni è rappresentata dal noto e studiato incunabolo di Vindelino da Spira (Venezia 1470), custodito a Brescia presso la Biblioteca Queriniana sotto la segnatura inc. G V 15. Il lavoro decorativo, con le note di commento manoscritte, è stato attribuito ad Antonio Grifo dagli studi ben documentati di Giuseppe Frasso e Giordana Mariani Canova (seguiti da Huss 2024), ai quali si unisce la descrizione di Ennio Sandal (v. Frasso/Sandal/Mariani Canova 1990). I contributi sono stati riediti nel 2016 (cfr. Frasso/Sandal/Mariani Canova 2016) con una premessa di E. Malato e una conclusione di G. Frasso che fanno il punto sugli studi usciti dal 1990 in poi; fra questi sono ricordati gli interventi di P. Gibellini (1997, 2000) che ritiene plausibile ma congetturale la proposta di attribuire al Grifo le decorazioni e i commenti dell'incunabolo queriniano (cfr. Zava 2017). A prescindere dalle differenti posizioni sul ruolo del Grifo, la critica concorda nel giudicare l'incunabolo queriniano come un esemplare di presentazione per illustri e dotti personaggi dell'alta società lombarda della fine del XV secolo. Inoltre, è stata sottolineata la novità dell'uso delle immagini non solo per decorare, ma anche per commentare i singoli componimenti dei *Rvf*[9]. Mariani Canova (1990, 172–180)

---

[9] Mariani Canova (1990, 147): «L'esemplare dell'edizione delle *Rime* e dei *Trionfi* del Petrarca, pubblicata a Venezia da Vindelino da Spira nel 1470, che oggi si conserva alla Biblioteca Queriniana di Brescia (inc. G. v. 15), costituisce un *unicum* nella storia della miniatura dei testi petrarcheschi, in quanto sembra essere il solo esemplare del *Canzoniere* che non sia figurato semplicemente alla prima pagina o all'inizio delle singole parti, ma in cui ciascun sonetto o canzone sia corredato di una sua propria illustrazione. Infatti, ogni componimento è affiancato, oltre che da un breve commento manoscritto, anche da una vignetta posta a dare immagine al contenuto del testo, quale è appunto spiegato nella relativa chiosa».

ricorda che, fra i due protagonisti, nelle illustrazioni è Laura a essere ornata di splendide vesti, mentre

> il Grifo, [...] solo di rado introduce la figura del poeta, presentandolo quale giovane ed elegantissimo canonico. In tali occasioni sulla veste rossa con mantellina egli indossa una tunica bianca ed è quasi sempre accompagnato da un divertentissimo trittico di attributi che vedremo poi ricorrere per tutto l'arco dell'illustrazione: il libro, simbolo della poesia, il dardo d'amore, emblema di passione, il serpente, biblico segno di lussuria (Mariani Canova 1990, 172).

Proprio per il fatto che i giovani amanti siano i protagonisti del testo e delle sue illustrazioni – dove Petrarca è rappresentato nella sua «disarmata giovinezza» (Mariani Canova 1990, 172) – risulta interessante fare attenzione alle poche vestigia del corpo senile rimaste nelle miniature: mi pare di aver individuato solo tre casi[10]. Al f. 4v (v. Fig. 1) a fianco di *Rvf* 16 («Movesi il vecchierel canuto et biancho»), l'anziano e devoto pellegrino, pieno di dignità e pronto ad affrontare l'ultimo tratto della vita, diventa il protagonista nell'illustrazione del sonetto: vediamo l'uomo ritratto con gli attributi della senilità, canuto, pallido e ingobbito, il volto segnato dalle rughe, con un bastone e un rosario (?) che si reca a Roma per vedere la Veronica, anch'essa ritratta fra gli edifici romani. Scompare, invece, l'altro termine del paragone, il vero protagonista del sonetto, il poeta, con il suo pellegrinaggio amoroso forse difficilmente rappresentabile, perché pare segnarlo un qualcosa di blasfemo[11]. Ancora, solo il simbolo del poeta – il libro rosso con il serpentello – è ritratto al f. 20v (v. Fig. 2), nella miniatura di *Rvf* 50 («Ne la stagion che 'l ciel rapido inchina»), canzone complessa nella quale Petrarca rappresenta il dolore della sua condizione spirituale come inestinguibile, mentre, per contrasto, la «vecchiarella pellegrina» almeno è consolata dal breve riposo serale. Lo stesso accade allo

---

10 Le immagini dell'incunabolo queriniano sono visibili al seguente indirizzo: http://www.misinta.it/biblioteca-digitale-misinta-2/1400-2/1470-petrarca-canzoniere-e-trionfi-miniato/. Da qui traggo le immagini che corredano il presente contributo.

11 Così il testo del postillatore, coerente con il risultato della miniatura: «Pur essendo lontano l'autor da madonna Laura, fece el presente soneto, introducendo la comparacion de uno vechio peregrino che vada a Roma» (Frasso 1990, 92). Sulla possibile blasfemia della seconda parte del sonetto cfr. ed. Santagata (1999, 71), ma anche ed. Bettarini (2005, I, 75).

zappatore, al pastore, ai naviganti e perfino ai buoi: tutti godono almeno del ristoro vespertino, ma non il poeta, rappresentato dal solito simbolo e unicamente nella prima illustrazione insieme alla vecchiarella. Quest'ultima appare, tra l'altro, meno connotata dagli attributi della senilità rispetto all'anziano pellegrino della decorazione di *Rvf* 16[12]. Per finire, solo una, seppure importantissima, è la rappresentazione del poeta nel suo aspetto senile: la si trova a commento del cruciale *Rvf* 361 (f. 113r, v. Fig. 3): in una miniatura di piccole dimensioni Petrarca è raffigurato dal mezzo busto in su, mentre guarda lo specchio; è vestito di una tunica rossa, senza cappuccio, lasciando in vista la tonsura; segno evidente di senilità appare la barba brizzolata, il volto invece è quello di un uomo maturo[13]. Il Grifo dà così compimento anche grafico all'esperienza narrata dal poeta: la vanità di quanto piace al mondo è talmente ineluttabile da mostrarsi apertamente nella decadenza del corpo, come risulta attraverso la testimonianza inequivocabile del fedele specchio. L'incunabolo queriniano non segue l'assetto scelto dalle edizioni critiche moderne dei *Rvf*, ma aggiunge alla sequenza finale la canzone 264, che, nell'ordine accettato come definitivo, apre la seconda parte del *Canzoniere*; il risultato è dunque: *Rvf* 361–365, 264, 366. Tuttavia, il percorso ascensionale tracciato è comunque chiaro e anche le illustrazioni di *Rvf* 362–264, scarne, non ritraggono più i corpi di Laura o del poeta, che, invece, compare ringiovanito mentre prega la Vergine, a fianco dell'*incipit* di *Rvf* 366, canzone che Petrarca volle da subito come chiusa della raccolta[14].

---

12 Così le postille: «In questa canzon dimostra l'auctor che ogni vita stentata al mondo almeno ha riposo la notte, fuori che la sua; et infine introduce el bue, che è animal stentado, haver più riposo de lui» (Frasso 1990, 98–99).

13 Così il postillatore: «Acorgendossi l'auctor che venia vechio, prende un consiglio di obedir a natura, cioè di darsi hormai al ver et a qualche honesto studio e lassar i pensieri amorosi ai zoveni etc.» (Frasso 1990, 136).

14 Anche le note del Grifo evidenziano l'omogeneità del messaggio fra i sonetti (cfr. Frasso 1990, 136–137). Da notare che in f. 14v non è invece rappresentata la vecchiarella di *Rvf* 33, v. 6, anche questa volta in accordo con le note del postillatore che non la menzionano, ritenendola non essenziale all'illustrazione del contenuto dei versi. Così le postille: «Pur ala sentencia dei due antecedenti lassati adietro questo sonetto si confà, e finge l'auctor che in su l'aurora madonna Laura li aparisca in so[gno], [dicendo]li che non è morta; e per questo si pol risponder al mio primo argumento che 'l sonetto primo de questi tre pol molto ben star dove è etc» (Frasso 1990, p. 96).

Figura 1: Illustrazione a corredo di *Rvf* 16 (Incunabolo queriniano, f. 4v)

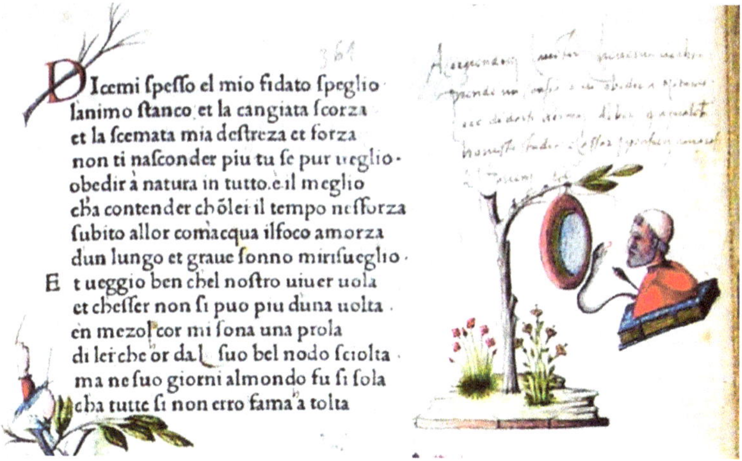

Figura 2: Illustrazione a corredo di *Rvf* 50 (Incunabolo queriniano, f. 20v)

Figura 3: Illustrazione a corredo di *Rvf* 361 (Incunabolo queriniano, f. 113r)

La prima e, fino a tutto il Settecento, unica edizione a stampa che illustra non tutti, ma molti dei componimenti dei *Rvf* è l'edizione Zatta del 1756 sulla quale rimando alle pagine ancora utili di Tissoni (1993, 31–39), a Ley (2002, 372–375) e all'ottimo studio bibliografico di Giacomello/Nodari (2003)[15]. Il libro segue l'allora tradizionale suddivisione del *Canzoniere* in rime in vita e rime in morte, ma la prima grande novità, sottolineata giustamente già dai contemporanei nelle recensioni e poi dagli studi successivi, è che illustra direttamente il contenuto dei singoli componimenti, anche se non di tutti. Zatta realizza la trasposizione del contenuto di alcuni sonetti petrarcheschi in

---

15 Per le edizioni a stampa delle rime di Petrarca si veda Ley 2002. Fra quelle con apparato iconografico esteso, anche se parzialmente, ai sonetti, va ricordato il lavoro curato da Andrea Rubbi, *Le Rime di Francesco Petrarca*, stampate a Venezia sempre da Antonio Zatta nel 1784, poi ristampate più volte, anche, ma non sempre, con apparato iconografico (Venezia: Tommaso Chiappari, 1788 e Venezia: Sebastian Valle, 1797; cfr. Ley (2002, 388, 394 e 400), rispettivamente nn. 0466, 0476 e 0490); su queste stampe rimando a Forner (in corso di stampa).

immagine fissa[16]; seguendo così, anche se a grande distanza, le orme del Grifo, l'illustratore dell'incunabolo queriniano[17]. Tuttavia, l'incunabolo e l'edizione settecentesca hanno natura molto diversa: il primo è un esemplare unico, che è stato miniato dopo la stampa e si può ritenere che sia stato pensato dal decoratore per una fruizione se non privata, quanto meno riservata agli ambienti cortigiani, popolati da illustri personaggi, per i quali era stato creato (cfr. Mariani Canova 1990, 190). La stampa dello Zatta, realizzata quasi tre secoli dopo, è un prodotto commerciale pensato da un tipografo imprenditore per un pubblico ampio; le illustrazioni, frutto di un ingente investimento economico, sono state aggiunte certamente per favorire la ricezione presso il largo pubblico e accrescere vendite e guadagni. Un confronto fra l'incunabolo bresciano e la stampa di Zatta deve, dunque, partire da queste considerazioni, e va condotto con tutte le cautele del caso. Tuttavia è un dato incontestabile che si tratta degli unici testimoni noti che presentano un'illustrazione dei singoli componimenti dei *Rvf* prima del XIX secolo. Ebbene, nella stampa veneziana dello Zatta l'unica rappresentazione di un corpo senile è quella relativa al sonetto 120 (v. Fig. 4), dove abbiamo il vecchio maestro di latino Antonio da Ferrara che viene consolato da Petrarca stesso, che gli mostra come la notizia della sua scomparsa fosse falsa: la morte è, infatti, ritratta mentre cammina lontano da lui. Nella stampa di Zatta anche le figure mitologiche, le personificazioni o gli antichi scrittori, come Omero, visibile nell'illustrazione

---

16 Sul concetto di immagine fissa a illustrazione dei classici della letteratura v. Baroni/Battisti/Forner (in corso di stampa).

17 Secondo Giacomello (2003, 84) «Che Zatta e i suoi collaboratori avessero potuto vedere il volume miniato è molto probabile non solo per queste e altre labili influenze riscontrabili nel confronto tra le miniature del Quattrocento e le incisioni del 1756, ma per il fatto che Zatta con ogni probabilità era stato messo in contatto con i proprietari del prezioso incunabolo», ovverosia la famiglia bresciana dei Gagliardi. Il tramite con lo stampatore era stato certamente Giambattista Chiaramonti, già in rapporti con Zatta, ed editore delle lettere di Paolo Gagliardi, dottissimo esponente della famiglia bresciana (*Lettere del canonico* Paolo Gagliardi *accademico della Crusca colle annotazioni e con un Ragionamento intorno agli epistolari di* Giambatista Chiaramonti. Brescia: Pietro Pianta, 1763, 2 t.). Conclude tuttavia Giacomello (2003, 84) «I riferimenti iconografici sono tuttavia talmente vaghi e incerti [da rendere verosimile il fatto] che la possibilità di usufruire dell'ampio e raro repertorio di immagini presenti nell'incunabolo miniato sia stata una scelta volutamente scartata, un rifiuto dettato da precisi convincimenti sul ruolo e sulla funzione delle immagini in un libro illustrato (sull'essenza e le finalità dell'arte)».

al sonetto 187, appaiono generalmente nella loro maturità più che nella vecchiaia. Qualche eccezione si può ravvisare nella miniatura al sonetto 254 «I' pur ascolto, et non odo novella», dove il Timore è rappresentato da un vecchio con bastone ed è contrapposto alla giovane Speranza (Zatta 1756, I, 523) e nell'illustrazione al sonetto 285 «Né mai pietosa madre al caro figlio» (Zatta 1756, II, 46), dove il Consiglio appare nelle vesti di un uomo molto maturo. In sostanza, dunque, l'edizione Zatta elimina la rappresentazione della vecchiaia, fatta eccezione per qualche personificazione secondaria, che comunque non è descritta fisicamente da Petrarca nei suoi versi. Ancora, non si può non notare che la stampa dello Zatta lascia senza illustrazione il sonetto 361 nel quale il poeta, grazie ai segni dell'invecchiamento, prende coscienza della propria natura e può finalmente iniziare il suo percorso di salvezza. Al contrario, Petrarca è rappresentato in tutti e due i volumi della stampa sempre nello stesso modo, e pare non invecchiare mai nelle sue vesti di poeta laureato. Il *Canzoniere*, invece, nella sua dinamica ascensionale, descrive anche il progressivo invecchiamento del corpo del poeta, oltre che di un'anima che si purifica e impreziosisce. Nel suo principio, è la storia di due giovani innamorati: Petrarca, al contrario di Laura rapita dalla morte, invecchia. Proprio la decadenza fisica, e la presa di coscienza di tale declino, permette la salvezza dell'anima perché è quel dolore a svelare la vanità di «quanto piace al mondo» (*Rvf* 1). In questo senso, Petrarca ha inteso donare ai suoi giovani lettori una medicina per l'anima in versi, come aveva ben compreso anche Muratori (1711, xiii), un'esperienza letteraria che anticipasse e in parte sostituisse quella biografica di un ragazzo, e propiziasse in tal modo il raggiungimento della coscienza della vanità di ciò che, invece, appare essenziale prima del decadimento fisico, durante la giovinezza. Solo questi fortunati che, ancora da giovani, prendono piena consapevolezza di questa realtà, scriveva nel *De remediis* (ed. Dotti 2016, 33), potrebbero dirsi veramente «eccellenti e in grado di affrontare serenamente l'esistenza»[18]. Di questo messaggio qualcosa rimane nella lettura per immagini offerta da Antonio Grifo, come attesta in particolare l'illustrazione del sonetto 361. Nulla invece si salva nell'apparato iconografico allestito dallo Zatta, che

---

18 V. *Rvf* 213 «Grazie ch'a pochi il ciel largo destina: / rara vertú, non già d'umana gente, / sotto biondi capei canuta mente, / e 'n humil donna alta beltà divina». Per le fonti del verso petrarchesco v. il commento in Bettarini (2005, II, 997).

non rappresenta né il Petrarca nel suo invecchiamento fisico, né, salvo rare eccezioni, immagini di corpi senili. Certamente un motivo della scelta si può ravvisare, in modo banale, anche in una ragione di carattere editoriale: l'immagine del corpo senile non attirava evidentemente i lettori del Settecento ai quali la sontuosa e cara edizione veneziana di Zatta era destinata. Ed era certo meglio lasciare al poeta laureato il compito di porgere ai giovani, con le sue parole musicali e dolci, il messaggio aspro, anche se salvifico, destinato a quei pochi che l'avrebbero compreso.

Figura 4: Illustrazione a corredo di *Rvf* 120 (Zatta 1756, 263)

Bibliografia

Baroni, Silvia / Battisti, Chiara / Forner, Fabio (a cura di) (in stampa): *Fix it: adattare i classici in immagine fissa*.

Belloni, Gino (1985): Recensione a Stefano Zamponi, *I manoscritti petrarcheschi nella Biblioteca Civica di Trieste: storia e catalogo*. Padova: Antenore, 1984. In: *Studi petrarcheschi* 2, 315–317.

Bettarini, Rosanna (a cura di) (2005): *Petrarca Francesco. Canzoniere = Rerum vulgarium fragmenta*, 2 v. Torino: Einaudi.

Dotti, Ugo (a cura di) (2016): *Petrarca, Francesco. Rimedi per l'una e l'altra sorte*. Torino: Nino Aragno Editore.

Fenzi, Enrico (a cura di) (1992): *Petrarca, Francesco. Secretum*. Milano: Mursia.

Forner, Fabio (in stampa): *L'immagine di Laura e Petrarca nel Canzoniere*. Milano: LED.

Frasso, Giuseppe (1990): Antonio Grifo postillatore dell'incunabolo queriniano. In: Frasso / Sandal / Mariani Canova, 19–139.

Frasso, Giuseppe / Sandal, Ennio / Mariani Canova, Giordana (a cura di) (1990): *Illustrazione libraria, filologia e esegesi petrarchesca tra Quattrocento e Cinquecento: Antonio Grifo e l'incunabolo queriniano G V 15*. Padova: Antenore.

Frasso, Giuseppe / Sandal, Ennio / Mariani Canova, Giordana (a cura di) (2016): *Canzoniere, Trionfi: l'incunabolo veneziano di Vindelino da Spira del 1470, nell'esemplare della Biblioteca civica Queriniana di Brescia con figure dipinte da Antonio Grifo, Inc. G V 15. Commentario all'edizione in fac-simile.* Roma: Salerno.

Gentile, Rosalba (2014): La bella 'senectus' nella visione petrarchesca: lettura di Sen. VIII 2. In: *Petrarchesca* 2, 159–171.

Giacomello, Alessandro / Nodari, Francesca (a cura di) (2003): *Le Rime del Petrarca: un'edizione illustrata del Settecento (Venezia, Antonio Zatta, 1756)*. Passariano: Regione autonoma Friuli Venezia Giulia, Centro di catalogazione e restauro dei beni culturali / Trieste: Comune, Biblioteca civica Attilio Hortis / Gorizia: LEG.

Giacomello, Alessandro (2003): «Abbiam con tanta cura abbellita la nostra presente edizione». Stampa e incisione nelle *Rime del Petrarca brevemente esposte per Lodovico Castelvetro*. In: Giacomello / Nodari, 55–92.

Gibellini, Pietro (1997): Una nobile lettrice. Il canzoniere del Petrarca commentato e illustrato per Beatrice d'Este. In: Bastiaensen, Michel (a cura di): *La femme lettrée à la Renaissance. / De geleerde vrouw in de Renaissance / Lettered Women in the Renaissance, Actes du colloque international (Bruxelles, 27–29 mars 1996)*. Leuven: Peeters («Travaux de l'Insitut interuniversitaire pour l'étude de la Renaissance et de l'Humanisme», XII).

Gibellini Pietro (2000): Il Petrarca per immagini del Dilettante Queriniano. In: *Annali Queriniani* 1, 41–62.

Huss, Bernhard (a cura di e commentato da) (2021–2022): *Petrarca, Francesco. De remediis utriusque fortune = Heilmittel gegen Glück und Unglück*, übersetzt von Ursula Blank-Sangmeister. Stuttgart: Anton Hiersemann Verlag.

Huss, Bernhard (2024): Illustrationen der Laura-Liebe zwischen Allegorie und Autoreflexion. In: Köbele, Susanne / Huber, Tim / Hirschi, Tatiana (a cura di): *Liebesallegorien: Spielformen eines altneuen Faszinationstyps zwischen Abstraktion und Hyperkonkretion*. Berlin / Boston: De Gruyter, 81–110.

Ley, Klaus (2002): *Die Drucke von Petrarcas „Rime" 1470–2000: synoptische Bibliographie der Editionen und Kommentare, Bibliotheksnachweise*, in

Zusammenarbeit mit Christine Mundt-Espín und Charlotte Krauss. Hildesheim: G. Olms.

Macrì, Alessia (2014): *Senes fieri volunt omnes, senex esse vult nemo*: il tema della vecchiaia nel *De remediis utriusque fortune*. In: *Petrarchesca* 2, 141–158.

Marcozzi, Luca (2011): *Petrarca platonico: studi sull'immaginario filosofico del canzoniere*. Roma: Aracne.

Mariani Canova, Giordana (1990): Antonio Grifo illustratore del Petrarca queriniano. In: Frasso / Sandal / Mariani Canova (1990), 147–200 e in: Frasso / Sandal / Mariani Canova (2016), 163–216.

Muratori, Antonio (a cura di) (1711): *Le rime di Francesco Petrarca riscontrate co i testi a penna della libreria Estense, e co i fragmenti dell'originale d'esso poeta. S'aggiungono le Considerazioni rivedute e ampliate d'Alessandro Tassoni, le Annotazioni di Girolamo Muzio, e le Osservazioni di Lodovico Antonio Muratori bibliotecario del sereniss. sig. duca di Modena* [...]. Modena: Bartolomeo Soliani.

Rigo, Paolo (2016): Corpo. In: Marcozzi, Luca / Brovia, Romana (a cura di): *Lessico critico petrarchesco*. Roma: Carocci, 114–125.

Rigo, Paolo (2017): Petrarca e il corpo: una ricognizione del tema. In: *Arzanà, Cahiers de littérature médiévale italienne* 19, 55–77. DOI: https://doi.org/10.4000/arzana.1050.

Santagata, Marco (a cura di e commentato da) (1999): *Petrarca, Francesco. Canzoniere*. Milano: Mondadori.

Santagata, Marco (2000): *Il copista*. Palermo: Sellerio.

Soldani, Arnaldo (2006): Un'ipotesi sull'ordinamento finale del Canzoniere (RVF, 336–66). In: *Studi petrarcheschi* 19, 209–250.

Stoppelli, Pasquale (a cura di) (2009): *Petrarca, Francesco. Elogio della vecchiaia*. Milano: La Vita Felice.

Stroppa, Sabrina (2014): *Senectus* e meditazione allo specchio: su Rvf 361. In: *Petrarchesca* 2, 119–139.

Tissoni Roberto (1993): *Il commento ai classici italiani nel Sette e nell'Ottocento (Dante e Petrarca)*. Padova: Antenore.

Vecchi Galli, Paola (2013): Petrarca allo specchio. In: *Studi e problemi di critica testuale* 86, 27–47.

Zatta, Antonio (1756): *Le rime del Petrarca brevemente esposte per Lodovico Castelvetro*. Venezia: Antonio Zatta.

Zava, Giulia (2017): L'iconografia petrarchesca, uno sguardo nella diversificazione. Con un'appendice filologica sul Petrarca queriniano. In: *Letteratura & Arte*, 15, 9–32.

Dall'*anziano fragile* all'*invecchiamento attivo*: rappresentazioni linguistiche della vecchiaia nel discorso pubblico italiano contemporaneo

Daniela Pietrini

Abstract: The aging population is one of the most significant changes of the 21st century, affecting every aspect of daily life, from production and consumption to healthcare and social welfare systems. Italy is the second oldest country in the world, after Japan, with the highest percentage of citizens aged 65 or older in Europe, and the lowest percentage of young people. This contribution explores the theme of aging and old age from a linguistic perspective. It specifically investigates the linguistic representations of old age, focusing on the lexicon to uncover how these social representations are expressed in the language used by the Italian national daily and periodical press. The study examines both individual lexemes and multi-word expressions, noun phrases, and collocations used to describe elderly people and phenomena related to aging. The theoretical framework draws from the linguistic discourse analysis, particularly the linguistic «historiography of mentality» (cf. Fritz Hermanns' *linguistische Mentalitätsgeschichte*, 1994), according to which the mentality, in terms of the thinking dispositions of social groups, becomes visible in language use. By analysing the terms and expressions for elderly people and the various aspects of old age, this study aims to reveal how these phenomena are conceptualised in society.

Keywords: aging, old age, linguistic representations, lexical analysis, discourse analysis

1. Introduzione

«L'invecchiamento della popolazione è una tendenza a lungo termine iniziata diversi decenni fa in Europa. Questa tendenza è visibile nelle trasformazioni della struttura dell'età della popolazione e si riflette in una quota crescente di anziani, unita a una percentuale in calo di persone in età lavorativa sulla popolazione totale» (Eurostat 2024). Il progressivo invecchiamento della popolazione è uno dei principali processi di cambiamento del XXI secolo, con importanti ricadute in ogni settore della vita quotidiana, dall'ambito della produzione e dei consumi al sistema sanitario e previdenziale. L'Italia in particolare è il secondo paese al mondo più vecchio, dopo il Giappone, e fa registrare in Europa la percentuale più alta di cittadini con età pari o superiore a 65 anni e quella più bassa di giovani.

Questo contributo si dedica al tema dell'invecchiamento e più in generale della vecchiaia dal punto di vista linguistico. Ci si propone in particolare di indagare le immagini linguistiche della vecchiaia in ambito lessicale, partendo dalla considerazione del lessico come la parte della lingua che reagisce in modo più immediato ai mutamenti socioculturali (cfr. Reichmann 1992, 184). Lo sfondo teorico dello studio è costituito dall'analisi linguistica del discorso[1], che definisce il discorso come unità trans-testuale in quanto rete coerente di enunciati tematicamente correlati prodotti da una comunità linguistica determinata in un periodo di tempo analiticamente definito. Da questo punto di vista il discorso pubblico italiano sulla vecchiaia e sull'invecchiamento comprenderebbe l'insieme di tutti gli enunciati (non di ambito scientifico) prodotti dalla comunità linguistica italiana aventi per oggetto la vecchiaia. Il discorso così inteso può essere analizzato solo sulla base di un campione discorsivo nel senso di un corpus che ne rispecchi le caratteristiche. Trattandosi di un progetto di ricerca nelle sue fasi iniziali, il contributo presente si propone come una sorta di studio pilota su un corpus relativamente ristretto, per verificare tra l'altro anche interesse e potenzialità dell'analisi.

Ci si propone in particolare di identificare le rappresentazioni sociali della vecchiaia oggi così come esse vengono espresse attraverso la lingua nella stampa nazionale italiana, quotidiana e periodica. La scelta di concentrarsi su un corpus giornalistico si spiega soprattutto in base al ruolo delle attribuzioni di valore e dei giudizi sociali espressi sui media nell'influenzare non solo l'immagine esterna della vecchiaia, ma anche le identità personali ad essa legate (cfr. Wangler/Jansky 2021; Thimm ^{2}2015, 359). Si tenga comunque presente la discrepanza tra la rappresentazione di una categoria sociale, nel caso specifico quella delle persone in età avanzata, nel discorso pubblico e

---

1 Il concetto di discorso è ormai onnipresente non solo nel linguaggio comune, ma anche nella linguistica e in generale nella scienza, vero e proprio modismo con significati eterogenei e divergenti a seconda del singolo approccio e del relativo sfondo teorico (cfr. Schalk 1997/98; Schöttler 1997). Questo contributo può essere inquadrato nell'intersezione tra l'analisi linguistica del discorso praticata in Francia (cosiddetta *nouvelle analyse du discours à la française*, cfr. almeno Maingueneau 2014) e l'orientamento di studi, anch'esso ispirato ai lavori di Foucault, sviluppatosi soprattutto nella linguistica germanista e basato su un concetto trans-testuale di discorso (per un'introduzione cfr. Warnke/Spitzmüller 2008, 2011; Niehr 2014). Alcuni esempi di applicazione combinata di entrambi gli approcci teorici e metodologici sono in Pietrini 2018, 2019, 2023.

nella fattispecie nella stampa, e il modo effettivo di rapportarsi a essa nella vita sociale, aspetto che esula dagli obiettivi analitici di questo contributo.

2. Gli anziani e la linguistica

La "linguistica della vecchiaia" (ted. *Alterslinguistik*, Neuland ²2015, 15) è un campo di ricerca relativamente nuovo, sviluppatosi soltanto alla fine del secolo scorso (cfr. Fiehler/Thimm 1998). In questo contesto, la linguistica può interessarsi agli anziani da diversi punti di vista. Il campo d'analisi predominante è quello relativo all'uso linguistico degli anziani stessi (cfr. Gerstenberg 2011; Taddei Gheiler 2005), «considerati perlopiù latori di forme linguistiche conservatrici» (Filipponio 2011, 64), come dimostra anche il ruolo di primo piano tradizionalmente assegnato agli informatori anziani nell'ambito di ricerche dialettologiche (cfr. Coveri 1988, 231). Un secondo filone di ricerca si interessa invece alla comunicazione intergenerazionale studiando l'interdipendenza tra l'invecchiamento, le aspettative stereotipate legate all'età e la comunicazione. All'interno di questa corrente di studi si sviluppa ad es. il modello della comunicazione intergenerazionale stereotipata di Ryan et al. (1986), che mette l'accento sulle modifiche che i parlanti più giovani apportano al proprio linguaggio per adattarlo, semplificandolo, a quello – presunto – degli interlocutori anziani, in base a stereotipi negativi sulle capacità comunicative di questi ultimi[2].

Il contributo presente si colloca all'interno di un terzo filone di ricerca, che non si interessa né al linguaggio degli anziani né all'interazione tra le generazioni, quanto piuttosto alla costruzione linguistico-discorsiva della vecchiaia. A differenza del francese (cfr. Guinamard/Guo/Laureillard 2023; Pan 2022) o del tedesco (cfr. Galliker/Klein 1997; Thimm 2009, ²2015; Krüger 2016), mancano studi sulla concettualizzazione della vecchiaia in italiano. È a questa lacuna che questo studio cerca di rispondere.

3. Questioni di metodo

L'analisi linguistica del discorso si basa sull'assunto che i modelli collettivi di pensiero di una determinata comunità linguistica si manifestano nel suo

---

[2] Sugli stereotipi negativi legati allo stile comunicativo degli anziani cfr. anche Ryan/Kwong See (1998).

uso linguistico (cfr. Hermanns 1995). Pertanto, lo studio delle denominazioni delle persone di età avanzata e delle diverse manifestazioni della vecchiaia e quello del loro profilo combinatorio può portare alla luce i modi di concepire i rispettivi fenomeni. Per ricostruire la rappresentazione collettiva della vecchiaia e dell'invecchiamento nel discorso pubblico – non scientifico – italiano si è realizzato un corpus di testi giornalistici aventi per tema gli anziani, selezionati attraverso i motori di ricerca dei quotidiani *La Repubblica* e *Corriere della sera*, del settimanale di «politica, cultura e economia» (v. l'autodefinizione sulla copertina della rivista) *L'Espresso* e dei settimanali femminili *Donna moderna* e *Elle*, tutti consultati esclusivamente nelle loro edizioni elettroniche. Si è cercato così di raccogliere un corpus rappresentativo dei modelli collettivi di pensiero della comunità linguistica italiana oggi scegliendo i due principali quotidiani nazionali, un'importante rivista di «attualità politica, culturale e di costume a tendenza laica» (ENC, s.v. *l'Espresso*) e due settimanali femminili molto popolari, caratterizzati da target e focus tematici leggermente diversificati, più incentrato su moda, tendenze e bellezza *Elle*, più attento all'informazione e alla gestione pratica della vita quotidiana *Donna moderna*[3]. Un corpus così costituito, per quanto ristretto al solo discorso della stampa, consente di riprodurre in maniera rappresentativa il discorso sulla vecchiaia della comunità linguistica italiana con riguardo ai suoi molteplici attori grazie alla polifonia insita nella scrittura giornalistica, in cui il piano dell'enunciazione cambia continuamente e le parole stesse del giornalista lasciano intendere – con maggiore o minore distanza – una pluralità di voci[4].

Trattandosi per il momento di un progetto pilota, il corpus è circoscritto al terzo decennio degli anni Duemila e comprende gli articoli di giornale contenenti la stringa *anzian** pubblicati dal 1° gennaio 2020 al 30 settembre

---

3 Come si legge sui comunicati stampa dei rispettivi editori, la rivista *Donna moderna* «offre un'informazione utile, pratica e completa sui diversi aspetti della vita quotidiana delle donne attraverso tutte le sue piattaforme di comunicazione» e dedica «forte attenzione ai temi dell'empowerment femminile» (https://mediasei.it/Donna-Moderna/, ultimo accesso 16-10-24), mentre «rispetto alla media della popolazione italiana, a Elle viene riconosciuta un'alta capacità di intercettare i target interessati ai temi cardine del brand: moda, bellezza, entertainment insieme a food e travel» (https://www.hearst.it/news-e-comunicati-stampa/comunicati-stampa/elle-alla-ripartenza-continua-essere-il-settimanale, ultimo accesso 16-10-2024).

4 Per la polifonia della scrittura giornalistica cfr. Maingueneau 2007.

2024. Si tenga comunque presente che il periodo selezionato include anche gli anni del covid, in cui la categoria degli anziani è stata particolarmente al centro dell'attenzione in quanto maggiormente a rischio di contrarre il virus.

Ne risulta un corpus di 91.361 parole e 106.964 token. I dati così raccolti sono stati sottoposti a un'analisi qualitativa svolta con il supporto di software, in particolare dei programmi Sketch Engine per il rilevamento automatico di parole chiave e concordanze, e MAXQDA per annotare il corpus stesso.

4. Lessico e discorso

La lingua svolge un ruolo determinante nella costruzione discorsiva della realtà:

> «è per mezzo del linguaggio che si costituisce in primo luogo la realtà [...] alla quale, a sua volta, è possibile fare riferimento con il linguaggio. Di conseguenza, non solo il pensiero e la cognizione dipendono dal linguaggio, ma ciò che riconosciamo, ciò che possiamo pensare, dipende a sua volta dalla sua comprensione linguistica. Ciò diventa particolarmente chiaro nella costruzione di oggetti e fatti da parte dei mass media.»[5] (Warnke 2009, 116–117)

In altre parole, è il linguaggio a dare alla nostra percezione della realtà una certa prospettiva, che si sviluppa e si modifica continuamente nell'atto stesso del parlare. È quindi possibile non solo usare le parole per riferirsi ai cambiamenti della realtà extralinguistica, ma anche riclassificare la realtà stessa ponendo su di essa il filtro di una mutata prospettiva di percezione. Ciò è valido tanto nella concettualizzazione e verbalizzazione di referenti nuovi quanto nell'adattare espressioni linguistiche preesistenti a nuove prospettive e valori o nel ridefinire, confermare o addirittura modificare fatti controversi attraverso mezzi linguistici.

Un ruolo determinante nella costruzione sociale della realtà spetta quindi al lessico: è attraverso le parole scelte per focalizzare e valutare il reale che si

---

[5] Testo originale: «vermittels Sprache [wird Wirklichkeit] überhaupt erst konstituiert [...], auf die dann wiederum mit Sprache ein Verweis möglich ist. Mithin sind nicht nur Denken und Erkennen sprachabhängig, sondern das, *was* wir erkennen, *worüber* wir nachdenken können, ist selbst abhängig von seiner sprachlichen Erfassung. Besonders deutlich wird dies bei der massenmedialen Konstruktion von Gegenständen und Sachverhalten.» (trad. DP)

possono leggere le interpretazioni e i giudizi sui singoli fenomeni. Partendo dal presupposto che oggi sono i valori positivamente connotati della giovinezza a definire gli standard delle realtà sociali, per cui l'essere vecchi non figura tra le caratteristiche preferite, si può ipotizzare che questa valutazione dell'età si rifletta nei termini e negli usi linguistici (cfr. Thimm 2020, 51). Il contributo presente si propone quindi di ricostruire, sull'esempio della stampa nazionale, quotidiana e settimanale, le rappresentazioni collettive dell'invecchiamento e della vecchiaia sulla base del lessico tipico per il discorso italiano attuale sulle persone anziane.

Al centro dell'analisi figurano le denominazioni collettive per la categoria sociale delle persone anziane e l'uso linguistico di alcune parole chiave del discorso (giornalistico) contemporaneo sulla vecchiaia, in particolare per quanto riguarda il loro profilo combinatorio (collocazioni, cooccorrenze e routine verbali).

5. I filoni discorsivi del discorso su vecchiaia e invecchiamento

L'estrazione delle parole chiave, realizzata con Sketch Engine grazie al confronto automatico del corpus selezionato con il corpus generico di riferimento Italian Web 2020 (itTenTen20)[6], consente di risalire ai filoni discorsivi che compongono il discorso mediatico su vecchiaia e invecchiamento nella stampa italiana degli ultimi quattro anni. In quali contesti la stampa nazionale italiana si interessa agli anziani? È possibile individuare almeno i seguenti filoni discorsivi (v. Tab. 1):

- assistenza e alloggio
- malattia
- solitudine
- economia
- politica
- criminalità
- cambiamento demografico
- atteggiamenti e status

---

6 Si tratta del più grande corpus attualmente esistente in italiano (della serie TenTen), costituito da circa 12.500.000.000 parole sulla base di testi scaricati automaticamente dal web e annotato, disponibile sull'interfaccia Sketch Engine. Cfr. Jakubiček et al. 2013.

Tabella 1: Filoni discorsivi principali nel discorso su vecchiaia e invecchiamento e relative parole chiave

Filone discorsivo	Tema	Parole chiave (singole e multiple)
assistenza e alloggio	prestazioni assistenziali nei confronti degli anziani (soprattutto le soluzioni abitative)	assistenza (domiciliare); rsa; coabitazione; co-housing / social housing; abitare sociale; casa di riposo; residenza sanitaria; ricovero di sollievo; caregiver; domiciliarità; operatore sociosanitario; struttura residenziale; cura domiciliare
malattia	stato psicofisico degli anziani	anziani non autosufficienti; ricovero in ospedale; infermiere; lungodegente, anziani allettati; demenza; Alzheimer; telemedicina; malattia legata all'età; malato cronico; declino/disturbo cognitivo; rischio di depressione
solitudine	isolamento sociale degli anziani	solitudine; isolamento sociale; anziani soli
economia	terza età dal punto di vista economico-finanziario in quanto a) disagio economico degli anziani e peso sociale; b) forza economica	a) spesa sanitaria; sanità pubblica; assegno / indennità di accompagnamento b) silver economy; economia della terza età; cliente anziano; risorsa per la collettività
politica	capi di stato anziani	governata da over 70; grandi vecchi; candidati anziani; quirinabilità; Joe Biden; leader anziani
criminalità	crimini commessi da anziani o ai danni di anziani	truffe agli anziani; finto carabiniere
cambiamento demografico	invecchiamento della popolazione	popolazione anziana; sfida demografica; cambiamento demografico; calo della natalità; allungamento della vita; fascia di popolazione; paese per vecchi
atteggiamenti e status	percezione della vecchiaia	ageismo / ageism; invecchiamento attivo; invecchiamento sano; percezione della vecchiaia; atteggiamento positivo; arte di invecchiare; age pride

La separazione di singoli filoni discorsivi risponde a esigenze analitico-pratiche; nella realtà i filoni si intrecciano e si sovrappongono (è questo il caso dei filoni "assistenza" e "malattia", difficili da separare) e diverse parole chiave sono ascrivibili all'uno o all'altro a seconda del singolo contesto. Si pensi ad esempio a *depressione*, che ricorre spesso non solo in enunciati che tematizzano lo stato di salute degli anziani, ma anche nel "meta-filone discorsivo" incentrato sulla percezione (interna ed esterna) della vecchiaia. Quanto al filone discorsivo relativo alla considerazione delle persone anziane dal punto di vista economico-finanziario, esso appare fortemente polarizzato: mentre da alcuni enunciati traspare una rappresentazione della terza età come categoria economicamente disagiata se non addirittura in quanto "peso sociale" (es. 1–4), il sottodiscorso dominante è però quello degli anziani come forza economica, caratterizzato da parole chiave e collocazioni come *silver economy*, *economia della terza età*, *age management*, *clienti silver / anziani*, nonché da cooccorrenti quali *forza lavoro*, *Pil*, *potere d'acquisto*, *consumo* (es. 5–9).

1) anziani soli o conviventi con altri anziani, che rappresentano una delle *aree a maggiore disagio economico* e sociale, non avranno diritto alla card[7]

2) [Francesco Boccia] ha parlato anche della necessità di contrastare la *povertà degli anziani* alzando le pensioni minime

3) lo Stato *spende circa 21 miliardi di euro per gli anziani* e, volendo rispondere appieno ai bisogni dei più fragili, dovrebbe sganciarne altri nove.

4) [...] *investimenti* sufficienti a finanziare le riforme già previste, come quella per l'assistenza agli *anziani* non autosufficienti

5) *Silver economy*, fondamentale per un Paese che *invecchia*

6) Ma se pensiamo agli *anziani* come *peso sociale*, ci dimentichiamo che esiste un'*economia della terza età*

7) [...] strumenti di *Age management*, ovvero di politiche a supporto della *lunga vita attiva* nelle aziende

8) I cosiddetti "*clienti silver*" oggi sono visti non solo come destinatari di cure, ma come *consumatori attivi* con bisogni specifici e *potere d'acquisto*. Si fa strada l'idea

[7] Tutti gli esempi sono trascritti senza interventi di modifica sull'originale. Solo il corsivo per sottolineare i termini in evidenza è di DP.

di "*invecchiamento attivo*" che promuove la loro inclusione in tutte le sfere della vita, compreso il *consumo*.

9) il retailer investe molto nella formazione del proprio personale per garantire che gli addetti alle vendite siano preparati a supportare i *clienti anziani* in modo adeguato e rispettoso.

Quanto al filone discorsivo incentrato sul rapporto tra anziani e politica, il suo ruolo preminente nel corpus analizzato è almeno in parte legato alla coincidenza dell'arco temporale prescelto per la selezione del corpus con un istante discorsivo[8] particolare, la ricandidatura di Joe Biden alla presidenza degli USA. È soprattutto in questo contesto che abbondano le discussioni pubbliche sull'età ideale per occupare un ruolo politico di prestigio, negli Stati Uniti d'America come in Italia (es. 10–13):

10) Ma mentre ai trumpiani l'*età* e i processi in cui è incriminato The Donald non interessano, i democratici sono *ossessionati dall'età del presidente*. Per il 54 per cento di loro, secondo il sondaggio Nyt/Siena College, "è *troppo vecchio*".

11) Abbiamo esempi significativi, ed è normale per noi parlare di Trump come di un *vecchio attivo* e di Biden come di un *vecchio da assistere*.

12) Più della metà della popolazione mondiale, dice il quotidiano finanziario, è *governata da over 70*.

13) Vociferano che ieri Giuliano Amato, *83 anni*, da sempre tennista appassionato, sia stato avvistato a giocare a tennis al Foro Italico. Messaggio in codice: so ancora tenere in mano una racchetta. Fuor di metafora: non sono *troppo vecchio* per il Quirinale. La brutalità della traduzione è necessaria ad affrontare un argomento altrimenti tabù: la *quirinabilità* degli aspiranti, in relazione alla loro *età*.

Proprio i filoni discorsivi incentrati sull'età in relazione ad aspetti economici e politici sono quelli da cui maggiormente traspare un discorso trasversale a quello su vecchiaia e invecchiamento, avente per oggetto il conflitto intergenerazionale. In tanti enunciati del corpus infatti *vecchi** e *anzian** sono cooccorrenti di *giovan**: in tal modo si mette in scena un conflitto nel quale le persone anziane, a seconda dei contesti e della rispettiva posizione discorsiva,

8 Il concetto di istante discorsivo, sviluppato dall'analisi linguistica del discorso di matrice francese, indica il sorgere temporaneo nei media di una produzione discorsiva più intensa a proposito di un singolo avvenimento extralinguistico (cfr. Moirand 2007, 4).

sfrutterebbero la generazione più giovane, le impedirebbero l'accesso alla vita professionale o politica oppure verrebbero da questa trascurate se non addirittura oltraggiate (es. 14–17)[9]:

14) È molto interessante, questa apologia dei *giovani* da parte dei *vecchi*. [...] ho sentito tante volte in questi dodici giorni fare il panegirico dei *giovani* da parte di *anziani* che ricoprono ruoli di potere e sono offesi dalla prospettiva, probabile e imminente, di non averli più.

15) Secondo il politologo svedese Aksel Sundström infatti, i leader *anziani* allontanano i *giovani* dalla politica, determinando un ciclo di alienazione. «Candidati che hanno l'*età dei loro nonni*, allontanano i *giovani* dalle urne.»

16) Gli *anziani* spesso vengono estromessi da misure di salvaguardia sanitaria, come avvenuto durante la pandemia, quando i posti in terapia intensiva erano destinati ai più *giovani*.

17) Altri vicini parlano di un atteggiamento quasi di sfida da parte dei *giovani* nei confronti degli *anziani* dirimpettai che si lamentano del rumore fino a tarda notte. «Quei *vecchi* li facciamo impazzire», ha sentito dire qualcuno in qualche occasione.

Quanto al filone discorsivo che tematizza il cambiamento demografico, oltre a parole chiave quali *popolazione anziana*, *sfida / cambiamento demografica/-o*, *calo della natalità*, *allungamento della vita / aspettativa di vita*, *fascia di popolazione*; *paese per vecchi*, emerge la tendenza alla quantificazione. Per quanto cambino volta per volta le cifre, la quantificazione della popolazione anziana (in numeri assoluti o percentualmente) si costituisce come vero e proprio topos discorsivo per fondare, nel discorso su vecchiaia e invecchiamento, premesse plausibili all'argomentazione attraverso la rappresentazione della situazione iniziale sulla base di dati numerici attendibili[10] (es. 18–20).

---

9 Sulla messa in scena del conflitto intergenerazionale nel discorso giornalistico tedesco sulla terza età cfr. Thimm (2009, 157–159).

10 Il concetto di topos è una delle idee centrali dell'analisi linguistica del discorso di matrice germanista che fa da sfondo teorico a questo contributo (cfr. Warnke/Spitzmüller 2011, 191). Con esso si intende un modo di pensare abituale, un principio sociale di pensiero sulla cui base, nel contesto di un discorso determinato, vengono fondati argomenti plausibili, e attraverso la cui analisi è possibile quindi risalire ai modelli collettivi di pensiero di una determinata comunità linguistica in rapporto a un ambito discorsivo (cfr. Wengeler 2003).

18) Nel 2050 gli anziani saranno 20 milioni: servono strategie per garantire una buona qualità della vita a tutti Passeremo da 59 a 48 milioni di persone e spariranno 500 miliardi di Pil. «Dobbiamo esserne consapevoli».

19) Nel 2070 ci saranno oltre 2 milioni di ultranovantenni, di cui 145mila ultracentenari. «A questi signori dobbiamo garantire qualità della vita» ma è necessario anche considerare «l'enorme spesa sanitaria per sostenere una popolazione così invecchiata», ricorda Blangiardo.

20) Un italiano su quattro ha più di sessantacinque anni e questi sessantacinquenni hanno un'aspettativa di vita in buona salute che può arrivare a 15/20 anni. Insomma, ci sono circa 14 milioni di vecchi di cui 4 o 5 da assistere fuori dai Pronto Soccorsi a costi quindi inferiori e a benessere migliore, mentre 10 milioni di loro sono vitali e potenzialmente efficienti. La vecchiezza anche estrema c'è sempre stata (45 centenari nell'Italia all'inizio del secolo scorso), ma mai come ora abbiamo avuto a che fare con vecchiezza di massa e in buona salute.

6. Le denominazioni collettive per le persone anziane

Nell'analisi del discorso (giornalistico) italiano su vecchiaia e invecchiamento le denominazioni collettive per la categoria sociale degli anziani costituiscono un indicatore fondamentale per cogliere i modelli di pensiero soggiacenti. Attraverso la scelta di determinati mezzi linguistici, i partecipanti alla comunicazione possono infatti suggerire – sulla base della propria posizione discorsiva – una specifica percezione cognitiva del reale enfatizzando alcuni aspetti semantici e facendone scivolare altri in secondo piano[11], nonché trasmettere più o meno implicitamente valutazioni e giudizi. Pertanto, le pratiche linguistiche di denominazione – in particolare quelle collettive – effettuano categorizzazioni attribuendo caratteristiche specifiche a gruppi di persone, che diventano così identificabili e percepibili come oggetti di riferimento discorsivo. Lo studio delle denominazioni collettive per le persone anziane

[11] Ci si riferisce qui alla teoria della prospettività linguistica (ted. *sprachliche Perspektivierung*) di Wilhelm Köller (2004), in base alla quale non può esistere una designazione o una formulazione "neutra" perché nessun segno linguistico può simboleggiare allo stesso modo tutti gli aspetti del significato di un concetto, ma solo porne in primo piano aspetti parziali. Di conseguenza, i parlanti scelgono una formulazione tra un ventaglio di possibilità espressive in base alla prospettiva da evidenziare volta per volta, deselezionando contemporaneamente tutte le alternative.

può quindi essere utile per individuare quali caratteristiche vengano attribuite oggi a questa categoria sociale.

Il primo risultato dell'analisi è l'estrema eterogeneità delle denominazioni (v. Tab. 2): oltre a quelle apparentemente neutre *anziani* e *vecchi* (v. § 7), tra le denominazioni collettive per la categoria sociale delle persone anziane emerse dal corpus spicca la varietà dei mezzi linguistici utilizzati.

Tabella 2: Le denominazioni collettive per le persone anziane in base alla prospettiva dominante

Prospettiva dominante	**Denominazione collettiva**
vecchiaia	vecchi /-e
	anziani /-e
indicazione numerica della (categoria di) età	over X (50 / 55 / 60 / 64 / 65 / 70 / 75 / 80 / 90 / 100)
	Xenni (70 / 72 / 75 / 79 / 80 / 90)
	con più di X anni (60 / 65 / 70 / 75 / 80 / 105)
	ultraXenni / -ari (60 / 65 / 70 / 80 / 85 / 90 / 100)
	di età pari (o superiore) ai X anni (60 / 65)
	Xari (ottuagenari, centenari/-e)
	ultraXenni/-ari/-e (60 / 65 / 70 / 80 / 85 / 90 / 100)
	semi-supercentenari
longevità	(donne / nonne / persone / popolazione) (più) longeva / -e
	perennials
maturità	(coorti / donne / fasce / popolazioni) (più) mature
	i supermaturi
legame affettivo / affettuosità	nonni/-e; nonnini/-e; vecchietti/-e
fragilità	fasce deboli
	persone fragili
	i più fragili

(continua)

Tabella 2: (*continuazione*)

Prospettiva dominante	Denominazione collettiva
attività / inattività lavorativa	pensionati
	adulti attivi
stato di salute	lungodegenti
	(anziani / italiani / persone) (non) autosufficienti
	coloro che soffrono di demenza
	coloro che hanno difficoltà a uscire di casa
vaghezza	(chi sta vivendo la / popolazione della / utenza della) terza età
	signore in età
	persone oltre una certa età
	persone più in là con l'età
	donne che superano una certa soglia di età
	celeb over
	generazioni nate nei primi decenni del secondo dopoguerra
	popolazione attempata
pregio / metallo prezioso	(clienti) silver (virgolettato e non)
gioventù	non "giovaniformi"
	similgiovani
eccezionalità	grandi adulti
	grandi anziani (virgolettato e non)
	grandi vecchi (virgolettato e non)
maggiore esperienza	senior
novità / diversità	nuovi vecchi e nuove vecchie
	i nuovi over 65

Colpisce in particolare la tendenza a suddividere le persone anziane in microcategorie (fasce di circa cinque anni ciascuna) identificate in base alla menzione numerica dell'età (*over X*, *Xenni* ecc., v. es. 21–24).

21) Sono spesso una risorsa per familiari e amici, offrendo loro aiuto e assistenza ma, al tempo stesso, gli over 65 vivono lo spettro dell'isolamento sociale.

22) Esselunga ha implementato una serie di servizi personalizzati per i clienti anziani, tra cui la consegna a domicilio gratuita per gli over 70 e la possibilità di fare la spesa online con l'assistenza di un operatore.

23) Cosa fare per invecchiare bene. Gli ultrasessantenni italiani si curano di più, fanno sport e sono attenti alla dieta.

24) In base ai dati del sistema di sorveglianza "Passi d'Argento" dell'Istituto Superiore di Sanità, pubblicati in vista della giornata mondiale delle persone anziane il primo ottobre, nel biennio 2022–2023 il 16 per cento degli ultrasessantacinquenni, nel corso di una settimana normale, non ha avuto contatti neppure telefonici con altre persone e due intervistati su tre non hanno frequentato alcun punto di aggregazione (come parrocchia, circoli per anziani o circoli di partiti o di associazioni).

Denominazioni di questo tipo non solo offrono il vantaggio di eludere la menzione esplicita del tratto 'vecchio' / 'anziano', ma riescono anche ad abbassare l'età percepita grazie alla presenza di un elemento numerico, che in quanto tale si inserisce idealmente in una serie potenzialmente infinita (a un *settantacinquenne* può sempre seguire un *ottantenne* e così via). Ne emerge una costruzione sociale della vecchiaia come prodotto culturale modellato attraverso il linguaggio, dai confini (ri)negoziabili all'infinito.

L'ampio ventaglio di possibilità espressive per denominare la categoria sociale degli anziani è inoltre caratterizzato da una forte tendenza all'attenuazione eufemistica. A espressioni vagamente generiche (*di una certa età*, *in là con l'età*, *in età* ecc.) e fantasiose neoformazioni su base 'giovane' (*similgiovani* o anche la litote *non giovaniformi*) si affiancano alcuni prestiti (*senior*[12], *over*, *silver*) dall'angloamericano, «lingua eufemizzatrice per eccellenza» (Canobbio 2011, 1441), nonché sintagmi nominali che contengono

[12] Sul termine *Senior* in quanto denominazione collettiva delle persone anziane nel tedesco cfr. Galliker/Klein 1997 e Linke 2003.

un tratto assiologicamente positivo, come nel caso di *grandi vecchi*[13], *grandi anziani* e *grandi adulti*, in cui la concettualizzazione nell'ambito semantico della 'grandezza' sta a sottolineare l'eccezionalità dell'età raggiunta connotandola positivamente.

Quanto alle altre denominazioni, a seconda dei casi esse mettono l'accento su presunti punti di forza (maturità, longevità) o di debolezza (fragilità, suscettibilità alle malattie) legati all'invecchiamento.

25) [...] nel Belpaese l'80% degli *anziani* vive in case di proprietà, e un'altra per [sic] soggiorna nelle case di cura i [sic] RSA. «Proponendo soluzioni pensate per migliorare la qualità della vita dei *senior* (e dei loro famigliari) e ritardando o riducendo le necessità di cure sanitarie o ospedaliere, si può favorire anche una notevole riduzione della spesa pubblica», scrive Nomisma.

26) Eppure il tema dei *grandi anziani* riguarda un terzo degli *over 65*, cioè 3,9 milioni di italiani *non autosufficienti*, e interessa il 17,4 per cento della popolazione, cioè otto milioni e mezzo di persone: tanti quanti sono i caregiver.

27) Inoltre, alcuni aspetti della salute sono migliorati nel tempo, tanto che le persone di una certa età che in passato erano considerate anziane potrebbero non essere più considerate tali al giorno d'oggi.

7. I commenti metalinguistici

Anche lo studio dei commenti metalinguistici può essere utile per ricostruire il discorso italiano attuale su vecchiaia e invecchiamento. Nei commenti metalinguistici infatti i parlanti riflettono sugli usi linguistici propri o altrui fornendo così informazioni sulle connotazioni che associano a essi. Il corpus contiene diversi enunciati classificabili come commenti metalinguistici, che non si limitano alla tematizzazione esplicita di singole formulazioni, ma includono anche forme più sottili di critica metalinguistica, realizzate in particolare attraverso l'uso modalizzatore delle virgolette. Esse possono segnalare il carattere esogeno di un elemento discorsivo non soltanto in quanto

---

[13] *Grandi vecchi* è la denominazione adottata ufficialmente dal Rapporto ISS Covid-19 n. 6/2021 dal titolo "Assistenza sociosanitaria residenziale agli anziani non autosufficienti: profili bioetici e biogiuridici" pubblicato dall'Istituto Superiore di Sanità, in cui si propone un concetto dinamico di anzianità basato su una classificazione in quattro sottogruppi: «giovani anziani (64–74 anni), anziani (75–84 anni), grandi vecchi (85–99 anni) e centenari» (ISS 2021, 4).

meri indicatori di discorso diretto, ma anche perché evidenziano la presa di distanza dell'enunciatore rispetto alla parola riportata, fungendo così da implicito commento metalinguistico, «segno sui segni» (*signe sur les signes*, Authier-Revuz 1998, 373).

Al centro della riflessione metalinguistica che emerge dallo studio del corpus figura soprattutto il termine *vecchio*, considerato una «parola forte, [...] secca e dura» (es. 28), «vocabolo asciutto che può suonare impietoso» (es. 29):

28) Caterina, ginecologa in pensione, volontaria in un centro antiviolenza e in un ambulatorio per migranti, racconta la sua "vecchiaia". *Vecchia, che parola forte. Così secca e dura*. Per me invece è un'età morbida, mi sta regalando ciò che non ho mai avuto: il tempo.

29) Le vittime più numerose di questa sinistra sorpresa del Ventunesimo secolo sono gli individui di entrambi i sessi adesso chiamati nelle nostre società *anziani* o *persone di età avanzata* o *senior*, o con *altre espressioni garbate*, invece di *"vecchi"* come un tempo, *vocabolo asciutto che può suonare impietoso.*

Vecchio appare connotato negativamente, rifiutato dagli interessati che non vi si riconoscono e se ne sentono svalutati o discriminati. Nei commenti metalinguistici si esprime inoltre la consapevolezza del mutamento della percezione stessa della vecchiaia, che si traduce nell'introduzione di nuovi termini (*anziani*, *persone di età avanzata*, *senior* o «altre espressioni garbate» (es. 29) a segnalare l'evoluzione del concetto soggiacente, mentre il vocabolo "incriminato" (*vecchio*, *vecchiaia*) viene messo a debita distanza proprio dalle virgolette.

Da segnalare inoltre un unico commento metalinguistico di segno opposto, esplicitamente a favore dei termini *vecchio* e *vecchiaia* e dichiaratamente ostile proprio alle nuove formazioni linguistiche atte a segnalare il cambio di mentalità in corso:

30) Sono felice di essere vecchio e *mi piace la parola vecchio. Non longevità, non terza età*: *vecchiaia*. Non è una condanna, una malattia, ma una weltanschauung, una concezione del mondo.

Sono comunque numerose le critiche alle pratiche linguistiche di etichettatura enfaticamente positive, che vengono smascherate riproducendone ironicamente le strategie formative (cfr. la litote *non "giovaniformi"*, es. 32, o anche le parodie del politicamente corretto con la locuzione *mentalmente giovane*, es. 33, e della neologia eufemizzante di stampo angloamericano con il prestito *perennials*, es. 34):

31) È vero, c'è un dato indiscutibile: il passato si allunga e questo è bene, genera forza e ricchezza, ma il futuro si restringe, e questo, proprio perché hai lottato "per una vita che duri tutta la vita", è difficile da digerire. Più facile scivolare verso la fine quando hai vestito la modesta livrea dell'*anziana inerme*, allineandoti al disprezzo di chi ti svaluta perché non sei più *"fresca"* – come se appartenessi al regno delle verdure da insalata.

32) Anche la *vecchiaia performante* rischia di diventare uno stereotipo, una figurina consolatoria per discriminare i *non "giovaniformi"*, quelli che preferiscono andare a letto presto e non per questo si sentono scaduti.

33) Un anno fa la first lady Jill Biden aveva pubblicato sull'account ufficiale una foto del marito mentre spegneva le classiche candeline, circondato dai nipoti in una stanza addobbata con palloncini colorati. A un anno dalle elezioni l'enfasi del *"nonno d'America"* sembra meno spendibile. [...] Ma anche i familiari del presidente sono preoccupati: Biden è considerato *"mentalmente giovane"* ma la sua camminata si è fatta rigida dopo la frattura a un piede. Deve sottoporsi a sedute con il fisioterapista per evitare cadute in pubblico.

34) Delle *over 60*, dette amabilmente *"perennials"* (non muoiono mai, insomma) si parla blandendole e dicendo loro che la vita comincia a sessant'anni, e che questo è il tempo della "greynassance". Rinascimento grigio, già.

Nel mirino della critica metalinguistica finisce anche il linguaggio eufemistico della pubblicità e del marketing con le sue metafore belliche (i «toni quasi militareschi» che si manifestano in usi linguistici quali il prefisso *anti-* e verbi come *combattere* e *lottare*, es. 35):

35) Negli anni '80 il marketing aveva inventato il termine anti-aging per creare un senso di necessità tra le donne mature che non si curavano, con toni quasi militareschi come "combattere le rughe", "lottare contro i segni dell'età". Finendo per far identificare la bellezza con la giovinezza.

Benché non possano essere a rigore annoverate tra i commenti metalinguistici, anche le parafrasi esplicative di alcune parole chiave, disseminate per il corpus, possono essere rilevanti per cogliere la rappresentazione collettiva della vecchiaia e dell'invecchiamento. Sono gli autori stessi infatti a mettere in evidenza alcuni concetti soffermandosi a spiegarli. Si tratta in primo luogo del concetto di ageismo, ripetutamente tematizzato nel corpus come a sottolinearne non tanto il significato, ormai presumibilmente noto ai più[14], bensì l'attualità, i rischi e gli effetti negativi:

36) L'*ageismo* dilagante. La *discriminazione sull'età*. Insomma, sono *vecchi*, hanno vissuto abbastanza. Delle *persone anziane* non si vuole parlare.

37) C'è tutto un fronte di resistenza armata all'*ageismo*, quella *forma idiota di razzismo* che discrimina chi è nato prima (antianum, da antea) e che, se non muori giovane, prima o poi discriminerà anche te.

38) Si parla, isomma [sic], di "age diversity" e di "*ageismo*" (dall'inglese ageism) ossia quella *discriminazione che colpisce le persone anziane* basata sul privilegio delle persone giovani, favorite da una società che teme l'invecchiamento e lo combatte in tutti i modi.

39) L'ageismo, ovvero lo stigma dell'età, colpisce gli anziani (maschi e femmine) e non risparmia i giovani in base alla generazione di appartenenza. Ma le più colpite sono le donne, che subiscono il doppio degli stereotipi.

40) Si può, volendo, incolpare di ciò il cosiddetto "*ageism*", un *pregiudizio* – non troppo diverso dal razzismo e dal sessismo – *che porta a "disprezzare" quanto connesso con la vecchiezza*, per considerare rilevante solo quel che accade dal punto di vista clinico.

Vengono inoltre spiegati (e parafrasati) alcuni neologismi – soprattutto nel caso di prestiti dall'angloamericano, v. es. 41 e 42 – e termini tecnici (come il calco *zona blu*[15], es. 43), nonché i nomi, anch'essi molto attenti a evitare ogni riferimento esplicito alla vecchiaia con effetto eufemistico, di misure e provvedimenti sociopolitici di sostegno alle persone anziane e alle loro famiglie (ad es. *ricovero di sollievo*, es. 44):

---

14 TREC, pur annoverandolo tra i neologismi del 2016, colloca la prima attestazione del termine in italiano nel 2009, quindi più di un decennio prima della pubblicazione degli articoli che costituiscono il corpus (cfr. TREC, s.v. *ageismo*), mentre di Valvasone (2021) ne rintraccia prime, sporadiche attestazioni già nel 1995.

15 Con il significato di «area demografica e/o geografica del mondo in cui la speranza di vita è notevolmente più alta rispetto alla media mondiale» (Wikipedia, s.v. *zona blu*), la polirematica *zona blu* – calco dell'angloamericano *blue zone* – non è al momento attestata in nessun dizionario italiano dell'uso. Il NDM per esempio riporta sì la locuzione di uso comune *zona blu*, ma definendola come segue: «nei centri storici di alcune grandi città, area in cui il traffico e il parcheggio dei veicoli sono vietati o limitati» (NDM, s.v. *blu*).

41) Le residenze per pensionati fanno parte della cultura americana delle senior gated community, progetti immobiliari che nulla hanno a che fare con il comune concetto di struttura protetta o Rsa: le senior gated community sono vere e proprie città private dedicate ad adulti attivi, con campi da golf, negozi, strutture ricreative e ospedaliere.

42) Nel 2019, infatti, andando a ritroso, l'annuncio dell'Asp, con un investimento di più di 5 milioni di euro, dell'inizio del cantiere per il primo senior housing della città: un'area destinata, tra verde e spazi restaurati, alla coabitazione degli anziani in pieno centro.

43) Si chiama "Spazio blu" e il riferimento è alle cosiddette "Zone blu", quelle aree del mondo in cui le persone sono più longeve e in buona salute.

44) *L'assistenza a casa di una persona anziana non autosufficiente* può essere affiancata dal cosiddetto *"ricovero di sollievo"*, cioè un *ricovero temporaneo in una Residenza sanitaria o sociosanitaria (Rsa)*, da una settimana fino a un massimo di 30–60 giorni all'anno, quando la famiglia non riesce a prendersi cura del proprio caro.

8. *Vecchiaia* vs. *invecchiamento*: due realtà discorsive agli antipodi

Per lo studio della costruzione discorsiva della realtà attraverso la lingua non sono rilevanti solo le relazioni paradigmatiche, ma anche quelle associative. Anche i legami tra i singoli lessemi e i riferimenti orizzontali possono infatti fornire informazioni sulle rappresentazioni collettive, essendo il discorso basato sull'accumulo e sulla regolarità della comparsa di determinati segni linguistici nonché sulle loro coesistenze simultanee anche oltre la coscienza dei parlanti[16]. In questa prospettiva, nell'analisi linguistica del discorso assume particolare rilievo lo studio del profilo combinatorio delle parole chiave. Quando

[16] Si ricordi che l'approccio teorico alla base di questo contributo si riferisce esplicitamente a Foucault, che spiega la costituzione degli enunciati in discorsi secondo quattro principi fondamentali (evento, serie, regolarità, condizione di possibilità): un'unità epistemica (*énoncé*) che appare spontaneamente in un nuovo ambiente discorsivo costituisce un evento (*événement*). Apparendo condensati in un certo contesto, gli eventi si organizzano in serie (*série*) e costituiscono i nuclei di formazioni discorsive. Quando le serie di eventi discorsivi si accumulano in una "regolarità" (*régularité*), essi formano strutture discorsive che a propria volta agiscono come "condizioni di possibilità" (*conditions de possibilité*) per la produzione di eventi discorsivi futuri (cfr. Foucault 1969).

determinati segni linguistici ricorrono insieme con una certa frequenza, essi formano gradualmente delle combinazioni di parole che si abitualizzano fino (quasi) a convenzionalizzarsi, diventando così veri e propri modelli di espressione in grado di modellare la nostra percezione sortendo un effetto di costituzione del reale. Viceversa, per ricostruire le rappresentazioni collettive della realtà così come esse si manifestano nel linguaggio, è utile risalire alle associazioni di parole più frequenti, cioè determinare il contesto linguistico delle parole chiave di un determinato discorso. Per risalire ai modelli di pensiero della comunità linguistica italiana contemporanea nel discorso su vecchiaia e invecchiamento, si è scelto di determinare proprio il profilo combinatorio dei due termini *vecchiaia* e *invecchiamento*, che costituiscono le parole chiave più frequenti dell'intero corpus. Nel continuum tra la combinazione libera di lessemi (il sintagma) e la polirematica, la delimitazione esatta delle diverse tipologie di associazioni di parole (cooccorrenze, collocazioni ecc.) è tutt'altro che univoca. In questo contributo con il termine cooccorrenza ci si riferisce, sulla scia di Galliker et al. (1997, 221) e discostandosi dai metodi – sia pur simili – della linguistica dei corpora, al comparire assieme, appunto al cooccorrere, non necessariamente in forma contigua, di due o più elementi lessicali all'interno di un'unità testuale relativamente ampia, che in base alla considerazione che le frasi non sono isolate l'una dall'altra, ma spesso si riferiscono a ciò che immediatamente precede o segue, può anche superare il limite frasale per estendersi fino a un massimo di tre frasi.

Le tabelle 3 e 4 esemplificano rispettivamente i principali cooccorrenti di *vecchiaia* e di *invecchiamento* classificandoli in base agli aspetti semantici volta per volta in primo piano.

Tabella 3: I cooccorrenti di *vecchiaia*

Aspetto semantico in primo piano	Cooccorrenze
discriminazione	ageismo; (de)stigmatizzare v.; pregiudizi (su)
corpo	rughe; capelli bianchi; corpo; cadute; livido; cambiamento dei corpi
malattia	malattia; cura (per) / curare (v.); patologia (di); Alzheimer; effetti collaterali (di); disturbo; depressione; medicina; (v.) in salute

(continua)

Tabella 3: (*continuazione*)

Aspetto semantico in primo piano	**Cooccorrenze**
sentimento	(v.) triste; vergognarsi; sofferenza; rara felicità; amare (in) / amore; desiderio; rallegrarsi (di)
tempo	longevità; ritardare (v.); passato; presente; futuro; inizio (di) / iniziare; ultima tappa; maturità; morte; vivere a lungo; anni; un tempo; stagioni; decenni; (più) tardi / tradivo; prima; dopo; fine; prolungamento
valutazione	apprezzare (v.); elogio (di); (v.) felice; regalo; dono; (atto di) libertà; stato indesiderato; problema; subire (v.); sopportare (v.); peso; (v.) incombere; crisi; prima causa di morte e sofferenza; non lutto; (v.) poco serena; percezione (di)
timore	fobia; spauracchi
natura	processo naturale / inevitabile; esperienza (umana); parte della vita; (v.) sfuggire alla volontà; quel che accade
oscurità	ombra; non buco nero; tramontare; tempi bui; male oscuro
genere	(v.) maschile; (v.) femminile; (v.) di donne
guerra	affrontare (v.); guerra (a); sconfiggere; nemico; prima linea; lottare; atteggiamento di difesa
attività	(v.) attiva; (v.) performante; mantenere attiva (v.)

Tabella 4: I cooccorrenti di *invecchiamento*

Aspetto semantico in primo piano	**Cooccorrenti**
malattia	disturbo degenerativo progressivo / disturbi; malattia; decadimento; farmaco; prevenire; salute; (inv.) sano; healthy aging; (inv.) in salute
tempo	rallentare (inv.); orologio (di); longevità; vivere più a lungo; allungamento della vita
scienza	ricerca; studio / studi scientifici: scienza (di); scienziati; neurobiologia; gene; ricercatori; scoprire; laboratorio; scoperte scientifiche; tecnologia
guerra	combattere (inv.); contro; anti-età; strategia

(continua)

Tabella 4: (*continuazione*)

Aspetto semantico in primo piano	Cooccorrenti
atteggiamento attivo	smettere di accettare (inv.); attività; esercizio fisico; (inv.) attivo; attività fisica costante; active aging; modo proattivo; attenzione
dato / processo	stato di; tasso di; carico di; misura; grado di soddisfazione; fattori di; ridurre, rapporto; incremento; dato; stima; regolazione; (proprio) processo di; invertire (inv.); bloccare (inv.); trend (di)
paura	temere (inv.)
fattore economico	costi di; potere d'acquisto; consumo; fondi; Investimenti; risorsa
obiettivo	raggiungere (inv. sano); promuovere (inv. attivo); soddisfazione
metodo / ricetta	segreto; ingrediente; trucchetti
problema	risolvere; risolvibile
arte	arte

Dall'analisi emergono due concettualizzazioni fondamentalmente diverse delle due parole chiave esaminate. L'aspetto che domina nella rappresentazione linguistica della vecchiaia è quello della scansione temporale: i cooccorrenti di *vecchiaia* ne tracciano l'immagine in quanto fase della vita, *ultima tappa* di una sequenza inarrestabile tra *prima* e *dopo*, *passato* e *futuro*, *inizio* e *fine*, *nascita* e *morte* (es. 45–47), e mettono l'accento sull'età in cui collocarne il fantomatico *inizio* (es. 48):

45) Siamo abituati a pensare alla vita in modo lineare, con la *vecchiaia* come *ultima tappa*.

46) Dunque, l'elogio della *vecchiaia* avrebbe soprattutto a che fare con la scomposizione della sequenza che ci porta progressivamente da un *inizio* a una *fine*, dalla nascita alla morte, come se tra *passato*, *presente* e *futuro* si potesse tracciare una linea di continuità senza inciampi e priva di faglie.

47) Si può invece percepire la *vecchiaia* come il *prolungamento* naturale dell'esistenza, se non addirittura come una nuova esistenza?

48) I ricercatori si sono resi conto inoltre che la percezione della *vecchiaia* è cambiata nel corso dei *decenni*. Rispetto ai partecipanti nati *prima*, quelli nati *più tardi* hanno riportato un *inizio* percepito della terza età *più tardivo*. Ad esempio, quando i partecipanti nati nel 1911 avevano 65 anni, fissavano l'*inizio* della *vecchiaia* a 71 anni. Al contrario, i partecipanti nati nel 1956, alla medesima età, ne ritenevano l'*inizio* in media a 74 anni.

Alla vecchiaia in quanto fase della vita si associano malanni di vario tipo (*Alzheimer*, *depressione*, *lividi* provocati da altrettante *cadute*) nonché diverse manifestazioni fisiche non patologiche (*rughe*, *capelli bianchi*, *cambiamento del corpo*), oltre a *fobie* e *spauracchi*:

49) La *vecchiaia* non è una colpa. Si chiamano *rughe d'espressione* e sono la traccia di tutti i sorrisi, i pianti, lo stupore, la rabbia, la gioia, il dolore, il disgusto e il piacere che abbiamo vissuto.

50) Soffrono di sensi di colpa e non accettano certi "effetti collaterali" della vecchiaia, come le cadute, una vera e propria fobia per molti anziani, che certe volte scopriamo non perché ce ne parlano ma perché notiamo un livido.

51) Alda Merini posò nuda, ma è stato un raro atto di libertà, in questa sotterranea denigrazione dove, peraltro, la consapevolezza del *cambiamento dei corpi* portata dalla *vecchiaia* viene chiesta quasi esclusivamente alle donne.

Per quanto non sia possibile, sulla base della sola analisi delle cooccorrenze, individuare una prevalenza della connotazione negativa della vecchiaia, di cui esistono anche cooccorrenti connotati positivamente (*dono*, *regalo*), spiccano comunque nel corpus i cooccorrenti legati al campo semantico del buio e dell'oscurità (*ombra*, *tempi bui*, *buco nero*, *male oscuro*):

52) Comunque si riesca a cambiare la propria vita quotidiana, magari introducendovi riposo e libertà di organizzare il tempo ora disponibile, l'*ombra* della *vecchiaia* entra nelle menti e anche nelle ossa, e ci resta in un modo che sembra incancellabile.

53) [...] l'*ombra* della depressione che si allunga sugli anni che passano, vero *male oscuro* di ciò che un tempo si definiva *vecchiaia*.

Strettamente collegata alla rappresentazione collettiva della vecchiaia come fase della vita è l'altra immagine che domina il corpus, quella della vecchiaia come parte ineludibile dell'esperienza umana, costruita da cooccorrenti quali *parte della vita*, *processo naturale* e *inevitabile*, *(parte essenziale dell') esperienza umana* indipendente dalla volontà dell'uomo (*quel che accade*):

54) La *vecchiaia* è una *parte essenziale dell'esperienza umana*. Anche se credessimo all'ipotesi che sia possibile estirparla di netto, dobbiamo considerare che ciò potrebbe causare enormi disagi alle strutture sociali così come le conosciamo oggi, oltre al fatto che lo stesso significato che diamo – faticosamente – alle nostre vite andrebbe ricalibrato.

55) La vecchiaia è una parte della vita. E non ci sono due vite uguali.

56) Ma la *vecchiaia* non è una scelta, bensì *"quel che accade"*.

57) La *vecchiaia sfugge alla nostra volontà*: la si subisce con stati d'animo diversi; si tratta di riconoscere, ha detto un filosofo, che «*è quel che accade*».

Nonostante alcune rappresentazioni simili (in particolare la *paura* e il ricorso comune a immagini della metaforica bellica), la concettualizzazione dell'invecchiamento è fondamentalmente diversa da quella della vecchiaia. I vari cooccorrenti contribuiscono a costruire l'invecchiamento come un processo tutt'altro che naturale e ineluttabile, nei cui confronti l'essere umano è chiamato ad assumere un atteggiamento attivo per studiarlo, misurarlo, regolarlo, ritardarlo se non addirittura bloccarlo.

Un gruppo cospicuo di cooccorrenti di *invecchiamento* si ricollega al campo semantico della scienza: *scienziati* e *ricercatori* di vario genere si cimentano nella *scienza dell'invecchiamento* per produrre *studi scientifici* e *scoprire* in *laboratorio* come intervenire in maniera efficace per contrastarlo:

58) Già nel lontano 2013, Google ha fondato la start up Calico, che fa ricerca proprio in questo campo, e anche il co-fondatore di Oracle Larry Ellison ha donato centinaia di milioni di dollari agli studi scientifici sull'invecchiamento.

59) Nel 1995 sono andato al Massachusetts Institute of Technology, dove insieme con un team di colleghi abbiamo scoperto i geni che controllano il processo d'invecchiamento.

60) Così come il cancro è passato dall'essere morte certa a malattia che trattiamo attivamente e spesso curiamo, grazie alle scoperte scientifiche, lo stesso approccio dovrebbe essere adottato contro l'invecchiamento. Ora che sappiamo come rallentare e invertire l'invecchiamento in laboratorio dovremmo abbracciare questa tecnologia e puntare a dare 10 o più anni di vita produttiva sana in più. Mio padre è un esempio di persona che si è presa cura del proprio corpo e della propria mente negli ultimi 20 anni in base alla scienza dell'invecchiamento.

In quanto oggetto di ricerca scientifica, l'invecchiamento e le sue manifestazioni sono concepiti come una sorta di processo da misurare (*tasso di invecchiamento, stato di invecchiamento, misura, grado di soddisfazione, carico di invecchiamento, incremento, stima*), regolare (*regolazione*) e *ridurre*:

61) L'atteggiamento che assumiamo nei confronti dell'*invecchiamento* fa riferimento al *grado di soddisfazione* o benessere che una persona sperimenta rispetto alla propria età o alla fase della vita in cui si trova. È una *misura* soggettiva che riflette il modo in cui un individuo percepisce e interpreta il proprio processo di invecchiamento, inclusi gli aspetti fisici, emotivi, sociali e psicologici legati all'età.

62) La ricerca analizza il "*tasso di invecchiamento fisso*" confrontando diverse popolazioni animali con quella umana e afferma che ogni specie ha un *incremento di "ageing"* relativamente costante a partire dall'età adulta.

63) Il risultato è un *rapporto* completo sul proprio *stato di invecchiamento*: età biologica, *tasso cumulativo di invecchiamento* (che è il ritmo al quale il corpo è invecchiato per ogni anno in cui si è vissuto), oltre a consigli personalizzati – e qui viene la parte più interessante – su come restare in salute, e quali diete e stili di vita sono più indicati per il soggetto in questione.

64) Fornisce un *dato attendibile* per la *stima* del *carico di invecchiamento dell'organismo* e può anche rivelare il rischio di patologie correlate.

65) Quindi, è evidente che la sua azione non si limita solo al diabete, ma si estende più ampiamente alla *regolazione dell'invecchiamento* e del metabolismo.

Soprattutto nella sua concettualizzazione di *invecchiamento sano* o *attivo*, l'invecchiamento viene inoltre rappresentato come fattore economico (*fondi, risorsa, consumo, potere d'acquisto, costi, investimenti*):

66) [...] nel 30 per cento dei casi si tratterà di anziani in completa solitudine». Un'emergenza sociale per cui l'*invecchiamento attivo* può diventare una *risorsa* necessaria.

67) Gli anziani oggi sono visti non solo come destinatari di cure, ma come consumatori attivi con bisogni specifici e *potere d'acquisto*: si fa strada l'idea di "*invecchiamento attivo*" che promuove la loro inclusione in tutte le sfere della vita, compreso il *consumo*.

obiettivo (*raggiungere, promuovere, soddisfazione*):

68) Per *raggiungere* un *invecchiamento sano*, è imperativo colmare il divario tra qualità della salute e aspettativa di vita.

69) Si tratta del senior co-housing, un sistema di alloggi indipendenti organizzati attorno a una serie di servizi comuni, che si rivolge ad anziani autosufficienti con l'obiettivo di *promuovere* l'*invecchiamento attivo*.

problema da *risolvere*:

70) Quando avevo 18 anni, nel 1988, durante una partita a carte con gli amici, mi venne in mente che l'ingegneria genetica avrebbe potuto *rendere risolvibile* qualsiasi cosa, anche l'*invecchiamento*.

metodo o ricetta di cui conta conoscere *ingredienti*, *trucchetti* e *segreti*:

71) Non aver paura di invecchiare potrebbe essere il primo *segreto* della longevità. Secondo i risultati di uno studio un atteggiamento positivo nei confronti dell'*invecchiamento* potrebbe giocare un ruolo in una vita lunga e in salute.

72) E secondo Steele ci sono altri tre *trucchetti* quotidiani che sono altamente efficaci nel ritardare l'*invecchiamento*.

e persino come *arte*:

73) L'obiettivo di Agid è demistificare alcuni cliché. E proclamare che l'*invecchiamento* è un'*arte* che si comincia ad apprendere da giovani.

A differenza di quanto constatato a proposito della vecchiaia, concettualizzata come 'fase della vita che "accade" indipendentemente dalla nostra volontà', di fronte all'invecchiamento l'individuo è sollecitato in prima persona a prestare *attenzione* e soprattutto ad assumere un atteggiamento *attivo* (cfr. anche i cooccorrenti *attività*, *modo proattivo*) *smettendo di accettare* un processo (attenzione, non un fenomeno) che può essere invece non solo conosciuto, ma anche efficacemente invertito:

74) *Accettare l'invecchiamento*. Insomma, sostiene lo scienziato, bisognerebbe *smettere di accettare* che i nostri corpi e le nostre menti inizino un giorno a deteriorarsi.

75) «*Mantenersi attivo* – nota Lucchi – è sicuramente un'opportunità per il singolo anziano ma, alla luce del costante *invecchiamento* della popolazione, diventa anche una strategia di sostenibilità da un punto di vista sociale».

76) L'*attività fisica regolare*, in particolare l'*esercizio* aerobico e di rafforzamento muscolare, contribuisce a mantenere il corpo in forma e a prevenire molte malattie legate all'*invecchiamento*.

Spiccano in questo contesto *invecchiamento attivo* e *invecchiamento sano*, che riecheggiano come un mantra attraverso l'intero corpus. In entrambi i casi non si tratta più di semplici associazioni lessicali (per quanto ripetute), ma di combinazioni di parole che raggiungono lo status di collocazioni nel senso di vere e proprie unità sintattiche, non a caso entrate recentemente nell'uso comune[17].

77) Si chiama *invecchiamento attivo*, *active aging*. La definizione, coniata nel 2002, arriva dall'Oms, l'Organizzazione mondiale della sanità, che lo ha descritto come il «processo di ottimizzazione delle opportunità di salute, partecipazione e sicurezza per migliorare la qualità di vita delle persone che invecchiano». In parole più semplici, riguarda la possibilità, la capacità, la sfida, invecchiando, di *mantenersi attivi*. Un concetto che incide direttamente sulla salute fisica e psicologica dei singoli (l'*active aging* come strumento per aspirare sempre di più ad un *healthy aging*, l'*invecchiamento in salute*) ma anche sulla collettività.

78) In un contesto nel quale già oggi i grandi cambiamenti demografici vedranno le nostre società con un numero sempre crescente di over 60, anche per noi il tema dell'*invecchiamento attivo* rappresenta una sfida e un'opportunità a cui guardiamo con grande attenzione.

79) Per raggiungere un *invecchiamento sano*, è imperativo colmare il divario tra qualità della salute e aspettativa di vita. «Il benessere mentale, che comprende il benessere emotivo, psicologico e sociale, si correla con molteplici comportamenti legati allo stile di vita e sostiene un *invecchiamento sano*», hanno scritto i ricercatori nell'articolo.

Tanto *invecchiamento attivo* quanto *invecchiamento sano*, parafrasabili rispettivamente come 'atto di invecchiare mantenendosi attivi' o 'mantenendosi sani', si configurano come una sorta di aspettativa sociale nei confronti delle persone anziane, che diventano artefici della propria stessa vecchiaia e responsabili del livello di "attività" e "salute" che riescono a mantenere,

---

17 Si tratta in ambo i casi di calchi dall'angloamericano, rispettivamente da *active aging* e *healthy aging*, il primo dei quali definito dall'Oms (v. es. 77) e pluricitato in fonti e rapporti di ogni tipo. Sulla sua base è stato anche sviluppato un "indice di invecchiamento attivo" (*active ageing index*) per comparare gli indicatori di invecchiamento attivo (occupazione, partecipazione alla vita sociale, vita indipendente, capacità e fattori ambientali) degli stati europei della popolazione di età superiore ai 55 anni e promuovere interventi mirati (cfr. De Tommaso, online). Quanto all'invecchiamento in salute, manca una definizione univoca, ma l'Oms ha proposto un quadro teorico sull'invecchiamento sano nel documento che inaugura il "decennio dell'*healthy aging*" (cfr. "UN decade of healthy aging – plan of action 2021–2030", https://cdn.who.int/media/docs/default-source/decade-of-healthy-ageing/decade-proposal-final-apr2020-en.pdf?sfvrsn=b4b75ebc_28).

come sottolineano anche cooccorrenti quali *capacità*, *comportamento*, *sfida*, *imperativo*.

9. (Prime) osservazioni conclusive

Il contributo presente studia la rappresentazione linguistica di vecchiaia e invecchiamento attraverso un approccio linguistico-discorsivo incentrato soprattutto su aspetti lessicali (denominazioni collettive, commenti metalinguistici e parafrasi esplicative, cooccorrenze e collocazioni). Dall'analisi emerge una varietà di denominazioni concorrenti per la persona anziana che contengono solo raramente un tratto assiologicamente negativo (concettualizzazioni della vecchiaia come impotenza, inferiorità e dipendenza, es. *anziani fragili* o *non autosufficienti*), mentre dominano le denominazioni che mettono in secondo piano il carattere dispreferito dell'essere vecchio, caratterizzate piuttosto da vaghezza (*in età*, *in là con l'età*, *a una certa età*) oppure in grado di creare delle microcategorie identificate attraverso serie numeriche in progressione potenzialmente infinita (*over X*, *ultraXenne*), quando non vengono addirittura messe in evidenza componenti assiologicamente positive (metallo prezioso: *silver*; esperienza: *senior*; eccezionalità: *grandi vecchi* ecc.). La consapevolezza dell'avvenuto mutamento nella percezione di vecchiaia e invecchiamento si riflette inoltre nella proposta di parole nuove e nelle denominazioni collettive che mettono in primo piano la novità (*nuovi vecchi*, *nuovi over 65*). *Vecchio* resta così l'unica denominazione collettiva per le persone anziane esplicitamente rifiutata e percepita come denigratoria e discriminante.

Il cambio di mentalità è evidente nelle rappresentazioni linguistiche di due concetti chiave dell'intero discorso: 'vecchiaia' e 'invecchiamento'. *Vecchiaia* si costituisce come termine dispreferito, rappresentazione di un destino ineluttabile di degrado psico-fisico, parte dell'esperienza umana che sfugge alla volontà, come mostrano i cooccorrenti provenienti dai campi semantici relativi a scansioni temporali; malattia; oscurità; timore; natura. *Invecchiamento* invece definisce un processo tutt'altro che naturale e ineluttabile, nei cui confronti l'essere umano è chiamato ad assumere un atteggiamento attivo (si notino i cooccorrenti dai campi semantici scienza; attività). Dall'analisi emerge infine una formula discorsiva *invecchiamento attivo / sano* in cui si cristallizza la nuova concezione dell'essere vecchi oggi, una sorta di imperativo sociale nei confronti delle persone anziane, che diventano artefici e responsabili della propria stessa vecchiaia.

Bibliografia

Authier-Revuz, Jacqueline (1998): Le guillemet: un signe de langue écrite à part entière. In: Defays, Jean-Marc / Rosier, Laurence / Tilkin, Françoise (a cura di): *A qui appartient la ponctuation?* (Actes du colloque international et interdisciplinaire de Liège, 13–15 Mars 1997). Paris: Duculot, 373–388.

Canobbio, Sabina (2011): Tabu linguistico. In: Simone, Raffaele (a cura di): *Enciclopedia dell'italiano*, vol. II. Roma: Istituto della Enciclopedia Treccani, 1440–1441.

Coveri, Lorenzo (1988): Italienisch: Sprache und Generationen. In: *Lexikon der Romanischen Linguistik* 4, 231–236.

De Tommaso, Celestina Valeria (senza data): Invecchiamento attivo. In: *Glossario delle disuguaglianze sociali*. URL: https://www.disuguaglianzesociali.it/glossario/?idg=117 (21-10-2024).

di Valvasone, Luisa (2021): Su *abilismo* e altri nuovi *-ismi* (*ageismo* e *audismo*). In: *Italiano digitale* XVII, 2021/2 (aprile-giugno), 117–123. DOI: 10.35948/2532-9006/2021.8556.

ENC = *Enciclopedia Italiana online*. Roma: Istituto della Enciclopedia Italiana Treccani. URL: https://www.treccani.it/enciclopedia/ (16-10-2024).

Eurostat 2024 = *Struttura della popolazione e invecchiamento*, Eurostat, febbraio 2024. URL: https://ec.europa.eu/eurostat/statistics-explained/index.php?title=Population_structure_and_ageing&action=statexp-seat&lang=it (31-01-25).

Fiehler, Reinhard / Thimm, Caja (1998): Das Alter als Gegenstand linguistischer Forschung. Eine Einführung in die Thematik. In: Id. (a cura di): *Sprache und Kommunikation im Alter.* Wiesbaden: VS Verlag für Sozialwissenschaften, 7–17.

Filipponio, Lorenzo (2011): La dimensione sociale del linguaggio della terza età. In: Pinna, Giovanna / Pott, Hans Georg (a cura di): *Senilità. Immagini della vecchiaia nella cultura occidentale.* Alessandria: Edizioni dell'Orso, 63–92.

Foucault, Michel (1969): *L'archéologie du savoir.* Paris: Gallimard.

Galliker, Mark / Klein, Margot (1997): Implizite positive und negative Bewertungen – Eine Kontextanalyse der Personenkategorien *Senioren*, *ältere Menschen*, *alte Menschen* und *Greise* bei drei Jahrgängen einer Tageszeitung. In: *Zeitschrift für Gerontopsychologie und -psychiatrie* 10, 27–41.

Galliker, Mark et al. (1997): Co-occurrence-Analysis von Medientexten: Verschiebung von Schuldzuweisungen im öffentlichen Diskurs. In: Jung, Matthias / Wengeler, Martin / Böke, Karin (a cura di): *Die Sprache des Migrationsdiskurses*. Oplade: Westdeutscher Verlag, 214–229.

Gerstenberg, Annette (2011): *Generation und Sprachprofile im höheren Lebensalter. Untersuchungen zum Französischen auf der Basis eines Korpus biographischer Interviews*. Frankfurt a.M.: Klostermann.

Guinamard, Isabelle / Guo, Weiwei / Laureillard, Marie (a cura di) (2023): *Viellesses en Chine et en France. Mots, textes, images*. Berlin: Lang.

Hermanns, Fritz (1995): Sprachgeschichte als Mentalitätsgeschichte. Überlegungen zu Sinn und Form und Gegenstand historischer Semantik. In: Gardt, Andreas / Mattheier, Klaus / Reichmann, Oskar (a cura di): *Sprachgeschichte des Neuhochdeutschen. Gegenstände, Methoden, Theorien*. Tübingen: Niemeyer, 69–101.

ISS (2021) = *Assistenza sociosanitaria residenziale agli anziani non autosufficienti: profili bioetici e biogiuridici*, Rapporto ISS Covid-19 6. URL: https://www.iss.it/rapporti-covid-19/-/asset_publisher/btw1J82wtYzH/content/rapporto-iss-covid-19-n.-6-2021-assistenza-sociosanitaria-residenziale-agli-anziani-non-autosufficienti-profili-bioetici-e-biogiuridici.-versione-del-10-marzo-2021 (20-10-2024).

Jakubiček, Milos et al. (2013): The TenTen corpus family. In: *7th International Corpus Linguistics Conference CL*. Lancaster: UCREL, 125–127.

Köller, Wilhelm (2004): *Perspektivität und Sprache. Zur Struktur von Objektivierungsformen in Bildern, im Denken und in der Sprache*. Berlin: de Gruyter.

Krüger, Carolin (2016): *Diskurse des Alter(n)s. Öffentliches Sprechen über Alter in der Bundesrepublik Deutschland*. Berlin: de Gruyter.

Linke, Angelika (2003): Senioren. Zur Konstruktion von (Alters-?)Gruppen im Medium Sprache. In: Häcki Buhofer, Annelies (a cura di): *Spracherwerb und Lebensalter*. Tübingen / Basel: Francke, 21–36.

Maingueneau, Dominique (2007): *Analyser les textes de communication*. Paris: Colin.

Maingueneau, Dominique (2014): *Discours et analyse du discours*. Paris: Colin.

Moirand, Sophie (2007): *Le discours de la presse quotidienne. Observer, analyser, comprendre*. Paris: Puf.

NDM = De Mauro, Tullio (1999–2016): *Il nuovo De Mauro*. URL: https://dizionario.internazionale.it.

Niehr, Thomas (2014): *Einführung in die linguistische Diskursanalyse*. Darmstadt: WBG.

Neuland, Eva ([2]2015): Sprache und Generation. Eine soziolinguistische Perspektive auf Sprachgebrauch. In: Ead. (a cura di): *Sprache der Generationen*. Frankfurt a.M.: Lang, 11–31.

Pan, Meng (2022): Analyse linguistique comparative du vocabulaire journalistique relatif au veillissement dans les sociétés chinoise et française. In: *ELAD-Silda* 7/2022, URL: https://publications-prairial.fr/elad-silda/index.php?id=1171 (20-10-2024).

Pietrini, Daniela (2018): *Sprache und Gesellschaft im Wandel: eine diskursiv basierte Semantik der "Familie" im Gegenwartsfranzösischen am Beispiel der Presse*. Berlin: Lang.

Pietrini, Daniela (2019): *Famille monoparentale* vs. *mamma single*: die kontroverse Lexik des aktuellen Ein-Elternschafts-Diskurses im interromanischen Vergleich. In: Rocco, Goranka / Schafroth, Elmar (a cura di): *Vergleichende Diskurslinguistik: Methoden und Forschungspraxis*. Berlin: Lang, 263–294.

Pietrini, Daniela (2023): Aspetti lessicali e battaglie semantiche nel discorso giornalistico italiano sulla *body positivity*. In: Ead. (a cura di): *Lingua e discriminazione: studi diacronici, lessicali e discorsivi*. Berlin: Lang, 131–147.

Reichmann, Oskar (1992): Periodisierung und Raumgliederung des Deutschen. In: Ágel, Vilmos / Hessky, Regina (a cura di): *Offene Fragen – offene Antworten in der Sprachgermanistik*. Tübingen: Niemeyer, 177–201.

Ryan et al. (1986): Psycholinguistic and social psychological components of communication by and with the elderly. In: *Language and Communication* 6, 1–24.

Ryan, Ellen B. / Kwong See, Sheree T. (1998): Sprache, Kommunikation und Alter. In: Fiehler / Thimm (a cura di): *Sprache und Kommunikation im Alter*. Wiesbaden: VS Verlag für Sozialwissenschaften, 57–71.

Schalk, Helge (1997/98): Diskurs. Zwischen Allerweltswort und philosophischem Begriff. In: *Archiv für Begriffsgeschichte* XL, 56–104.

Schöttler, Peter (1997): Wer hat Angst vor dem „linguistic turn"? In: *Geschichte und Gesellschaft* 23, 134–151.

Taddei Gheiler, Franca (2005): *La lingua degli anziani*. Locarno: Osservatorio linguistico della Svizzera italiana.

Thimm, Caja (2009): Altersbilder in den Medien – Zwischen medialem Zerrbild und Zukunftsprojektionen. In: Ehmer, Josef / Höffe, Otfried (a cura di): *Bilder des Alterns im Wandel. Historische, interkulturelle, theoretische und aktuelle Perspektiven*. Stuttgart: Deutsche Akademie der Naturforscher Leopoldina, 153–165.

Thimm, Caja (²2015): Generationsbilder in den Medien – Konstruktionen, Inszenierungen und Sprachbilder. In: Neuland, Eva (a cura di): *Sprache der Generationen*, Frankfurt a.M.: Lang, 359–369.

Thimm, Caja (2020): *Alter – Sprache – Geschlecht. Sprach- und kommunikationswissenschaftliche Perspektiven auf das höhere Lebensalter.* Frankfurt / New York: Campus Verlag.

TREC = *Vocabolario Treccani online*. Roma: Istituto della Enciclopedia Italiana. URL: https://www.treccani.it/vocabolario/.

Wangler, Julian / Jansky, Michael (2021): Wie wirken mediale Altersbilder auf ältere Menschen? Ergebnisse einer Rezeptionsstudie. In: *Gerontologie+Geriatrie* 54, 676–684. DOI: https://link.springer.com/article/10.1007/s00391-020-01745-y.

Warnke, Ingo (2009): Die sprachliche Konstituierung von geteiltem Wissen in Diskursen. In: Felder, Ekkehard / Müller, Marcus (a cura di): *Wissen durch Sprache. Theorie, Praxis und Erkenntnisinteresse des Forschungsnetzwerkes „Sprache und Wissen"*. Berlin: de Gruyter, 113–140.

Warnke, Ingo / Spitzmüller, Jürgen (a cura di) (2008): *Methoden der Diskurslinguistik. Sprachwissenschaftliche Zugänge zur transtextuellen Ebene.* Berlin: de Gruyter.

Warnke, Ingo / Spitzmüller, Jürgen (2011): *Diskurslinguistik. Eine Einführung in Theorien und Methoden der transtextuellen Sprachanalyse*. Berlin: de Gruyter.

Wengeler, Martin (2003): *Topos und Diskurs. Begründung einer argumentationsanalytischen Methode und ihre Anwendung auf den Migrationsdiskurs (1960–1985)*. Berlin: de Gruyter.

Wikipedia (2024): *Zona blu*. URL: https://it.wikipedia.org/wiki/Zona_blu (20-10-2024).

PARTE II

Il corpo descritto

I corpi nella giurisprudenza: tra descrizione e discriminazione

Laura Clemenzi

Abstract: In the legal domain, the physical attributes of the parties, including conditions associated with disorders or illnesses, often play a significant role in judicial proceedings. As a result, judgments frequently contain descriptions of bodies.

Drawing on Italian jurisprudential texts from the De Jure database and employing both quantitative and qualitative methods, this paper aims to examine the linguistic representation of physical characteristics such as fatness and thinness, as well as any associated eating disorders, in judgments over the past three decades. Furthermore, by considering the semantic evolution of certain terms - strongly influenced by media discourse on the body - the paper will assess the connotations assumed by a selected set of terms in relation to their contexts and the various voices intertwined within the texts. Particular attention will be paid to the linguistic strategies that contribute to shaping different perceptions of the same term.

Keywords: legal discourse, body representation, linguistic discrimination, semantic change, discourse analysis

1. Premessa

In ambito giuridico la conformazione fisica delle parti, anche associata a disturbi o malattie, è spesso particolarmente rilevante nelle cause; ad esempio, in ambito civile, per stabilire la percentuale di capacità lavorativa o l'entità di un risarcimento per lesioni all'integrità psicofisica[1]; in ambito penale, per identificare le persone coinvolte in reati e come strumento di prova[2]; in ambito amministrativo, per accertare il possesso dei requisiti fisici richiesti per l'idoneità in un concorso pubblico[3]. Non di rado dunque all'interno delle sentenze si rinviene una descrizione dei corpi, che può provenire da fonti di vario tipo; come evidenziano Gualdo (2011, 454) e Dell'Anna (2017, 40–41 e 57), infatti,

---

1 Si tratta del risarcimento per il cosiddetto "danno biologico", che si fonda sul principio della tutela del diritto alla salute (art. 32 Cost.; v. anche art. 2057 c.c.).

2 V. art. 213 c.p.p., "Ricognizione di persone. Atti preliminari" (all'interno del capo IV, "Ricognizioni", del Titolo II, "Mezzi di prova", artt. 194–243, del libro III, "Prove").

3 Tra i principali riferimenti normativi figura il D.P.R. 9 maggio 1994, n. 487, art. 2.

le sentenze sono testi tutt'altro che omogenei: possono ad esempio contenere estratti di verbali e di perizie, trascrizioni di testimonianze rese oralmente, di intercettazioni telefoniche e di messaggi (chat, email, post pubblicati nei social)[4].

A partire dai testi giurisprudenziali italiani contenuti nella banca dati De Jure e combinando metodi quantitativi e qualitativi, il contributo si propone di indagare all'interno delle sentenze dell'ultimo trentennio la rappresentazione linguistica di caratteristiche fisiche quali la grassezza e la magrezza e degli eventuali disturbi alimentari associati a tali stati. Anche tenendo conto dell'evoluzione semantica di alcune parole, fortemente legata al discorso sul corpo nei media (cfr. Pietrini 2023), si valuterà la connotazione assunta da una selezione di termini in rapporto ai contesti e alle varie voci che si intrecciano nei testi, con particolare attenzione alle strategie linguistiche che contribuiscono a determinare percezioni diverse di uno stesso termine[5].

2. Corpus e strumenti di analisi

2.1 Indagini quantitative

Per l'indagine si è tenuto conto dei modelli di analisi seguiti da Pietrini (2023) nello studio del discorso giornalistico italiano sulla *body positivity*, secondo i quali per l'analisi di un certo discorso è necessario disporre di un corpus tematicamente determinato[6]. I documenti sono stati selezionati usando come criterio l'occorrenza, all'interno della sezione "Giurisprudenza" della banca dati De Jure, di una selezione di parole relative alle caratteristiche fisiche oggetto di indagine.

---

4 Sulla struttura e sul linguaggio delle sentenze v. Bellucci 2005; Santulli 2008; Gualdo (2011, 453–462); Dell'Anna 2016, 2017; Visconti 2022. Più ampiamente sul linguaggio giuridico, riferimenti essenziali sono Mortara Garavelli 2001 e Fiorelli 2008; si rinvia inoltre agli studi citati in AA. VV. 2018 e alla ricca bibliografia ragionata inclusa in AA. VV. (2017, 32–92).

5 Come scrive Faloppa (2020, 145), molte parole, anche se «non dichiaratamente offensive, in determinati contesti possono diventare "hate words"»; v. anche De Mauro 2016, che offre un'ampia casistica di parole più o meno dichiaratamente spregiative.

6 Pietrini (2023, 133), in particolare, coniuga l'*analyse du discorse à la français* con la *Diskurslinguistik*: secondo tale approccio, il *discorso* è «l'insieme coerente degli enunciati su un tema specifico prodotti da una comunità socialmente, storicamente e linguisticamente determinata» e può essere studiato appunto solo a partire da «un campione discorsivo atto a riprodurlo». Per i riferimenti teorici, si rinvia agli studi citati dall'autrice e, per altri esempi applicativi, a Ead. 2018, 2019.

Nella scelta delle forme da immettere nella barra di ricerca della piattaforma – presentate nelle tabelle 1 e 2 – sono stati combinati gli approcci *corpus-based* e *corpus-driven*: proprio a quest'ultimo si deve l'estensione, ad esempio, a regionalismi quali *chiatta*, *chiatto*, e ai relativi alterati *chiattona*, *chiattone*[7].

Poiché De Jure restituisce i documenti all'interno dei quali le parole ricercate ricorrono, ma non anche il numero delle loro occorrenze, e non consente di fare alcuna indagine di tipo linguistico, si è ritenuto opportuno interrogare i testi – scaricati e opportunamente adattati nel formato – con il programma di concordanze AntConc[8]. Proprio attraverso AntConc sono stati ricavati i dati che nelle tabelle 1 e 2 integrano il numero dei documenti, in particolare il totale delle occorrenze di ogni parola in ciascuna sottocategoria di sentenze, il numero dei token di ciascun gruppo di documenti, e il totale complessivo delle occorrenze di ogni parola in tutte le sottocategorie.

---

7 La banca dati De Jure è accessibile previo abbonamento a partire dall'indirizzo www.dejure.it. Considerando che l'archivio è costantemente implementato, si ritiene opportuno specificare che la raccolta dei documenti è stata ultimata il 5 ottobre 2024. La ricerca è stata condotta in tutte le sottocategorie messe a disposizione dalla "ricerca avanzata": "Massime", "Giurisprudenza commentata", "Sentenze cassazione civile", "Sentenze cassazione penale", "Sentenze di merito", "Orientamento locale", "Sentenze amministrative"; "Sentenze corte costituzionale", "Sentenze ce [Comunità europea] e cedu [Corte Europea per i Diritti dell'Uomo]"; tuttavia, le prime due e le ultime due non hanno offerto risultati rilevanti e non sono state dunque rappresentate nelle tabelle 1 e 2. Altre forme presenti nella banca dati, ma non approfondite in questa prima indagine, sono ad esempio *cicciotta*, *cicciotto*, *grassoccia*, *grassoccio*, *paffuta*, *paffuto*, *pingue*, *robusta*, *robusto*, *secca*, *secco* (da una prima esplorazione sulle ultime due, che ricorrono rispettivamente in oltre cinquemila e tremila documenti, non sono tuttavia emersi usi nell'accezione di 'molto magra/magro').

8 De Jure, nello specifico, in corrispondenza di ciascun testo restituito offre un'anteprima della prima occorrenza del termine ricercato; solo accedendo al testo completo si possono individuare ulteriori occorrenze. Nella barra di ricerca è possibile digitare più di una parola e applicare i filtri "tutte le parole", "almeno una di queste parole", o "la sequenza esatta di queste parole" (all'interno di uno stesso testo); tali funzioni, sebbene possano risultare utili per alcune indagini qualitative, non permettono di condurre un'analisi quantitativa dettagliata. Si segnala di passaggio che nel corso del 2024 la piattaforma è stata integrata con l'intelligenza artificiale, che mette a disposizione le funzioni di sintesi e di analisi automatiche dei testi. AntConc è scaricabile gratuitamente a partire dall'indirizzo www.laurenceanthony.net/software/antconc.

Tabella 1: Termini di ricerca relativi alla grassezza (dati ricavati da De Jure e AntConc)

Termini di ricerca	**Cass. Civ.**	**Cass. Pen.**	**Sent. merito**	**Orient. locale**	**Sent. amm.**	**Tot. occorrenze**
			Tot. sentenze (Tot. occorrenze) [Tot. token]			
bulimica	0 (**0**) [0]	3 (**3**) [10.053]	5 (**5**) [26.771]	2 (**3**) [10.233]	0 (**0**) [0]	**11**
bulimico	0 (**0**) [0]	1 (**1**) [3.638]	4 (**4**) [30.848]	11 (**12**) [50.638]	0 (**0**) [0]	**17**
chiatta	8 (**31**) [19.039]	6 (**22**) [44.615]	8 (**20**) [72.321]	16 (**56**) [96.772]	9 (**20**) [41.447]	**149**
chiatto	12 (**35**) [26.933]	14 (**18**) [107.210]	5 (**12**) [21.975]	8 (**11**) [16.407]	5 (**9**) [15.706]	**85**
chiattona	0 (**0**) [0]	1 (**1**) [940]	2 (**2**) 12.593	0 (**0**) [0]	0 (**0**) [0]	**3**
chiattone	1 (**14**) 1.691	15 (**31**) [107.267]	3 (**9**) [31.439]	0 (**0**) [0]	0 (**0**) [0]	**54**
cicciona	0 (**0**) [0]	6 (**6**) [99.937]	11 (**15**) [53.204]	9 (**30**) [51.202]	1 (**4**) [5.738]	**55**
ciccione	1 (**1**) [5.357]	18 (**29**) [192.541]	14 (**24**) [111.876]	18 (**122**) [52.135]	3 (**3**) [6.082]	**179**
corpulenta	2 (**2**) [8.583]	24 (**28**) [62.867]	7 (**8**) [99.216]	5 (**5**) [9.924]	0 (**0**) [0]	**43**
corpulento	0 (**0**) [0]	63 (**72**) [519.926]	24 (**35**) [119.731]	16 (**18**) [72.915]	1 (**1**) [5.633]	**126**
grassa	20 (**74**) [34.363]	32 (**43**) [104.359]	73 (**107**) [785.063]	86 (**116**) [390.106]	180 (**400**) [632.103]	**740**
grasso	2.761 (**4.181**) [5.187.644]	1.413 (**1.784**) [5.646.510]	1.006 (**1.416**) [4.011.413]	1.999 (**3.038**) [5.361.535]	3.342 (**4.732**) [9.478.433]	**15.151**
obesa	10 (**15**) [18.564]	34 (**39**) [205.305]	51 (**72**) [348.982]	161 (**200**) [465.273]	1 (**1**) [817]	**327**
obeso	31 (**34**) [54.719]	75 (**103**) [337.310]	80 (**110**) [409.908]	304 (**388**) [907.309]	20 (**31**) [47.138]	**666**

Tabella 2: Termini di ricerca relativi alla magrezza (dati ricavati da De Jure e AntConc)

Termini di ricerca	**Cass. Civ.**	**Cass. Pen.**	**Sent. merito**	**Orient. locale**	**Sent. amm.**	**Tot. occor-renze**
			Tot. sentenze (Tot. occorrenze) [Tot. tokens]			
anoressica	3 (**3**) [4.245]	16 (**20**) [40.714]	15 (**23**) [59.546]	14 (**17**) [68.509]	0 (**0**) [0]	**63**
anoressico	1 (**1**) [3.231]	6 (**7**) [15.187]	6 (**8**) [40.363]	8 (**10**) [44.073]	0 (**0**) [0]	**26**
esile	20 (**20**) [35.645]	302 (**354**) [1.624.790]	151 (**185**) [939.576]	120 (**133**) [566.716]	28 (**28**) [98.387]	**720**
gracile	11 (**14**) [38.482]	57 (**61**) 194.720	37 (**57**) [308.264]	59 (**77**) [234.890]	9 (**9**) [62.540]	**218**
longilinea	1 (**1**) [2.946]	4 (**4**) [12.929]	6 (**7**) [56.350]	8 (**8**) [24.706]	2 (**2**) [15.592]	**22**
longilineo	0 (**0**) [0]	6 (**8**) [18.221]	4 (**4**) [14.195]	9 (**11**) [16.077]	2 (**4**) [1.944]	**27**
magra	67 (**196**) [172.192]	79 (**102**) [374.550]	195 (**195**) [909.069]	319 (**589**) [999.195]	137 (**538**) [484.563]	**1.620**
magro	80 (**182**) [170.920]	302 (**362**) [1.243.232]	231 (**299**) [1.491.514]	577 (**699**) [1.186.967]	35 (**77**) [155.653]	**1.619**
mingher-lina	0 (**0**) [0]	9 (**9**) [26.509]	0 (**0**) [0]	0 (**0**) [0]	0 (**0**) [0]	**9**
mingher-lino	1 (**1**) [950]	10 (**12**) [30.979]	4 (**4**) [32.605]	3 (**9**) [13.781]	0 (**0**) [0]	**26**
snella	79 (**80**) [268.339]	121 (**126**) [896.827]	152 (**183**) [1.106.781]	416 (**429**) [1.684.471]	151 (**163**) [725.517]	**981**
snello	73 (**75**) [224.180]	63 (**70**) [468.755]	170 (**180**) [1.723.937]	470 (**477**) [1.207.957]	113 (**117**) [554.936]	**919**

I numeri riportati nell'ultima colonna delle tabelle 1 e 2 necessitano di essere filtrati. Come prevedibile, infatti, non tutte le occorrenze delle forme considerate – 14 relative alla grassezza, 12 relative alla magrezza – rinviano all'ambito della fisicità (umana). Come rivela l'esame delle concordanze condotto con AntConc, il totale delle occorrenze aumenta notevolmente soprattutto in presenza di antroponimi – nello specifico cognomi – e toponimi: è il caso, in particolare, di *grassa*, *grasso*, *magra*, *magro*, ma anche di *ciccione*, *chiatto*.

Si rintracciano poi usi di alcuni termini in altre accezioni loro proprie: ad esempio, *chiatta* è propriamente impiegato nella maggior parte delle occorrenze per 'imbarcazione a fondo piatto', e ancora *grassa*, *grasso*, *magra*, *magro* in molti casi rinviano al significato 'che contiene o non contiene grasso' in relazione a carni animali o altre vivande («latte *magro*», «carne eccessivamente *grassa*»).

Frequenti sono pure, per alcuni termini, usi estensivi e figurati attestati dai dizionari dell'uso: ad esempio, *esile* per 'sottile' in riferimento a oggetti («*esile* filo di ferro», «*esile* struttura metallica») e per 'inconsistente, privo di efficacia' («*esile* norma», «*esile* trama giuridica»); *magra*, *magro* per 'povero, scarso' («*magra* busta paga», «*magro* importo della pensione di invalidità»).

Ancora, per alcuni termini ricorrono usi in accezioni figurate non ancora registrate nei dizionari, ovvero gergali o tecniche, anche all'interno di locuzioni cristallizzate. Al primo caso si possono ad esempio ricondurre *anoressica*, *anoressico*, *bulimica*, *bulimico* usati – in tali casi quasi sempre tra virgolette – per sottolineare una 'carenza' o un 'eccesso' («motivazione *anoressica*», «con *bulimica* ridondanza»; «utilizzo *bulimico* dei social»). Al secondo caso si possono invece ricondurre ad esempio le espressioni «*magra* del fiume» (condizione di un fiume che presenta un livello d'acqua particolarmente basso) e i termini «calcestruzzo *magro*» (ricorrente – come si ricava da Google Libri – in testi specialistici di edilizia per indicare un calcestruzzo con una bassa percentuale di cemento) e «malta *magra*» (registrato dal GRADIT come termine tecnico-specialistico dell'edilizia insieme a *malta grassa*, 'm. con minore [o maggiore] quantità di legante rispetto a quella di materiale inerte'). Pure, in relazione al gergo della malavita, si trovano «ragazza» o «donna *grassa*» per 'sostanza stupefacente': «hanno ritenuto che non potessero che riferirsi a sostanza stupefacente tipo cocaina i riferimenti di R.V. alle vacche, alla ragazza o alla donna grassa, alla macchina» (Cass. pen., sez. VI, ud. 16-02-2018, dep. 09-10-2018, n. 45441). Ancora nell'ambito di cause che riguardano organizzazioni criminali coinvolte in attività di spaccio di stupefacenti, (*il*) *chiatta*, (*il*) *chiatto* e (*il*) *chiattone* si rivelano soprannomi che potrebbero non indicare una grassezza fisica[9].

Quantitativamente, dunque, nell'accezione relativa alle caratteristiche fisiche le occorrenze di alcuni termini si riducono – talvolta anche di molto – rispetto al totale: un conteggio accurato richiederebbe un'attenta verifica manuale di tutte le concordanze, spesso anche espandendo maggiormente i contesti[10]. Approssimativamente, ad esempio, secondo una prima ricognizione che ha escluso dal conteggio i cognomi e le accezioni più agevolmente riconducibili ad altri ambiti, le occorrenze di *esile* (720) si riducono a circa 600; quelle di *grassa* (740), *grasso* (15.151) a circa 100; quelle di *magra* (1.829) a circa 200; quelle di *magro* (1.619) a circa 400.

2.2 Indagini qualitative

2.2.1 Grassezza

I termini *obesa*, *obeso*, propriamente di ambito medico, ricorrono più di frequente nelle controversie di lavoro, ripresi da perizie – redatte da consulenti tecnici d'ufficio (CTU) – che generalmente evidenziano quadri patologici complessi, descritti con il ricorso a numerosi tecnicismi[11]:

1) L'espletata C.T.U., le cui conclusioni si condividono e si fanno proprie, ha accertato che il ricorrente è affetto da "Poliartrosi a severa incidenza funzionale in paziente *obesa*. Discopatie multiple cervico- lombari, esiti di intervento chirurgico di stabilizzazione ibrida L3- L4- L5, laminectomia L4 per

---

9 In relazione al sistema dei rinvii testuali, questi termini possono accompagnare o anche sostituire nomi e ruoli processuali. Si individua per questi stessi termini un possibile processo di "astrazione dell'estetica" sulla scorta di quanto accaduto nel caso di *chiattillo*, propriamente «*Spezie di insetto che s'appiatta tra i peli dell'anguinaia, ed altre parti del corpo dell'uomo*. Piattone» (dal *Vocabolario domestico napoletano e toscano* di Basilio Puoti stampato a Napoli nel 1841 presso la libreria e tipografia Simoniana, s.v.), così denominato in napoletano per la sua forma schiacciata, ma in uso – come probabilmente noto per il suo impiego in una *fiction* televisiva di successo – in riferimento a giovani che si concedono una vita agiata perché provenienti da famiglie benestanti. Ringrazio il Prof. Edgar Radtke che ha stimolato queste riflessioni.

10 Mi propongo di estendere la ricerca ad altri termini e di raffinare i dati quantitativi in un'altra sede.

11 I refusi presenti negli esempi riportati da qui in avanti (es. 1–37) sono da attribuire agli originali in De Jure; si introduce il corsivo per evidenziare le parole commentate.

anterolistesi L4-L5 con stenosi associata. Tendinopatia della cuffia dei rotatori della spalla destra. Osteoporosi in trattamento con terapia anti riassorbitiva, Ipercolesterolemia familiare. Cardiopatia ipertensiva. Tireopatia autoimmune. Malattia da reflusso gastro-esofageo e ernia iatale. Connettivite indifferenziata. Sindrome ansiosa". Sussistono i requisiti medico- legali necessari ai fini della concessione dell'assegno ordinario di invalidità (Trib. Sciacca, sez. lav., 23-02-2022, n. 53).

2) La Corte territoriale ha ritenuto di dover aderire alle conclusioni del CTU nominato in secondo grado secondo cui le patologie da cui la C. e affetta (vascolopatia sclerotica ipertensiva in soggetto grande *obeso*, diabete mellito di li tipo, tiroidine autoimmune, depressione ansiosa, psoriasi cronica) hanno determinato una riduzione della capacità lavorativa nella misura del 78 per cento (Cass. civ., sez. lav., 22-07-2009, n. 17021).

Ancora i termini *obesa*, *obeso*, presumibilmente percepiti come neutri proprio per il loro impiego in ambito medico, in alcuni casi sono scelti dai giudici per rinviare, in altri contesti, non propriamente – o almeno non solo – a uno stato patologico, ma, secondo un uso estensivo del termine, più specificatamente a una condizione di grassezza:

3) la Corte di merito ha sottolineato come la condizione di *obeso* del ricorrente – che gli impediva di effettuare agevolmente le manovre di guida – avrebbe dovuto sconsigliarlo dall'assumere alcoolici anche in considerazione delle conoscenze di cui il medesimo dispone posto che esercita la professione di produttore di vino (Cass. pen., sez. IV, ud. 09-09-2015, dep. 22-12-2015, n. 50243).

Solo in pochi casi, all'interno di testimonianze, gli stessi termini assumono una connotazione offensiva, che viene percepita come tale perlopiù per effetto delle parole più marcatamente dispregiative o anche volgari che li accompagnano, e che risulta talvolta rafforzata dai verbi impiegati nella narrazione: è il caso, in (4), di *insultare*, che contribuisce a orientare la valutazione del lettore:

4) La teste ha chiarito che [...] l'imputato aveva cominciato a tempestarla di telefonate e messaggi, in cui minacciava di far del male a lei nonché al bambino che nel frattempo lei aveva avuto da un'altra relazione, con espressioni del tipo "ti faccio vedere cosa posso fare con un litro di benzina, questa me la paghi, se non vieni vedi cosa ti succede, ammazzo te e (...)"; l'aveva insultata con espressioni del tipo "*obesa*, palla di lardo, puttana" (Trib. Gorizia, 29-09-2021, n. 436).

Similmente, e più di frequente, ancora nelle testimonianze si rileva una connotazione offensiva per *grassa*, *grasso* quando usati con altri insulti:

5) D'altro canto, la Corte territoriale con la sentenza qui impugnata rappresenta gli episodi di prevaricazione nei confronti della vittima, consis[t]iti in continui insulti (sei una scrofa, come sei brutta, copriti, fai schifo, sei *grassa*, dovrei cambiare le porte perchè non ci entri più, tra dieci anni ti cambio con una più giovane e più bella) pronunciati nella quotidianità della vita (Cass. pen., sez. IV, ud. 25-11-2020, dep. 03-12-2020, n. 34351).

6) la teste M.R. (nipote della ricorrente) ha riferito che il C.S., nella primavera – estate del 2011, si rivolgeva alla moglie con espressioni offensive (quali, ad esempio, "si capisce che hai avuto un'infanzia povera perché famelica, *grassa* e piena di cellulite", "non è possibile stare a tavola con te perché sei uno spettacolo disgustoso, non ti si può guardare") piene di disprezzo e disgusto (Trib. Bari, sez. I, 29-09-2023, n. 3785).

7) In sostanza si contestano ai due imputati le scritte su una impalcatura del centro storico (B. brucia *grasso* di merda! X A) e sul muro di un palazzo (B. e V. tre metri sotto terra); infine una terza scritta su un muro (Alberi tagliati + cantieri incendiati) (Corte assise Terni, 06-07-2011).

Raramente *grassa*, *grasso* risultano impiegati all'interno di descrizioni[12]:

8) aveva quindi potuto notare che all'interno vi erano tre persone, al volante una ragazza, vicino a un ragazzo *grasso* e dietro una persona che sembrava avere i capelli lunghi a una sciarpa, ma che non aveva l'aspetto di una donna (Trib. Udine, 08-08-2016, n. 2049).

9) L'uomo entrato per primo, descritto come di corporatura *grassa*, con capelli ricci e neri, occhi neri, età 26–29 anni (poi identificato In I.Y.), prelevava dalla sua borsa Euro 300,00 e, minacciandola di morte con un coltello, la spingeva sul letto (Cass. pen., sez. III, ud. 21-03-2013, dep. 04-04-2013, n. 15639).

La stessa scelta terminologica può essere anche oggetto di discussione:

10) Circa il termine "*grasso*", di cui alla descrizione e oggetto di contestazione da parte della difesa, rileva quindi il Tribunale che anche l'operaio D.P. aveva descritto l'indagato come una persona dalla corporatura robusta e dalla stessa fotografia in atti il R. si presenta con un viso "grosso e ben nutrito, tale da lasciar presagire che non fosse certamente *esile* o di corporatura normale", sicchè il termine usato dalla vittima (*grasso* anzichè robusto) non rende meno attendibile l'individuazione in parola (Cass. pen., sez. II, ud. 20-01-2015, dep. 29-04-2015, n. 17844).

---

12 D'altra parte, come mostra l'analisi di Pietrini (2023, 140–141), nel discorso italiano contemporaneo *grasso* è «termine interdetto, espressione sconveniente connotata negativamente», tanto da essere sostituito con espressioni eufemistiche.

Meramente descrittivi risultano, nella percezione comune, *corpulenta*, *corpulento* ('tarchiato, dalla corporatura molto robusta | dal ventre prominente, obeso', GRADIT s. v.), che nel corpus trovano spazio principalmente in ambito penale, impiegati da più voci, ai fini dell'identificazione di taluni soggetti:

11) Il giudice del gravame [...] Ha, in particolare, rimarcato che i fatti delittuosi si erano svolti a breve distanza l'uno dall'altro ed in zone limitrofe tra loro, che i due protagonisti indossavano sempre gli stessi abiti ed avessero una corporatura del tutto diversa, essendo, uno, *corpulento* e, l'altro, piuttosto *esile*, circostanza che ne consentiva una maggiore distinzione e puntuale identificazione (Cass. Pen., sez. V, ud. 18-12-2019, dep. 12-05-2020, n. 14697).

12) Ricordava la Corte territoriale che la vicenda processuale aveva tratto origine dalla denuncia sporta dalla cittadina polacca K. A.B., la quale riferiva che da circa tre settimane esercitava la prostituzione nella zona litoranea di (OMISSIS) e che il martedì precedente era stata avvicinata da una donna *corpulenta*, che, senza neppure scendere dal veicolo su cui viaggiava, le diceva che era lei a comandare nella zona (Cass. pen., sez. III, ud. 04-07-2013, dep. 01-10-2013, n. 40622)[13].

Talvolta, proprio per il loro carattere neutro, queste stesse forme sembrano preferite da parte dell'estensore nei rinvii alle descrizioni fornite dalle parti:

13) Sia in data 1.3.2012 che in data 28.3.2012 R. M., descrivendo il soggetto che aveva spintonato la madre e che nella seconda occasione riconosceva nell'immagine del B., indicava come tale individuo avesse una corporatura "robusta" (in data 1.3.2012) ed anzi "tarchiata" (così in data 28.3.2012) e la medesima indicazione veniva fornita da B.M.R. all'atto della denuncia.
Il dato relativo all'aspetto *corpulento* del rapinatore in questione introduce uh elemento di dubbio in merito all'attendibilità del riconoscimento effettuato da R. M. poiché, secondo quanto dimostrato dalla documentazione medica prodotta dalla difesa dell'imputato1 rispetto alla cui veridicità non sono emersi elementi di segno negativo, B.P.I. in epoca corrispondente ai fatti di causa risultava pesare 65 kg. per un'altezza pari a 1,72 cm. con conseguente inverosimiglianza dì un'indicazione del medesimo quale soggetto dall'aspetto *corpulento* (Trib. Torino, sez. uff. indagini prel., 22-03-2013, n. 521).

Va anche notato che in alcuni casi la corpulenza risulta associata a una condizione di sofferenza fisica, al pari dell'obesità, o perlomeno di svantaggio, ovvero a un elemento che può contribuire alla prova di innocenza:

---

13 Si noti che in questo caso risulta difficile stabilire se l'uso di *corpulenta* possa essere attribuito alla cittadina straniera che ha sporto la denuncia oppure a chi ha redatto il verbale.

14) La prima ipotesi non era compatibile, secondo il giudice di rinvio, con lo stato fisico della vittima, persona *corpulenta* e incapace di muoversi senza l'aiuto del bastone (Cass. pen., sez. I, ud. 11-12-2002, dep. 07-04-2003, n. 16264).

15) Afferma il ricorrente che erroneamente la Corte territoriale ha ritenuto credibile la parte offesa in ragione del fatto che non è possibile che un uomo *corpulento* potesse nascondersi dentro al bagagliaio di un'auto; che nessuna violenza risulterebbe dai referti del pronto soccorso; che dalle spontanee dichiarazioni rilasciate dall'imputato risulterebbe che era stata previamente concordata una prestazione sessuale con la prostituta (Cass. pen., sez. II, ud. 03-05-2016, dep. 06-05-2016, n. 18970).

In altri casi, invece, la corpulenza risulta associata a una condizione di forza e di superiorità, ovvero a un tratto che identifica una persona aggressiva e pericolosa, e può assumere rilevanza ai fini della prova di responsabilità:

16) il fatto é avvenuto nell'abitazione del ricorrente, in cui la vittima si é introdotta con intenzioni aggressive ed era *corpulenta* e fisicamente pericolosa (Cass. pen., sez. V, ud. 04-03-2021, dep. 17-05-2021, n. 19345).

17) P., infatti, alto oltre 1,80 cm e assai *corpulento*, aveva nel passato praticato la boxe, ragion per cui aveva tutti i requisiti per offrire a B. un valido aiuto materiale per il buon esito dell'impresa criminosa (Cass. pen., sez. I, ud. 28-04-2021, dep. 30-06-2021, n. 24958).

Pur se di per sé privi di una connotazione negativa, dunque, anche *corpulenta*, *corpulento*, in associazione ad altre caratteristiche, possono essere percepiti in modi diversi.

Ancora in relazione alla grassezza, sono spesso usati per offendere i già più connotati *cicciona*, *ciccione*, perlopiù all'interno di una serie di insulti o anche di minacce – riportati fedelmente, anche riproducendo il dialetto laddove usato – che configurano delitti:

18) con condotte reiterate, minacciava e molestava l'ex convivente [...] inviava ripetuti messaggi ingiuriosi e minatori (del tipo [...] "Prega dio che no te becco in giro, te sfondo a piade, ti e chi te ga vucin, lurida sporca tossica bagascia *cicciona* sgionfa laida condotto de scrofa de grasso e frape" (Trib. Gorizia, 01-03-2022, n. 658).

19) Tali episodi di maltrattamenti fisici e psicologici erano diventati sempre più frequenti negli ultimi anni della convivenza allorché, come precisato dalla vittima, alle ingiurie ("sei una *cicciona* di merda", "non sai fare nulla"), si erano aggiunte anche le accuse di tradimenti (Corte app. Cagliari, sez. I, 13-06-2024, n. 748).

20) Altresì integrati appaiono i delitti della minaccia e dell'ingiuria e/o diffamazione avendo i testi confermato tutti i capitoli di prova e, per tale via, che i convenuti

avevano minacciato ed insultato il maresciallo, appellandolo come un '...brutto *ciccione*...' e '...testa di cazzo...', rappresentandogli i danneggiamenti come frutto di una lezione e avvertendolo di stare attento, correndo il rischio di 'due coltellate' (Trib. Civitavecchia, sez. I, 13-04-2016, n. 449).

I due termini risultano talvolta usati anche come sostantivi, perlopiù in qualità di soprannomi, spesso segnalati tra virgolette[14]:

21) veniva intercettata una telefonata tra Bu. e Ga., dalla quale si evinceva che quest'ultimo era stato in mattinata all'Eur dalla '*Cicciona*', soggetto che i magistrati identificano con Lei.
Si riporta la conversazione in argomento: Legenda: Sa. Bu.: S; Em. Ga.: E S: Em.... E: aoh.. S: frocione come stai? [...] S: senti...dalla *cicciona* ci sei stato? E: chi è la *cicciona* aoh S: all'EUR! (Trib. Roma, 14-05-2018, n. 3819)

22) Ugualmente doveva ritenersi, sulla base dei dati processuali, per ciò che si riferiva alla piantagione gestita da D. F. (detto il "*ciccione*"), che non poteva considerarsi riferibile all'operatività di uno stabile gruppo organizzato.
Infine, non vi erano elementi per ritenere che l'attività di spaccio condotta da M.S. in concorso con i fratelli Sa. e con il genero V.M. fosse riconducibile alle attività illecite svolte dal Mo. o dal F.. (Cass. pen., sez. VI, ud. 25-03-2014, dep. 27-05-2014, n. 21608).

La forma femminile *chiatta* ricorre unicamente – per tre volte in una stessa sentenza (Cass. pen., sez. V, 23-06-2017, n. 38420) – nel soprannome "il *chiatta*" ancora nell'ambito di organizzazioni criminali (v. § 2.1), mentre *chiattona*, nelle sue sole tre occorrenze, è indirizzato a donne e risulta fortemente offensivo:

23) Successivamente ((OMISSIS)) era individuato il soggetto da colpire (tale " E.") in quello degli antagonisti rimasto nel rione Sanità ("il cognato", "il drogato, il marito della *chiattona*"), individuato appunto in P.V. (Cass. pen., sez. I, ud. 22-01-2008, dep. 21-02-2008, n. 7991).

24) chiusa la porta, (...) continuava a rivolgere frasi offensive alle vittime del tipo: "questa *chiattona* ... hai avuto rapporti con tutto il paese di Brusciano! Hai fatto collezione di pesci!" (Trib. Nola, 27-04-2021, n. 470)

25) Fr. Gr. era una persona sola che fu scelta e sfruttata fino in fondo dall'imputato che, dapprima si insediò al suo fianco sfruttando i legittimi sentimenti della donna ed il desiderio dei genitori di vedere la figlia, già trentaquattrenne, e

14 In questi usi si presume un rinvio all'effettiva grassezza fisica, diversamente da quanto ipotizzato per *chiatta*, *chiatto*, *chiattone* (v. § 2.1).

da sempre persona solitaria e complessata (era una "*chiattona*" -dice sua madre con espressione certo non felice-, e si non si sentiva a posto), "sistemata" secondo i canoni della loro cultura, con un marito accanto (Trib. Monza, 07-02-2011, n. 2446).

2.2.2 Magrezza

In relazione alla magrezza, *esile*, *longilinea*, *longilineo*, *magra*, *magro*, *mingherlina*, *mingherlino*, *snella*, *snello* sono percepiti come neutri, o almeno non offensivi, ma nel corpus si possono osservare usi che rivelano diverse sfumature semantiche. In particolare, *esile* – già visto negli es. (10) e (11) – ricorre spesso all'interno di descrizioni più o meno particolareggiate volte all'identificazione di taluni soggetti:

26) veniva avvicinato da un individuo (dell'apparente età di 35/40 anni, alto circa m. 1,85, capelli scuri corti a spina, senza barba e baffi, corporatura *esile*, leggermente incurvato) il quale si offriva di aiutarlo (Corte app. Bari, sez. I, 28-11-2022, n. 3848).

27) Anche le descrizioni del rapinatore, da parte dei predetti cassieri appaiono univoche, avendolo descritto C.L. "un giovane di nazionalità italiana, trent'anni circa, alto m. 1,60 circa, di corporatura *esile*, capelli rasati di colore chiaro, labbra screpolate, un paio di pantaloni bianchi", evidenziando in dibattimento il particolare tatuaggio che aveva sul collo (pag.11 sent. Trib.) (Cass. pen., sez. II, ud. 10-03-2011, dep. 11-04-2011, n. 14242).

28) la teste ha così descritto il predetto giovane precisamente definito un ragazzo: alto m. 1,70, capelli castani chiari rasati ai lati e a spazzola nella parte centrale, corporatura *esile* (Cass. pen., sez. V, ud. 03-12-2013, dep. 17-03-2014, n. 12430).

Lo stesso accade per *mingherlina*, *mingherlino*, che però talvolta risultano impiegati anche per presumere uno stato di scarsa forza fisica, oppure agilità:

29) Peraltro, il B. è uomo *mingherlino*, di peso leggero, e difficilmente avrebbe potuto abbassare i pantaloni della parte offesa, al contrario di corporatura massiccia, denudarsi e tentare l'approccio sessuale, soprattutto all'interno di un'auto di piccola cilindrata. A causa, quindi della ristrettezza del luogo (l'abitacolo di un'auto) e della sproporzione fisica tra i due componenti della coppia, appare evidente l'illogicità della narrazione della parte offesa, che ha dichiarato di essere stata costretta a subire gli approcci sessuali e malmenata (Cass. pen., sez. III, ud. 18-10-2023, dep. 18-12-2023, n. 50292).

30) la Corte di assise ha errato nel ritenere che dalle deposizioni testimoniali di quanta assistettero al fatto si desumono caratteristiche fisiche degli autori

dell'omicidio tutt'affatto diverse da quelle di A.M.. Il testimone R.S. ha riferito che il ragazzo sceso dal ciclomotore, che esplose i colpi d'arma da fuoco, era piuttosto atletico e giovane, in quanto si muoveva con gesti risoluti e agili, e quello alla guida del ciclomotore era più alto; ha quindi precisato che con l'aggettivo "*mingherlino*", con cui aveva indicato quello che aveva sparato, intendeva significare non solo che era magro, ma anche che era agile (Cass. pen., sez. I, ud. 17-07-2018, dep. 16-10-2018, n. 47046).

Magra, *magro*, pure impiegati in descrizioni, sono talvolta associati – come *gracile* – anche a una condizione di debolezza:

31) L'assistente sociale, che era intervenuta, nel luglio 2013, su sua denuncia alla Procura della Repubblica presso il Tribunale per i minorenni, dopo che la ragazza aveva invocato il suo aiuto, l'aveva trovata molto provata sia fisicamente, perchè era *magra* e deprivata, sia moralmente, perchè aveva bisogno di parlare tanto (Cass. pen., sez. III, ud. 16-10-2019, dep. 11-05-2020, n. 14209).

32) La signora On. era *magra*, alta, aveva i capelli bianchi, stava in un letto con le sbarre, non era autonoma (Trib. Roma, 07-06-2018, n. 4763).

33) All'atto del collocamento nella struttura la bambina era estremamente *magra*, sporca, maleodorante, aveva numerosi tic nervosi, era inappetente, tendeva ad isolarsi, ogni sera assumeva tachipirina per dolori alle gambe (Corte app. Napoli, 11-07-2016, n. 113).

Anoressica, *anoressico*, così come *bulimica*, *bulimico*, ricorrono per descrivere una condizione medica di disturbo alimentare di natura psichica, con o senza riferimenti agli effetti sull'aspetto fisico:

34) in data 8 giugno il detenuto veniva trasferito a (OMISSIS), ove si presentava una situazione di paziente *anoressico* del peso di kg. 54, con pregressa ipokaliemia, sicchè il detenuto veniva ricoverato presso il secondo reparto di medicina sotto la responsabilità del dott. T. (Cass. pen., sez. IV, ud. 11-10-2018, dep. 28-12-2018, n. 58363).

35) entrambe le donne avevano rilasciato concordi dichiarazioni e sporto immediatamente denuncia-querela nei confronti di An.Fe. per avere sottoposto la ex convivente (invalida civile all' 80 %, *anoressica* e affetta da due neoplasie) a gravi e protratte violenze e forme persecutorie (Cass. pen., sez. VI, ud. 08-07-2024, dep. 08-08-2024, n. 32354).

Anoressica, tuttavia, è impiegato anche in modo fortemente offensivo, in tali casi generalmente insieme ad altri insulti:

36) In sostanza, l'imputata formulava una serie di allusioni sprezzanti circa l'aspetto fisico della minore, apostrofandola ripetutamente come *anoressica*, protagonista di

film porno, di essersi rifatta completamente ("mi pare Michael Jackson di faccia"; "ti sei rifatta anche il buco del culo?") (Corte app. Ancona, 05-10-2021, n. 1399).

37) In realtà, sostiene la difesa, dalle dichiarazioni rese in sede dibattimentale, risulta che la Ch., pur avendo riconosciuto nei post a lei esibiti in udienza quelli letti sulla pagina Facebook, ha tuttavia riferito di avere letto dei post in cui la sua amica era definita "prostituta ed *anoressica*"; non ha poi saputo indicare chi sia stato l'autore del post, alludendo genericamente ad una ragazza (Cass. pen., sez. V, ud. 10-05-2023, dep. 03-07-2023, n. 28331).

3. Conclusioni

L'intreccio di più voci e la convivenza di diverse varietà linguistiche rendono le sentenze una fonte privilegiata per l'osservazione di usi, connotazioni e percezioni di parole relative a campi semantici che evolvono di pari passo con l'emergere di nuove conoscenze e sensibilità. Particolarmente interessanti appaiono le trascrizioni di intercettazioni telefoniche, che restituiscono un parlato autentico, così come quelle di messaggi privati e di post pubblicati in rete, che offrono uno spaccato della lingua viva, mentre le dichiarazioni rese dalle parti o da terzi coinvolti nelle cause possono riflettere usi ritenuti più adatti in circostanze formali.

In relazione al lessico qui considerato, si osserva come possa cambiare la percezione di termini in origine più neutri; è il caso, in particolare, di *obesa*, *obesa*, e *anoressica*, *anoressico*, per i quali l'attenzione talvolta si sposta dalla condizione patologica sottostante agli effetti della malattia sull'aspetto fisico, che diventano motivo per offendere o discriminare. Alcune parole possono intraprendere strade ancor più imprevedibili, come nel caso di *anoressica* che ricorre in associazione a *prostituta*.

L'estensione semantica non necessariamente riguarda usi discriminatori, che si manifestano perlopiù in accumuli di insulti. *Corpulento*, ad esempio, che i dizionari definiscono unicamente in relazione all'aspetto fisico (v. § 2.2.1), nel corpus è talvolta associato a una condizione di sofferenza fisica o di svantaggio, talaltra a una condizione di forza e di superiorità. Così *mingherlino*, 'snello, smilzo, magro, asciutto di corporatura e basso di statura; che ha una costituzione fisica gracile, una salute cagionevole' (GRADIT s. v.), può diventare 'persona magra e (quindi) agile'.

La ricerca, pur evidenziando le difficoltà poste dalle banche dati giuridiche, in particolare nella gestione degli omografi, offre ulteriori prospettive di studio. Potrebbe risultare interessante ad esempio un approfondimento in ottica di genere, volto a verificare sia se la descrizione dei corpi rispecchi una discriminazione in tal senso (cfr. Dameno 2020), sia se l'identità dell'estensore possa riflettersi in una diversa sensibilità linguistica; pure si prospetta produttivo un confronto con il lessico in circolazione nel discorso pubblico[15].

Bibliografia

AA. VV. (2017): *Le parole giuste. Scrittura tecnica e cultura linguistica per il buon funzionamento della pubblica amministrazione e della giustizia.* Atti del convegno di presentazione del progetto di ricerca e formazione (Roma, 14 aprile 2016). Roma: Senato della Repubblica.

AA. VV. (2018): *Breviario per una buona scrittura.* Roma: Ministero della Giustizia.

Baldi, Benedetta (2023): *Le parole del sessismo.* Firenze: Cesati.

Bellucci, Patrizia (2005): La redazione delle sentenze: una responsabilità linguistica elevata. In: *Diritto & Formazione,* V, 3, 448–466.

Dameno, Roberta (2020): Il corpo è lo specchio dell'anima? La stigmatizzazione e la criminalizzazione delle persone "grasse" sulla base del loro aspetto fisico è anche una questione di genere? In: *GenIUS*, 2, 1–15.

De Mauro, Tullio (2016): Le parole per ferire. In: *Internazionale.* URL: www.internazionale.it/opinione/tullio-de-mauro/2016/09/27/razzismo-parole-ferire (28-03-2025).

Dell'Anna, Maria Vittoria (2016): Fra attori e convenuti. Lingua dell'avvocato e lingua del giudice nel processo civile. In: Bambi, Federigo (a cura di): *Lingua e processo. Le parole del diritto di fronte al giudice.* Atti del Convegno (Firenze, Accademia della Crusca, 4 aprile 2014). Firenze: Accademia della Crusca, 83–101.

Dell'Anna, Maria Vittoria (2017): *In nome del popolo italiano. Linguaggio giuridico e lingua della sentenza in Italia.* Firenze: Cesati (I ed. Roma: Bonacci, 2013).

Faloppa, Federico (2020): *#Odio. Manuale di resistenza alla violenza delle parole.* Torino: UTET.

Fiorelli, Piero (2008): *Intorno alle parole del diritto.* Milano: Giuffrè.

15 La questione del linguaggio di genere occupa ormai da tempo il dibattito pubblico ed è molto sentita anche in contesti istituzionali, come testimoniano i numerosi interventi seguiti al pioneristico contributo di Alma Sabatini (1987); tra i lavori più recenti sul tema, si segnala Baldi 2023.

GRADIT = *Grande dizionario italiano dell'uso*, ideato e diretto da Tullio De Mauro, con la collaborazione di Giulio C. Lepschy e Edoardo Sanguineti, I-VIII. Torino: Utet, 2007 [I ed.: 1999, 6 voll.].

Gualdo, Riccardo (2011): Il linguaggio del diritto. In: Gualdo, Riccardo / Telve, Stefano: *Linguaggi specialistici dell'italiano*. Roma: Carocci, 411–477.

Mortara Garavelli, Bice (2001): *Le parole e la giustizia. Divagazioni grammaticali e retoriche su testi giuridici italiani*. Torino: Einaudi.

Pietrini, Daniela (2018): *Sprache und Gesellschaft im Wandel. Eine diskursiv basierte Semantik der Familie im Gegenwartsfranzösischen am Beispiel der Presse*. Berlin: Peter Lang.

Pietrini, Daniela (2019): *Famille monoparentale* vs. *mamma single*: Die kontroverse Lexik des aktuellen Ein-Elternschafts-Diskurses im interromanischen Vergleich. In: Goranka, Rocco / Schafroth, Elmar (a cura di): *Vergleichende Diskurslinguistik. Methoden und Forschungspraxis*. Berlin: Peter Lang, 263–294.

Pietrini, Daniela (2023): Il discorso giornalistico italiano sulla *body positivity*. In: Pietrini, Daniela (a cura di): *Lingua e discriminazione. Studi diacronici, lessicali e discorsivi*. Berlin: Peter Lang, 131–147.

Sabatini, Alma (1987): *Il sessismo nella lingua italiana*. Roma: Presidenza del Consiglio dei ministri.

Santulli, Francesca (2008): La sentenza come genere testuale: narrazione, argomentazione, performatività. In: Garzone, Giuliana / Santulli, Francesca (a cura di): *Il linguaggio giuridico. Prospettive interdisciplinari*. Milano: Giuffrè, 207–238.

Visconti, Jacqueline (2022): *Studi su testi giuridici. Norme, sentenze, traduzione*. Firenze: Accademia della Crusca.

«Biondo, bello e di gentile aspetto». Riflessioni nel tempo su alcuni stereotipi della bellezza nella poesia italiana*

Riccardo Gualdo

Abstract: The literary and poetic representation of the female and male body and beauty follows fashions and models that have crystallised over time, thus contributing to the establishment of long-lasting cultural stereotypes. The *descriptio mulieris* clearly predominates in an almost exclusively male 'panel' of poets until the first appearances of some strong female personalities in the mid-16th century; the *descriptio viri*, on the other hand, is rarer, and is decisively expressed in an erotic sense during this period, for example in the sonnets for Lauro by Benedetto Varchi. But what are the main descriptive topoi, and what are the possible variations, within this framework? Leaving aside the descriptions of ugliness in the comic-realistic rhymes and the Baroque deformations, a lexical survey will be conducted in the corpora of Italian poetry to verify continuities, changes and comebacks, even unexpected ones, in the descriptions of the beloved's body. The investigation will focus on the period from the Origins to the Arcadian and Neoclassical 18th century, a key moment marking both the thickening of tradition and a transition towards bourgeois modernity.

Keywords: Italian linguistics; history of vocabulary; linguistic stereotypes; female and male bodies; Italian poetry (13th-18th centuries)

Premessa. *«Nigra sum, sed formosa»*

A proposito della *descriptio mulieris* classica, Luca Serianni (2020, 149 e 160) ricorda che i capelli della donna sono biondi e l'iride è nera. La protagonista del *Cantico dei cantici* ha capelli e pelle neri; dopo di lei, la maggioranza delle donne descritte dai poeti greci e latini ha certamente gli occhi e i capelli neri. Nel frammento 58 Saffo dice di sé che invecchiando la pelle le si è inaridita, e i capelli da neri sono diventati bianchi; e neri sono i capelli di molte delle donne descritte da Ovidio nei suoi versi sull'amore, solo per citare il poeta latino che più ha influenzato, sotto questo aspetto, il canone occidentale. Ma bivondo (o fulvo?, la parola greca è *xanthós*) è il

* Mentre correggo le bozze apprendo la notizia della scomparsa di Francesco Bruni, maestro autorevole e garbato degli studi di storia della lingua italiana. Al suo ricordo dedico queste righe.

colore dei capelli di Elena di Troia (e di Achille)[1], e il primo poeta italiano che raffigura l'amata, Giacomo da Lentini, la dichiara «bionda più ch'auro fino». Un modello classico e uno nordico e poi romanzo si abbracciano alle origini della tradizione poetica italiana.

La descrizione del corpo della persona amata percorre la letteratura occidentale ed è stata oggetto di indagini magistrali. Il mio itinerario nei discorsi del corpo nella letteratura italiana esclude la prosa, tranne quando questa convive col verso, e si concentra su alcune fasi storiche: le origini, alcuni momenti del petrarchismo cinquecentesco, l'esperienza arcadica fino al pieno Settecento. Seguirà l'esame di alcune parole chiave e delle metamorfosi che hanno subito nel tempo in un panorama culturale che ha fissato stereotipi ancora attivi in pieno XXI secolo nella coscienza di lettrici e lettori[2].

1. Il corpo in diacronia

La percezione comune degli usi lessicali risulta spesso distorta, come osserva Leone (2008, 127-128): si tende ad attribuire al passato le dinamiche comunicative di oggi e a ridurre le «latitudini semantiche» delle parole (Poggi Salani 1993, 1685) limitandole all'asse diafasico. Leone ha documentato l'evoluzione novecentesca del rapporto tra i sinonimi *viso* e *volto*. Il fiorentinismo puntiglioso, come ha mostrato Poggi Salani, spinge Manzoni, nel percorso che porta alla Quarantana, a invertire l'equilibrio tra *viso* e *volto* a vantaggio di *viso*, limitando *faccia* a connotazioni perlopiù negative ed eliminando *cera*, presente ancora nella Ventisettana, che aveva riscontri in milanese, ma non più in fiorentino.

Per molte ragioni, negli ultimi due secoli l'evoluzione del lessico italiano è stata più rapida che in passato; per questo ho ristretto i sondaggi entro un secolo ancora pienamente di antico regime – il Settecento – e mi sono limitato alla poesia, più conservativa della prosa. L'ingresso del mondo borghese

---

1 Sul lessico dei colori in greco cfr. Miranda 2018.

2 Ringrazio per le note di lettura e i suggerimenti bibliografici Irene Gualdo, Anna Pompei, Roberto Romagnino e Giovanna Santini; s'intende che errori e lacune sono solo miei. Salvo altra indicazione, i testi sono citati dalle edizioni raccolte nella *BIZ* 2010 e nella *Biblioteca italiana* http://www.bibliotecaitaliana.it; ho usato anche *il corpus LirIO* (dalle scelte di chi ha curato le edizioni possono dipendere varianti formali); i corsivi enfatici sono miei.

nella lirica italiana avviene a metà Ottocento: funziona da cartina al tornasole l'opera di Vittorio Betteloni, che nella sua prima raccolta *In primavera* (1869) descrive amori semplici e modesti con un lessico che ai preziosismi aulici affianca parole quotidiane, segnando un momento di passaggio dagli Scapigliati a Gozzano[3]. Ci sono ovviamente alcune anticipazioni; la rappresentazione concreta e antilirica del corpo, con una visione "dal basso" o nel dettaglio scientifico, trionfa nel Barocco (con precedenti in Tasso, poi esaltati da Marino, cfr. Besomi 1979), ma aveva già trovato spazio nella poesia comico-realistica delle origini e nella tradizione nenciale o "popolare" dal Quattrocento al Berni. Un capitolo a sé è quello della poesia erotica, peraltro poco presente nei nostri *corpora* se non per qualche rima tratta dalla *Priapea* di Niccolò Franco (1541) e dallo sfrontato canzoniere del veneziano Giorgio Baffo (1694-1758). D'altra parte quest'ultimo filone non fa che legittimare gli stereotipi, anche quando li stravolge parodisticamente, e ribadisce una visione del corpo femminile fondata sullo sguardo maschile.

Una timida svolta si ha solo da quando la donna è ammessa – non senza riluttanza e sospetto – nella società borghese; ne danno testimonianza Goldoni nel teatro di prosa e nei libretti d'opera e Parini nella lirica. Intorno ai due giganti del Settecento (senza dimenticare Metastasio) c'è un ricco panorama di minori, anche nei pressi dell'Arcadia, dove tra l'altro le voci femminili sono ammesse fin dalla fondazione e conquistano nuovi spazi con originalità espressiva. Molto grossolanamente cito i dialettali, gli scientifici come Antonio Conti, alcuni marginali come Tommaso Crudeli[4] e il sorprendente Giovanni Meli della *Buccolica*.

La lirica italiana è un oceano vastissimo, e con il mio retino a maglie molto larghe pescherò solo i pesci più grossi. Prima di mostrare qualche risultato,

---

3 Per esempio, in *E' fu in piazza di Santa Caterina* la ragazza ascolta l'innamorato «[...] *E il nastro del grembiule in man si prende*, / giocando se lo attorce *al roseo dito*»; in *Per una crestaja* (cioè una sartina): «[...] Si stava assai benino / Un tempo a la REGINA, / Buona cucina, / Ottimo vino... [...] *Il fianco turgidetto* / preme infatti e s'offende / di quelle bende / in che l'hai stretto. / Se non ci fosser tanti / spettatori molesti, / *ti slacceresti / un po' davanti*». Per *turgidetto* il *GDLI* riporta versi di Carlo Innocenzo Frugoni (av. 1768) e di Giovanni Fantoni (av. 1807).

4 Non escludo un'allusione greve nei versi 65–72 della sua *Ricamatrice* (in Muscetta/Massei 1967, 536–543): «quando ti chiesi in vano / la delicata mano, / che sarebbe arrivato / un punto disïato / nel qual tu non pregata / *me l'averesti data*? / Vedi che questo punto / bella mia Nina, è giunto».

però, vorrei dedicare qualche riflessione al ruolo della metafora. Michele Prandi osserva (2021, 36–40) che la metafora è «nella storia di un lessema» (ivi, 40) e che le *metafore convenzionali* rinviano a risorse e a strutture concettuali coerenti e radicate in un patrimonio acquisito e condiviso, alle quali facciamo riferimento nel pensiero, nell'espressione e nell'azione quotidiana. Dunque, mediante la lingua le metafore non sono *create*, ma semplicemente *attivate*. Viceversa, le *metafore creative* e le *metafore vive* «nascono dalla messa in opera di significati complessi conflittuali, che sfidano i fondamenti della coerenza concettuale» (ivi, 39–40).

Nel caso delle descrizioni del corpo, i poeti agiscono su un terreno già consolidato (Pozzi 1984 distingue «canone lungo» e «breve» per la descrizione rispettivamente del corpo nella sua interezza e di alcuni dettagli, soprattutto del viso); le metafore sono dunque perlopiù convenzionali, immediatamente riconoscibili da chi legge, e l'inventiva si cimenta quasi solo nel dimostrare l'abilità di variarne termini e cornici cotestuali. Alla potenza delle convenzioni linguistiche si affianca quella delle convenzioni visive, che Baxandall (1976, 57) ha chiamato l'«attiva consuetudine di visualizzazione interiore» dello sguardo di chi osserva.

2. «*A capite usque ad pedes*»

Secondo modelli che dai Presocratici arrivano al Medioevo tramite Galeno, *la descriptio mulieris* e la *descriptio viri* procedono *a capite usque ad pedes*[5]. Io vorrei rovesciare la prospettiva, *a pedibus usque ad caput*; si leggano questi versi dalle *Rime* di Antonio Pucci (av. 1388):

> [...] a piè di lei tosto m'inginocchiai; sentendo i dolci baci innamorati, / che le dona' *da' piè fino alla testa*.

Nella poesia gnomica e canterina si può passare dal capo ai piedi e dai piedi alla testa, anche in senso traslato:

> [...] il re Luigi [...] che tra le mani un fanciul li fu visto / *lo quale era sì bel dal capo al piede*, / che detto avresti: sempre quivi mi sto (Fazio degli Uberti, *Dittamondo*, av. 1367);

---

[5] Per un quadro dettagliato e ricco di dottrina, che dalla tradizione classica e medievale arriva alla poesia italiana fino a Poliziano e Sannazaro, cfr. Muñiz Muñiz 2011.

> [...] questo cantare [...] piaccia e diletti *dal piede alla cima* (*Cantare del bel Gherardino*, sec. XIV *in.*).

Il motivo ricompare poi nella lirica tre-quattrocentesca, per giungere ormai sfinito alle prolisse rassegne di Olimpo da Sassoferrato[6].
Nella descrizione lirica della donna desiderata, nobile o semidivina, il piede è perlopiù *calzato*, e la calzatura ha già una forte valenza simbolica e sensuale[7]:

> Levò suo veste, e vedemmo *il bel piede / calzato* in seta e in pietre preziose (Francesco da Barberino, *Reggimento*);

> e con lussurioso occhio rimira lunga fiata *il piè* di lei, andante *calzato di sola scarpetta* (Boccaccio, *Comedia delle ninfe*, XV, 6).

È lo stesso Boccaccio che fa scalzare la donna perché possa bagnare il *bianco piede* nell'acqua:

> con picciol moto *i bianchi piè* bagnando (*Rime*);

> la gola all'altro la coda e qual per li piedi tirando e scherzando, dalla lasciviente turba da diverse parti era; mostrando nelle basse acque *i bianchi piedi*; [...] e *scalzatasi*, co' *bianchissimi piedi* tentava le frigide onde, (*Comedia delle ninfe*).

Dai piedi torno alla testa, non senza aver rammentato – con Le Goff (2005, 127-128) – la dialettica tra due donne archetipiche: Eva la peccatrice, che con Adamo introduce il nudo femminile nella sensibilità medievale, e Maria la redentrice. Il corpo di quest'ultima non è oggetto di sguardo e di ammirazione, è semmai il suo volto a essere progressivamente nobilitato, a cominciare dal gotico internazionale, per diventare il modello di una bellezza superiore.

---

6 *Comparation de lauda a la signora mia incominciando al capo per infino alli piedi*, Venezia, Bernandino Bindon, 1545. Alla descrizione del corpo segue quella di casa, camera da letto e oggetti quotidiani.

7 Patota (2013, 141 e 143) rammenta che sarebbe inutile cercare la parola *gamba* nel *Canzoniere* di Petrarca, dove il corpo di Laura è sempre descritto in termini astratti e metaforizzati. Aggiungo un mero dato numerico: l'aggettivo *ignudo* ricorre in tutto otto volte nel *Canzoniere*, e solo una volta riferito a una donna, la dea Diana; *nudo* ricorre quattro volte, una sola delle quali riferito a una persona, il dio Amore; nei *Trionfi ignudo* e *nudo* ricorrono otto volte, sempre solo in senso metaforico.

La testa femminile ha queste caratteristiche: capelli biondi, perlopiù ricci (o *arricciati*, *crespi*, *inanellati*, *ricci* o *ricciutelli*, e nel *Ninfale fiesolano* non semplicemente intrecciati, ma avvolti di ghirlande di fiori)[8], sopracciglia sottili e nere che formano un arco perfetto; occhi neri o – meno frequentemente – azzurri. Alcuni di questi tratti sono condivisi anche dall'uomo; ricordo che Apollo, prototipo estetico virile della tradizione profana, era biondo (già almeno nel frammento 44 di Saffo); lo si legge, per esempio, nei *Trionfi* di Petrarca: «Vedi Iunon gelosa, e 'l *biondo* Apollo»[9]. È noto poi che nella tradizione iconografica anche Gesù è biondo e ha i capelli ondulati, a partire dalla descrizione apocrifa del governatore della Giudea Lentulo al Senato romano che Baxandall (1978, 64) riprende dal *Zardino de Oration*, manuale di devozione per fanciulle attribuito al francescano Niccolò da Osimo e stampato a Venezia nel 1494.

3. Le proporzioni del corpo

«Onde pare l'uomo essere bello, *quando le sue membra debitamente si rispondono*» (Dante, *Conv.*, 1, 5.5); le *membra* devono essere «*debitamente ordinate*» e rispettare l'«*ordine debito*» che «rende uno piacere non so di che *armonia mirabile*» (*Conv.*, 4, 25.7). Una *descriptio mulieris* ispirata al criterio della proporzione è già definita compiutamente nel libro 12 del *Teseida* di Boccaccio, ispirata dall'incontro tra Elena e Paride nell'*Historia destructionis Troiae* di Guido delle Colonne:

> Era la giovinetta di persona
> Grande, e ischietta *convenevolmente*,
> E se il ver l'antichità ragiona,
> Ella era candidissima e piacente;
> Ed i suoi crini sotto una corona
> Lunghi assai, e d'oro veramente
> Si sarien detti, e il suo aspetto umíle,
> Il moto suo onesto e signorile.

Da qui in poi, in più ottave, ogni parte del corpo è descritta secondo un canone di lunga durata. Restano fuori, per pudicizia, gli organi sessuali; ma il

---

8 La coppia *biondo e ricciutello* torna due volte nel *Ninfale fiesolano*, anche per i capelli del figlio di Mensola, Pruneo; l'alterato è usato da Petrarca per Laura: *Rvf* 151, 53.

9 Come hanno mostrato i restauri di fine 2024, l'*Apollo del Belvedere*, copia romana di un bronzo greco scoperta alla fine del Quattrocento, aveva i capelli illuminati da inserti di foglia d'oro.

tema non è sottaciuto, e viene evocato con la retorica della reticenza allusiva, secondo cui la donna si può *immaginare* che sia, anche sotto quell'aspetto, «d'ogni ben compiuta». Nei versi che chiudono la descrizione si legge:

> La parte agli occhi del corpo celata,
> Colui sel seppe poi cui ella cosse
> Avanti con amor lunga fiata:
> *Immagino che a dirlo le mie posse*
> *Non basterieno avendola io veduta;*
> *Tal d'ogni ben doveva esser compiuta.*

Pochi anni dopo Boccaccio esprimerà la stessa idea in prosa nella *Comedia delle ninfe*:

> Ma lei avendo diritta veduta e la sua altezza servata nella sua mente, *imagina quanto di bene si nasconda* ne' cari panni (IX, 2). [...] A questa parte con diligenza rimira Ameto, e degna di laude maravigliosa la reputa *co' nascosi beni* (XV, 6).

In pieno Quattrocento il meno pudico Villon nella ballata *Les regrets de la belle heaulmière*, dopo aver ripercorso in forme canoniche tutte le parti del corpo della donna prima da giovane e poi da vecchia, non si periterà di nominare esplicitamente «le sadinet», cioè l'organo sessuale[10]. Ariosto varierà da par suo il *topos* nella descrizione di Alcina (*Orlando furioso*, VII, 14), mentre riformulano l'allusione, in sintonia con la tradizione realistica e misogina, i versi finali del capitolo ternario *Sopra le bellezze della sua innamorata* del Firenzuola[11].

Fin d'ora noto l'opposizione *persona / corpo*, perché *corpo* – frequentissimo in contrapposizione con lo *spirito* o nel motivo romanzo della consegna (astratta) del corpo all'amata – è statisticamente più raro di *membra* ed è semmai sostituito da *persona* (la «bella persona» tolta a Francesca da Rimini), parola di senso più ampio (l'insieme delle parti), forse più comoda ritmicamente, e certo avvertita come più consona alla descrizione lirica[12].

---

10 Il testo è in François Villon (2020): *Œuvres complètes*, Mises en français moderne et présentées par Claude Pinganaud. Paris: Arléa, 39–41.

11 «[...] *Il resto* ch'ella tien poi rimpiattato / sotto la cioppa ['sopravveste'], o sotto il gamurrino ['gonnellino'], / *tu puoi pensar* che sia meglio un buondato ['che sia di gran lunga meglio']».

12 Ancora in Boccaccio, *Ninfale fiesolano*, 381, Mensola, incinta, osserva la propria «*persona*, che sì va crescendo». Con un lungo salto temporale aggiungo solo la «*persona*

Riassumo la descrizione del *Teseida*, che Boccaccio riproporrà in quella che Ameto «più in sé estima eminente» tra le sette ninfe, maggior ricchezza di dettagli (anche relativi all'abbigliamento e agli ornamenti preziosi delle donne) e con recuperi intertestuali sperimentati nei testi giovanili e perfezionati nel tempo fino al *Decameron*[13]: colorito bianco e vermiglio della carne, capelli biondi sciolti (o *soluti*) o pettinati (raccolti in trecce o fermati con nastri), fronte «ampia e spaziosa», sopracciglia «nerissime e sottil», «in volta tortuosa» (varianti: *arcate*), occhi neri («brun(i)» in *Teseida*) e sempre «lucenti», naso «di bella lunghezza» e «affilatetto»[14], guance «non tumorose / né magre *fuor di debita misura*», bocca «picciolletta» e «labbra sottili», mento «piccolino» e che «nel mezzo [...] aveva *un forellino* / che più vezzosa assai ne la facea, / ed era vermiglietto un pocolino»[15]; gola, cioè 'collo' «candida e cerchiata / *non di soperchio*, e bella e dilicata» (diventerà *marmorea* nella *Comedia delle ninfe*) o anche collo «pieno» e «lungo», dunque non troppo sottile, ma «piano e *ben* possente»; «omeri candidi e ritondi», petto «un pochetto [...] eminente / di pomi vaghi, per mostranza tondi / che per durezza avien combattimento, / sempre puntando in fuor, col vestimento»[16]; «braccia [...] grosse e distese», mani «lunghe» e «dita *sottili / articolate bene*» (Fazio degli Uberti scrive di dita «lunghe e *sottilette*»). Corrispondendo a un ideale estetico che esaltava la potenziale maternità, la giovane donna è «nell'anche grossa e tutta *ben formata*», ma con «piè piccolin»[17].

[...] tanto ben formata» di Alcina (*Orlando furioso*, VII, 11).

13 Nella sterminata letteratura sull'opera di Boccaccio mi limito a rinviare a Surdich (2008, 7–54 per la produzione giovanile); per la lingua è imprescindibile Bruni 1990; cfr. anche le pagine dedicate alle opere che precedono il *Decameron* in Patota (2013, 184–202 e 207–219).

14 Interessante l'accoppiamento di «bionda testa» e «*profilato* viso» in Antonio da Ferrara (av. 1374); più tardi Simone Serdini (1360–1420) loderà «denti di perle e 'l *naso profilato*» nelle sue *Rime*.

15 Nella *Comedia delle ninfe* Boccaccio usa il più ricercato *concavità*. Quella che oggi si chiamerebbe *fossetta*, del mento o delle guance, sembra parola di diffusione piuttosto tarda. Il *GDLI* parte dal commento di Anton Maria Salvini alla sua traduzione in versi degli *Inni* di Callimaco (pubblicati postumi nel 1763).

16 Il motivo non è nuovo e resta topico, ma è Boccaccio a fissarne la prima apparizione in volgare italiano. La *durezza* dei «celestiali *pomi* [...] resistenti al morbido drappo» torna nella *Comedia delle ninfe*.

17 Petrarca scrive di piedi *sancti* (*Rvf*, 40) e *snelli* (*Rvf*, 304), ma nei *Trionfi* menziona anche *piedi rebelli*.

Nella lirica successiva ritroveremo tutte queste parole, con qualche variante; qui m'interessa sottolineare il continuo richiamo alla misura delle singole parti, che non deve essere eccessiva, ma sempre *conveniente* (aggettivo e verbo corradicale, d'ascendenza classica, sono ricorrenti anche in altre opere di Boccaccio e più in generale nella tradizione). Non molto tempo dopo, in *Quella di cui i' son veracemente*, Pucci riprende la descrizione di Boccaccio[18] – e la popolarizza, restringendo il ventaglio lessicale. La proporzione tra le parti del corpo è resa sempre con *rispondente*, *corrisponde* / *ben risponde*; il naso è «*affilato* e ritondello / né grosso né sottil fuor di misura» invece del più vezzoso *affilatetto* boccacciano[19]; alcune similitudini sono banalizzate e le descrizioni quasi "addomesticate", come quando la «candida gola» è descritta come «*cinghiata* di piacevole grassezza» o quando le calzature preziose diventano *pianelle* (più semplici e con il calcagno scoperto, ma che a quel tempo potevano essere anche eleganti, cfr. la glossa del *GDLI*):

> [...] lattati e piccioletti piedi
> Senza nocchi, diritti ed appuntati,
> *Che paiono, spogliati*
> *Nelle pianelle*, una vezzosa cosa.

La popolarizzazione proseguirà, intrecciandosi con la più antica tradizione canterina, nella *Battaglia delle belle donne di Firenze con le vecchie* (1353) del Sacchetti, dando vita a un filone di lunga durata. Più tardi, una ripresa originale del "canone lungo", in ambito bucolico, è nel ritratto della ninfa Amaranta nella prosa quarta dell'*Arcadia* di Sannazaro, che spicca rispetto all'immobile immagine femminile di Bembo e dei petrarchisti del primo Cinquecento (cfr. Muñiz Muñiz 2011, 46-57). Pochi anni dopo ribadirà il canone della proporzione Agnolo Firenzuola, nel suo *Dialogo delle bellezze delle donne* (1541) nei termini di «ordinata concordia [...] e quasi armonia» di «membri [...] bene proportionati».

---

18 Pucci è tra i pochi a menzionare i *dicevoli orecchi* della donna e le sue *belle gambe polpute*; naso, orecchi, gambe e piede saranno nel catalogo del *Dialogo* di Firenzuola.

19 Tra i diminutivi annoto il «breve, asciutto e *rotondetto* piede» di Alcina (*Orlando furioso*, VII, 15); «labbro [...] *tumidetto*» è nelle *Rime* di Tasso, e il vezzeggiativo sarà ripreso nell'Epitalamio I,61 di Metastasio: «di pianto il mobil seno / e *tumidetto*» e poco dopo imitato da Crudeli «*tumidetto* / *tiepidetto* / avorio schietto», sempre a proposito del seno.

4. La danza delle ninfe

Il movimento dell'amata (nella lirica antica la parola chiave è *portamento*, almeno da Giacomo da Lentini e Giacomino Pugliese) risponde a stereotipi che ancora una volta sembrano essere stati fissati nella poesia volgare italiana più da Boccaccio che da Petrarca. Di quest'ultimo si legga la seconda quartina del sonetto 243: *Fresco, ombroso, fiorito et verde colle*:

> il mio cor che per lei lasciar mi volle
> (et fe' gran senno, et piú se mai non riede)
> va or contando ove *da quel bel piede*
> *segnata è l'erba*, et da quest'occhi è molle.

C'è già, evidentemente, il *locus amoenus*; ma Laura, ormai morta, pensa, canta, siede e posa il piede sull'erba lasciandovi un segno che commuove il poeta nel ricordo. La scena e l'immagine, imitatissime nei secoli seguenti, non hanno nulla di concreto, di fisico: l'orma è metonimia della donna immaginata. Tutt'altra aria si respira nel paesaggio di Boccaccio (*Ninfale fiesolano*):

> E priego voi, iddii, che dimorate
> per questi boschi e nelle valli ombrose,
> che, se cortesi foste mai, or siate
> verso *le gambe candide e vezzose*
> *di quella ninfa*, e che voi convertiate
> alberi e pruni e pietre ed altre cose,
> *che noia fanno a' piè morbidi e belli,*
> *in erba minutella e 'n praticelli.*

Nella *Comedia delle ninfe* Ameto si siede, addirittura si distende, sull'erba accanto alle donne:

> e sopra quella, freschissima, *i corpi distesi*, ci posavamo. Quelle donne, considerando Ameto le dette cose, pervennero al luogo ove egli, solo, attendendole si sedea; il quale, alla loro venuta levatosi, poi che fra loro onorate, disposte l'arme e' mantelli, assettate si furono, si ripuose a sedere. E tutte insieme e ciascuna per sé lungamente mirate, così lieto cominciò a cantare.

Il gioco dell'alzarsi e dell'*assettarsi* fa pensare a una danza cortese. È noto che dietro la descrizione delle relazioni amorose del giovane Boccaccio, fin dalle terzine della *Caccia di Diana* (1333–1337), c'è l'allegoria di un percorso che conduce il protagonista dall'ignoranza e dalla rozzezza alla conoscenza delle virtù cardinali e teologali, simboleggiate dalle ninfe (cfr. Bosisio 2013). Ma lo sguardo di Ameto – che «con l'occhio mentale trapassa dentro a' vestimenti» – è carnale ed edonistico, evidentemente attratto dalla fisicità sensuale delle donne. Lui le osserva di nascosto, e Boccaccio insiste sui movimenti del suo occhio, che indugia «lussurioso» perfino sulle orecchie:

> con la testa alzata non prima le chiare onde scoperse del fiumicello ch'elli all'ombra di piacevoli albuscelli, fra' fiori e l'erba altissima, sopra la chiara riva vide più giovinette; delle quali alcune, *mostrando* nelle basse acque i bianchi piedi, per quelle *con lento passo vagando s'andavano*; altre, posti giuso li boscherecci archi e li strali, sopra quelle *sospesi i caldi visi, sbracciate*, con le candide mani rifacean belli con le fresche onde; e alcune, data da' loro vestimenti da ogni parte all'aure via, *sedeano* attente a ciò che una di loro più gioconda *sedendo* cantava [...]; vede i biondi capelli [...] li quali sopra l'orecchie in tonda treccia raccolti [...], con piccolo viluppo stendentisi or verso l'una e poi verso l'altra orecchia vicendevolmente ristretti [...].

La descrizione contamina Ovidio, Apuleio e i *fabliaux* romanzi, ma la creatività di Boccaccio è nuova e sorprendente, e il modello pastorale che va costruendo fino al *Ninfale fiesolano* avrà lunghissima durata.

Seguendo il lessema *ninfa* cito almeno un'eco tardo-settecentesca di grande forza espressiva nella *Buccolica* di Meli (*ninfi* sta per *ninfe*, mie le spiegazioni interne al testo):

> O Tirsi, Tirsi, statti cuideddu ['sta' attento']: / nun smicciari ['non guardare'] li ninfi di Diana; [...] li ninfi si cci *sguàzzanu*; [...] un chianiceddu [...] dav'umbra e friscu e un lettu di villuti / a li ninfi giulivi, chi lassànnu / *attuffati* tra l'acqua li quartari, ['i vasi, le anfore'] / si mittianu ddà 'menmzu a trippiari ['a saltellare là in mezzo'].

Oltre che bagnarsi e tuffarsi nell'acqua, le ninfe attraversano prati e boschi quasi danzando, o corrono leggere e veloci per sfuggire alla concupiscenza di fauni e pastori. Già Matelda, la bella donna che Dante incontra nel canto 28 del *Purgatorio* e che «séguita» nel canto successivo, non a caso paragonandola a una ninfa, appare «soletta»[20] e si muove «Come si volge, *con le piante strette* / a terra e intra sé, *donna che balli*, / e piede innanzi piede a pena mette». Commentando questa similitudine, Anna Maria Chiavacci Leonardi (2012) ricorda le

[20] Una lettura maliziosa coglie l'intertesto con il più concreto incontro in un *boschetto* tra Cavalcanti e la *pasturella* dai capelli «biondetti e ricciutelli» e la «cera rosata», che «*sola sola* per lo bosco gia».

raffigurazioni pittoriche di fanciulle danzanti tra i fiori, e nota il movimento «come guidato da una superiore armonia che governa ogni suo atto, come è della danza», colto già nel commento quattrocentesco di Cristoforo Landino. Il rinvio alla danza è associato da Baxandall (1978, 79–80) alla ripresa artistica del tema nel platonismo pittorico del Quattrocento: la *Nascita di Venere* di Botticelli fu dipinta negli anni Ottanta per Lorenzo di Pierfrancesco de' Medici, come forse anche la *Primavera* qualche anno prima. Il cugino del dedicatario, Lorenzo il Magnifico, aveva composto una danza intitolata *Venus*, descritta nel *Trattato dell'arte del ballo* di Guglielmo ebreo di Pesaro. Poesia e pittura dialogano intensamente a formare l'immagine ideale della donna, che trova la sua rappresentazione più celebre nella Simonetta/Venere.

Il tema è complesso e studiatissimo[21], ma ne approfitto per un rapido spunto. Nel 1520, a Basilea, l'incisore di Costanza Conrad Schnitt, formatosi ad Augsburg, realizza una rappresentazione allegorica del ratto d'Europa a commento di alcuni distici latini di Erasmo da Rotterdam. Nel quadrante sinistro della xilografia, in basso, Europa siede capelli al vento sulla schiena del toro che nuota nel Mediterraneo diretto verso Creta; nel quadrante destro la giovane donna ricompare in una grotta, circondata e molestata da uomini giovani e vecchi, tra i quali un crociato e, soprattutto, un papa, identificato dal triregno. Colpisce un dettaglio: la ragazza sul toro – pur se vestita e ingioiellata – è chiaramente ispirata alla Venere di Botticelli: testa leggermente inclinata verso la spalla destra, lunghi capelli ondulati sollevati a sinistra dal vento. A poco più di trent'anni dalla probabile data di composizione del dipinto, Venere è già un'icona internazionale, riutilizzabile per rappresentare altre donne[22].

5. Verbi, nomi e aggettivi topici

Torno al repertorio lessicale. Per la lirica medievale in volgare italiano non si trova granché nelle raccolte di Pagani (1968) e di Savona (1973), dedicate rispettivamente ai Siciliani e allo Stil nuovo. Si afferma ben presto nel canone occidentale l'immagine della bellissima donna bionda, con capelli ondulati in genere raccolti in lunghe trecce, Bionda è, per antonomasia, Isotta, prototipo della bellezza nella

---

21 Basti il rinvio a Lazzi/Ventrone 2007, dove però, tra i molti testi citati, manca il nostro Boccaccio.

22 La xilografia è riprodotta in Detering/Pulina (2020, 17).

tradizione celtica e anglonormanna e poi nella poesia trobadorica. Ho già citato i ricci; le «bronde trezze» sono già in Giacomo da Lentini, «Le bionde trecce e i begli occhi amorosi» nell'*Intelligenza*, e una delle tre donne che vengono «intorno al cor» del giovane Dante «s'asciuga con la treccia bionda». Da allora in avanti la tradizione lirica pullula di trecce bionde (in *LirIO* trovo «trece [...] *blondele*[*te*] che «par d'arient» in un anonimo mantovano a cavaliere tra Due e Trecento); nel *Doctrinale* (1349) Jacopo Alighieri menziona le «ciocchette bionde» di una bella che non deve però essere «litigginosa», «canterina, né troppo puntaguta». Soffermandomi su *biondo* annoto che nel *Bruto di Brettagna* Pucci menziona una «*biondissima* e vaga damigella», usando credo per la prima volta il superlativo. Il diminutivo *biondina* sembra invece solo settecentesco; in ambiente arcadico registro i quinari di Paolo Rolli (*Si ride Amore*, in Muscetta/Massei 1964, 472, vv. 9–12 e 25–28): «Una *biondina* / di bel sembiante / mi rese amante, / poi m'ingannò. [...] Una *brunetta* / d'occhio omicida / m'insulta e sfida, / guerra mi fa»[23]; da allora in poi le biondine avranno grande successo fino al doppio alterato *biondinetta* (Mimì) nella *Bohème* (1897) di Ruggero Leoncavallo.

Come s'è detto, gli occhi della donna sono tendenzialmente neri (anche nella variante *negri* / *nigri*) o *bruni*, e comunque scuri[24]. Gli occhi *chiari* non mancano, naturalmente; frequente è l'aggettivo *celeste*, che ha anche risonanze spirituali, ed è perciò molto amato da Petrarca. L'accostamento *occhi azzurri* in una *descriptio mulieris* compare con l'*Adone*: «bionda testa, *occhi azzurri* e bruno ciglio / bocca ridente e faccia ha dilicata»; e l'Alfieri lo userà per il proprio autoritratto; cinquecentesco, e assai più ricercato, è *cesio*, che il *GDLI* riporta dalla lunga descrizione dedicata al colore degli occhi nel *Dialogo* di Firenzuola e poi nel *Malpiglio secondo* (1585) di Tasso, prima del prezioso recupero di D'Annunzio in *Alcyone*; cesio e prasino ('verde') sono nel *Dialogo dei colori* (1565) di Ludovico Dolce. Ma gli occhi verdi sono rari, anche perché il verde è

[23] Per *biondina* Rolli precede comunque la prima attestazione del *GDLI*, in Filippo Pananti (1866–1836), mentre *brunetta* 'ragazza bruna' è già nelle liriche di Anton Giulio Brignole Sale (1605–1665). Noto che l'*OED* attesta già nel 1582 *brownetta* come italianismo da *brunetta*; del resto, l'alterato è usato a proposito del colore degli occhi dell'amata già in Lapo Gianni: «Nel vostro viso angelico amoroso / vidi i begli occhi e la *luce brunetta*, che 'nvece di saetta / mise pe' miei lo spirito vezzoso».

[24] La coppia *occhi scuri* è rara fino almeno a Chiabrera. Il superlativo *nerissimi* ricorre, tra l'altro, in Jacopo Alighieri, mentre sembra un *hapax* il *nigerrimi* di Camillo Scroffa (1526–1565); si arriva a Crudeli per trovare l'accrescitivo per raddoppiamento: «quel bell'occhio *nero nero*».

tradizionalmente associato alla malattia e al livore, oltre che alla giovinezza, ma in senso metaforico; le ninfe marine dell'*Adone* hanno capelli verdi o azzurri (I, 95) mentre la Vendetta «ha verde la guancia e l'occhio ardente» (XII, 56).

6. Descrivere un uomo

Anche la fisionomia maschile segue il canone classico di convenienza e proporzione, quello del cosiddetto *homo quadratus* (il quattro ha risonanze nella numerologia musicale, perché rappresenta il microcosmo, e nella mistica: *tetragono* è l'uomo "solido" moralmente). Le descrizioni di uomini sono meno frequenti di quelle di donne, e meno variate (poche le pagine in Pagani 1968, 370–373); sia perché la poesia scritta da donne è incomparabilmente più rara, nelle antologie, di quella maschile; sia perché lo sguardo dei poeti sulle figure maschili è meno incline di quello delle poetesse a innovare il canone. Nell'uomo, più che nella donna, l'aspetto fisico è associato al valore morale o alla nobiltà di costumi, come già nella celeberrima descrizione di Manfredi di Svevia nel canto 3 del *Purgatorio*, ripresa da Fazio degli Uberti nel *Dittamondo* (av. 1367):

> Poco del corpo, lettor, tel disegno;
> *bianco era e biondo* e la sua faccia onesta,
> con piccioletta bocca e d'alto ingegno.

L'accostamento di elementi fisici (si notino la *barba*[25], il *naso prolixo*) e morali (dell'occhio non si dice il colore, ma che è «lieto, claro e sereno») torna nel sonetto 394 di Nicolò de' Rossi (av. 1348):

> oglo grosso, lieto, claro e sereno, / nera e conçunta e flexa cigliatura, / naso prolixo e *blonda pellatura*, / capili lungi e di la barba ameno. / Andava per la vïa molto honesto.

Un aggettivo spesso riferito agli uomini è *netto*, nel duplice valore di 'pulito' e di 'privo di peccati', significativamente in rima con *retto* nella canzone 34 di Guittone d'Arezzo (av. 1294): «*Bello* m'è giovan om semplice e retto /

---

25 Ma la *barba bionda* di un uomo è già in *Teseida*, VI, 23; nelle *Disperse*, Petrarca scrive che il mondo «rabbuffa [cioè 'scompiglia', nei capelli e nella barba] *il biondo* e non sana il malato». Nell'*Innamoramento di Orlando* di Boiardo (XV, 44) il giovanetto che Rinaldo diretto al Fonte di Merlino vede in un prato, nudo e circondato da tre donne, pure nude, che gli danzano intorno, «*ne gli occhi è bruno, e biondo nella testa* / le piume della *barba* a ponto ha messe».

d'onne laidezza *netto*». L'età del feudalesimo segna l'affermazione del modello dell'uomo alto, robusto e *ben piantato* (espressione che il *GDLI* attesta per la prima volta nel *Ricciardetto* di Niccolò Forteguerri, 1716-1725)[26].

Per quanto stereotipica, la descrizione dell'uomo biondo è relativamente rara nella lirica italiana fino al Settecento, perché quei caratteri erano poco mediterranei, tipici semmai degli *oltramontani*, come osservava già Stefano Guazzo nella *Civil conversazione* (1574): «nondimeno fra gli oltramontani hanno il primo luogo *gli occhi azurri e cilestri*». Un esercito di eroi biondi con gli occhi azzurri (anche nella variante *cerulei*) entra in scena con la traduzione dell'*Ossian* di Melchiorre Cesarotti (1772):

> Gota vermiglia avea, morbida chioma / Mano di neve, e sotto brevi ciglia / placido sorridea ceruleo sguardo (è «un figlio di Gormal selvoso»); [...] avea i crini / morbidi come nebbia / Lucidi come raggio.[27]

Fanno eccezione a questo modello, già dall'epica classica, i personaggi africani e orientali, come il «bel Clorillo» descritto da Marino nell'*Adone* (XVI, 101-2).

7. La *descriptio viri* nelle poetesse

Come s'è detto, le descrizioni dell'uomo da parte di una donna sono rare, anche volendo considerare la lunga fortuna del modello ovidiano delle *Heroides*. Nella lirica romanza medievale esiste il motivo del desiderio erotico femminile, riferito però all'atto sessuale e quasi sempre con la tecnica della reticenza («quello affare», «quella cosa che le donne sollaza», ecc.; cfr. Pagani 1968, 386-389). Del corpo dell'amato spiccano il viso, lo sguardo e il petto; frequente è la metafora del sole che illumina e scalda la donna[28]; ma il tormento amoroso è soprattutto uno struggimento interno, e più che del corpo si menzionano le attività maschili, come la guerra o la caccia.

---

26 Alla descrizione fisica di personaggi maschili nel *Decameron* è dedicato Robin 2016.

27 Notevole nell'*Ossian* è l'uso ricorrente di *morbido* riferito ai capelli. Sembra solo settecentesco il vezzeggiativo *morbidetto*: una «giovin donna, *morbidetta e tenera*» è nella *Pupilla* di Goldoni, mentre Baffo, prevedibilmente, lo usa per riferirsi alle cosce di una donna, dopo aver menzionato i *lavretti morbidi* del suo sesso.

28 L'uomo è *sole*, come la donna è *luna*, già almeno da Saffo; e qui vale di nuovo il richiamo alla *Caccia di Diana* e alle similitudini lunari tra le ninfe e le stelle.

Ancora oggi le poetesse sono assenti o sottorappresentate nelle antologie letterarie italiane; a titolo d'esempio, solo 19 delle oltre 1.100 pagine di AA.VV. (2001) sono occupate da versi delle due sole donne antologizzate, Veronica Gambara e Gaspara Stampa. Mi soffermo sui sonetti della seconda. Uno dei primi dedicati all'amato Collaltino, conosciuto nel 1548, contiene una descrizione:

> Chi vuol conoscer, donne, il mio signore,
> miri un signor di vago e dolce aspetto,
> giovane d'anni e vecchio d'intelletto,
> imagin de la gloria e del valore:
> di pelo biondo, e di vivo colore,
> di persona alta e spazioso petto,
> e finalmente in ogni opra perfetto.

Generalmente le doti fisiche di Collaltino sono descritte in termini stereotipici e confinate agli occhi e al volto, mentre c'è più varietà nel repertorio delle sue doti morali e intellettuali. Anche il desiderio di Stampa è espresso secondo moduli tradizionali, come una fiamma. Qua e là, tuttavia, il pensiero della donna assume forme più concrete (son. 101):

> Osarò io con queste fide braccia
> cingerli il caro collo, ed accostare
> la mia tremante a la sua viva faccia?

Tra le metafore preferite, oltre alla ricorrente rappresentazione del corpo dell'amato come *nido* d'amore, già petrarchesca, merita un cenno quella riferita agli strumenti della scrittura come correlativo oggettivo delle pene d'amore o come interlocutori dell'autrice, umanizzati. Anche questo motivo è già petrarchesco, ma era stato di nuovo un personaggio inventato dalla fantasia di Boccaccio a svilupparlo in forme più originali. Nel *Filocolo* (II, 17, 4) Biancifiore, sapendo di doversi separare dall'amato Florio, desidera «più tosto di *convertir[si] in libro* per essere da te veduta, che stare nella mia forma da te lontana», e la piena immedesimazione tra la donna e il libro si realizzerà nell'*Elegia di madonna Fiammetta* (cfr. Surdich 2008, 51). In Stampa appare anche il tema dello scambio epistolare, avviato da lei ma disatteso da Collaltino (cfr. i sonetti 136, 142 e 200).

In due luoghi delle sue rime d'amore Stampa usa la parola *sesso*: ecco alcuni versi del sonetto 154: «Straziami, Amor, se sai, dammi tormento [...] *fammi essempio infelice del mio sesso*, / che per ciò di seguirti non mi pento». L'uso metonimico di *sesso* per 'la totalità degli individui [...] che fanno parte dello stesso genere' è attestato nel *GDLI* con esempi almeno quattrocenteschi[29]; ma mai, per quanto ne so, in prima persona e da parte di una donna, e mai con il possessivo, cioè con la forte ed esplicita presa di coscienza di un'identità femminile, per quanto metaforizzata e sublimata.

8. La *descriptio viri* della poesia omosessuale

Nelle rime dedicate a uomini da parte di poeti maschi, se si escludono i traslati allusivi nella poesia realistica *ad improperium*, il corpo è evocato raramente. Spicca l'unico sonetto di Lapo degli Uberti. Replicando alla già ricordata pastorella di Cavalcanti, Lapo la rilegge in chiave omosessuale: in quel «boschetto», Guido avrebbe incontrato non una fanciulla, bensì «un valletto / che cavalcava ed era biondetto / ed avea li suo' panni corterelli». Siamo qui, tuttavia, ancora nel territorio della comicità. Perché il tema sia trattato direttamente dal poeta occorre aspettare la fine del Quattrocento, e poi il pieno Cinquecento, con Michelangelo e Varchi.

Nei 69 sonetti proemiali del canzoniere per Lorenzo Lenzi, pubblicato a Firenze nel 1555, Varchi usa come *senhal* dell'amato la *pianta d'alloro*, il *Lauro*. Ovvio il modello di Petrarca (ma il paragone uomo/pianta è addirittura omerico e si proietta fino alle *Metamorfosi* di Ovidio)[30]. Dalla metafora germogliano le descrizioni di Lorenzo come «arbor del sole», «pianta del ciel», «radici sante», «fibre maggiori e più profonde». Tutto incentrato su questa similitudine è il sonetto 25:

> Qui fu 'l principio de' miei dolci pianti;
> qui da prima vidi io tenere ancora
> quelle *leggiadre e sacre frondi*, ch'ora
> spargono infino al ciel lor *rami santi*.
> In te, bel monte, che di te t'ammanti,
> e col tuo Biviglian vagheggi Flora,
> nirai *quel tronco giovinetto* allora,
> di cui sempre convien, ch'io pense, o canti.
> Fra queste erbette verdi, al dolce suono
> di questi vivi fonti, in questi boschi

---

29 Noto che *fragile sexum* è nel *Baldus* di Folengo, che anticipa il milanese *debil sess* del Maggi (*DELIn* 1999).

30 Per Varchi rinvio a Vatteroni 2019.

scorsi io *la pianta, in cui virtute alberga*:
qui lieti un dì, s'alme presage sono,
spargeran latte, e fiori i pastor Toschi,
dove 'l gran lauro fu picciola verga.

Di Michelangelo menziono solo il sonetto 89, dedicato a Tommaso de' Cavalieri nel 1534; in quei versi è originale, rispetto al canonico confronto tra corpo giovane di Tommaso e vecchio del poeta, l'accenno al *fiato* per la voce della persona amata.

9. Conclusioni

Non ho nemmeno sfiorato il territorio vastissimo delle metafore animali[31], ma mi piace chiudere con i versi che Montale dedica a Maria Luisa Spaziani nei *Madrigali privati* (1943), *assomigliandola* a una volpe «per la falcata prodigiosa, pel *volo* del tuo passo», «un carnivoro *biondo*»[32]. Ritroviamo, risemantizzati originalmente, alcuni stereotipi femminili che si affermano nella lirica italiana già dal Duecento.

Baxandall (1978, 66–69) mette in rilievo l'interesse di Leon Battista Alberti, nel *De pictura* (1435), per la capacità dell'artista figurativo di rendere, nei movimenti delle figure, le loro emozioni. A una più sistematica e mirata ricerca sul lessico del corpo nelle raccolte digitali di testi italiani e romanzi andrà anche affiancata la ricerca sull'espressione delle emozioni e sul suo modularsi, nel corso dei secoli e nel canone occidentale, in rapporto all'evolversi della mentalità e dello sguardo, maschile e femminile, sul corpo.

31 Mi limito a due spunti: l'associazione della donna minuta e fragile a un *uccellino* e – all'opposto – la mitologica *arpia*, che si lessicalizza nella lingua comune per indicare una donna brutta 'dal carattere aspro e bisbetico' (*GDLI*, che riporta quest'accezione dal *Cane di Diogene*, 1689, di Francesco Fulvio Frugoni: «un'arpia vezzosa ma grifagna»).

32 Una ben diversa *volpetta*, furba e maliziosa, ritroviamo nelle *Sei giornate* (1534–1536) di Pietro Aretino: «Io aveva una putta che mi si morì di tredici anni, tuffolotta, tuffolotta, bella, bellissima, astuta, trincata, cattiva al possibile, gazzolatrice. Dio tel dica: una cotal volpetta, una cotal sottopiattoncella da fuggirla»

Bibliografia

AA.VV. (2001): *Poeti del Cinquecento. Vol. I. Poeti lirici, burleschi, satirici e didascalici*, a cura di Guglielmo Gorni, Massimo Danzi e Silvia Longhi. Milano / Napoli: Ricciardi.

Baxandall, Michael (1978): *Pittura ed esperienze sociali nell'Italia del Quattrocento*. Torino: Einaudi.

Besomi, Ottavio (1979): *Ricerche intorno alla «Lira» di G.B. Marino*. Padova: Antenore.

BIZ 2010 = *Biblioteca italiana Zanichelli. DVD-ROM per Windows per la ricerca in testi, biografie, trame e concordanze della letteratura italiana*. A cura di Pasquale Stoppelli. Bologna: Zanichelli.

Bosisio, Matteo (2013): Fenomenologia dell''amore mezzano' e senso del pudore nella *Caccia di Diana* e nella *Comedia delle ninfe fiorentine*. In: *Griseldaonline* 13, URL: https://griseldaonline.unibo.it/article/view/9208 (27-03-2025).

Bruni, Francesco (1990): *Boccaccio. L'invenzione della letteratura mezzana*. Bologna: Il Mulino.

Chiavacci Leonardi, Anna Maria (commentato da) (2012): *Dante Alighieri, Commedia*. Milano: Mondadori.

Curti, Elisa (2016): «Tutte eran ninfe a quel tempo chiamate». Boccaccio e le ninfe: osservazioni sulla tradizione toscana. In: *Lettere italiane* 68 (2), 246–265.

DELIn 1999 = Cortelazzo, Manlio / Zolli, Paolo (1999): *Il nuovo etimologico. Dizionario etimologico della lingua italiana*. Con CD-ROM e motore di ricerca a tutto testo. Bologna: Zanichelli.

Detering, Nicolas / Pulina, Dennis (2020): Rivalry of Lament: Early Personifications of Europe in Neo-latin Panegyrics for Charles V and Francis 1. In: Detering, Nicolas et al. (a cura di): *Contesting Europe. Comparative Perspectives on Early Modern Discourses on Europe, 1400–1800*. Leiden / Boston: Brill, 16–38.

GDLI = *Grande dizionario della lingua italiana*, diretto da Salvatore Battaglia e poi da Giorgio Bàrberi Squarotti, 21 voll. (1960–2011). Con 2 voll. di *Supplementi* (2004, 2009) curati da Edoardo Sanguineti. Torino: Utet.

Lazzi, Giovanna / Ventrone, Paola (2007): *Simonetta Vespucci. La nascita della Venere fiorentina*. Firenze: Edizioni Polistampa.

Le Goff, Jacques (2005): *Il corpo nel Medioevo*. Roma / Bari: Laterza.

Leone, Fulvio (2008): *Diacronia lessicale e paralessicale*. Roma: Carocci.

LirIO = *Corpus della lirica italiana delle origini. Dagli inizi al 1400*. URL: http://lirioweb.ovi.cnr.it/(S(ra3cl5yzfezrw5anq3vhkpso))/CatForm01.aspx (27-03-2025).

Miranda, Emanuele (2018): The Ancient Greek Lexicon of Colours between Universalism and Relativism. In: *Journal of Modern Education Review* 8 (5), 348–362.

Muñiz Muñiz, Maria de las Nieves (2011): Sulla tradizione della "descriptio puellae" e sull'*Amaranta* di Sannazaro. In: *Rinascimento meridionale* II, 21–57.

Muscetta, Carlo / Massei, Maria Rosa (a cura di) (1967): *Poesia del Settecento*, vol. I. Torino: Einaudi.

OED = *Oxford English Dictionary Online*. Oxford: Oxford University Press. URL: https://www.oed.com (27-03-2025).

Pagani, Walter (1968): *Repertorio tematico della scuola poetica siciliana*. Bari: Adriatica editrice.

Patota, Giuseppe (2013): *La grande bellezza dell'italiano. Dante, Petrarca, Boccaccio*. Roma / Bari: Laterza.

Poggi Salani, Teresa (1993): A proposito dei "nastri delle parole" nei "Promessi Sposi": "viso", "volto", "faccia". In: AA.VV.: *Omaggio a Gianfranco Folena*, 3 voll. Padova: Editoriale Programma, II, 1685–1696.

Pozzi, Giovanni (1984): Temi, topoi, stereotipi. In: Asor Rosa, Alberto (a cura di): *Letteratura italiana. Le forme del testo. I. Teoria e poesia*. Torino: Einaudi, 391–436.

Robin, Anne (2016): Giovane e fresco. Le corps désirant dans le Décaméron. In: *Arzanà. Cahiers de littérature médiévale italienne* 18, 92–107.

Savona, Eugenio (1973): *Repertorio tematico del Dolce stil nuovo*. Bari: Adriatica.

Serianni, Luca (2020): *Il verso giusto. 100 poesie italiane*. Roma / Bari: Laterza.

Surdich, Luigi (2008): *Boccaccio*. Bologna: il Mulino.

Vatteroni, Selene M. (2019): Le lezioni petrarchesche e i *Sonetti. Parte prima* di Benedetto Varchi. In: *Nuova rivista di letteratura italiana* 22 (2), 39–64.

Onomasiologia diacronica – il concetto di ‘magro’

Frank Paulikat

Abstract: In the first volume of the *Dictionnaire onomasiologique des langues romanes* (1991), the Italian adjectives *esile*, *magro*, *slanciato*, *gracile*, *tenue*, *sottile* and *svelto* are listed under the concept of ‘lacking in fat, with a more or less puny physical appearance (Fr. *mince*)’. The dictionaries of synonyms also mention *asciutto*, *smilzo*, *ossuto*, *adusto*, *segaligno*, *scarno*, *mingherlino*, *gracile*, *denutrito*, *deperito*, *dimagrito*, *scarnito*, *sparuto* and *secco*.

Building on the cognitive-historical-etymological approach of the DECOLAR dictionary (*Dictionnaire Etymologique et Cognitif des Langues Romanes*), this contribution aims to analyse how the concept of ‘lean’ has been and is realised in Italian, the origins of the terms and the lexical processes that underlie them. Particular attention is given to the analysis of the semantic field from Latin in some periods of the history of the Italian language. The empirical basis consists of Italian usage dictionaries, supplemented by a systematic analysis of historical databases and linguistic atlases.

Keywords: onomasiology, concept of ‘lean’, lexical processes, historical semantics, DECOLAR

1. Premessa

La prospettiva contenuto-espressione applicata nella ricerca onomasiologica è considerata una condizione fondamentale per una spiegazione causale del cambiamento semantico del significato. Agli inizi della ricerca onomasiologica, essa è stata esemplificata soprattutto nel contesto del discorso sul corpo, con l’esempio delle parti del corpo. Nel campo degli studi romanzi, è esemplare a questo proposito lo studio di Zauner (1902) sui nomi romanzi delle parti del corpo, che è stato rielaborato nel 2003 da Paul Gévaudan, Peter Koch e Antonia Neu per la presentazione del DECOLAR (*Dictionnaire étymologique et cognitif des langues romanes*) secondo lo stato più recente della ricerca. Purtroppo questo progetto non è stato portato avanti ed è rimasto allo stadio di bozza[1].

---

[1] Il progetto viene attualmente portato avanti dall’Università di Paderborn e può essere consultato sul sito web https://decolar.uni-paderborn.de/. Sulla metodologia della

Gli studi onomasiologici si riferiscono in gran parte a oggetti concreti, poiché in questo caso l'assegnazione di significante e significato può almeno basarsi su un significante oggettivamente esistente nel mondo reale, mentre con gli aggettivi la semantica è già soggetta a una descrizione cognitiva. Tuttavia, anche gli aggettivi sono inclusi nei dizionari onomasiologici e negli atlanti linguistici, pur dovendo in questo caso rinunciare all'illustrazione attraverso una rappresentazione pittorica della denotazione. Anche la delimitazione del campo lessicale pone un problema particolare, poiché gli aggettivi descrivono sempre determinate caratteristiche in un continuum e le transizioni ad altri campi di parole sono quindi fluide.

L'obiettivo di questo articolo è dimostrare le possibilità di una rappresentazione onomasiologica di un campo semantico utilizzando dati lessicografici e corpus linguistici, attraverso l'esempio di un aggettivo utilizzato per descrivere la costituzione del corpo umano.

2. Delimitazione del campo semantico

La descrizione del corpo umano può comprendere vari aspetti. Nel DOLR, il campo lessicale si trova all'interno del concetto *Les désignations autour du concept grosseur physique*. Questo campo lessicale è caratterizzato dal continuum *grasso/magro*.

La descrizione del corpo si basa su un concetto di norma culturalmente definito. Oltre alle dimensioni, questo comprende anche il rapporto tra peso e dimensioni corporee. Da un lato, la caratteristica del corpo di essere 'magro' può essere un obiettivo desiderabile, un ideale di bellezza associato al gusto della rispettiva epoca, in contrasto con il 'grasso', che di solito è valutato negativamente. D'altra parte, la magrezza è anche motivo di preoccupazione, in quanto può essere vista come la conseguenza di una malattia. Nelle espressioni idiomatiche, *magro* è spesso collegato a oggetti o animali generalmente associati alla magrezza, e in italiano troviamo ad es. i paragoni seguenti (cfr. Quartu/Rossi 2012, s.v. *magro*): *magro come un chiodo*, *magro*

---

ricerca cognitiva onomasiologica cfr. Blank/Koch 2000, 2003; Gévauden/Koch/Neu 2003; Koch 2000, 2001. Come astratto, il concetto di 'stupidità' è stato analizzato tra gli altri da Meier (1972); Geckeler (1971) analizza il campo semantico dei concetti 'vecchio', 'giovane' e 'nuovo' in francese.

come un'acciuga, magro come un grissino, magro come la Quaresima, magro come il cavallo dell'Apocalisse.

3. Il campo semantico della magrezza

Il DOLR cerca di distinguere semanticamente per il concetto di 'magro' i lessemi italiani *tenue*, *sottile*, *svelto*, *slanciato*, *esile* e *gracile* con i seguenti semi (cfr. Tab. 1), prendendo 'mince' (svelto) come arcisema 'qui a peu d'épaisseur' – che compare anche nella maggior parte delle definizioni. In primo luogo, si distingue tra magrezza fisica 'qui a des formes relativement étroite' (sic) (= *esile*) e il rapporto tra grasso e peso corporeo 'qualité d'une personne mince' (= *magro*). Viene quindi effettuata una distinzione in base ai semi, ottenendo la seguente matrice:

Tabella 1: Matrice del campo lessicale di *magro* secondo il DOLR

	esile	*magro*	*tenue*	*sottile*	*svelto*	*gracile*	*slanciato*
avente un fisico magro	+	+	+	+	+	+	+
di una persona magra		+	+	+	+	+	+
molto ('très')			+				
piccolo ('petit')				+			
flessibile ('souple')					+		
delicato ('délicat')						+	
stretto ('svelte')							+

4. Il campo semantico in latino

Nel latino classico il campo lessicale in questione comprende numerosi lessemi difficili da differenziare. Una ricerca nella lessicografia latina bilingue (tedesco-latino/italiano-latino)[2] di equivalenti per *magro* in riferimento al corpo umano produce i lessemi *gracilis*, *tenuis*, *exilis*, *macer* e

[2] Sono stati consultati i seguenti dizionari: *Der neue Georges. Ausführliches Handwörterbuch Lateinisch-Deutsch* ([16]2019); *Oxford latin dictionary. Second edition* (Oxford University Press, 2012). Gli esempi latini sono tratti dall'OLD.

macilentus. La differenziazione deriva da un lato dalla gamma di riferimento e dall'altro dalla differenziazione semantica attraverso l'intensificazione o l'accentuazione di alcune caratteristiche e delle connotazioni associate ai singoli lessemi.

TENUIS e MACER si riferiscono principalmente all'aspetto fisico (*in macerrimis corporis partibus* SENECA, *nec pharetris Veneris macer est* VERGILIO; *erat eo tempore in nobis ... procerum et tenue collum* CICERO, *tenuis homo inplere se debet* C. CELSUS), mentre EXILIS si concentra maggiormente sulla costituzione ed è usato in relazione a singole parti del corpo (*potius ... ubi nascuntur (sues), amplae quam exiles* VARRO, *exiles digiti* OVIDIO). MACILENTUS contiene un'intensificazione (*macilento ore, naso acuto* ATEIUS CAPITO, *macilenti, macie tenuati* PLAUTO). GRACILIS si riferisce alla magrezza in conseguenza di una malattia, ma anche all'aspetto (connotazione positiva: *alii gracilis, alii obessi sunt* C. CELSUS; connotazione negativa: *equi hominesque paululi et graciles* LIVIO). MACER e EXILIS sono usati quasi esclusivamente con una connotazione negativa, mentre TENUIS e GRACILIS possono avere connotazioni sia positive che negative. EXILIS è caratterizzato da un uso prevalentemente qualitativo (*tibi si exilis videor tenuatus in artus* PROPORZIO), mentre EXIGUUS si concentra sulla quantità e denota piuttosto le dimensioni del corpo (*statura fuit humili et corpore exiguo* CORNELIUS NEPOS, *exiguus mus* VIRGILIO).

La tabella che segue riassume la panoramica semantica appena illustrata per quanto riguarda il latino.

Tabella 2: Matrice semantica del campo lessicale latino

	exilis	*macer*	*tenuis*	*gracilis*	*exiguus*	*macilentus*
aspetto fisico	+	+	+	+	+	+
molto			+			+
quantità					+	
malattia				+		
conn. negativa	+	+	+	+		+
conn. positiva			+	+		

5. Le forme attestate in italiano antico

In primo luogo, verranno elencate le forme dell'italiano antico che si trovano nel TLIO[3]. In questa sede verranno analizzate solo le forme che sono utilizzate nel campo lessicale anche nell'italiano moderno. Le definizioni latine sono tratte dall'OLD.

fr. *émacié* > it. *emaciato* 'molto magro e macilento' (TLIO) 'esile, gracile' (Zing.); 'snello, smilzo, magro, asciutto di corporatura e, anche, basso di statura (e vi è per lo più annessa una connotazione di agilità, di vivacità, de vitalità)' (GDLI); 'che ha una complessione gracile, una salute cagionevole' (GDLI); 'debole di costituzione, macilento, emaciato, smunto' (GDLI); 'magrino. sottilino. Di persona magra, ma ben disposta e destra' (TB); 'molto magro, ridotto pelle e ossa' (Devoto/Oli).

Il verbo latino EMACIARE descrive il processo di dimagrire. L'uso del participio per descrivere il corpo si trova già in latino. DELI fa risalire il primo esempio italiano all'anno 1691 (Giuseppe del Papa), sottolineando che gli esempi citati da Battaglia e Tommaseo/Bellini sono errati. Tuttavia, l'attestazione citata da Battaglia dal *Libro delle segrete cose delle donne* (1284) si trova anche nell'OVI, sebbene non nel corpus ma con un riferimento al passo del Vocabolario degli accademici della Crusca e l'indicazione che questa prova «a partire da Crusca (4) e passato a TB e GDLI, è con ogni probabilità un falso del Redi». Ciò rende probabile l'ipotesi che si tratti di un prestito tardivo dal francese (secondo FEW è stato documentato per la prima volta in francese in un contesto medico in Rabelais). La maggior parte degli esempi elencati nei corpora indica un uso in relazione all'impressione del volto umano.

EMUNCTUS > *smunto* 'pallido, emaciato, scarno' (Zing.), 'smagrito per denutrizione' (GDLI); 'gravemente deperito, emaciato, smagrito per denutrizione, malattie, privazioni, stenti o dure penitenze; che ha complessione gracile, scarna, asciutta' (GDLI); 'ossuto, scavato, scarnito, che reca i segni di malattie, di sofferenze fisiche e morali (il volto)' (GDLI); 'magro e pallido, per effetto della fatica, delle privazioni, delle sofferenza; scarno, emaciato,

---

3 La selezione viene effettuata cercando il termine *magro* nelle definizioni dei lessemi. Per i corpora dell'italiano cfr. Schweickard 2002.

macilento, patito' (Devoto/Oli); 'magro e pallido, emaciato' (VocTreccani); 'magro e pallido, emaciato' (De Mauro).

Il participio latino volgare appartiene secondo il DELI al verbo MUNGERE 'soffiarsi il naso'. In questo senso il participio è usato nella forma privativa per descrivere lo stato di malattia che si è attenuato. Come sintomo di una malattia l'aggettivo *smunto* è associato allo stato di essere malati, spesso a causa di una cattiva alimentazione. Sebbene il DELI faccia risalire il primo riferimento al 1342 in Boccaccio (*debile, smunto e punto per l'affanno*) non esiste nessuna attestazione nel TLIO. I riferimenti sono principalmente al viso: *il viso smunto, la faccia smunta* come sinonimo di *pallido*.

EXIGUUM 'piccolo' > *esiguo* 'piccolo, esile, tenue' (TB); 'esile, sottile, riferito a forme e proporzioni fisiche "una esigua corporatura" (VocTreccani); 'magro, scarno, mingherlino (una persona)' (GDLI); 'piccolo, modesto, irrilevante' (Zing.); 'esile, sottile' (Devoto/Oli).

L'aggettivo *esiguo*, sviluppato dal latino EXIGUUM – che si riferisce alle dimensioni del corpo – è associato anche in italiano alle dimensioni fisiche insieme alla magrezza (GDLI: 'magro, scarno, mingherlino – una persona') ed è documentato per la prima volta in un testo del Boccaccio (*tu in essiguo corpo e debile a ciascuno offenditore*), ma è molto raro in seguito in riferimento al corpo umano. In questo contesto è difficile distinguere tra 'piccolo' e 'magro', ma sembrano predominanti le attestazioni relative alle piccole dimensioni del corpo.

MACRUM 'magro, scarno, scarmigliato' > ***magro*** 'dotato di scarsa massa corporea per costituzione o per astensione dal cibo' (TLIO); 'scarno, sottile, povero di grassi' (Zing.); che ha una quantità di tessuto adiposo molto inferiore a quella normale (per costituzione congenita, per denutrizione, per malattie, ecc.)' (GDLI); 'che ha una corporatura esile, gracile e scarna' (GDLI); macilento, smunto, emaciato (per la fatica, le privazioni, il dolore, i dispiaceri)' (GDLI); 'non appesantito da grasso o carne superflua, saldo e snello di membra, asciutto, sottile, ossuto (ed è contrario di grasso)' (GDLI).

La forma *magro* è probabilmente un prestito dal francese *maigre* (attestato dal 1160) come indica lo sviluppo fonetico (forma semicolta dovuta allo sviluppo di [kr] in [gr] e probabilmente usata dapprima, secondo FEW, nella terminologia medica o lingua ecclesiastica; la sonorizzazione di [k] > [g]

nella posizione tra vocale e liquida indica un'origine gallo-romana, la forma *macro* nel rumeno invece non mostra alcuna sonorizzazione). Secondo Rohlfs (§ 261), questa influenza gallo-italica può probabilmente essere rintracciata fino all'Italia meridionale attraverso l'influenza della lingua standard. In lessicografia *magro* è datato al XIV secolo (DELI), ma il corpus OVI contiene anche testimonianze della fine del XIII secolo, provenienti soprattutto dalle aree linguistiche dell'Italia settentrionale e della Toscana.

MACILENTUM 'magro, scarno' > ***macilento*** 'che ha un corpo carente o apparentemente privo di grasso e carne, di una magrezza eccessiva (per privazioni o malattia)' (TLIO); 'molto magro e debole' (Zing.); 'stenuato, magro; dice più di Magro, e può comprendere la magrezza del corpo tutto' (TB); 'molto magro, emaciato spec. per prolungate sofferenze fisiche e morali' (De Mauro); 'emaciato, consunto' (Devoto/Oli); 'deperito, smagrito per un grande sforzo o una malattia' (VocUniversale); 'molto magro, smunto, pallido per naturale costituzione' (GDLI).

Macilento continua il latino MACILENTUM, semanticamente piuttosto neutro. In italiano ha una connotazione intensificante e, secondo il Tommaseo/Bellini, il lessema si riferisce all'intero corpo umano. Nel TLIO ci sono attestazioni del XIV secolo provenienti dalle aree linguistiche toscana, pisana e napoletana. In francese forme come *maxillent* o *macillent* compaiono dalla fine del XV secolo, presumibilmente come prestiti dall'italiano (FEW).

fr. *mince* > *milzo/smilzo* 'lo stesso che macilento' (TLIO); 'che ha corporatura magra e snella' (Zing.); 'che ha corporatura snella, magra, asciutta' (DeMauro; Zing.); 'di corporatura asciutta e sottile, accentuatamente magro' (Devoto/Oli).

La forma *milzo*, forse prestito dal superstrato lombardo, è piuttosto rara e con un'origine controversa (De Mauro ne dà etimologia incerta): «Si può pensare ad una variante con *s-* di un antico *milzo*, attestato nello stesso significato, ma resta da chiarire l'origine di questa parola, di cui non si vede l'affinità con milza. La forma appare anche prefissata come *smilzo*» (DELI, s.v. *milzo*). REW vede anche un collegamento con l'antico alto tedesco *mĭlzi* 'milza', senza spiegarne la semantica. Alessio/Battisti (s.v. *smilzo*) pensano a un derivato dal francese *mince* attraverso il genovese *sminsu*. Il GDLI non fornisce alcuna attestazione relativa al corpo umano. Il TLIO cita un esempio fiorentino isolato dalla *Cronica* di Velluti (1367–70): *e la detta nonna Giovanna tornò in Firenze molto milza*. Le attestazioni elencate da Tommaseo/Bellini e nel databasc BIS si riferiscono alla magrezza come conseguenza di una malattia.

SĬCCUM 'carente di, privo di eccessi' > ***secco*** 'dotato di scarsa massa corporea; molto magro, macilento' (TLIO); 'molto magro' (Zing.); 'eccessivamente magro, scarno "un uomo lungo e secco"' (De Mauro); 'molto magro' (Devoto/Oli); 'di persona o di animale, molto magro' (VocTreccani); 'eccessivamente magro, consunto, macilento (una persona, il corpo)' (GDLI).

Secco, sviluppato dal latino SĬCCUM, è molto diffuso nei dialetti italiani. Il trasferimento di 'secco' a 'sottile' è documentato anche nei nomi propri: «dans le domaine galloroman, ils sont plus fréquemment employés que ceux de MACER pour faire référence à la silhouette d'une personne particulièrement maigre, desséchée» (*Dictionnaire historique de l'anthroponymie romane*, s.v. *siccus*). Presumibilmente la forma, usata anche per le piante secche – it. *seccume* 'la parte secca di piante e alberi' (VocTreccani) – è stata trasferita alla condizione fisica delle persone. Nel latino classico, tuttavia, le attestazioni che si riferiscono al corpo umano sono rare (p.es. *corpora graciliora siccioraque* PLINIO). Le attestazioni riportate nell'OVI sono definite come un'intensificazione e un sinonimo di *macilento* e si trovano in Toscana (*Siccome colui che era magro e secco, e di poco spirito* BOCCACCIO) e nell'Italia meridionale (*li garreti ampli et sicchi et assai tisi* MASCALCIA RUFFO VOLGARIZZAMENTO).

frk. **snell* > ***snello*** 'di figura sottile e slanciata (detto di una donna)' (TLIO); 'che ha forma slanciata' (Zing.); 'che ha forme sottili e slanciate, con riferimento a persone e animali' (VocTreccani); 'che ha corporatura magra, sottile, slanciata; slanciato e agile (il corpo)' (GDLI); 'di forme sottili e slanciate, con un'idea di leggerrezza, grazia o eleganza' (Devoto/Oli).

Snello è un prestito dal soprastrato germanico. Oltre al significato di 'rapido, veloce' corrispondente all'etimo, esistono anche usi sinonimici di 'magro, sottile', ma la forma è attestata molto raramente, anche se ci sono alcune testimonianze nell'italiano antico dal corpus TLIO (p.es. 1294, Brunetto Latini). De Mauro ipotizza un prestito attraverso *isnel* francese o provenzale, mentre von Wartburg, al contrario, vede la forma francese come un prestito dall'italiano e suppone quindi un etimo lombardo (e non francone come in

Devoto/Oli). Le attestazioni dell'OVI provengono principalmente dall'area di lingua italiana settentrionale.

SUBTILEM 'sottile, esile' > ***sottile*** 'magro' (TLIO); 'di forma snella, slanciata' (Zing.); 'esile, magro, snello, slanciato' (Devoto/Oli); 'magro, esile (il corpo di una persona, il collo, la vita)' (GDLI).

Una delle forme più antiche documentate per il concetto di 'magro' è *sottile*, che non era usato in latino per riferirsi al corpo umano. Sorprendentemente, non è molto usato negli atlanti linguistici, c'è solo un caso isolato a Salve (provincia di Lecce, cfr. AIS, 749).

6. Ulteriori sviluppi del campo semantico in italiano

Nel corso della storia della lingua, il campo lessicale è stato ampliato da diversi lessemi.

fr. *maigrelin* > *mingherlino* 'esile, gracile' (Zing.); 'magrino. sottilino. Di persona magra, ma ben disposta e destra' (TB); 'snello, smilzo, magro, asciutto di corporatura e, anche, basso di statura (e vi è per lo più annessa una connotazione di agilità, di vivacità, de vitalità)' (GDLI); 'che ha una complessione gracile, una salute cagionevole' (GDLI); 'debole di costituzione, macilento, emaciato, smunto' (GDLI); 'magro, esile, gracile' (Devoto/Oli).

L'etimologia di *mingherlino* è molto controversa. Secondo FEW (6.6.), *mingherlino* è un prestito dal francese *maigrelin* 'chétif' – documentato dal 1406, anche in numerose varianti come *maiguerlin* o *maigremin* (*maigre* + *mine*). Secondo TB, oltre al significato di base esiste anche una connotazione positiva 'di persona magra, ma ben disposta e destra'.

Il Vidos Prest. (150–151) fa notare che *mingrelin* non è attestato in fr., il quale conosce (dal 1611) *migrelin*, ritenuto dallo stesso autore un italianismo, per cui il problema etimologico resta aperto. Tuttavia, essendo i derivati del francese *măcru(m)* 'magro' molto frequenti in fr. (tra cui *maigret* 'un po' magro' nel sec. XIII e *maigrelet*, *maigrelin* dal sec. XVI), sembra difficile staccare l'aggettivo italiano da questa famiglia.

Nocentini (s.v. *mingherlino*), invece, vede la forma come una formazione italiana di origine romanza: «alterazione di *magrellìno*, dim. di *magro* con attrazione di *meno*, attraverso le forme intermedie *mengrellino*, *mingrillìno*, conservate in aretino». Tuttavia, il contesto delle attestazioni elencate in FEW per il francese (il dizionario di Cotgrave e forme dialettali del nord della Francia) non favorisce l'ipotesi dell'italianità. Gammillscheg (s.v. *mingrelet*) vede addirittura un incrocio tra il germanico *heingre* e *maigre*. In FEW (21.286–287) l'etimologia (in revisione al volume 6) non è chiara e si vede una derivazione dal francese per l'italiano a causa della diffusione di forme dialettali nell'Italia settentrionale, come monferr. *smìngul* 'minuto d'ossa (uomo o animale)', vses. *smìngolu* 'gracile, mingherlino', Alessandria *zméngul*, bergamasco, bresciano e milanese *smìngol* 'mingherlino' ecc.

EXDUCTUM > ***sdutto*** 'sottile, magro, esile'; 'che ha corporatura snella, senza eccesso di muscolatura o di grasso, e si muove con agilità e scioltezza', 'molto magro, gracile, esile, mingherlino' (GDLI); 'che ha corporatura snella e agile, sottile, mingherlino' (De Mauro); 'lungo e sottile, mingherlino, smilzo' (VocTreccani); 'schietto, sottile, mingherlino' (TB); 'sottile, magro, esile' (Zing.).

La parola *sdùtto* deriva dal latino volgare EXDUCTUM (EDUCERE). TB riporta una citazione latina da Svetonio: *Nasum… a summo eminentiorem, ab imo deductiorem*. È presumibile che si basi sull'idea figurativa di un corpo lungo e allungato. Si attribuiscono anche le caratteristiche di 'agilità' e 'sottilità', cfr. la seguente definizione nel *Vocabolario lucchese* (s.v. *sdutto*) «Contrario di corto e grosso e goffo; allungato e dimagrito convenientemente in guisa che il corpo mostri l'atto della vita e che quindi di muove facilmente e agevolmente.»

Il GDLI cita testimonianze del XVI secolo da Buti e Raffaello Gualterotti. Al contrario, nel BIS le testimonianze letterarie sono fornite solo dal Pascoli. Tuttavia, ci sono riferimenti all'uso dialettale della parola, anche in relazione alle piante, ma non ci sono attestazioni di questo uso negli atlanti linguistici. Nello Zingarelli, *sdutto* è segnalato come toscanismo. Il DELI ritiene che il significato 'magro' sia attestato solo a partire dal Pascoli.

TENUIS > ***tenue*** 'sottile, esile' (Zing.); 'in partic. magro, esile (il corpo di una persona, le membra), 'sottile, affilato (il viso, un tratto del volto, le mani, e ne può talora indicare l'aggraziata delicatezza)' (GDLI).

Secondo FEW, TENUIS esiste come parola popolare solo in francese (*tenu*), sia nella lingua scritta che nei differenti dialetti, e dal XVI secolo in poi anche con prestiti letterali. È usato come forma intensificata in ambito accademico (spesso solo in un contesto anatomico), ed è documentato in italiano dalla fine del XV secolo (DELI cita Savonarola come primo esempio). Secondo il GDLI *tenue* si riferisce principalmente a singole parti del corpo, in particolare alle mani e al viso (*tenue il naso e l'aguzzo*).

fr. ***élancé*** **>** ***slanciato*** 'che ha corporatura alta e snella' (Zing.), 'alto e snello' (VocTreccani); 'di persona di corporatura alta e snella, con un'idea di agilità ed eleganza nel portamento' (Devoto/Oli).

Più recentemente, *slanciato* è stato preso in prestito dal francese. Il francese *élancé* aveva inizialmente il significato di 'lungo, magro', ma principalmente in riferimento ai cavalli (da Estienne 1549) ed è stato usato anche in riferimento al corpo umano dal 1636 (FEW 5.157). Il GDLI cita come primo esempio Luigi Gualdo del 1884; gli altri esempi si riferiscono al corpo femminile con una connotazione prevalentemente positiva. DELI riporta la citazione seguente:

> Dicono per es.: Quella donnina ha un bel personale slanciato. – Una donna così slanciata non mi piace davvero, ecc. Slanciato è la versione della voce francese Elancé: noi per significare lo stesso, cioè Donna alta e di bella persona, si dice Bell'asta o Bell'asta di donna (1884, Arlìa Giunte).

La seguente panoramica risulta dalla datazione dei primi documenti:

Tabella 3: Datazione delle attestazioni nei dizionari

1200–1300	*sottile* (1288), *secco* (1292), *snello* (1294)
1300–1400	*adusto* (1300), *macilento* (1308), *esiguo* (1336), *esile* (1341), *smunto* (1342), *milzo* (1370), *scarno* (1374), *magro* (1292)
1400–1500	*tenue* (1460)
1500–1600	*sdutto* (1541), *mingherlino* (1565), *segaligno* (1587)
1600–1700	*mingherlino* (1565), *emaciato* (1691)
1700–1900	*slanciato* (1884)

Le indicazioni d'uso sono rare nella lessicografia; l'opera di De Mauro contiene indicazioni di frequenza e diatopiche:

Tabella 4: Marcatori d'uso nel dizionario De Mauro

comune	*emaciato, esiguo, macilento, mingherlino, slanciato, smilzo, smunto, tenue*
di alto uso	*esile, gracile*
regionale	*sdutto*
fondamentale	*secco*
di alta disponibilità	*snello*

7. Gli atlanti linguistici

Quanto agli atlanti linguistici mi occuperò di seguito solo di alcune forme caratteristiche di due mappe degli atlanti linguistici *Atlante italiano-svizzero* (AIS) e *Atlante linguistico italiano* (ALI).

Nell'AIS la mappa 185 mostra le attestazioni del concetto di 'magro'. Mentre le forme di MACER dominano nella regione di confine gallo-romana (in parte con il dittongo [aj]), nell'Italia centrale e meridionale si trovano forme di SĬCCUM > *secco* (Toscana, Umbria, Lazio), occasionalmente documentate anche nell'ALDI (*Atlante linguistico del ladino dolomitico*); inoltre ci sono forme basate su SCARNATUM > *scarnato* (Puglia, p. 739); *fraccu* (Sicilia, nel commento si fa riferimento all'uso nel contesto della malattia); MACILENTUM > *mattsu* (Puglia, p. 739), possono essere elencate a questa forma probabilmente anche le forme *lentu* (p. 761, p. 765) e *lientu* (p. 762, p. 771) che si trovano nella regione calabrese.

Un quadro analogo emerge analizzando l'ALI. In questo caso la carta 75 combina le forme per *magro* e *grasso*. I risultati dell'AIS si riflettono qui soprattutto nell'uso di *secco* nell'Italia meridionale. Le forme dittongate di magro (*maigre, maire*) si trovano soprattutto nella zona di contatto con l'area linguistica gallo-romanza. Mentre le forme di *magro* dominano nell'area gallo-italica, esistono anche esempi sinonimici di *magro/secco* nelle aree dialettali dell'Italia centrale e meridionale.

8. Conclusioni e riflessioni metodologiche

Tra le forme latine, solo MACER ha continuità dall'italiano antico, sebbene anche in questo caso si debba supporre che sia stato mutuato o almeno influenzato dal francese. Le forme erano probabilmente già state soppiantate dall'uso metaforico di SĬCCUM nel periodo del latino volgare, come indica soprattutto l'ampia diffusione dialettale. Le altre forme utilizzate in italiano sono spesso dei latinismi. Una differenziazione semantica basata sulle definizioni della lessicografia o sui contesti delle testimonianze è possibile solo in misura limitata; spesso sono presenti sinonimi ma si può determinare una restrizione dell'uso. Ciò mostra anche i limiti dell'approccio onomasiologico nell'analisi degli abstracta: i concetti sottostanti non possono essere ricondotti a un significato concreto. Ciò comporta numerose difficoltà di delimitazione semantica (sfumature) che difficilmente possono essere risolte. Per questo motivo, un'analisi linguistica deve includere anche aspetti variazionistici.

Il campo semantico del concetto di 'magro' può essere riassunto semanticamente come segue tenendo conto degli aspetti elencati nelle definizioni lessicografiche:

- connotazione positiva: *mingherlino*, *slanciato*, *snello*, *sottile*
- debolezza, malattia: *emaciato*, *macilento*, *milzo*, *smunto*
- aumentativo: *macilento*, *sdutto*, *secco*
- pallido: *macilento*, *smunto*
- relativo a singole parti del corpo: *sottile*, *tenue*
- di piccola dimensione: *esiguo*, *mingherlino*
- uso tecnico: *tenue*
- uso regionale: *sdutto*, *secco*

Oltre agli aggettivi qui elencati, il concetto di 'magro' può essere espresso anche attraverso parafrasi dipendenti dal contesto e, occasionalmente, da metafore. I lessemi, elencati nella lessicografia[4], *diafano*, *allampanato*, *adusto*, *deperito*, *ossuto*, *scarnito*, *scavato*, *sparuto*, sono principalmente di natura morfologica e sono stati quindi omessi da questo studio.

In sintesi, in prospettiva diacronica, per descrivere il concetto di 'magro' sono disponibili le opzioni seguenti:

---

[4] Sono stati presi in considerazione i seguenti dizionari: De Mauro, Tullio (2010): *Grande dizionario italiano dei sinonimi e contrari*. Torino: Utet; Pittàno, Giuseppe (^{3}2012): *Sinonimi e contrari. Dizionario fraseologico delle parole equivalenti, analoghe e contrarie*. Bologna: Zanichelli; Stoppelli, Pasquale (1998): *Dizionario Garzanti sinonimi e contrari*. Milano: Garzanti.

- continuità dei termini latini: Da un lato c'è una continuità letterale ininterrotta (*esile*, *macilento*), dall'altro un'interruzione e una ripresa come parola dotta (*tenue*), a volte attraverso un'altra lingua romanza, di solito il francese (*magro*, *emaciato*, *mingherlino*);
- continuazione di una polisemia sulla base di una metafora già esistente in latino per un lessema con un significato di base altrimenti diverso (*secco*, *smunto*);
- presa in prestito da una lingua soprastrato mantenendo o modificando la semantica originale, anche in questo caso spesso sotto l'influenza di altre lingue romanze (*smilzo*, *snello*).

Un'analisi linguistica del corpus del campo lessicale dovrebbe includere i seguenti aspetti per contrastare la diffusa rappresentazione indifferenziata della sinonimia, dilagante nella lessicografia:

- l'uso di lessemi nel contesto e in determinate collocazioni per poter restringere in modo più preciso l'ambito di riferimento;
- l'inclusione di testi del linguaggio specialistico o settoriale per determinare una restrizione dell'uso del lessema;
- la differenziazione regionale dell'uso.

Bibliografia

Blank, Andreas / Koch, Peter (2000): La conceptualisation du corps humain et la lexicologie dichronique romane. In: Dupuy-Engelhardt, Hiltraud / Montibus, Marie-Jeanne (a cura di): *La lexicalisation des structures conceptuelles*. Reims: Presses Universitaires, 43–62.

Geckeler, Horst (1971): *Zur Wortfelddiskussion. Untersuchungen zur Gliederung des Wortfelds „alt – jung – neu" im heutigen Französisch*. München: Fink.

Gévaudan, Paul / Koch, Peter / Neu, Antonia (2003): Hundert Jahre nach Zauner. Die romanischen Namen der Körperteile in DECOLAR. In: *Romanische Forschungen* 115, 1–27.

Koch, Peter (2000): Indirizzi cognitivi per una tipologia lessicale dell'italiano. In: *Italienische Studien* 21, 99–117.

Koch, Peter (2001): Bedeutungswandel und Bezeichnungswandel. Von der kognitiven Semasiologie zur kognitiven Onomasiologie. In: *Zeitschrift für Literaturwissenschaft und Linguistik* 31, 7–36.

Meier, Harri (1972): *Die Onomasiologie der Dummheit. Romanische Etymologien*. Heidelberg: Winter.
Schweickard, Wolfgang (2002): Die Textgrundlagen der historischen Lexikographie. In: Heinemann, Sabine / Bernhard, Gerald / Kattenbusch, Dieter (a cura di): *Roma et Romania. Festschrift für Gerhard Ernst zum 65. Geburtstag*. Tübingen: De Gruyter, 323–335.

Dizionari e atlanti linguistici

AIS = Jaberg, Karl / Jud, Jakob (1928–1940): *Sprach- und Sachatlas Italiens und der Südschweiz*, 8 voll. Zofingen: Ringier.
ALDI = Böhmer, Helga / Goebl, Hans / Kattenbusch, Dieter (2012): *Atlant linguistich dl ladin dolomitich y di dialec vejins*. Wiesbaden, Richert.
Alessio/Battisti = Alessio, Giovanni / Battisti, Carlo (1965): *Dizionario etimologico italiano*. Firenze: Barbera.
ALI = Bartoli, Matteo / Massobrio, Lorenzo et al. (a cura di) (1995–2023): *Atlante linguistico italiano*. Roma: Istituto dell'Atlante linguistico.
BIZ = Biblioteca Italiana Zanichelli. CD-ROM dei testi della letteratura italiana. Bologna: Zanichelli, 2010 (fino a 2004 LIZ = Letteratura Italiana Zanichelli).
DELI = Cortelazzo, Manlio / Zolli, Paolo (2021): *Il nuovo etimologico. Dizionario etimologico della lingua italiana*. Bologna: Zanichelli.
De Mauro = De Mauro, Tullio (1999): *Grande dizionario italiano dell'uso*. Torino: Utet.
Devoto/Oli = Devoto, Giacomo / Oli, Gian Carlo (2024): *Nuovo Devoto-Oli*. Firenze : Le Monnier.
DHAR = Maas-Chaveau, Claudia (1997): *Dictionnaire historique de l'antroponymie romane*. Berlin: de Gruyter.
DOLR = Vernay, Paul (1991): *Dictionnaire onomasiologique des langues romanes*. Berlin: de Gruyter.
FEW = von Wartburg, Walther (1928–): *Französisches etymologisches Wörterbuch*. Basel: Zbinden. URL: https://apps.atilf.fr/lecteurFEW.
Gamillscheg, Ernst ([2]1969): *Etymologisches Wörterbuch der französischen Sprache*. Heidelberg: Winter.
GDLI = Battaglia, Salvatore / Bàrberi Squarotti, Giorgio (diretto da) (1961–2002): *Grande dizionario della lingua italiana*. Torino: Utet.
LEI = Prifti, Elton / Schweickard, Wolfgang (diretto da) (1979–): *Lessico Etimologico Italiano*. Wiesbaden: Reichert.

MIDIA = *Morfologia italiana in diachronia*. URL: http://www.corpusmidia.unito.it/.
Nocentini, Alberto (2010): *L'etimologico. Vocabolario della lingua italiana*. Milano: Le Monnier.
OLD = *Oxford latin dictionary* (2012). Oxford: Oxford university press.
OVI = *Opera del Vocabolario Italiano* (= TLIO). URL: http://www.ovi.cnr.it/.
Quartu, Monica / Rossi, Elena (2012): *Dizionario dei modi di dire della lingua italiana*. Milano: Hoepli.
REW = Meyer-Lübke, Wilhelm ([7]2009): *Romanisches etymologisches Wörterbuch*. Heidelberg: Winter. URL: https://www.rew-online.gwi.uni-muenchen.de/.
Rohlfs = Rohlfs, Gerhard (1966–1969): *Grammatica storica dell'italiano e dei suoi dialetti (1949–1954)*. Torino: Einaudi.
TB = Tommaseo, Nicolò / Bellini, Bernardo (1865–1879): *Dizionario della lingua italiana*. Torino: Società Unione tipografica-editrice. URL: http://www.tommaseobellini.it.
TLIO = *Tesoro della Lingua Italiana delle Origini*, fondato da Pietro G. Beltrami e continuato da Lino Leonardi, diretto da Paolo Squillacioti. URL: http://tlio.ovi.cnr.it/TLIO/.
Vocabolario lucchese = Nieri, Ildefonso (1902): *Vocabolario lucchese*. Lucca: Giusti.
VocTreccani = *Il vocabolario Treccani* ([2]1997). Milano / Trento: Istituto della Enciclopedia Italiana.
Zing. = Zingarelli, Nicola (2024): *Zingarelli 2025*, a cura di Mario Cannella, Beata Lazzarini e Andrea Zaninello. Zanichelli: Bologna.

Il corpo nel cinema, con un'analisi di *È stata la mano di Dio*

Fabio Rossi

Abstract: The cinema thematises the body on multiple levels: 1) Cinematic jargon employs metaphors related to the semantic field of the body, such as *prompter*, *sidekick*, *half-figure*, *busty*, etc. 2) Language in cinema (dialogues, captions, titles, etc.) – and consequently its recurrence in everyday Italian – often references the physical characteristics of characters, as demonstrated by nicknames such as *buzzicona* (chubby woman), *sellerone* (big guy), *stangone* (tall guy), and so on. 3) Shifting from verbal to non-verbal language and adopting multimodal analysis methods, it is significant to examine how the cinematic medium handles images of the body. In this sense, screenplay texts are invaluable, particularly when analysing captions and comparing written texts with their film adaptations. The second part of the article is dedicated to the analysis of the screenplay and the film *The Hand of God* (2021) by Paolo Sorrentino, an exemplary text rich in references to the body. This analysis will also include a proposal for the textual typology of the screenplay.

Keywords: cinema, body, language, multimodality, screenplay

1. Il corpo, l'arte, la fruizione dell'arte, l'interazione

Il 21 giugno 2024, la celebre performer serba Marina Abramović, premiata dal Taobuk festival di Taormina, ha affermato che senza corpo non esisterebbero arte né comunicazione. Che cosa sarebbe – dice Abramović – un museo senza il corpo degli artisti che hanno creato le opere? Tutta l'attività artistica di Abramović, com'è noto, non fa che dimostrare questo assunto, dai corpi nudi di Marina e Ulay che fanno da porta di accesso al museo bolognese nel lontano, storico, *Imponderabilia* (1977), al più recente, ma già mitico, *The Artist is Present* (2012), con l'artista seduta al Moma di New York a interagire, grazie soltanto allo sguardo, con ogni frequentatore dell'evento. Nel primo caso, il pubblico deve letteralmente toccare e attraversare il corpo dell'artista per accedere alla sua opera; opera che è, a sua volta, costituita proprio dal suo corpo. La seconda performance rende ancora più concreto, se possibile, il coinvolgimento del pubblico nell'opera d'arte, il ruolo attivo e non passivo del cosiddetto spettatore e soprattutto la centralità, oltreché del corpo, dello sguardo che interpella, chiama in causa[1].

Le idee di Marina Abramović valgono ancor più per il cinema, arte del corpo in movimento e al corpo legata almeno a triplo nodo, per riassumere le considerazioni del libro di Roy Menarini (2015):

1. Il cinema mette in costante sollecitazione e chiama in causa il corpo dello spettatore, mediante la vista e l'udito combinati.
2. L'intera produzione cinematografica può essere definita come «un grande archivio di iconografia del corpo» (Menarini 2015, 8; cfr. anche Arcangeli 2015); addirittura il corpo rappresentato si fa misura dello stesso linguaggio cinematografico, con la scala dei piani (dal dettaglio, al primo piano, al piano americano) e dei campi (che mettono in relazione i corpi con lo spazio che li circonda); come ha dimostrato Federico Vitella (2024), certa cinematografia viene interamente riscritta dal corpo (di «spettacolo del corpo» e di «divismo del corpo» parla Vitella 2024, 125–126 et passim), segnatamente il cosiddetto cinema delle «maggiorate», sancendo un incremento della tecnica del primo piano pressoché inedita fino ad allora. L'idea di corpo veicolata dal cinema ha suscitato numerose riflessioni, dalla smaterializzazione del corpo rappresentato, secondo Pirandello, alla ricomposizione del corpo con lo spirito grazie al cinema, secondo Bela Balász. In virtù di questo secondo nodo tematico, il corpo nel cinema merita dunque d'essere studiato sia in sé, sia nelle sue dinamiche interattive con altri corpi, sia secondo l'interazione con lo sguardo dello spettatore.
3. Intrecciando i due motivi precedenti, il medium schermico ha tentato inoltre di misurare e testare il corpo per motivi medico-scientifici, con l'obiettivo di «*prendere le misure* al corpo rappresentato» (Menarini 2015, 13).

---

1 Sul tema dello sguardo, centrale anche per quanto verrà detto successivamente sul cinema di migrazione, cfr. Casetti 1989. In generale, per gli aspetti di analisi multimodale e sociosemiotica del linguaggio cinematografico, incluso il ruolo del corpo e dello sguardo, mi permetto di rimandare alla sintesi presente in Rossi 2023; per un primo approfondimento, sono ancora imprescindibili Kress 2010 e Kress/van Leeuwen [2]2006.

2. Il discorso sul corpo

Se dalle immagini ci spostiamo verso i discorsi sull'immagine, e quindi se dal piano meramente filmologico passiamo a quello linguistico, possiamo aggiungere almeno altri tre motivi che invitano ad approfondire il rapporto tra cinema (e media audiovisivi in genere) e corpo:

1. La terminologia tecnica e il gergo del cinema usano spesso metafore che pertengono al campo semantico del corpo: *gobbo*, *negro*, *spalla*, *mezzo busto*, *maggiorata* ecc.
2. La lingua *nel* cinema (dialoghi, didascalie, titoli ecc.), e conseguentemente il ritorno di tale lingua nell'italiano comune (cioè la lingua *dal* cinema, secondo la prospettiva di lingua *del/nel/dal* cinema indicata in Patota/Rossi 2017), fanno spesso riferimento a caratteristiche corporee dei personaggi: *spilungone*, *sellerone*, *buzzicona*, *coscia lunga* ecc.
3. Va infine considerato il modo in cui l'interazione dei corpi nel film (tra loro e con lo sguardo dello spettatore) viene definita dalla sceneggiatura, analizzando con quali parole i cineasti definiscono i corpi.

2.1 La lingua del cinema

Cominciamo dal primo punto. Mentre in alcuni casi l'etimologia corporea e la transizione metaforica dei termini è tuttora trasparente, anche se per intermediazione dei linguaggi teatrale e scultoreo-fotografico (è il caso di *spalla* e di *mezzobusto*, mentre prettamente cinematografico è quello di *maggiorata fisica*, ritagliato sulle procacità di Gina Lollobrigida nel cortometraggio blasettiano *Il processo di Frine*, 1952, per antifrasi a *minorato mentale*), pseudoetimologico è forse il riferimento corporeo in *gobbo* e *negro*. Con *gobbo* nel gergo cinematografico si indicano due diversi elementi, secondo il Vocabolario Treccani online (s.v. *gobbo*), tra tutti il dizionario dell'uso più completo per queste accezioni tecniche:

> *gòbbo*[4] s. m. [adattam. dell'angloamer. di Hollywood *gobo*]. – Negli studî cinematografici e televisivi: 1. Paraluce dipinto in nero, per schermare la luce non necessaria (detto talvolta anche *bandiera*). 2. Cartellone, o apparecchiatura, su cui sono riportate battute del copione o sim., come ausilio mnemonico per attori, presentatori, ecc.

Molto più completa è la definizione di *gobbo* in *Enciclopedia dello spettacolo* (d'ora in avanti EdS): «In teatro è un drappo di stoffa scura e pesante, imbrocchettato su una gruccia di legno, [... che] serve per foderare le parti di scena che, illuminate da tergo, risulterebbero trasparenti». E anche, al cinema, «è uno schermo metallico (o di panno nero con cornice metallica) [...] posto dinanzi a una lampada» per attenuarne la luminosità, oppure dinanzi a una fonte sonora per attenuarne o rifletterne il volume. *Gobbo*, fa capire EdS, viene usato anche col significato metonimico di 'suggeritore': «Talora sul g[obbo] di panno nero si scrivono col gesso le battute, affinché l'attore possa leggerle guardando "fuori campo"». Dalle definizioni di EdS si evince dunque come *gobbo* sia uno dei tanti termini che dal teatro migrano al cinema (da *divo* a *sala*, *teatro* ecc.) e come i due diversi significati di *gobbo* siano legati tra loro metonimicamente. Nulla viene aggiunto sull'etimologia del gergalismo americano *gobo*, ma pare evidente come esso possa ben essere un italianismo secondo il significato originario del latino volgare *gubum* 'curvato in avanti' (DELI, s.v. *gobbo*), anche se DELI sostiene che l'etimologia dell'americano *gobo* sia sconosciuta; del resto non mancano nel lessico dello spettacolo e dei media cavalli di ritorno: *camera*, *studio*. A ben leggere la voce di EdS, infine, è forse da riabilitare l'origine corporea della metafora: infatti se si copre qualcosa con un drappo, o se si dispone un drappo su una gruccia, l'effetto è quello della forte somiglianza con la sagoma di una persona gobba vista di profilo.

Così è definita l'accezione mediatica di *negro* dal Vocabolario Treccani online: «3. s. m. Negli studî cinematografici e televisivi, sinon. di *gobbo 04*, nelle due accezioni (con allusione per l'una al colore nero, per l'altra alla funzione sussidiaria)». Manca la voce *negro* in EdS in quest'accezione, ma c'è *negro, spettacolo*, cioè spettacolo, teatrale o cinematografico, con persone afroamericane (spettacoli detti «"all negro"» negli Stati Uniti, cioè «interpretati da soli elementi di colore»), a conferma di come nel 1960 (anno d'uscita del volume di EdS) il termine non venisse ancora sentito come spregiativo ma come meramente referenziale, in italiano. *Negro* vuol dire anche, in gergo, 'ghost writer' (GRADIT), nell'ambito dell'editoria ma anche, aggiungiamo noi, della sceneggiatura. Il *Dizionario dei modi di dire* Hoepli nel sito del *Corriere della sera* online (https://dizionari.corriere.it/dizionario-modi-di-dire/) aggiunge: «*fare il negro di qualcuno* [:] Svolgere lavori faticosi e pesanti per conto di qualcuno. Nel mondo dell'editoria e del giornalismo, scrivere testi che poi verranno firmati da un autore celebre». A questo punto anche qui, forse, a fronte dell'etimologia originaria di *negro* 'nero' (in virtù del pannello o drappo nero usato come copertura e come suggeritore), non va totalmente esclusa, ancora una volta, la metafora corporea e socialmente infamante di *negro* 'persona sfruttata per i lavori sussidiari, più faticosi e più umili', quali quello di recare le battute da suggerire agli attori.

2.2 La lingua nel cinema

Quanto al secondo punto, quello cioè relativo ai termini che fanno riferimento alle caratteristiche corporee e fisiologiche dei personaggi, il cinema e la televisione hanno da sempre giocato sui soprannomi dei personaggi perlopiù attinenti alla sfera corporea, mediante metafore, metonimie, antonomasie e altro, da *Lo smilzo* (in molti film, tra cui *Il compagno don Camillo*, 1965, di Luigi Comencini) a *Er donna* (in *Amore tossico*, 1983, di Claudio Caligari, a designare una persona transgender, con accostamento grammaticalmente abnorme tra l'articolo romanesco maschile *er* al sostantivo femminile *donna*), da *Biascica* (personaggio così detto in quanto pronuncia le parole in modo scarsamente intelligibile come chi parla tenendo in bocca del cibo, nella serie *Boris*, a partire dal 2007, poi film) a *Er pomata* (personaggio così detto per i capelli impomatati, in *Febbre da Cavallo*, 1976, di Steno). Tali usi onomastici rientrano nel potere al contempo riflettente e codificante della lingua audiovisiva, poiché essa riflette da un lato la vis onomastica popolare (soprattutto romanesca) e impresta, dall'altro, all'italiano comune soprannomi resi celebri dallo schermo.

Buzzicona è termine caro ad Alberto Sordi, epiteto dell'attrice Anna Longhi che in tre film interpreta la moglie di Sordi: 1) nell'episodio *Le vacanze intelligenti* nel film *Dove vai in vacanza?* (1978, episodio diretto da Alberto Sordi), 2) poi nel *Tassinaro* (1983, di Sordi) e in 3) *Un tassinaro a New York* (1987, di Sordi). Evidente omaggio allo stile sordiano è l'episodio di *Anni 90*, 1992, di Enrico Oldoini, con Christian De Sica e Nadia Rinaldi, cui alla fine De Sica dà della «buzzicona». L'origine del termine è da *buzzico*[3]: «1954; prob. dall'ar. būzaqq propr. "pancione"», d'area centromerid. col significato di «recipiente per olio in latta stagnata» (GRADIT). È dunque interessante come il significato metaforico di «persona corpulenta e dai modi poco raffinati» (Zingarelli 2021, s.v. *buzzicone*), pur morfologicamente riconducibile all'uso metaforico di *buzzico*, non faccia in realtà che rivitalizzare l'etimo originario di 'pancione'.

Sellerone è un uomo molto alto. Si incontra per la prima volta nel linguaggio cinematografico in *2 mattacchioni al Moulin Rouge*, 1964, di Giuseppe Vari (anche se alcune fonti citano Carlo Infascelli), che ha come protagonisti la coppia Franco Franchi e Ciccio Ingrassia; l'epiteto è riferito a Riccardo Garrone (Alfredo Cerretti, detto *Sellerone*).

Anche *spilungone*, *perticone*, *stangone* e simili, al pari di *sellerone*, sono tipici epiteti romaneschi per designare un uomo molto alto (o una donna molto alta: *spilungona*, *perticona* ecc.) in vari film, tra cui nella scena della telefonata in *I soliti ignoti*, 1958, di Mario Monicelli («stangone alto», dove *alto* viene apposto evidentemente per glossare il gergalismo *stangone*). Si veda anche il personaggio interpretato da Nando Paone: Prosecco o Sylvester Stangone, in *Bomber*, 1982, diretto da Michele Lupo e interpretato da Bud Spencer e Jerry Calà. *Maigret e la spilungona* è un film del 1995 (titolo originale *Maigret et la grande perche*), di Claude Goretta, tratto dall'omonimo romanzo di Georges Simenon (1951).

Coscia lunga, detto di una donna dalle gambe slanciate, compare in *La dolce vita*, 1960, di Federico Fellini (lo dice il padre di Marcello di una ballerina, parlando con Paparazzo: «è di coscia lunga»). Si ricordi anche *Giovannona Coscialunga disonorata con onore*, 1973, di Sergio Martino, con Pippo Franco e Edwige Fenech. Si differenzia da *gamba lunga*, che invece può essere riferito pure a uomini e origina ben prima del 1965 (secondo GRADIT), visto che risale alla traduzione italiana *Papà Gambalunga* (*Daddy Long Legs*), romanzo epistolare del 1912 della scrittrice statunitense Jean Webster, con trasposizioni filmiche: *Papà Gambalunga*, di Marshall Neilan con Mary Pickford, USA 1919; *Papà Gambalunga*, film musicale diretto da Alfred Santell con Janet Gaynor e Warner Baxter, USA 1931; *Papà Gambalunga*, film musicale diretto da Jean Negulesco con Fred Astaire e Leslie Caron, USA 1955, e altri. L'etimo del corrispettivo inglese è *long legs*, un tipo di ragno.

Concludiamo questa breve rassegna onomastica corporea col soprannome scherzoso *Duca* (abbreviazione romanesca di *du capelli*) attribuito a un uomo calvo: viene detto a Massimo Boldi in *Vacanze di Natale 2000*, 1999, di Carlo Vanzina.

3. Il corpo tra sceneggiatura e film

Dedichiamoci finalmente al terzo aspetto, ovvero alle parole con le quali sceneggiatori e registi definiscono i corpi e le loro interazioni. Nel passaggio dal muto al sonoro il cinema depotenzia dapprima il peso del corpo a tutto vantaggio della parola, per poi amplificarne la potenza: si pensi, oltre agli «ultracorpi» delle maggiorate e dei corrispettivi maschili nel genere *peplum* (Vitella 2024, 127), ai corpi esagerati e deformati della filmografia felliniana

(*La dolce vita*, *Le tentazioni del Dottor Antonio*, *Otto e mezzo*, *La città delle donne*), nella quale la deformazione corporea è omologa a quella verbale, con passaggio epocale del cinema italiano dal realismo all'espressionismo (linguistico e iconico). Un altro passaggio cruciale della storia filmica è quello dell'inscenamento dell'estraneità dei corpi, trattata anche qui in parallelo tra lingua e immagine: si pensi a *Vergine giurata*, 2015, di Laura Bispuri (in cui il corpo, della donna costretta a spacciarsi per uomo, si lega alle dinamiche di genere non meno che a quelle linguistiche, con il bilinguismo italiano/albanese) e soprattutto al filone del nuovo cinema migratorio (v. Rossi 2020 e in stampa), con tendenze alla cancellazione *vs* enfasi dell'altro (come lingua e come corpo). A non dire, per mancanza di spazio, dei generi filmici, non soltanto italiani, espressamente dedicati alla deformazione e alla metamorfosi corporea: da *Freaks*, 1932, di Tod Browning, a *Povere creature* / *Poor things*, 2023, di Yorgos Lanthimos, e tanti altri, tra cui i volti ingigantiti e distorti dai primissimi piani di David Lynch, i corpi mostruosi del basiliano *Racconto dei Racconti*, 2015, di Matteo Garrone, oppure l'insostenibile visione del figlio deforme del professor Marotta in *Parthenope*, 2024, di Paolo Sorrentino.

Nelle interazioni tra i corpi e di questi con lo sguardo dello spettatore, le sceneggiature, nella loro funzione di scritto per essere filmato (o, nelle parole di Pasolini, di «struttura che vuol essere altra struttura», Pasolini 1972/1999, 1489) e ancor più di testo atto a suggerire ipotesi di messa in immagine al regista e al montatore prima, agli eventuali altri lettori poi, sono testimoni linguistici preziosi, spesso più del film stesso. L'analisi delle didascalie e delle battute, soprattutto alla luce del confronto testo scritto/film compiuto, fornisce infatti informazioni solitamente molto più esplicite, anche sul modo di intendere i corpi. Paradossalmente, a volte la lingua scritta ci dice di più sulla realtà di quanto ci dica l'immagine della realtà stessa, appunto la «lingua scritta della realtà» (Pasolini 1972/1999, 1503), sempre nelle parole di Pasolini. E il motivo è presto spiegato: ciò che nel film è delegato all'immagine, cioè alla realtà riprodotta, nella sceneggiatura deve invece essere spiegato, glossato, reso esplicito per il lettore. Le parole possono motivare in modo esplicito – possono instaurare relazioni logiche tra gli eventi – ciò che le immagini possono soltanto esibire o suggerire tramite accostamento ad altre immagini: le immagini procedono cioè analogicamente laddove le parole possono argomentare, metaforizzare, smentirsi per antifrasi ecc. Per questo il lettore comprende meglio certe scene dello spettatore.

3.1 *È stata la mano di Dio*

Nel caso esemplare qui scelto proprio per l'attenzione particolare rivolta alla rappresentazione dei corpi, *È stata la mano di Dio*, 2021, regia e sceneggiatura di Paolo Sorrentino, la maggiore esplicitezza della sceneggiatura rispetto al film (pure complessivamente assai fedele al suo testo preparatorio) salta agli occhi fin dalle prime didascalie: «La mdp panoramica, abbandona l'auto e rivela, come in un abbraccio, lo spettacolo della città più bella del mondo: Napoli, col Vesuvio, il mare, Capri e il sole che se ne sta andando dietro Ischia» (Sorrentino 2020, 1)[2]. Nessuna immagine, per fedele e accattivante che sia la panoramica dell'inizio del film, può veicolare con chiarezza il punto di vista dell'autore più delle parole «lo spettacolo della città più bella del mondo». Lo stesso dicasi per il punto di vista espressivo, direi affettivo, che il regista dedica alla macchina da presa come se fosse un corpo vivente: oltre al citato «come in un abbraccio» si veda anche, subito prima, la metafora «la mdp, appollaiata su un elicottero» (1).

Le didascalie sono chiaramente delle indicazioni forti di regia e di montaggio che il Sorrentino sceneggiatore consegna al Sorrentino regista, ma sono, evidentemente, anche qualcosa di più. È come se il Sorrentino sceneggiatore volesse che lo spettatore leggesse la sceneggiatura (che del resto, in caso contrario, non avrebbe divulgato) per capire del film molto più di quanto gli mostra il Sorrentino regista. In questo caso la sceneggiatura non è soltanto una «struttura che vuol essere altra struttura» (Pasolini 1972/1999, 1489), né, banalmente, «the outline of a future film, set out in words» (Brik 1936/1974, 96), ma è un testo destinato ad arricchire il significato del film e a dialogare con lo spettatore in modo autonomo rispetto al film. Ciò induce forse a riabilitare la vecchia, e minoritaria, posizione di Béla Balázs, secondo il quale

> La sceneggiatura non è un abbozzo incompleto, uno schizzo o un progetto. Non fornisce solo il materiale grezzo per la successiva creazione, ma è già in sé una creazione artistica compiuta. Essa è in grado di rappresentare con i suoi soli mezzi la realtà, di fornire un'immagine autonoma e comprensibile per se stessa, alla pari con qualsiasi altra forma d'arte letteraria (Balázs 1952, 290).

---

2 Le citazioni dalla sceneggiatura del film sono tratte da Sorrentino 2020. Per motivi di spazio si danno per scontate qui la trama e la scheda tecnica del film, né si osserverà alcunché sulle (poche) altre divergenze tra sceneggiatura e film, di là da quelle relative ai corpi trattate nelle pagine che seguono.

In atre parole, la sceneggiatura è a metà tra teatro e romanzo (secondo la nota dicotomia di Segre 1984; su tutto questo cfr. anche le riflessioni di Messina 2020): il piano diegetico (didascalie) non è meno importante di quello mimetico ed è proprio il primo a essere valorizzato, nel film, dalle risorse semiotiche delle immagini, dei movimenti scenici, del montaggio e dei suoni (rumori, musiche, oltre alle parole). Le didascalie, molto più delle battute dei personaggi, hanno dunque un preciso valore non soltanto di previsione/suggerimento della componente multimodale del film, ma di integrazione e spiegazione della trama, del carattere dei personaggi, del messaggio profondo del film ecc.

Tutto questo è confermato dal prosieguo della sceneggiatura, specialmente quando si parla dei corpi dei personaggi. Ecco come vengono presentati i primi personaggi del film: «emerge il viso antico di un bell'uomo sui sessant'anni. I capelli tinti di un nero feroce, Rayban da playboy. Indossa un impeccabile smoking nero. Mellifluo, esordisce» (Sorrentino 2020, 1). La descrizione si riferisce al personaggio diabolico, forse almeno in parte frutto delle proiezioni della mente malata di Patrizia, interpretato nel film da Enzo Decaro. La scelta delle parole nella didascalia di presentazione è particolarmente suggestiva: il nero «feroce» e il «mellifluo», ma in fondo anche l'«impeccabile» vanno ben oltre la funzione di mero suggerimento scenico e mirano a indirizzare il lettore ben oltre ogni possibile regia. In particolare, è proprio grazie a quei «feroce» e «mellifluo» che Sorrentino anticipa al lettore la natura a metà strada tra il demoniaco (sotto la mentita identità di San Gennaro) e lo stupratore, che soltanto nelle scene successive verrà in piccola parte rivelata. Oltre tutto, ad attutire la carica mefistofelica del «santo», l'uomo nel film è brizzolato anziché corvino.

Anche la bellezza di Patrizia è sottolineata dalla sceneggiatura: «Ha quarant'anni ed è una donna dalla bellezza e dall'avvenenza fuori dal comune» (ibidem), a contrasto con la bruttezza della gente circostante: «Se ne sta ad aspettare l'autobus insieme alla gente bassa, brutta, povera e popolare» e con l'autista di San Gennaro, che «rivela [...] una faccia brutta come la merda e una voce da ladri». Ancora una volta, le indicazioni «popolare», «come la merda» e «voce da ladri» sembrano più glosse per i lettori che indicazioni per il regista.

Certo, si dirà, tale vis aggettivale e metaforica è in parte dovuta alla doppia natura di Sorrentino, regista e romanziere, oltreché sceneggiatore (si veda il suo romanzo *Hanno tutti ragione*, 2010, ispirato al suo film *L'uomo in più*, 2001; del 2016 è *Gli aspetti irrilevanti*). Resta però interessante riflettere sulla doppia natura del trattamento dei corpi sulla carta e sullo schermo.

La bellezza fuori dal comune di Patrizia è ribadita nella scena della barca, allorché una didascalia della sceneggiatura osserva: «C'è Patrizia che prende il sole, ma si è messa completamente nuda. Sembra una dea baciata dal sole» (Sorrentino 2020, 31). Ancora più significativa è la didascalia che fornisce al lettore non soltanto il punto di vista del protagonista autobiografico Fabietto sulla bellezza della zia Patrizia nuda, ma soprattutto il significato metaforico profondo di tale bellezza per lui, del tutto impalpabile nell'immagine filmica: «Fabietto non riesce a staccare gli occhi di dosso da questa immagine. Che poi è l'immagine della libertà» (Sorrentino 2020, 32).

Anche nella didascalia seguente Sorrentino indulge sul significato recondito dei corpi (e dunque difficilmente inscenabile e ricavabile dallo spettatore), stavolta i volti di Fabietto e del suo amico Armando: «I loro volti sono l'immagine di quel tipo di felicità che passa una volta sola. In gioventù» (87).

Se, come s'è visto, le didascalie della sceneggiatura danno un senso ulteriore al personaggio, spesso mettendo in relazione le sue caratteristiche corporee con quelle psicologiche o sociali, altrimenti inattingibili nel film, nel caso dei paesaggi le didascalie diventano indispensabili, come dimostra il caso seguente: «Contro un tramonto a mare che sembra la fine o l'inizio della vita, dipende dagli stati d'animo, dentro quel dolce passaggio che dalla primavera conduce all'estate, immagini di bellezza di quel piccolo mondo» (32). Soltanto la musica, nel film, può, ma solo parzialmente, infondere nello spettatore quel senso di nostalgico deliquio che le parole chiariscono al lettore. Lo stesso valga per la musica d'accompagnamento della scena di Fabietto e Armando sopra commentata (87). In casi siffatti, la multimodalità del film, grazie all'apporto fondamentale della musica integrata alle immagini e alle parole recitate, cerca di restituire la densità semantica delle parole scritte, meno stratificate rispetto al linguaggio filmico, da un lato, ma più adatte, come già visto, all'argomentazione e all'esplicitazione delle relazioni logiche tra eventi e personaggi.

Proseguendo nel confronto sceneggiatura/film, spicca un certo ingentilimento, per così dire, dei corpi filmati rispetto a quelli scritti. È come se la sceneggiatura consegnasse al lettore corpi più felliniani di quelli del film, che invece li smagrisce, li normalizza, li rende meno *freak*. Nella scena 7, Maria, la madre di Fabietto, viene definita in didascalia «corpulenta» (Sorrentino 2020, 6), ma non è tale nel film. Più avanti la baronessa Focale, coinquilina dei protagonisti, è dipinta dalla didascalia come una vera e propria creatura felliniana, tra l'altro mediante il ricorso al medesimo aggettivo *corpulento*, stavolta più appropriato all'immagine del film: «Di fronte a lei, vestita tutta di nero, come a lutto, ecco la corpulenta, gigantesca Baronessa Focale. Sessant'anni, un metro e novanta, vedova, la faccia perennemente arroccata in un'espressione incazzata, perfida, cattiva, una coltre mostruosa di capelli bianchi e raccolti in uno chignon, delle sopracciglia folte e bianche» (11). La baronessa filmata è decisamente meno abnorme di quella cartacea, nella quale spiccano gli aggettivi felliniani *gigantesco* e *mostruoso*. Il primo aggettivo conta sei occorrenze, nella sceneggiatura, tre il secondo, due *mastodontico*[3]. Poco dopo, col solito gusto sorrentiniano per le metafore non consuete, la postura della baronessa è tratteggiata così: «Fabietto e il padre, attraverso una porta a vetri, possono scorgere la baronessa Focale inchiavardata nel suo sgabello» (13). E poco sotto, si dice che ella «si avvia con la sua mole mastodontica» (14), nonostante certa fantasmatica attitudine (anch'essa impossibile a filmarsi, ma non a comprendersi per iscritto): «Ha detto svanendo sul pianerottolo» (15). Analogamente, poco dopo, si descrive «la grassoccia mano ingioiellata della baronessa che, furtiva come una ladra, attraverso la porta socchiusa, ritira il pranzo» (16). Il personaggio della baronessa insomma, ancor più nei riferimenti sessuali sotto commentati, è ben più denso (come peso materiale e narrativo-linguistico) e felliniano nelle parole che nelle immagini.

Nella scena della scampagnata, il personaggio secondario di Aldo è decisamente più grottesco (e ancora una volta felliniano) nella sceneggiatura che nel film, per giunta strabico («rivelando altresì, come se non bastasse, uno strabismo all'occhio destro», 26), oltre che zoppo e tracheotomizzato.

La famiglia dei vicini di casa eccede anch'essa la realtà (e le immagini stesse del film): «Sono tutti di statura enorme» (40).

Peraltro il debito nei confronti di Fellini (indiscusso, ancorché implicito, in tutti i film di Sorrentino) in questo caso è reso finalmente esplicito, nella scena dei provini, con la voce del regista (una perfetta imitazione dell'inconfondibile

---

3 Sul gusto per il gigantismo dei corpi in Fellini, basti ricordare la dimensione parossistica e allucinatoria di Anita Ekberg in *Le tentazioni del Dottor Antonio*, 1962.

voce felliniana) e con le comparse che, nella loro mostruosità, evocano il mondo circense caro al maestro riminese:

> C'è, in attesa, tutto il campionario di esseri umani più strampalati che Napoli è in grado di offrire: falsi playboy, ballerine anziane, commessi viaggiatori, atleti, circensi in pensione.
>
> Tutti attesi dal maestro Fellini, del quale si sente, remota e indecifrabile da una stanza, la voce flautata che parla e fa domande alla persona di turno.
>
> Fabietto, accucciato su una sedia, intimidito, lancia occhiate alle persone strambe ma, più di tutto, fissa una donna che gli siede di fronte: sarà alta un metro e ottantacinque, sofisticatissima, elegante, raffinata, con una gamba scoperta e perfetta che esibisce con consapevolezza. La donna, per essere giorno e in un ufficio modesto, ha indossato un inadeguato abito da sera rosso. Questa bellezza indimenticabile fuma lenta e lasciva come una vamp, senza mai guardare in faccia nessuno, e lascia ricadere stancamente i capelli rossi, come Gilda, a intervalli regolari, da un lato o dall'altro. Sembra una scandinava, o una francese, o un'americana (Sorrentino 2020, 36).

Anche il corpo di Fabietto, pur nella sua apparente anonimità, è dipinto nella sceneggiatura a tinte più accese che nel film: «Fabietto dorme come tutti gli adolescenti: acne in vista, bocca aperta, respiro scomposto» (56). Così come è eccessiva la grassezza dell'amico Armando, molto più nella sceneggiatura che nel film: «con i suoi duecento chili» (32); «Come una balena spiaggiata, Armando dorme supino nel sacco a pelo, sul ponte» (92). L'ultima similitudine, tra l'altro, è cara a Sorrentino, che in una delle prime scene l'aveva già riferita, con ardita prosopopea, al lampadario della casa del diabolico San Gennaro: «Un grande, meraviglioso lampadario antico di cristallo, adagiato a terra su un fianco come una balena spiaggiata, legato col filo fino al soffitto, illumina, in un'assolvenza di luce, un'anticamera che sembra una piazza d'armi» (4).

Certo alleggerimento dei corpi filmati sembra dovuto anche ad autocensura. È il caso dell'erezione di Fabietto alla visione della zia nuda, sottolineata dalla sceneggiatura («fissando il costume un po' gonfio di Fabietto», 32), ma espunta dal film. E soprattutto dell'indulgere sui genitali della baronessa Focale, subito prima del mostruoso, ancorché salvifico, accoppiamento con Fabietto: «Fabietto non può fare a meno di sbirciare il decolletè preda di seni enormi e cadenti» (79); «la baronessa Focale fa una cosa inaudita, si tira su la morbida camicia da notte, spalanca le gambe grandi e flaccide ed espone un sesso gigantesco e scurissimo, irto di peli neri» (ibidem); «Fabietto, esterrefatto, come una giraffa, allunga il collo per guardare quell'antro nero in mezzo alle gambe» (80).

Prima di avviarci alle conclusioni, va ricordato che, di là dalle inquadrature insistite dei corpi e dalle parole della sceneggiatura per descriverli, *È stata la mano di Dio* è la storia di un trauma mai risolto del protagonista (e forse del regista), quello della negazione della vista dei corpi dei genitori morti: «Quando sono morti, non me li hanno fatti vedere» (111)[4]. Lo stesso splendido quanto enigmatico verbo *disunire* («Non ti disunire, Fabio», gli urla ripetutamente, verso la fine del film, pp. 111–112, il regista Antonio Capuano, un artista che non a caso ha spesso tematizzato il corpo nella propria opera), altra chiave di lettura del film, sembra rimandare al corpo: tieni unite tutte le parti della tua vita – significa qui *non ti disunire* –, non frapporre troppi diaframmi tra il corpo e la mente, tra la tua natura e la tua cultura. Non ripudiare quello che sei. Torna alle origini (dopo essertene inevitabilmente e salvificamente allontanato per un po'), cioè a Napoli e a quello che Napoli significa per te.

Concludiamo con il finale del film. Recita l'ultima didascalia:

> Allora Fabietto si volta a guardare fuori: in mezzo alla campagna, fermo, che fa il fischio e fissa Fabietto, c'è il monaciello, il monaco bambino, il cappuccio tirato su, il viso non vedibile.
> Fabietto lo guarda e gli sorride.
> Il treno fa per ripartire lentamente.
> Il monaciello si toglie il cappuccio, è un bambino che somiglia a Maradona bambino. Con la manina, saluta Fabietto.
> Fabietto ricambia con un sorriso.
> Poi, Fabietto guarda avanti, si mette le cuffiette del walkman sulle orecchie e, solo ora, per la prima volta, sentiamo cosa ascolta.
> È una canzone, si chiama "Bullet proof", dei *This is the kit*.
> Nero. Titoli di coda. (Sorrentino 2020, 114).

L'ultima scena del film segue molto scrupolosamente la sceneggiatura, a parte il cambiamento della musica di scena, che diventa la ben più nota *Napul'è* di Pino Daniele, a ribadire la centralità di Napoli nel senso profondo della storia.

---

4 Sul trauma della non visione dei corpi e sul complesso rapporto di Sorrentino tra visione esibita (alla Fellini) e visione sottratta o negata, cfr. la migliore recensione del film (Amato 2021). L'esempio già citato del figlio deforme del professor Marotta esibito virtuosisticamente in *Parthenope*, 2024, denota un'inversione di rotta nell'ideologia filmica sorrentiniana: il regista vuol ora mostrare e dire anche l'ineffabile.

Il fatto che il monacello, figura chiave e autentico correlativo oggettivo del film, sia Maradona bambino lo si capisce, però, soltanto dalla sceneggiatura, non certo dall'immagine in cui la somiglianza tra il bambino e il calciatore è decisamente opinabile.

4. Conclusioni

Ancora una volta, nell'ultima scena appena commentata, la sceneggiatura è più corporea ed esplicita del film. I corpi sulla carta sono più distinti, più concreti, di quelli sullo schermo. *È stata la mano di Dio*, attraverso l'analisi dei corpi, invera così il paradosso della parola, regno dell'arbitrarietà e dell'incorporeità, più vicina alla realtà (o, meglio, alla concretezza, alla dicibilità della realtà) della stessa realtà riprodotta filmicamente. Sarebbe allora interessante chiedersi, benché la domanda ecceda i limiti del presente contributo: qual è, tra il testo scritto e quello filmato, il più idoneo a esprimere la volontà dell'autore? E ancora: l'eccedenza dei personaggi scritti è determinata dall'esigenza di compensare il minor realismo dello scritto rispetto al filmato e, viceversa, la maggiore "normalità" dell'immagine è dovuta ai vincoli posti dal rispecchiamento della realtà, inevitabili nel linguaggio cinematografico?

Il caso qui studiato invita altresì a riflettere, forse, su una nuova tipologia testuale e una nuova modalità di fruizione del testo, finora scarsamente messe in luce dagli studi: la tipologia (e la fruizione) del *testo filmico multiplo* (proponiamo di chiamarlo così), vale a dire l'insieme di sceneggiatura + film, frutto della orchestrazione semiotica della parola scritta, complementare (piuttosto che semplicemente funzionale o autonoma rispetto) al linguaggio cinematografico[5], in cui, cioè, la prima fornisce una (ulteriore) chiave di lettura del secondo. La sceneggiatura costituisce cioè un indirizzo interpretativo per chi fruisce del film. Per questo motivo, crediamo, Sorrentino ne ha incoraggiato (o quanto meno non ne ha ostacolato) la distribuzione gratuita online.

Un caso come *È stata la mano di Dio*, esemplare per l'estrema fedeltà con cui il Sorrentino regista ha seguito le indicazioni del Sorrentino sceneggiatore, dimostra come la sola analisi del film, oppure della sceneggiatura, pur possibile a fini scientifici, sia insufficiente a spiegare a fondo l'opera nella sua complessità. L'importanza attribuita da Sorrentino ai corpi ha permesso

5 Sulla natura complessa del linguaggio cinematografico messa a confronto con quella del testo letterario cfr. Floris/Gargiulo/Rossi 2023.

di sviscerare, proprio attraverso la lente del corpo, questa interdipendenza multimodale dei due livelli di senso principali (non unici) dell'opera: la parola scritta e l'immagine.

Bibliografia

Amato, Pierandrea (2021): L'immagine che manca. *È stata la mano di Dio* di Paolo Sorrentino. In: *Fata Morgana Web*, 5 dicembre. URL: https://www.fatamorganaweb.it/e-stata-la-mano-di-dio-di-paolo-sorrentino/ (13-01-2025).

Arcangeli, Massimo (2015): Il linguaggio del corpo nel cinema italiano dell'era del sonoro. In: Gargiulo, Marco (a cura di): *Lingue e linguaggi del cinema in Italia*. Roma: Aracne, 17–37.

Balázs, Béla (1952): *Il film. Evoluzione ed essenza di un'arte nuova*. Torino: Einaudi.

Brik, Osip (1936/1974): From the theory and practice of a script writer. In: *Screen* 15 (3), 95–103.

Casetti, Francesco (1989): *Dentro lo sguardo. Il film e il suo spettatore*. Milano: Bompiani.

DELI = Cortelazzo, Manlio / Zolli, Paolo / Cortelazzo, Michele A. (a cura di) (^{2}1999): *Dizionario etimologico della lingua italiana*. Bologna: Zanichelli.

EdS = D'Amico, Silvio (a cura di) (1954–1965): *Enciclopedia dello spettacolo*. Roma: Le Maschere.

Floris, Antioco / Gargiulo, Marco / Rossi, Fabio (a cura di) (2023): *Pagine schermate: sui rapporti tra letteratura e cinema nella produzione italiana del nuovo millennio*. Numero monografico della rivista *Quaderni del CSCI* 19.

GRADIT = De Mauro, Tullio (a cura di) (1999–2007): *Grande dizionario italiano dell'uso*. Torino: Utet.

Kress, Gunther (2010): *Multimodality: A Social Semiotic Approach to Contemporary Communication*. London / New York: Routledge.

Kress, Gunther / van Leeuwen, Theo (^{2}2006): *Reading Images: The Grammar of Visual Design*. London / New York: Routledge.

Menarini, Roy (2015): *Il corpo nel cinema. Storie, simboli e immaginari*. Milano / Torino: Mondadori.

Messina, Simona (2020): La sceneggiatura come intermediazione tra scritto e parlato. In: Rossi, Fabio / Minuto, Paolo (a cura di): *Parole filmate: le lingue nel/del cinema italiano contemporaneo*. Numero monografico della rivista *Quaderni del CSCI* 16, 134–143.

Pasolini, Pier Paolo (1972/1999): Empirismo eretico. In: Siti, Walter / De Laude, Silvia (a cura di): *Pasolini, Pier Paolo. Saggi sulla letteratura e sull'arte*, I. Milano: Mondadori, 1241–1661.

Patota, Giuseppe / Rossi Fabio (a cura di) (2017): *L'italiano al cinema, l'italiano nel cinema*. Firenze: Accademia della Crusca – goWare.

Rossi, Fabio (2020): Come il linguaggio cinematografico (non soltanto italiano) si rinnova (e si fa plurilingue) parlando di migrazioni. In: Pietrini, Daniela (a cura di): *Il discorso sulle migrazioni / Der Migrationsdiskurs. Approcci linguistici, comparatistici e interdisciplinari / Linguistische, vergleichende und interdisziplinäre Perspektiven*. Berlin: Peter Lang, 349–373.

Rossi, Fabio (2023): *Lingua italiana e cinema. Nuova edizione*. Roma: Carocci.

Rossi, Fabio (in stampa): Come lo schermo media le lingue degli altri: dalla cancellazione al translanguaging. In: Atti del XVI convegno ASLI *Lingue, frontiere, esplorazioni e migrazioni Storia della lingua e storia del contatto linguistico* (Trieste, 2024).

Segre, Cesare (1984): *Teatro e romanzo*. Torino: Einaudi.

Sorrentino, Pietro (2020): *È stata la mano di Dio*, terza stesura (16 luglio 2020). URL: https://www.thinkmovies.it/e-stata-la-mano-di-dio-la-sceneggiatura-completa-del-film-scritto-e-diretto-da-paolo-sorrentino/ (13-01-2025).

Vitella, Federico (2024): *Maggiorate. Divismo e celebrità nella nuova Italia*. Venezia: Marsilio.

Zingarelli 2021 = Cannella, Mario / Lazzarini, Beata / Zaninello, Andrea (a cura) (2020): *Lo Zingarelli 2021 Vocabolario della lingua italiana di Nicola Zingarelli*. Bologna: Zanichelli.

Vocabolario Treccani online = *Vocabolario Treccani online*. Roma: Istituto della Enciclopedia Italiana. URL: https://www.treccani.it/vocabolario/.

Raccontare il corpo all'infanzia e all'adolescenza. La lingua sfidante del *Dizionario folle del corpo* di Katy Couprie

Claudia Tarallo

Abstract: Although the idea that movement plays a central role in the healthy and complete development (not only motor) of the individual is now widely accepted among experts, the discussion on the body in schools has recently been fueled by a growing interest in diversity and disability. This has naturally led to an intensification of the debate on corporeity and the flourishing of dedicated research aimed at investigating the functions, possibilities, and challenges of discussing the body within educational processes and specific learning contexts.

On a linguistic level, an interesting observatory is represented by the study of forms and methods that can be used to talk about the body during childhood and adolescence. The contribution presented here aims to pursue this goal by offering a linguistic investigation of the *Dizionario folle del corpo* by Katy Couprie (2019). It is an unusual lexicographic work in which the body is described in the succession of entries, presented in rigorous alphabetical order and accompanied by unpublished illustrations and ancient engravings. Particular attention will be paid to the linguistic solutions and communication strategies the author adopts to address an audience that also includes children and teenagers.

Keywords: children's literature, young adult literature, picture book, dictionary, body.

1. Introduzione

Il *Dizionario folle del corpo* dell'autrice francese Katy Couprie è un repertorio lessicografico che racconta il corpo in ordine alfabetico. Questo saggio propone una prima analisi della sua versione italiana con l'intento di indagare le soluzioni linguistiche e le strategie comunicative che l'autrice adotta per parlare a un pubblico fatto anzitutto di bambini e di ragazzi.

Nel panorama degli studi sull'italiano, i principali riferimenti sui tratti salienti della lingua della letteratura per l'infanzia e per l'adolescenza sono i lavori di Cristina Lavinio (1982, 1993) e quelli più recenti di Laura Ricci (2007, 2014), che se ne è occupata anche nell'ambito della paraletteratura. Di questo segmento letterario più di una ricerca predilige la prospettiva tematica, riunendo testi esemplari in raccolte antologiche, mentre altre si riferiscono a determinate sezioni temporali, a specifici autori/autrici, a precisi generi testuali o osservano nel dettaglio fenomeni singoli[1].

Da tale variegato (e un po' atomistico) repertorio emerge che i tratti linguistici peculiari delle opere destinate a bambini e adolescenti, tratti che naturalmente si differenziano anche rispetto al genere del testo, sono prevalentemente di tipo morfologico e stilistico. Sul piano morfologico si osserva, *in primis*, l'uso dei suffissi alterativi, adoperati per formare, sia per i referenti animati che inanimati, non solo sostantivi diminutivi (*manine*) e vezzeggiativi (*lettuccio*)[2] ma anche nomi accrescitivi con connotazione affettuosa (*vecchione*) e verbi (*tossicchiare*). Molto frequenti sono, inoltre, le forme di reduplicazione, che possono riguardare gli aggettivi (*quatto quatto*), gli avverbi (*mai mai, vicino vicino*) e il verbo (*cammina cammina*, *vola e vola*, *fruga di qua e fruga di là*). In alcuni casi, infine, notiamo una combinazione di entrambi i meccanismi (*vecchietto piccino piccino*). La narrazione per bambini e, in particolare, quella fiabesca, si caratterizza poi per la presenza di alcuni stilemi tipici dell'oralità narrativa, che si prestavano alla lettura delle fiabe ad alta voce e che ritroviamo spesso anche nell'uso scritto: formularità (di origine classica), formule di apertura e di chiusura, appello ai lettori (ai quali ci si rivolge con il *noi* o con il *tu*, anche come strumento di avanzamento testuale), presenza di segnali discorsivi (usati, anche questi, in funzione metatestuale come mezzo per segnalare un cambio di argomento), ricorso massiccio alla similitudine.

Da una prima, ancora limitata, ispezione sembra emergere che il *Dizionario folle* non rientri in questo paradigma. Questo dato suggerisce che sarebbe opportuno riflettere, anche sul piano teorico, sulle soluzioni considerate, nell'italiano contemporaneo, adeguate alla comunicazione con i più piccoli e sui loro scopi. Se le modalità appena descritte, infatti, si sono prestate, già a

---

1 Si vedano Morgana 2003 e Ascenzi/Sani 2017 come antologie; Prada 2012–2013, 2018 e Canazza 2021 sulle opere collodiane; Sardo 2017 (e bibliografia ivi compresa) sulle fiabe di Luigi Capuana; Tarallo 2023a, 2023b sulla narrativa di Maria Messina; Alfieri 2018 sui prodotti per ragazzi di fine Ottocento; Fresu 2022 sulla pubblicistica per l'infanzia di Grazia Deledda; Pietrini 2009 sul fumetto; De Santis 2014 sulla reduplicazione espressiva. Tra i più recenti si veda anche Cicero 2025 su IA.

2 Sul valore dei suffissi alterativi, si rimanda a Dressler/Merlini Barbaresi 1994, che sottolineano come la connotazione emotivo-affettiva degli alterati non sia inerente solo alla semantica di basi e suffissi, ma anche alla pragmatica dei loro contesti d'uso.

partire dall'Ottocento, a una scrittura letteraria che puntava ad alfabetizzare la popolazione giovanile e al contempo a delineare un modello di comportamento (è questa l'eredità dei processi di acculturazione post-unitari), ci si chiede se tali ragioni pedagogiche permangano nella letteratura infantile e giovanile di oggi e da quali tratti siano espresse.

2. Presentazione dell'opera

Dictionnaire fou du corps è stato pubblicato nel 2012, in francese, dall'editore Thierry Magnier e si compone di 801 lemmi, 76 tavole in quadricromia, 376 illustrazioni inedite, 73 incisioni antiche di anatomia e varie decorazioni tipografiche. La versione italiana (2019), che leggiamo nella traduzione di Ilaria Piperno, è stata data alle stampe da Fatatrac e nasce, nell'ambito delle mostre e dei laboratori organizzati dal Palazzo delle esposizioni di Bologna, in collaborazione con il museo emiliano.

A proposito della traduzione dal francese non diremo molto perché non rientra negli obiettivi della nostra indagine. Un'unica nota va fatta sull'ordine alfabetico: nell'opera italiana le entrate sono in francese e hanno la traduzione tra parentesi, per esempio *hoquet (singhiozzo)*.

Per quanto riguarda il criterio semantico di selezione dei lemmi, il repertorio include, come atteso, sia termini di alto specialismo (*abducteur-abduttore*, *phalange-falange*, *suppurer-suppurare*) sia parole di ambito medico ma di più ampia circolazione nella lingua comune (*cicatrice-cicatrice*, *tête-testa*), cui si aggiungono vocaboli che denotano movimenti del corpo (*dandiner-dondolarsi*, *nager-nuotare*) o elementi riferibili all'estetica del corpo (*barbe-barba*, *touffe-ciuffo*, *tresse-treccia*). Vi è, infine, la presenza di termini che guardano al corpo da un'angolazione emotivo-psicologica più che fisiologica, come *ébats-gemiti*, *enentérer-intestardirsi*, *enlacer-stringere fra le braccia*, *regard-sguardo*.

3. Primi rilievi di lingua e stile

3.1 Similitudini e metafore

Una figura retorica di largo impiego nel corpus è la similitudine:

1) aréole (areola), [...] può essere [...] e di differente ampiezza, come lo scudo o il cappello.

2) décollées (a sventola), [...] malformazione delle orecchie che tende a farle assomigliare a foglie di cavolo.

3) incisive (incisivo), dente davanti che, come nei conigli, serve a spezzare l'insalata o le carote.

4) vertèbre (vertebre), [...] che s'impilano come mattoncini Lego.

Sono numerosi i casi, come quelli appena menzionati, in cui il termine di paragone è un elemento della vita quotidiana (qui *scudo/cappello*, *foglie di cavolo*) oppure un referente del mondo infantile (qui *conigli che mangiano carote*, *costruzioni Lego*).

Una seconda figura retorica attestata è la metafora, che, insieme a una serie di usi traslati e figurati della lingua, è presente nel *Dizionario folle* in maniera molto consistente. Alcuni esempi:

5) artère (arteria), ampio binario.

6) cerveau (cervello), sedia del pensiero.

7) flatulence (flatulenza), canto gassoso dell'intestino.

8) hypotalamus (ipotalamo), ghiandola che guida le danze.

9) palais (palato), castello di Madama La Bocca.

In alcuni casi la metafora è potenziata da una o più immagini. La voce *bronche (bronco)*, per esempio, definito «albero della respirazione a testa in giù», è accompagnata da un disegno settecentesco dei bronchi lobari raffigurati come alberi (Fig. 1) e da una quadricromia moderna in cui il funzionamento dei bronchi richiama quello di una fabbrica, con ulteriore rinforzo della didascalia «a pieno ritmo» (Fig. 2).

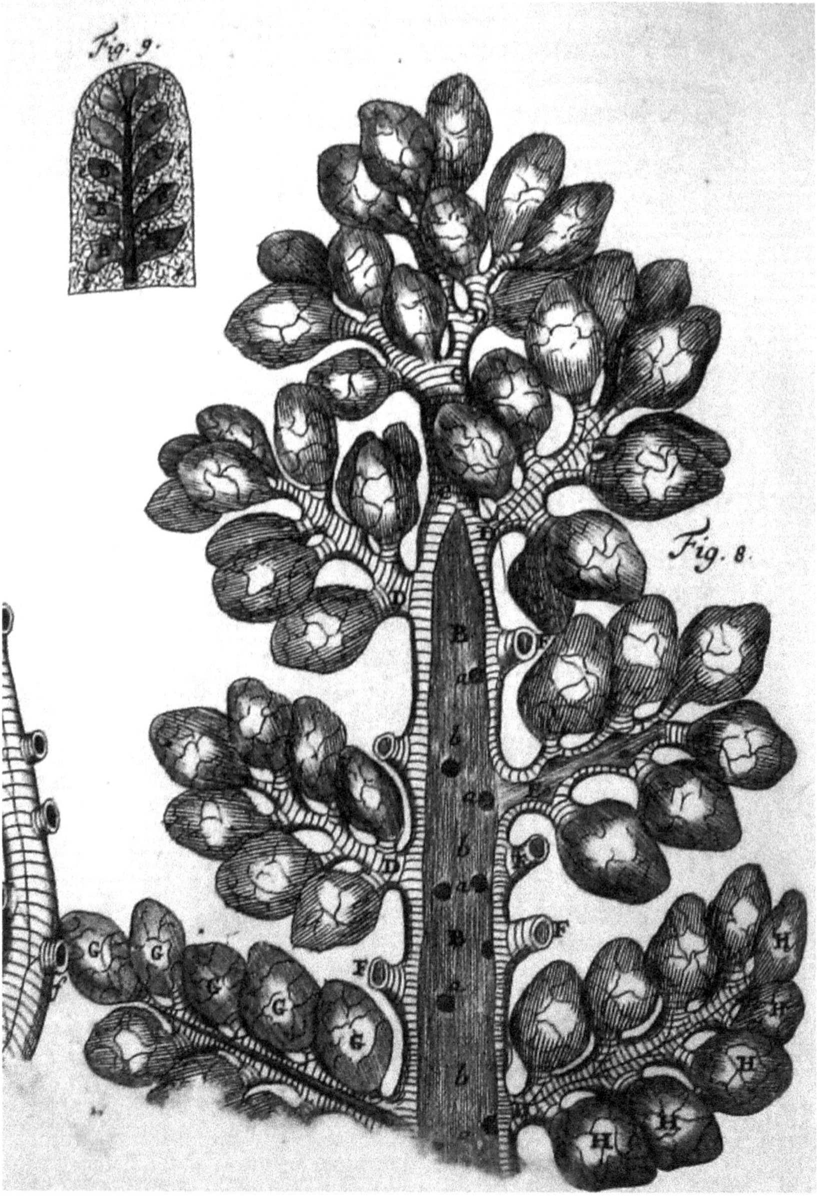

Figura 1: Bronchi lobari, Mangetus, *Theatrum Anatomicum*, 1716 (Couprie 2019, 42)

TAVOLA XII: BRONCHI, A PIENO RITMO

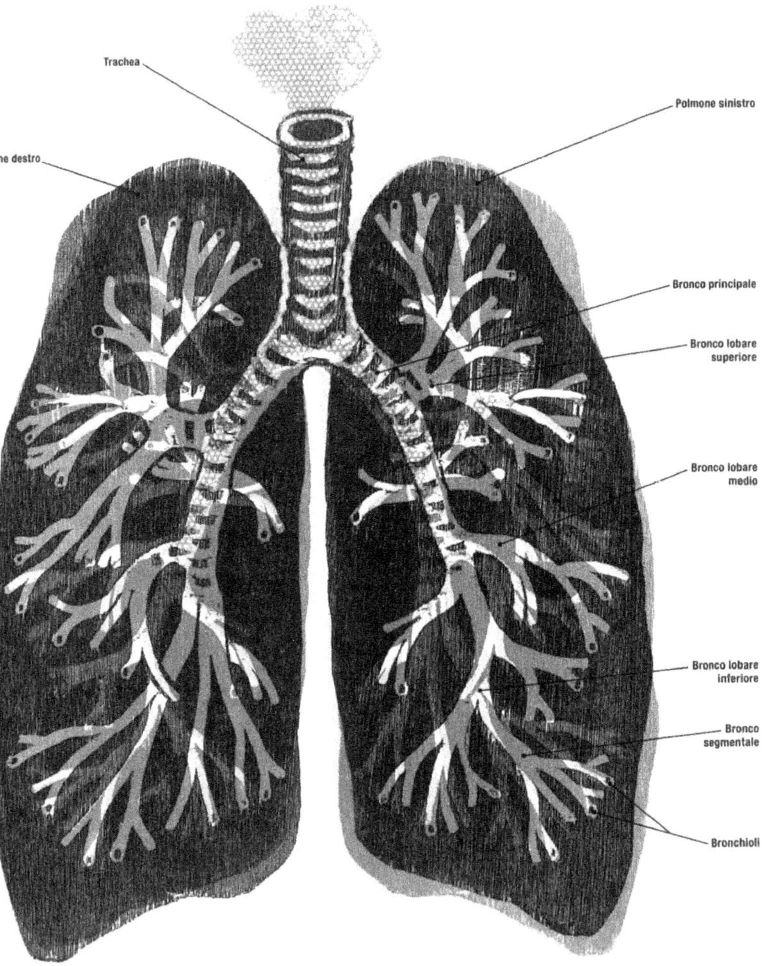

Figura 2: Bronchi, a pieno ritmo (Couprie 2019, 41)

Altre volte la definizione di un lemma incardinato intorno a una metafora è seguita, senza alcuna mediazione, da una definizione specialistica molto poco orientata sul destinatario. È il caso di *leucocyte (leucocita)* e di *amygdales (tonsille)*:

10) leucocyte (leucocita), piccolo avvocato globuloso che assume la difesa del sangue. ♦ I leucociti, o globuli bianchi, sono cellule del sangue composte, come ogni altra cellula, di un citoplasma e di un nucleo. [...]. Sono distinti in tre principali categorie: linfociti, monociti e granulociti, ognuno dei quali svolge una funzione specifica nell'ambito della difesa dell'organismo.

11) amygdales (tonsille), minuscoli organi del ministero della difesa, acquattati nell'ombra, che svolgono un lavoro di gruppo per il benessere integrale del corpo. ♦ Organi responsabili delle difese immunitarie localizzati nelle mucose del canale alimentare e delle vie respiratorie. [...] Le più grosse e più note sono le tonsille palatine, che si trovano vicino alle fauci. Le altre sono le tonsille faringee, le tonsille tubariche, le tonsille linguali.

Una voce particolarmente articolata sul piano semantico è *langue (lingua)*:

12) **1.** appendice di carne muscolosa mobile quanto la coda di Topolino su una giostra. Organo di prim'ordine dai molteplici usi. La lingua se ne sta in bocca, non in tasca. Strapparla è un crimine. La lingua possiede anche la lingua, giustamente. Se è libera, rilascia la parola, se è morsicata, la trattiene. Ciò che si pensa di sapere è sempre sulla punta della lingua: c'è da chiedersi come fa a restare così sottile e appuntita. Ogni cosa si ar – ti – co – la grazie a lei. Tuttavia i chiacchieroni l'hanno ben sciolta... Gli imbecilli, per quel che li riguarda, dovrebbero mordersela più spesso prima di parlare. Inoltre la lingua non fa errori di gusto. Li riconosce a occhi chiusi. **2.** *Erot.* La lingua è la star dei famosi "french kiss", baci alla francese molto apprezzati anche dagli anglosassoni. Se ne apprezza in particolare l'enorme mobilità e l'estrema sensibilità. **3.** *Loc. Il gatto ti ha mangiato la lingua*: chi non risponde perché l'ha smarrita. *Essere una malalingua*, *avere una lingua da vipera*: che ha da dir male di tutto e di tutti. *Fare la linguaccia*: tirarla fuori intenzionalmente con più o meno sforzo, spesso con intenti canzonatori. Dal dottore: *Tira fuori la lingua: dire ahhhhhh....* ♦ La lingua è un organo muscolare che a bocca chiusa occupa per intero la sua cavità [...].

Oltre alla già menzionata parte specialistica, osserviamo qui un susseguirsi di figure retoriche e sensi traslati, che, nell'alternanza con collocazioni ed espressioni idiomatiche, conferiscono al testo uno spiccato dinamismo.

3.2 Toni poetici e giocosi

Un elemento che, da questa parziale esplorazione, si candida a cifra stilistica dell'opera è la presenza di molte voci dal tono poetico:

13) aréole (areola), giardino che circonda il capezzolo.

14) échographie (ecografia), immagine dell'interno del corpo ottenuta tramite un apparecchio che misura gli ultrasuoni. Molto usato per monitorare il feto che cresce al riparo dallo sguardo. Prima immagine di sé stessi, ancora nell'incertezza di nascere.

15) odeur (odore), conoscenza emozionale della persona. Sembra persino di potersi affidare al proprio naso, quando questo intuisce che siamo fatti per andare d'accordo con qualcuno. Se il naso segue un profumo, quest'odore sarà a guardia dei nostri ricordi.

insieme ad altre dallo stile giocoso:

16) enfance (infanzia), una delle età della vita, che va dai primissimi passi all'adolescenza, intriso di spensieratezza, di inventiva e di cioccolata.

e ad altre ancora riferite a parole del corpo fisico ma che alludono scherzosamente ad attitudini e a dati caratteriali:

17) cagneux (varo), si dice di una postura errata, con gambe a X che non dipendono dalla timidezza.

18) épi (vertigine dei capelli), ciuffo di capelli ribelle e orgoglioso. La vertigine va nel senso opposto e resta indomabile per tutta la vita.

Il risultato è una narrazione sul corpo di grande raffinatezza, che punta ad allargare lo sguardo del lettore e a divertirlo con ammiccamenti e allusioni.

3.3 Appello ai lettori

Mentre nella letteratura otto-novecentesca per l'infanzia e per l'adolescenza molti sono gli appelli ai lettori, attraverso i quali gli autori sottolineano, per esempio, la giustezza di alcuni comportamenti o la bontà di alcuni personaggi, oppure rinforzano dei precetti moralistici[3], nel dizionario analizzato troviamo numerosi casi in cui, senza rivolgersi al pubblico in modo diretto,

3 Su questo aspetto mi permetto di rinviare a una ricerca sulla lingua della fiaba di Maria Messina, in cui chi scrive ha rilevato la ricorsività di modalizzatori che, nel richiamare l'attenzione del lettore/ascoltatore, svolgono una funzione perlopiù esortativa, per esempio «Figuratevi, bambine care, la gioia e lo sbalordimento della povera Martorina» oppure «Tutti e quattro si muovevano a un solo cenno del sapiente, non piangevano e non ridevano mai, non facevano domande inutili, non toccavano gli oggetti senza un motivo, come fanno tanti bambini di nostra conoscenza» (cit. in Tarallo 2023a, 230).

lo si coinvolge con una menzione a ciò che è tipico del mondo infantile e giovanile:

19) ablation (asportazione), operazione attraverso la quale si rimuove un arto o un organo, raramente per scelta. Fra i bambini l'asportazione delle tonsille, l'asportazione della lingua rimane di solito una semplice minaccia.

20) adulescent (adultescente), eterno Peter Pan. Uomo o donna giovane, ancora per un po' ma non per molto, che si rifiuta di chiudere la fase adolescenziale e mantiene le rotelline sulla bicicletta. Adepto maturo di pigiama party e caramelle gommose Haribo.

21) ballant (ciondolante), viene detto di braccia o gambe lasciate penzolare in modo del tutto rilassato. Con le braccia ciondolanti si acquisisce subito un'aria da idioti. Da bambini si tengono spesso le gambe a ciondoloni, quando si sta seduti sopra una sedia o ci si annoia. Mentre quando si va in altalena è così incantevole.

22) biceps (bicipite), il più famoso tra i muscoli del braccio e di Bracciodiferro, che si contrae per puro piacere, senza dover fare i duri.

23) pipi (pipì), una delle parole che s'impara fin da bambini. Farsi la pipì addosso, fare la pipì a letto: per la gioia dei genitori.

24) cartilage (cartilagine), elegante, generalmente biancastra, translucida, resistente e flessibile, la cartilagine nasale è rigida (vedi Pinocchio) mentre quella delle orecchie è elastica così da poterle tirare.

In alcuni casi c'è un rinforzo, altrettanto allusivo e divertito, ottenuto tramite le immagini (Fig. 3 e 4):

25) abdominaux (addominali), gli addominali sono i muscoli principi dell'addome e delle palestre. In Tarzan, ad esempio, sono particolarmente ben definiti, mentre in altre persone rimangono invisibili a occhio nudo.

Tavola III: Parti dell'addome

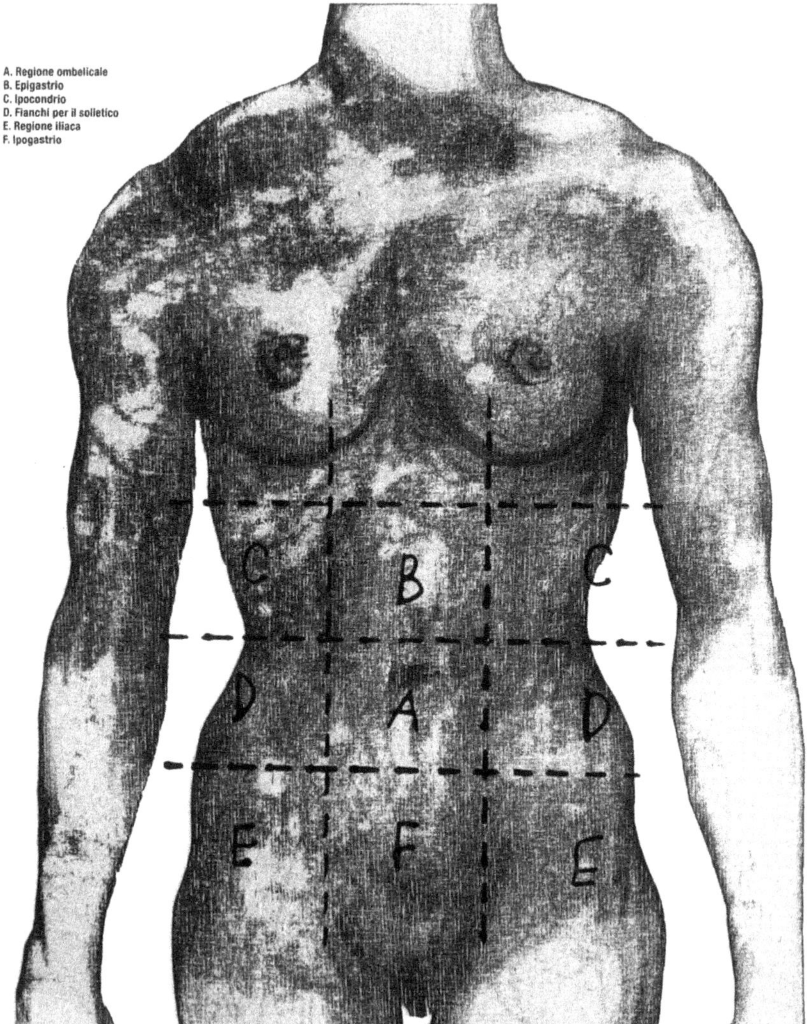

Figura 3: Parti dell'addome (Couprie 2019, 14)

26) barbe (barba), la si taglia più o meno in base al luogo, alla storia e all'orario. Rosa e dolce è quella di Barbapapà, blu e pericolosa è quella di Barbablù. Sale e pepe è buona nell'insalata, piccola piccola è un pizzetto più che un ciuffetto.

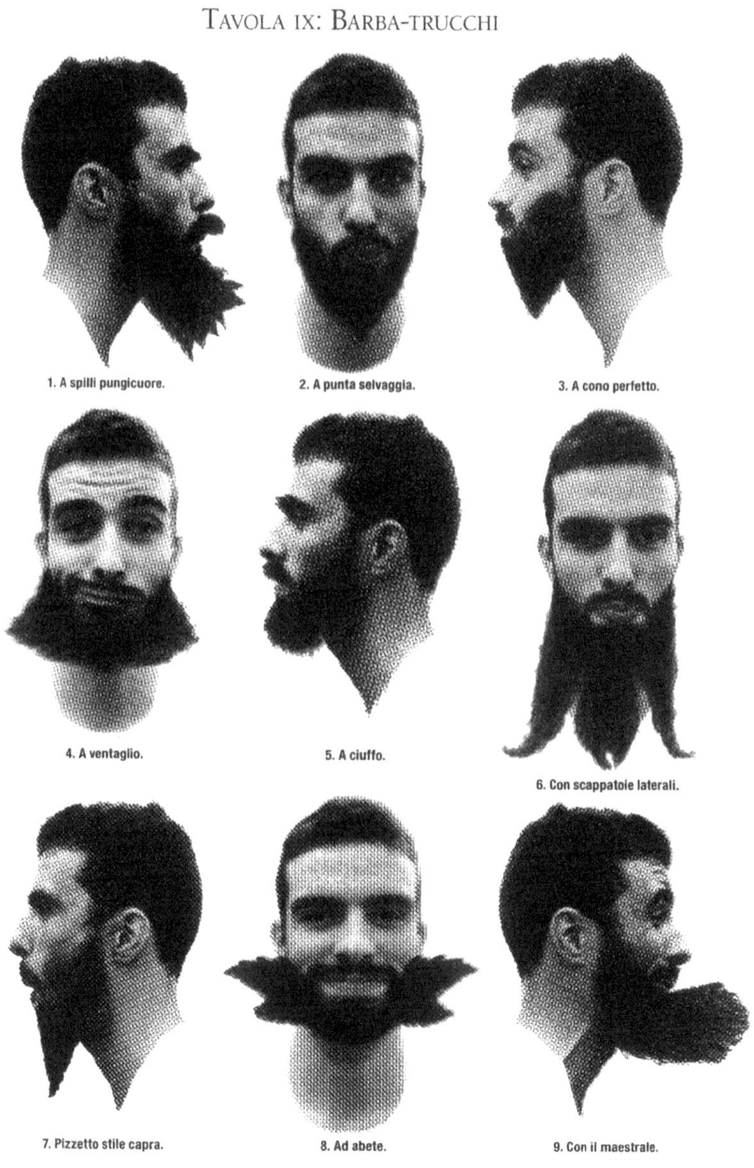

Figura 4: Barba-trucchi (Couprie 2019, 34)

3.4 La componente colta

Non mancano casi in cui l'autrice ricorre a citazioni colte, come in (27):

27) carnation (carnagione), *Art.* coloritura del corpo nudo, la resa dell'incarnato è una sfida per la tavolozza del pittore. "Gli incarnati dai rosa sdolcinati e indigesti delle naiadi di Rubens" (Denis Diderot);

Talvolta il riferimento è reso attraverso una risemantizzazione in chiave umoristica o, ancora una volta, ammiccante ed evocativa, che si serve della polisemia e della manipolazione linguistica per divertire il lettore. Alcuni casi esemplari, ma che naturalmente restituiscono solo in minima parte le occorrenze effettive del corpus, sono il cenno letterario al mito di Morfeo nella voce *dormeur-dormiente*:

28) dormeur (dormiente), beato o beata in abbandono fra le braccia di Morfeo. Bisogna essere svegli per vederli, dimentichi del mondo che gira senza loro. Il dormiente non è completamente in sé: dentro è tutto rilassato, magari anche divertito, sempre commovente. Il suo corpo è lì eppure si vede che è partito per il mondo dei sogni.

o il richiamo alla discesa agli inferi, di ascendenza dantesca, per il viaggio di un boccone verso lo stomaco:

29) œsofage (esofago), canale digestivo che racchiude il bolo alimentare nella sua discesa fino all'arrivo graduale delle oscure profondità dello stomaco.

o ancora il rimando a *Vento del nord*, ultima opera, del 2022, di Gary Paulsen, uno dei più importanti autori di letteratura per ragazzi degli ultimi decenni, in *décoiffer-spettinare*:

30) décoiffer (spettinare), scompigliare l'acconciatura, mettere in disordine i capelli. Detto tra noi, non è solo il vento del nord che spettina i capelli.

oppure ancora la menzione della caratteristica fisiologica distintiva dell'homo sapiens, il pollice opponibile, sotto il lemma *doigt-dito*:

31) doigt (dito), menzione speciale per il pollice che si oppone da tempo immemore.

Il sostrato colto emerge anche dai riferimenti alla scienza medica antica e medievale, qualche volta ulteriormente impreziositi dal ricorso all'iconografia (Fig. 5, 6 e 7)[4].

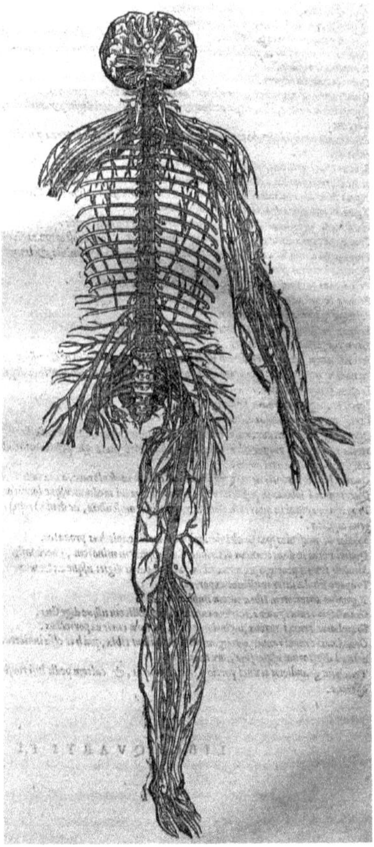

Figura 5: Nervi, Vesalio, *De humani corporis fabrica*, 1543 (Couprie 2019, 157)

4 Una riflessione sul dialogo tra codice verbale e codice iconico in prospettiva diacronica è in Gualdo 2022, che, pur concentrandosi più specificamente sulla comunicazione specialistica (enciclopedia, testo di alto specialismo, manuale didattico, comunicazione pubblica), offre una lettura approfondita dei rapporti tra parola e immagini lungo la storia dell'italiano.

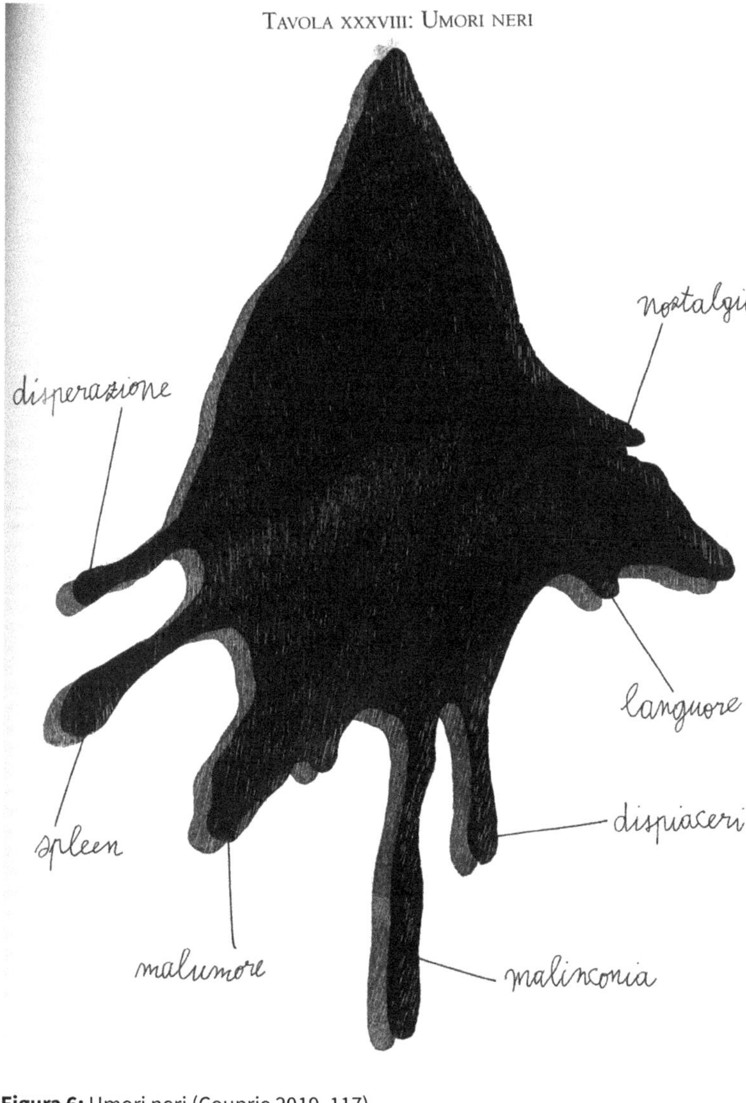

Figura 6: Umori neri (Couprie 2019, 117)

Figura 7: Donna a vapore (Couprie 2019, 230)

4. Spunti di riflessione

Le questioni che questo breve studio solleva sono di varia natura. La prima, strettamente linguistica: da quali tratti è rappresentata la lingua per parlare ai bambini e ai ragazzi? A proposito del destinatario, si legge nelle avvertenze del dizionario (Couprie 2019, 4):

> Tutti noi siamo stati mossi, e tuttora lo siamo, da varie curiosità riguardanti il corpo, ci poniamo delle domande... Quanti di noi da bambini hanno cercato le parole proibite nei libri, magari di nascosto, le parole dei grandi, quelle che descrivono, rassicurano, sollevano? [...] Rivolgersi ai bambini con le parole reali costituisce la vera sfida [del volume, di cui] anche gli adulti approfitteranno, meglio ancora!

Si tratta di una vera e propria dichiarazione d'intenti dell'autrice e dell'editore, che parlano al proprio pubblico con lucida consapevolezza. La lettura del testo, anche solo a una rapida ispezione, pone, tuttavia, una serie di interrogativi sull'adeguatezza della lingua adoperata, dubbi dai quali prende le mosse il contributo che qui si presenta.

Una prima perplessità sull'accessibilità dei contenuti riguarda il principio di selezione dei lemmi molto elastico e la preferenza dell'autrice di conservare, nella versione italiana, l'ordine francese delle entrate. Sebbene, alla fine del volume, sia presente, infatti, l'elenco delle entrate in italiano, accompagnate dal corrispondente francese e dal numero di pagina della voce, la decisione di mantenere la lingua originale non facilita la consultazione. Analoghi dubbi si estendono a gran parte delle scelte linguistiche e stilistiche; nel caso delle metafore, per esempio, sebbene esse siano di largo impiego nelle scritture per bambini e ragazzi, dove le si usa per facilitare la comprensione del testo, si tratta di soluzioni complesse sul piano del senso, in cui i referenti oggetto del traslato sono perlopiù estranei all'orizzonte di conoscenze infantili e giovanili. Lo stesso vale per la connotazione poetica di molti passi e per la gran parte dei riferimenti colti. Il risultato è una narrazione sul corpo, come si è detto, assai raffinata, di un'arguzia tale da poter sembrare oscura al giovane pubblico.

Per la conduzione del nostro ragionamento, ci sembra utile spostare l'osservazione dalle specifiche strutture a un piano più generale; a nostro avviso ciò che andrebbe meglio indagato, più delle singole alternative linguistiche e stilistiche, è piuttosto se, nelle scritture destinate all'infanzia e all'adolescenza, perdurino le ragioni pedagogiche che ne hanno orientato lo sviluppo nella stagione otto-novecentesca, conservandosi quasi immutate lungo il

Novecento, o se vi siano state delle evoluzioni e in quale direzione. Solo in quest'ottica andranno commentati eventuali spostamenti di lingua.

Negli esempi mostrati si nota come il senso letterale delle parole genera un intreccio inestricabile con gli usi traslati, dove significati primari e simbolici della lingua danno origine a un universo che il lettore bambino-ragazzo potrebbe non avere le competenze per decifrare. Una traiettoria di interpretazione di tale apparente indecifrabilità è suggerita dalla nota al lettore, dove si dichiara che l'intento del dizionario è di alimentare «la scoperta del corpo, il suo immaginario, la conoscenza di sé e degli altri» attraverso una visita «tanto erudita quanto divertita» di un corpo umano visto con «occhi nuovi» (Couprie 2019, 4–6) Ciò che conta sembrerebbe la dimensione sognante che la polisemia e il *ludus* linguistico riescono a generare anche quando il bagaglio culturale richiamato non è noto al destinatario. In questo senso, le scelte autoriali ben si piegano all'intento educativo di incoraggiare una lettura creativa dei contenuti proposti: il pubblico è sollecitato a interpretare l'opera indipendentemente dal senso letterale o logico-razionale dei referenti menzionati, ma sfruttando le risorse del pensiero analogico (*occhio nuovo*) e cedendo a un attraversamento del testo libero, caotico e generativo.

Un'ulteriore suggestione a interpretare la lingua del *Dizionario folle* in questa direzione viene da alcune recenti ricerche in ambito pedagogico. Se allarghiamo lo sguardo agli studi sulle ricadute pedagogiche della *Embodied Theory*, che considera centrale il ruolo del corpo nelle relazioni e nei processi educativi (cfr. Varela/Thompson/Rosch 1991; Olsen 1994; Gamelli 2009; Francesconi/Tarozzi 2013; Recalcati 2014; Schiavone 2021)[5], e alle ricerche sul rapporto tra crescita e immaginario, inteso come «dimensione privilegiata e interdipendente con l'universo delle narrazioni e delle illustrazioni» (Dallari 2022, II; 2023), vediamo come lo sviluppo delle abilità cognitive complesse (per esempio fare inferenze o cogliere rapporti di causa-effetto) venga oggi incoraggiato, nei contesti educativi come la scuola ma non solo, da una stimolazione dell'immaginario che coinvolge tutti i sensi. A guidare questo percorso, per esempio nella fruizione di albi illustrati sul tema del corpo, è proprio il pensiero analogico, che, in quanto «trasversale, discontinuo, pluriverso» e «generativo», è in grado di suggerire e avviare «processi di invenzione,

5 Interamente dedicata al ruolo del corpo sia in ambito educativo sia rispetto alle dinamiche storico-sociali è la rivista *Corpo, società, educazione* (Erickson).

di creazione, di modificazione del reale» (Dallari 2018, 3) stabilendo delle connessioni di senso a partire da rappresentazioni iconiche ricche e polisemiche[6]. Così come per queste raccolte «challenging» di immagini corporee (Haaland et al. 2023, 15–18), ci chiediamo se anche una lingua sfidante, che racconta il corpo con forme complesse e impegnative come quelle del *Dizionario folle*, non sia in grado di parlare ai piccoli e ai giovani per il suo potere immaginifico, plasmandosi in una forma solo apparentemente adulta e puntando, senza fine né istruttivo né divulgativo, a delineare in chi legge, al di là dei significati logico-razionali dei contenuti, quello che Antonio Faeti (2018) ha chiamato un orizzonte cognitivo poetico.

Bibliografia

Alfieri, Gabriella (2018): "Fare le italiane". Il romanzo come testo modellizzante tra Otto e Novecento. In: *The Italianist*, 38/3, 384–401.

Ascenzi, Anna / Roberto Sani (2017): *Storia e antologia della letteratura per l'infanzia nell'Italia dell'Ottocento*, vol. I. Milano: Franco Angeli.

Balduzzi, Lucia (a cura di) (2022): *Voci del corpo. Prospettive pedagogiche e didattiche*. Roma: La Nuova Italia.

Canazza, Alessandro (2021): "Il Viaggio per l'Italia di Giannettino" di Collodi: un'analisi linguistica. In: *Italiano Linguadue* 2, 420–502. URL: https://riviste.unimi.it/index.php/promoitals/article/view/27882/23373 (26-01-2025).

Cicero, Francesco (2025): Esercizi di stile. La narrativa per l'infanzia delle intelligenze artificiali. In: *AI-Linguistica. Linguistic Studies on AI-Generated Texts and Discourses*, 2, 2. URL: https://ai-ling.publia.org/ai_ling/article/view/19 (11-07-2025).

Contini, Maria Grazie / Fabbri, Maurizio / Manuzzi, Paola (2006): *Non di solo cervello. Educare alle connessioni mente-corpo-significati-contesti*. Milano: Raffaello Cortina.

Couprie, Katy (2019): *Dizionario folle del corpo*. Casalecchio di Reno: Fatatrac.

Dallari, Marco (2018): Dire le immagini, vedere le parole. Metafore e figure della competenza emotiva. In: *Encyclopaideia Journal of Phenomenology and Education* 22 (50), 1–20. URL: https://encp.unibo.it/article/view/7908/7630 (26-01-2025).

[6] Sul valore delle immagini nei processi di crescita, cfr. Contini/Fabbri/Manuzzi 2006; Francesconi/Tarozzi 2012; Farnè 2021; Balduzzi 2022; Terrusi 2023, 2024.

Dallari, Marco (2022): Per una pedagogia dell'immaginazione. In: *Encyclopaideia Journal of Phenomenology and Education* 26 (64), I-III. URL: https://encp.unibo.it/article/view/15915/15237 (26-01-2025).
Dallari, Marco (2023): *Immaginauti. Pensare controvento*. Trento: Il Margine.
De Santis, Cristiana (2014): Cresci, cresci, cresci… La reduplicazione espressiva come strumento di espressione di relazioni transfrastiche. In: De Santis, Cristiana et al.: *Le relazioni logico-sintattiche. Teoria, sincronia, diacronia*. Roma: Aracne, 181-207.
Dressler, Wolfgang U. / Merlini Barbaresi, Lavinia (1994): *Morphopragmatics. Diminutives and intensifiers in Italian, German and other languages*. Berlin / New York: Mouton de Gruyter.
Faeti, Antonio / Beseghi, Emma (a cura di) (2018): *I tesori nelle isole non trovate. Fiabe, immaginario, avventura nella letteratura per l'infanzia*. Parma: Spaggiari junior.
Farné, Roberto (2021): *Pedagogia visuale. Un'introduzione*. Milano: Raffaello Cortina Editore.
Francesconi, Denis / Tarozzi, Massimiliano (2012): Embodied education: a convergence of phenomenological pedagogy and embodiment. In: *Studia Phaenomenologica* 12, 263–288.
Francesconi, Denis / Tarozzi, Massimiliano (a cura di) (2013): Focus: Per un'embodied education fenomenologicamente fondata. In: *Encyclopaideia* 18 (37), 11–17.
Fresu, Rita (2022): «Sedetevi in circolo, miei piccoli amici». La pubblicistica per l'infanzia di Grazia Deledda: proposte di analisi linguistica. In: Manca, Dino (a cura di): *Sento tutta la modernità della vita. Attualità di Grazia Deledda a 150 anni dalla nascita*. Cagliari: Aipsa Edizioni, 101–128.
Gamelli, Ivano (a cura di) (2009): *I laboratori del corpo*. Milano: Cortina.
Gualdo, Riccardo (2022): *Dialoghi tra parole e immagini. Il testo verbale e non verbale nella comunicazione specialistica*. Roma: Carocci.
Haaland, Gunnar / Kümmerling-Meibauer, Bettina / Ommundsen, Åse Marie (2023): *Exploring challenging picturebooks in education. International perspectives on language and literature learning*. London: Routledge.
Lavinio, Cristina (1982): La fiaba tra oralità e scrittura: aspetti linguistici e stilistici. In: Cerina, Giovanna et al. (a cura di): *Oralità e scrittura nel sistema letterario*. Roma: Bulzoni, 91–114.
Lavinio, Cristina (1993): *La magia della fiaba tra oralità e scrittura*. Firenze: La Nuova Italia.
Morgana, Silvia (2003): Modelli di italiano nei testi di lettura scolastici e per l'infanzia. Dall'età delle Riforme alla Restaurazione. In: Ead.: *Capitoli di storia linguistica italiana*. Milano: LED, 271–302.

Olsen, Andrea (1994): *Anatomia Esperienziale. Trentuno lezioni pratiche: alla scoperta del nostro corpo attraverso l'esperienza che ne facciamo*. Milano: Red Edizioni.
Pietrini, Daniela (2009): *Parola di papero. Storia e tecniche della lingua dei fumetti Disney*. Firenze: Franco Cesati.
Prada, Massimo (2012–2013): Le avventure di una lingua: il viaggio alla scoperta dell'italiano nella *Grammatica di Giannettino*. In: *Studi di grammatica italiana* XXXI-XXXII, 245–353.
Prada, Massimo (2018): Giannettino tra sillabario e grammatica: un'analisi linguistica della tradizione dei manuali collodiani. In: *Italiano Linguadue* 10 (1), 310–356.
Recalcati, Massimo (2014): *L'ora di lezione. Per un'erotica dell'insegnamento*. Milano: Einaudi.
Ricci, Laura (2007): L'italiano per l'infanzia. In: Trifone, Pietro (a cura di): *Lingua e identità*. Roma: Carocci, 269–294.
Ricci, Laura (2014): Paraletteratura. In: Antonelli, Giuseppe et al. (a cura di): *Storia dell'italiano scritto*, vol. II. Roma: Carocci, 283–326.
Sardo, Rosaria (2017): Capuana tra questione della fiaba e questione della lingua. In: *Annali della Fondazione Verga* 10, 419–439.
Schiavone, Giulia (2021): Il corpo abitante. Una proposta pedagogica per la valorizzazione del patrimonio culturale attraverso le arti performative. In: *Encyclopaideia Journal of Phenomenology and Education* 25 (60), 121–139. URL: https://encp.unibo.it/article/view/12610/13057 (26-01-2025).
Tarallo, Claudia (2023a): Prime annotazioni sulla lingua della fiaba di Maria Messina. In: *Annali della Fondazione Verga* 16, 237–257.
Tarallo, Claudia (2023b): La fiaba nuova tra Ottocento e Novecento. Il caso di Maria Messina. In: *Circula. Revue d'idéologies linguistiques* 17–18, 207–236. URL: http://hdl.handle.net/11143/21783 (26-01-2025).
Terrusi, Marcella (2023): Letteratura per l'infanzia e consapevolezza corporea: una lettura in otto tempi fra albi illustrati e pratiche somatiche. In: *Encyclopaideia Journal of Phenomenology and Education* 27 (65), 79–95. URL: https://encp.unibo.it/article/view/16366 (26-01-2025).
Terrusi, Marcella (2024): Letteratura per l'infanzia e tenerezza: riflessioni pedagogiche sui gesti della cura, il benessere della relazione e gli affetti negli albi illustrate. In: *Encyclopaideia Journal of Phenomenology and Education* 28 (70), 71–83. URL: https://encp.unibo.it/article/view/19951/19141 (26-01-2025).
Varela, Francesco / Thompson, Evan / Rosch, Eleanor (1991): *The embodied mind. Cognitive Science and Human Experience*. Cambridge MA: MIT Press.

PARTE III

Il corpo leso e il corpo malato

Risarcimento del danno a causa di una lesione corporale. Diritto romano a confronto col diritto del ventunesimo secolo

Christoph Becker

Abstract: Modern civil codes require compensation for any damage caused by an unlawful act. This also applies to the injury to the human body and the resulting immaterial or material damage. Early Roman law, however, initially only recognised penance for the attack on one's personality. Later, compensation for material damage from a physical injury was provided for killing or injuring a slave. Compensation for the physical injury of a free person developed even later.

Keywords: civil codes of modernity, damages compensation, defamation, pecuniary damage, physical injury, Roman law

1. Introduzione

L'organizzatrice del convegno *Körperdiskurse im Wandel der Zeit – linguistische Ansätze. Discorsi sul corpo nel tempo – aspetti linguistici*, la collega Daniela Pietrini, mi ha invitato a partecipare ai discorsi corporali dal punto di vista della storia del diritto. Cercherò di riassumere brevemente un'evoluzione che ha avuto inizio circa 2.500 anni fa: l'evoluzione del risarcimento dei danni per aggressione al corpo umano nell'antico diritto romano, nel diritto comune europeo del Medioevo e dell'inizio dell'età moderna e nella modernità.

2. Clausole generali nei codici civili della modernità

Il contributo si dedica prima di tutto alla presentazione di alcune disposizioni sul risarcimento per lesioni personali contenute nei codici civili moderni.

2.1 Codice Civile Italiano dell'anno 1942

In Italia è tuttora in vigore (più volte modificato) il Codice civile del marzo 1942. Il suo quarto libro regola le obbligazioni. La prima disposizione del Quarto Libro, l'articolo 1173, elenca i casi in cui sorgono obbligazioni. Il secondo caso (dopo i contratti) è quello dei fatti illeciti.

A tal fine la legge costituisce un titolo speciale («Titolo IX. Dei fatti illeciti»). La disposizione più importante di questo titolo si trova all'inizio: l'articolo 2043 sancisce il principio secondo il quale qualsiasi atto doloso o negligente che causi un «danno ingiusto» ad un'altra persona obbliga al risarcimento del danno.

> Articolo 2043 Codice civile 1942: Qualunque fatto doloso o colposo, che cagiona ad altri un danno ingiusto, obbliga colui che ha commesso il fatto a risarcire il danno.

Tale regola globale è denominata «clausola generale» (Kindler 2022, § 17.22). Sono comprese anche le lesioni personali, incluse quelle corporali, e tutti i danni conseguenti da esse causati, quali le spese mediche o il mancato guadagno. Per precisare il risarcimento, l'articolo 2056 rinvia alle norme generali in materia di risarcimento: articoli 1223, 1226, 1227. Tali norme sono contenute nel titolo 1 (capitolo 3) del libro sul diritto delle obbligazioni. Il primo titolo contiene disposizioni generali in materia di obbligazioni; il titolo lo indica esplicitamente («Delle obbligazioni in generale»).

2.2 Codice civile tedesco (*Bürgerliches Gesetzbuch*) dell'anno 1896

In Germania si applica il codice civile che è stato creato nel 1896 per il Reich tedesco. Il codice è stato modificato centinaia di volte. Tuttavia, la clausola generale dell'articolo 823 paragrafo 1 contenuta nel libro II, relativa al diritto delle obbligazioni, resta valida. Questo paragrafo stabilisce che chiunque, intenzionalmente o per negligenza, abbia violato la vita, il corpo, la salute, la libertà, la proprietà o altri diritti di un'altra persona è tenuto a risarcire i danni.

> Articolo 823 paragrafo 1 Bürgerliches Gesetzbuch 1896: Wer vorsätzlich oder fahrlässig das Leben, den Körper, die Gesundheit, die Freiheit, das Eigentum oder ein sonstiges Recht eines Anderen widerrechtlich verletzt, ist dem Anderen zum Ersatze des daraus entstehenden Schadens verpflichtet.

Non è necessario distinguere esattamente ciò che è una lesione fisica e ciò che è una lesione alla salute; nella maggior parte dei casi le due cose accadono contemporaneamente. Il titolo 25, all'inizio del quale si trova l'articolo 823 BGB, è intitolato «Unerlaubte Handlungen» (Fatti illeciti).

La determinazione del danno da risarcire a causa di una lesione personale è regolata da alcune disposizioni speciali contenute negli articoli 842, 843, 845 BGB. Tuttavia, tali disposizioni specifiche non sono isolate. Piuttosto, esse si limitano a completare le regole generali del risarcimento dei danni che il Secondo libro espone agli articoli 249 e segg. BGB. Al risarcimento dei danni materiali si aggiunge, in caso di lesioni personali, la cosiddetta indennità di dolore, originariamente disciplinata dall'articolo 847 BGB. Tale disposizione, che si applica solo agli atti illeciti, è stata abrogata dal legislatore nel 2001 e ha spostato il suo contenuto all'articolo 253 paragrafo 2 BGB. Di conseguenza, l'obbligo di versare un'indennità per il dolore è divenuto una regola generale in materia di danni.

2.3 Codice Civile italiano dell'anno 1865

La descrizione delle norme generali in materia di risarcimento dei danni nel Codice Civile tedesco è stata riprodotta in testi più recenti, tra cui il Codice Civile italiano del 1942. Ma la clausola generale del Codice Civile del 1942 ha come modello immediato il Codice Civile del Regno d'Italia, che risale al 1865. All'epoca il Regno d'Italia era ancora giovane, aveva solo quattro anni. Il Libro III del Codice Civile è dedicato alle regole in base alle quali si acquisiscono e si trasferiscono la proprietà e gli altri diritti sulle cose. Tale termine va inteso solo come *pars pro toto*, vale a dire: esemplare. Si intende: le obbligazioni complessivamente.

Nel titolo 4 di questo terzo libro, il capitolo 1 inizia con il sorgere delle obbligazioni: l'articolo 1097 afferma che le obbligazioni possono sorgere per legge, per contratto o quasi contratto, per delitto o quasi delitto. La sezione 3 del capitolo 1 descrive i delitti e i quasi-delitti. Inizia con l'articolo 1151. L'articolo contiene una clausola generale sull'obbligo di risarcire chi ha causato un danno a un'altra persona.

> Articolo 1151 Codice civile 1865: Qualunque fatto dell'uomo che arreca danno ad altri, obbliga quello per colpa del quale è avvenuto, a risarcire il danno.

L'articolo 1152 aggiunge che, oltre all'atto, la negligenza, vale a dire l'omissione, obbliga a risarcire il danno. Indubbiamente, anche queste disposizioni comprendono le lesioni personali.

2.4 *Code Civil* francese dell'anno 1804

Il Codice Civile italiano del 1865 aveva modelli nei codici degli stati italiani della prima metà dell'Ottocento – per esempio delle Due Sicilie del 1819 (clausola generale delittuosa: articolo 1336) di Parma, Piacenza e Guastalla del 1820 (clausola generale: articolo 2085) e degli Stati Estensi del 1851 (clausola generale: articolo 1393). Questi codici, tuttavia, derivano da un modello che ha trovato riscontro in tutti i paesi di lingua romanza: il *Code Civil des Français* del 1804. Un'eccezione è costituita dal codice della Sardegna del 1827, che ha una propria struttura.

Il Terzo Libro del Codice Civile francese contiene i diversi modi in cui si acquista la proprietà. Come più tardi nel Codice Civile del 1865, questo titolo va interpretato in modo esemplare. La soprascritta significa: sulle obbligazioni.

Nel quarto titolo si trovano gli impegni (*engagemens*) senza contratto (*convention*). All'inizio l'articolo 1370 descrive come possono sorgere obbligazioni in assenza di un trattato. Sono possibili i quasi-contratti, i delitti e i quasi-delitti (*quasi-contrats, délits, quasi-délits*). Il capitolo 2 tratta dei delitti e dei quasi-delitti. Comincia con l'articolo 1382, con una clausola generale di delitto.

> Articolo 1382 Code civil des Français : Tout fait quelconque de l'homme, qui cause à autrui un dommage, oblige celui par la faute duquel il est arrivé, à le réparer.

Qualsiasi azione (*fait*) che arrechi pregiudizio a un altro obbliga a riparare il danno. L'articolo 1383 chiarisce che la negligenza equivale all'azione. L'articolo 1151 italiano del 1865 citato in precedenza è in realtà solo una traduzione dell'articolo 1382 francese. La clausola generale francese riguarda, tra l'altro, le lesioni personali (Hübner/Constantinesco 1994, §§ 22.4, 23.5.b; Neumann/Berg 2022, § 6.B.III).

3. Accordo, taglione o multa nelle leggi delle Dodici Tavole

La più antica fonte conosciuta di diritto romano sono state le Dodici Tavole (intorno al 450 a.C.). Dalla nascita della legge si può seguire l'evoluzione del diritto penale romano. Le dodici tavole non ci sono pervenuto come testo integrale. Ma ci sono dall'antichità molte citazioni dalle Dodici Tavole e descrizioni delle loro disposizioni tramandate.

Le Dodici Tavole non contengono disposizioni generali relative all'obbligo di risarcimento per fatto illecito. Esse definiscono i singoli casi di aggressione fisica e non fisica nei confronti di persone e stabiliscono le relative sanzioni. Le norme non richiedono la determinazione dell'entità del danno, né esigono che l'autore del reato risarcisca con precisione il danno subito.

Per una lesione grave (mutilazione), la tavola 8.2 dà priorità alla negoziazione di una multa tra l'aggressore e la vittima (l'aggressore si accorda con la vittima: *pacit*). Nel caso in cui la trattativa fallisca, la vittima ha il diritto di ferire l'autore del reato nello stesso modo in cui l'autore del reato ha ferito lui stesso. La minaccia del taglione è quindi una base per i negoziati per la multa.

Dodici Tavole 8.2: *Si membrum rupsit, ni cum eo pacit, talio esto.*

La legge non specifica l'importo dell'ammenda, in quanto le specificità dei singoli casi possono variare notevolmente. Le trattative per la sanzione pecuniaria possono tener conto dell'entità del danno materiale subito (per esempio perdita di guadagno, spese per il personale, ristrutturazioni dell'abitazione o attrezzature necessarie a causa della mutilazione), ma la legge non obbliga l'autore del reato a promettere una sanzione pecuniaria che compensi tutti i danni materiali.

Per una lesione meno grave, ma che ha comunque provocato una frattura ossea, la tabella 8.3 indica l'importo dell'ammenda, fissato a 300 assi se il ferito è un libero e a 150 assi se il ferito è uno schiavo: «*Manu fustive si os fregit libero, CCC, si servo, CL subito.*» In considerazione di questa soluzione globale, non è necessario alcun negoziato. Non è escluso che le parti raggiungano un accordo. Ma nessuna parte deve accettare le offerte contrattuali dell'altra parte.

La Tavola 8.4 punisce le lesioni lievi con una penalità di 25 assi: «*Si iniuriam faxsit, viginti quinque poenae sunto.*».

Le sanzioni previste dalle leggi delle Dodici Tavole sono essenzialmente di natura penale. Servono a placare la vittima ferita, irritata e traumatizzata nella sua integrità (funzione di soddisfazione) e a ristabilire la pace giuridica tra l'autore del reato e la vittima (funzione di espiazione). La loro funzione non è, o se mai accidentalmente, la compensazione di un danno valutabile in termini monetari.

L'aggressione fisica è punita perché l'aggressore rifiuta di rispettare la vittima. L'entità dell'aggressione fisica non è rilevante per le sue eventuali conseguenze finanziarie ai fini della determinazione della sanzione. Piuttosto, la gravità del danno fisico in sé è un indicatore della gravità dell'aggressione e quindi della gravità dell'aggressione alla personalità della vittima. La gravità di una violazione dell'integrità della vittima determina la gravità della sanzione penale.

4. Azione pretorica per diffamazione: *actio iniuriarum*

Le ammende inflitte dalle Dodici Tavole perdono col tempo la loro funzione di pacificazione a causa della svalutazione monetaria. Dopo alcuni secoli hanno solo una funzione simbolica. L'assemblea popolare non reagisce modificando la legge.

Piuttosto, la giurisdizione dei pretori di Roma sviluppa un nuovo strumento giuridico: l'azione per diffamazione (*actio iniuriarum*). L'azione per diffamazione, come molte altre creazioni giudiziarie, si affianca al diritto dei dodicesimi. Di conseguenza, la legge delle Dodici Tavole ha progressivamente perso la sua applicazione pratica. Tuttavia, non è mai stata annullata. Le Dodici Tavole sono il testo originale del diritto romano, per il quale la società romana, nella sua concezione storica, mostra il massimo rispetto.

La querela di diffamazione, sviluppata dai pretori, comprende tutti gli attacchi verbali ed atti contro una persona. Sono incluse le lesioni corporali. L'accusa di diffamazione, come tutte le creazioni pretoriche, era documentata nel programma del magistrato (*edictum*) che i pretori pubblicarono all'inizio del loro mandato.

Verso il 130 d.C., l'editto del pretore fu completato, dopo secoli di evoluzione, dal giurista romano Giuliano (che in carriera fu anche governatore della Bassa Germania; la sua sede è ancora oggi visitabile in uno scavo sotto il municipio di Colonia). Da quel momento in poi fu un *edictum perpetuum*, che i pretori successivi continuarono ad utilizzare immutato. L'amministrazione della giustizia non subì una battuta d'arresto, poiché nel frattempo l'imperatore romano, con la sua cancelleria, aveva assunto il ruolo di creatore del diritto.

L'Editto Eterno del Pretore Romano non è tramandato come testo integrale. Tuttavia, poiché è stato più volte commentato e citato dai giuristi romani, l'editto può essere approssimativamente ricostruito. Nella ricostruzione di Otto Lenel (1849–1935) si trova l'accusa di diffamazione nel titolo 35 (*De iniuriis*). Vi compare dapprima un fatto generale dell'«*iniuria*» (§ 190: *Generale edictum*). Seguono casi individuali di ingiuria (§ 191: *De convicio*; § 192: *De ademptata pudicitia* e così via). L'editto generale non è una clausola generale per tutti gli atti illeciti, ma è almeno una clausola generale per gli attacchi contro la persona.

Non si sa con certezza se i singoli casi costituiscano soltanto esempi dell'applicazione della regola generale o se, in quanto regimi speciali, escludano l'applicazione dell'editto generale. In ogni caso, le lesioni corporali rientrano nella norma generale.

L'azione per diffamazione introdotta dai pretori non è diretta al risarcimento di un danno materiale determinato con precisione, al pari dei ricorsi per lesioni personali previsti dalle dodici tavole. L'azione per diffamazione mira piuttosto ad ottenere una sanzione pecuniaria da parte dell'autore del fatto, sulla quale l'attore fornisce una stima. Egli deve infatti dichiarare quale somma di denaro avrebbe preferito perdere piuttosto che subire l'umiliazione dell'aggressore. L'aggressione fisica è qui intesa come un insulto alla vittima, vale a dire come un'offesa alla sua personalità e non come un danno all'integrità fisica.

5. *Lex Aquilia*: azione per danno materiale

Il risarcimento dei danni materiali causati dalla lesione illecita di un corpo umano (*damnum iniuria datum*) è stato offerto da una risoluzione dell'assemblea popolare plebea (plebiscito). La decisione, secondo la tradizione, risale all'anno 286 prima della nascita di Cristo ed è chiamato «*Lex Aquilia*» in ricordo del tribuno del popolo Aquilius, che presiedeva l'assemblea. Il testo della *Lex Aquilia* non è tramandato, ma il suo contenuto e la sua gestione sono abbondantemente descritti nelle fonti più recenti del diritto romano, vale a dire negli scritti che risalgono all'epoca cosiddetta classica (dal I secolo a.C. alla prima metà del III secolo d.C.) o più tardi.

L'azione aquilica (*actio legis Aquiliae*) è concepita come un'azione per danno materiale. Una lesione del corpo umano, quindi, la comprende in origine solo se si tratta del corpo di un non libero. Infatti la lesione di uno schiavo è una lesione dei beni del suo padrone, come la lesione di un animale di proprietà di qualcuno o la distruzione di una cosa inanimata appartenente a qualcuno. Di questo si legge nelle «*Institutiones*» di Gaio (Gaius, Institutiones 3.210–3.219; scritte circa nel 160 d.C.):

Il primo capitolo della *Lex Aquilia* regolava la ferita mortale di uno schiavo (e l'uccisione di un animale a quattro zampe). Il terzo capitolo (aggiunto forse qualche tempo dopo l'anno 286) regola la lesione non fatale di uno schiavo (e tutte le altre lesioni di animali, così come i danni o la distruzione di cose inanimate). L'autore del delitto deve risarcire al proprietario la perdita di valore calcolata in base al prezzo di mercato. Ma nel corso del tempo si sviluppa una compensazione più individualizzata del danno patrimoniale derivante dal singolo caso (quanto grava il proprietario: *quanti interest*). La prestazione dell'aggressore ha quindi una funzione compensativa. Tuttavia, se in un processo l'autore del delitto contesta la propria responsabilità, invece di riconoscere l'obbligazione, il giudice raddoppia l'importo (cosiddetta liticrescenza: *lis crescit* – il contenzioso cresce). In tal modo, l'azione aquilica acquisisce inoltre un carattere penale.

L'autore del delitto deve percepire il danno materiale che ha causato all'attore, in quanto espiazione, anche nel proprio patrimonio. L'azione dell'Aquila, a causa della sua duplice funzione, è chiamata anche azione penale mista.

6. Applicazione analogica della *Lex Aquilia* alla ferita del corpo di un uomo libero

L'azione aquilica non poteva essere applicata alla ferita del corpo di un uomo libero. Il corpo di un libero non appartiene a nessuno come proprietà; quindi non si può determinare un risarcimento per la perdita di valore. Tuttavia, a partire da una data sconosciuta (forse circa al tempo della nascita di Cristo?) i pretori permisero che l'azione aquilica fosse usata per analogia (non in applicazione immediata, ma solo in applicazione corrispondente, come *actio utilis*) da un libero che aveva subito una lesione al proprio corpo (Gaius, Institutiones 3.219).

7. *Iniuria* e *actio legis Aquiliae* nel *Corpus iuris civilis* dell'imperatore Giustiniano

Nella tarda antichità l'imperatore Giustiniano fa analizzare la letteratura giuridica degli ultimi sei secoli e, con un attento aggiornamento, la compila per la sua grande raccolta, i *Digesta* o *Pandectae* del 533. Questa raccolta di testi ha forza di legge. A ciò si aggiunge nel 534 una nuova edizione della raccolta di decreti imperiali, il Codice Giustiniano (*Codex Iustinianus*), promulgata per la prima volta come legge nel 529. Inoltre, Giustiniano, nel 533 d.C., mette in vigore un libro di testo ufficiale per principianti sull'esempio di Gaio, le *Institutiones* (sarebbe meglio dire, per fare una distinzione: *Iustiniani Institutiones*). Fin dall'inizio dei tempi moderni, il termine *Corpus iuris civilis* è stato usato per descrivere questa imponente legislazione (a differenza delle raccolte di diritto canonico, anch'esse non ufficiali, *Corpus iuris canonici*).

Tutti e tre i testi si occupano, tra l'altro, dell'azione secondo la *Lex Aquilia* (Digesto 9.2; Codice Giustiniano 3.35; Istituzioni 4.3). Ma anche l'accusa di diffamazione è oggetto di grande attenzione (Digesto 47.10; Codice Giustiniano 9.35 e 9.36; Istituzioni 4.4). All'inizio dell'esposizione della querela di diffamazione, il testo introduttivo di Giustiniano (istituzioni 4.4 principium) dà una spiegazione: con «*iniuria*» si intende in generale tutto ciò che non è lecito («*Generaliter iniuria dicitur omne quod non iure fit*»); tale uso si fa all'inizio del titolo di Digesto sulla *Lex Aquilia* (Digesto 9.2.1 principium), quando si parla di danno illecito (*de damno iniuria*). In particolare, invece, «*iniuria*» significa grave mancanza di rispetto (*contumelia*), la lesione della personalità (Istituzioni 4.4 principium: «*specialiter alias contumelia, quae a contemnendo dicta est*»). Oppure designa specificamente la colpa; ad esempio, nella *Lex Aquilia*, l'illegittimità di un danno è chiamata «*iniuria*» («*alias culpa, quam Graeci ἀδίκημα dicunt, sicut in lege Aquilia damnum iniuria accipitur*»).

Particolarmente degni di nota per la ricerca di discorsi sul corpo sono due passi sulla querela aquiliana. Da un lato, i Digesti (*Digesta* 9.2.13) riportano una citazione dell'autore tardoclassico Domizio Ulpiano (morto violentemente nel 223). Secondo Ulpiano, l'uomo libero non ha alcuna causa secondo la *Lex Aquilia* per la lesione del proprio corpo, perché egli non è proprietario delle proprie membra (*Digesta* 9.2.13 principium: «*directam* [*actionem*] *enim non habet, quoniam dominus membrorum suorum nemo videtur*»). Ciò corrisponde all'interpretazione dell'uomo nella sua inscindibile unità di corpo, mente e anima come personalità che, in questa totalità, può rivendicare rispetto. Chi disprezza l'altro in modo fisico o immateriale commette un'offesa che la vittima, anche nel diritto Giustiniano, può ancora perseguitare con l'*actio iniuriarum*.

Le istituzioni di Giustiniano parlano di arroganza con la parola greca *hybris* (*Institutiones* 4.4 principium: «*contumelia* [...] *quam Graeci ὕβριν appellant*»). Ma per permettere al libero fisicamente ferito di mettere in conto il proprio danno materiale – forse molto più grande di una penalità stimata per la umiliazione subita – la citazione d'Ulpiano consente alla vittima un'azione analoga (*actio utilis*), come se si trattasse di un caso secondo la *Lex Aquilia* (*Digesta* 9.2.13 principium: «*Liber homo suo nomine utilem Aquiliae habet actionem*»). Il libero ferito può quindi intentare due azioni contemporaneamente: l'azione per diffamazione per l'offesa e l'azione aquilica per il danno materiale (*Digesta* 9.2.5.1).

In secondo luogo, le istituzioni ricordano ai loro lettori che la *Lex Aquilia* presuppone un'azione fisica. Il danno deve essere causato da un corpo (animato o inanimato). E la sua causa deve provenire principalmente dall'atto fisico di un essere umano (Istituzioni 4.3.16: «*si quis praecipue corpore suo damnum dederit*»). La *Lex Aquilia*, dunque, a differenza dell'accusa di diffamazione, non guarda alla persona nella sua interezza corpo-mente-anima, ma solo alla sua dimensione fisica.

8. Ricezione europea del *Corpus iuris civilis* come diritto comune

Il *Corpus iuris civilis*, cioè il diritto romano nella versione tardo-antica di Giustiniano, è stato recepito nel Medioevo non solo in Oriente, ma anche in Occidente.

Ciò avviene, tra l'altro, attraverso l'amministrazione della giustizia transfrontaliera della Chiesa. Importante è anche la base dell'antica legge provinciale romana, che non è stata intaccata dalle migrazioni. Gli Stati germanici sul suolo romano occidentale continuano persino con le loro leggi il diritto romano. E la pratica quotidiana degli scribi (*tabelliones*) con le loro collezioni tradizionali di formule assicura anch'essa la continuità del diritto romano.

A partire dall'Alto Medioevo (ovvero dalla seconda metà dell'XI secolo) il diritto Giustiniano trova penetrazione scientifica e complemento nelle nuove università. I laureati portano la nuova concezione del diritto romano nella loro vita lavorativa, creando così un diritto comune europeo (*ius commune*). Si può sempre ricorrere al diritto comune quando il diritto locale (statuti, leggi, consuetudini) è lacunoso o poco chiaro. Il diritto comune si applicava dunque in via sussidiaria. In tal modo si applica in tutta Europa la coesistenza di procedimenti per diffamazione e di procedimenti giudiziari ai sensi della *Lex Aquilia*. La storia coloniale porta lo *ius commune* europeo anche in Africa, America e Asia.

9. Legare le azioni nel *Layenspiegel* – Specchio per i laici di Ulrich Tengler

Il diritto comune, sviluppato e diffuso da eruditi giuristi, non doveva essere applicato solo da questi. Non appena e nella misura in cui le sue regole si erano integrate nel diritto locale, anche i giudici non istruiti dovevano applicarle. I giudici non istruiti erano in maggioranza. Essi non erano in grado di leggere le fonti del diritto comune scritte in latino, né la letteratura scientifica emersa a partire dall'Alto Medioevo.

A partire dal XIII secolo in Germania sono stati pubblicati libri giuridici in lingua tedesca. Si tratta, da un lato, di diritti ufficiali municipali (ad esempio, il diritto municipale di Augusta del 1276) e di diritti territoriali. D'altra parte, esistono anche opere private in lingua tedesca, come il *Sachsenspiegel* (verso il 1225) e lo *Schwabenspiegel* (verso il 1275). Dal XV secolo si trovano traduzioni stampate delle leggi Giustiniane in lingua tedesca. Infine, sono state sviluppate vaste raccolte di modelli di ricorsi e sentenze in lingua tedesca, che tengono conto sia del diritto locale che dello *ius commune*. Esempi particolarmente noti sono il *Klagspiegel* (v. *Clagspiegel*, scritto intorno al 1430 a Schwäbisch Hall e stampato ad Augusta nel 1488) di Conrad Heyden (dati biografici: ca. 1385 – 1444; su di lui v. Deutsch 2004) e il *Layenspiegel* (stampato per la prima volta ad Augusta nel 1509) di Ulrich Tengler (anche: Tenngler; dati biografici: ca. 1445 – ca. 1522).

Su queste basi, l'amministrazione della giustizia nel linguaggio popolare ha potuto essere realizzata nel rispetto del diritto locale preminente e, al tempo stesso, all'elevato livello dello *ius commune*. Un'osservazione degna di nota si fa leggendo il *Layenspiegel*. Nella seconda parte del «Layenspiegel» (edizione di Augusta 1511) si trova una trattazione degli atti illeciti sotto il titolo: «*Von zugefügten schmahen, verletzungen und beschädigung*» – Delle ingiurie inflitte, delle ferite e dei danni (Layenspiegel 1511, folio 116 recto). Questo trattato contiene un modello per l'azione di una persona lesa: «*forma burgerlicher clag umb iniuri*» (*Layenspiegel* 1511, folio 116 verso):

> *Herr richter vor eüch clagt N. wider N. und sagt/wie jn der benant n. auf die n. zeit/an den n. enden/ainen hurnsun/böswicht/dieb/kätzer bescholten/ain schmachschrift oder*

> *lied von jm gedicht oder aufbracht Oder jm an seinen oder der seinen leib/eernen oder gut beschedigt/das auff n. guldin achtet/und ee verliern weder solich wölt gedulden/ doch mit vorbehalte wer rechtliche mässigung. Hierumb begert er rechtlich zuerkennen/ das derselb n. jm daran unrecht gethon hab/und schuldig sey/darumb mit der benanten n. guldin/nach ewer mässigung wandel und abtrag auch gewißhait tun/das er es füran vermeiden sol etc. ut supra*

La formula di querela di Tengler comprende sia gli insulti (*bescholten*), le calunnie (*schmachschrift*) e le canzonature (*lied*), sia l'attacco al corpo (*leib*), all'onore (*eernen*) e ai beni (*gut*). Questo è tutto ciò che, secondo il diritto romano, è coperto dall'azione di diffamazione o dall'azione aquilica. Tengler, nella sua raccomandazione per la formulazione di un ricorso, riprende espressamente il significato universale di *iniuria* (folio 116 recto). Per *iniuria* si intende tutto ciò che avviene illegalmente, sia per il danno fisico illecito a persone o cose (*damnum iniuria datum*) sia per l'aggressione alle persone, specificatamente denominata *iniuria* (lesione della personalità).

Per Tengler è indifferente quale tipo di azione debba essere scelta nel diritto romano. A lui interessa solo l'oggetto della querela. L'oggetto dell'azione è il risarcimento del danno che la vittima deve valutare in base a ciò che avrebbe preferito perdere al posto della lesione. In realtà il diritto romano conosceva questo tipo concreto di determinazione del danno solo per l'azione per diffamazione, che riguarda soprattutto i danni immateriali. Tengler la rende utilizzabile anche per i casi rientranti nell'azione della *Lex Aquilia*, dove sorgono soprattutto danni materiali. Detto altrimenti: Il *Laienspiegel* riassume in un'unica causa la querela per *iniuria* e la querela aquilica (per questa causa v. Harke in stampa). Inoltre, l'autore del fatto deve promettere di astenersi dall'aggressione in futuro (sull'evoluzione storica degli obiettivi della querela per *iniuria* si veda anche Becker 2016).

La formula di ricorso di Tengler, raggruppando in un unico modello tutti i casi di *iniuria* e tutti i casi di *Lex Aquilia*, è un precursore delle moderne clausole generali in materia di diritto dei delitti.

Bibliografia

Allgemeines bürgerliches Gesetzbuch für die gesammten deutschen Erbländer der Oesterreichischen Monarchie. I. Theil fino a *III. Theil* (1811): Wien: k. k. Hof- und Staats-Druckerey.

Becker, Christoph (2016): Zur Entwicklung des Persönlichkeitsschutzes in Italien. In: Becker, Christoph (a cura di): *Persönlichkeitsrecht und Persönlichkeit des Rechts. Gedächtnisschrift für Heinz Hübner (1914 – 2006)*. Berlin: LIT, 73–153.
Bürgerliches Gesetzbuch (1896): Reichs-Gesetzblatt 1896, 195.
Clagspiegel: vedi Heyden, Conrad (ca. 1488).
Code civil des Français (1804): Imprimerie de la République.
Codex Iustinianus: vedi Krueger, Paulus (1970).
Codice Civile del Regno di Sardegna (1827): vedi Leggi civili e criminali del Regno di Sardegna. Parte Prima (1827).
Codice Civile del Regno d'Italia (1865): Torino: Stamperia Reale.
Codice Civile Italiano (1942): Regio Decreto numero 262 del 16 marzo 1942, Gazzetta Ufficiale 1942, numero 79; vedi anche Patti, Salvatore (a cura di) (2007).
Codice Civile per gli Stati di Parma Piacenza e Guastalla (1820): Parma: Ducale Tipografia.
Codice Civile per gli Stati Estensi (1851): Modena: Eredi Soliani.
Codice Civile del Regno delle Due Sicilie: vedi Codice per lo Regno delle Due Sicilie. Parte Prima (1819).
Codice per lo Regno delle Due Sicilie. Parte Prima. Leggi civili (1819), 11ª edizione ufficiale (1839). Napoli: Stamperia Reale.
Derschka, Harald Rainer (a cura di) (2002): *Der Schwabenspiegel übertragen in heutiges Deutsch mit Illustrationen aus alten Handschriften*. München: Beck.
Deutsch, Andreas (2004): *Der Klagspiegel und sein Autor Conrad Heyden. Ein Rechtsbuch des 15. Jahrhunderts als Wegbereiter der Rezeption*. Köln et al.: Böhlau.
Digesta: vedi Mommsen, Theodorus / Krueger, Paulus (1973).
Dodici Tavole: vedi Düll, Rudolf (1995).
Düll, Rudolf (a cura di) (⁷1995): *Das Zwölftafelgesetz. Texte, Übersetzungen und Erläuterungen*. Zürich: Artemis & Winkler.
Edictum Perpetuum: vedi Lenel, Otto (1927).
Gaius (²2010): *Institutiones. Die Institutionen des Gaius* (Herausgegeben, übersetzt und kommentiert von Ulrich Manthe). Darmstadt: Wissenschaftliche Buchgesellschaft.
Harke, Dirk (in stampa): Die Injurienklage. In: Christoph Becker / Thomas Möllers / Klaus Wolf (a cura di): *Der Neü Layenspiegel von Ulrich Tengler – Das deutschsprachige Augsburger Rechtsbuch zwischen Mittelalter und Neuzeit Europas*. Tübingen: Mohr Siebeck, § 12.
Heyden, Conrad (ca. 1488): Klagspiegel (Clagspiegel) (senza indicazione dell'autore): *Ein neẅ geteütscht Rechtbůch gezogen auß Geystlichen vnd weltlichen Rechten*, senza luogo [Augsburg: Berger] e senza anno [ca. 1488].

Hübner, Ulrich / Constantinesco, Vlad ([3]1994): *Einführung in das französische Recht*. München: Beck.
Institutiones: vedi Knütel, Rolf / Kupisch, Berthold / Lohsse, Sebastian / Rüfner, Thomas (2013).
Kaller, Paul (a cura di) (2002): *Der Sachsenspiegel. In hochdeutscher Übersetzung.* München: Beck.
Kindler, Peter ([3]2022): *Einführung in das italienische Recht. Verfassungsrecht, Privatrecht und internationales Privatrecht*. München: Beck.
Klagspiegel: vedi Heyden, Conrad (ca. 1488).
Knütel, Rolf / Kupisch, Berthold / Lohsse, Sebastian / Rüfner, Thomas (a cura di) ([4]2013): *Corpus Iuris Civilis. Die Institutionen. Text und Übersetzung.* Heidelberg: Müller.
Krueger, Paulus (a cura di) ([15]1970): *Corpus Iuris Civilis. Volumen secundum. Codex Iustinianus. Recognovit et retractavit Paulus Krueger*. Dublin / Zürich: Weidmanni.
Layenspiegel: vedi Tenngler, Ulrich.
Leggi civili e criminali del Regno di Sardegna. Parte Prima. Delle leggi civili, e del modo di procedere nelle cause civili (1827): Torino: Andrea Alliana.
Lenel, Otto (a cura di) ([3]1927): *Das Edictum Perpetuum. Ein Versuch zu seiner Wiederherstellung*. Leipzig: Tauchnitz.
Mommsen, Theodorus / Krueger, Paulus (a cura di) ([22]1973): *Corpus Iuris Civilis, Volumen Primum. Institutiones. Recognovit Paulus Kueger, Digesta. Recognovit Theodorus Mommsen. Retractavit Paulus Krueger*. Dublin / Zürich: Weidmanni.
Neumann, Sybille / Berg, Oliver (2020): *Einführung in das französische Recht*. Baden-Baden: Nomos.
Patti, Salvatore (a cura di) (2007): *Codice Civile Italiano. Das italienische Zivilgesetzbuch*. München: Beck.
Repgow, Eike von: vedi Kaller, Paul (2002).
Sachsenspiegel: vedi Kaller, Paul (2002).
Schwabenspiegel: vedi Derschka, Harald (2002).
Tenngler (Tengler), Ulrich (1509): *Layen Spiegel. Von rechtmässigen ordnungen in Burgerlichen vnd peinlichen regimenten*. Vindelica yetz Augspurg: Othmar
Tenngler (Tengler), Ulrich (1511): *Der neü Layenspiegel. Von rechtmässigen ordnungen in Burgerlichen vnd peinlichen Regimenten. Mit Addition: Auch der guldin Bulla/ Königklich reformation Lanndtfriden. Vnd bewärung gemainer Recht*. Augspurg: Othmar.

I casi clinici nel giornalismo medico toscano del Settecento: un genere testuale tra tradizione narrativa e segni di modernità

Franz Meier

Abstract: This article examines medical case reports published in the Italian scientific press of the late 18th century. During this period the press plays a central role in the renewal of medical-scientific communication, not least because of these case reports written by practicing physicians during their work in the field. The study adopts a text linguistics perspective and focuses on the logical-argumentative and enunciative organization of the case reports. It analyses to what extent the texts show typical features of illness narratives. Given the contrast between tradition and renewal which characterizes the medical field and its text genres in the 18th century, the interplay between narrative (i.e. literary) and conceptual forms of presentation is particularly relevant to be investigated. The qualitative study is based on a corpus of 20 medical case reports published in 1773 and 1778 in the *Raccolta di Opuscoli Medico-Pratici* by Giovanni Luigi Targioni (1712–1783).

Keywords: medical case reports, 18th century Italian medical writing, logical-argumentative structure, enunciative structure, illness narratives

1. Introduzione

Nel XVIII secolo, in Italia come nel resto d'Europa, il progresso delle scienze mediche e, in linea più generale, quello di altri campi del sapere scientifico, spiana la strada a pratiche più moderne (cfr. Cosmacini 1987). È infatti in quest'epoca che si registrano notevoli progressi nelle conoscenze anatomiche, non da ultimo grazie alla messa a punto di nuove strumentazioni come il microscopio (cfr. Ratcliff 2016). Si osserva dunque un rinnovamento dell'ambito medico, da ricondurre, in sostanza, alla prospettiva razionale che si adotta nella spiegazione delle funzioni corporee e delle loro alterazioni patologiche. Parallelamente si riscontra un progressivo aumento dell'interesse nei confronti della salute pubblica, anche perché la medicina raggiunge un nuovo livello di professionalità (cfr. Brambilla 1984), prestando particolare attenzione alla formazione dei medici pratici, ma anche a quella di altre figure professionali operanti a vari livelli nel settore. Il Granducato di Toscana è uno degli stati italiani maggiormente interessati da questi sviluppi, tanto per merito del programma di riforme di Pietro Leopoldo d'Asburgo Lorena

(1747–1792), quanto per l'attività di letterati e scienziati (cfr. Prontera 1984; Vannozzi 2012).

In questo panorama socioculturale anche la divulgazione delle conoscenze mediche si diversifica. Durante la seconda metà del Settecento, la stampa periodica acquista un ruolo centrale nel rinnovamento della comunicazione medico-scientifica. Questo settore dell'industria tipografica conosce a Firenze e in altri centri toscani come Pisa e Siena una grande espansione. Sia giornali eruditi come il *Magazzino toscano* (cfr. Mangani 2008), sia testate tematiche come le *Notizie chirurgiche universali* (cfr. Mannaccio 1994) dedicano ampio spazio a questioni mediche, rivolgendosi anche a medici pratici già in attività. In questi fogli specializzati sono stampati non solo testi accademici che trasmettono un sapere teorico, ma anche casi clinici scritti dai medici pratici durante il loro lavoro sul campo.

Da un punto di vista tipologico, questi casi clinici sono intesi come

> un genere testuale utilizzato nella comunicazione medica tra specialisti, con il quale si illustrano in apposite pubblicazioni casi particolarmente rilevanti, utili a mettere alla prova e ad integrare le conoscenze su una particolare patologia (Viale 2010a, 208).

Va tenuta presente la lunga tradizione del genere che affonda le radici nei *consilia* medievali (cfr. Librandi 2003). Malgrado la continuità del genere fino ai giorni nostri, i casi clinici sono ancora poco studiati nell'ambito italofono. Viale (2010a) dà qualche spunto per l'italiano contemporaneo, ma in prospettiva storica bisogna ancora tracciare in modo sistematico l'evoluzione del genere. Per il Settecento, gli studi si focalizzano finora sul genere del consulto medico, vale a dire su lettere che i medici si scambiano per chiedere o dare consigli terapeutici (cfr. D'Acunti 1998). In ambito anglosassone, invece, gli storici della lingua hanno mostrato grande interesse per i casi clinici e gli studi abbondano (in particolare Taavitsainen/Pahta 2000; Taavitsainen 2011; Lehto/Taavitsainen 2019).

Questo contributo propone una rassegna dei tratti più salienti dei casi clinici del tardo Settecento, concentrandosi – in linea con la linguistica del testo proposta da Ferrari et al. (2008) e Ferrari (2014) – sulla loro organizzazione logico-argomentativa ed enunciativa. Considerando gli approcci della medicina narrativa (cfr. Hydén 1997; Kalitzkus/Wilm/Matthiessen 2009), l'analisi persegue l'obiettivo di indagare in quale misura i casi clinici del XVIII secolo si configurino come una forma di narrazione di malattia, prestando particolare attenzione a schemi discorsivi ricorrenti e a loro particolarità enunciative (i nostri principali punti di riferimento sono gli studi di Deppermann 2018 e

Meier-Vieracker 2021). Visto il contrasto particolarmente vivace fra tradizione e rinnovamento che caratterizza nel Settecento l'ambito medico e il suo repertorio di generi testuali, lo studio del rapporto tra forme di presentazione narrative (vale a dire letterarie) e concettuali è particolarmente rilevante. L'analisi è di tipo qualitativo e si basa su un corpus di 20 casi clinici pubblicati nel 1773 e nel 1778 nella *Raccolta di Opuscoli Medico-Pratici* di Giovanni Luigi Targioni (1712–1783).

2. La *Raccolta di Opuscoli Medico-Pratici* di Giovanni Luigi Targioni

Nato in una famiglia fiorentina di medici, Targioni, in qualità di commissario per la riorganizzazione degli ospedali, contribuisce notevolmente alla modernizzazione del settore sanitario toscano (cfr. Pasta 2006). Si fa inoltre conoscere come fondatore di alcune riviste mediche, tra cui la *Raccolta di Opuscoli Medico-Pratici* (*RMP*), che esce a Firenze tra il 1773 e il 1782 a cadenza irregolare[1]. La rivista, pubblicata interamente in italiano[2], si configura come la trasposizione degli incontri mensili in casa Targioni, ai quali partecipano noti scienziati e medici (cfr. Castagnino 2022). La rivista esercita un ruolo centrale nella formazione della figura di un «medico nuovo: colto, di solide conoscenze anatomico-fisiologiche, attento alle novità delle altre scienze [...] e sensibile ai mali della società tutta» (Vannini 1996, 139). Nella prefazione del primo tomo Targioni insiste proprio sull'importanza dell'osservazione empirica e dell'esperienza che si matura sul campo.

1) Nè basta che il medico possegga tutte le notizie, le quali possono essere somministrate dallo studio della Matematica, della Fisic a, della Anatomia, della Fisiologia, della Istoria Naturale, della Chirurgia, della Chimica, e della Farmacia; niente da esso gioverà il complesso di tali cognizioni, se non saprà nei diversi

---

1 Inoltre, Targioni fonda la *Raccolta di Opuscoli Fisico-Medici* (1774–1782) e gli *Avvisi sopra la salute umana* (1775–1785). Targioni ha collaborato anche ad altri periodici, come il *Magazzino Toscano* e le *Novelle letterarie*. Sul lavoro di Targioni come traduttore si vedano Castagnino 2022 e Meier (in corso di stampa).

2 Alla fine del XVIII secolo la medicina è il campo scientifico più lento ad abbandonare il latino come lingua della comunicazione scientifica. Medici di alto livello come Giovan Battista Morgagni e Leopoldo Caldani non vogliono rinunciare al latino che li distingue da medici meno rinomati, per i quali l'italiano rappresentava ormai un'alternativa funzionale (cfr. Altieri Biagi 2011).

> casi variamente applicare. È ordinario costume degli osservatori il cedere che debbano in simili circostanze dai medesimi corpi prodursi sempre somiglianti effetti, né si può negare che giusta e verissima sia questa proposizione. Bisogna però esser cauti nel fare uso di questa verità, mentre molte volte può esserci diversi quei casi, che a noi sembravano somiglianti (*RMP*, 1773, vol. 1, 11).

Seguendo la tipologia di testi scientifici proposta da Sobrero (2003, 241), nella *Raccolta* si riscontrano almeno due macro-tipi. Da una parte, la rivista è caratterizzata da una forte presenza di testi di carattere teorico tra cui la memoria e la dissertazione sono i generi più frequenti. Si tratta dei precursori degli articoli su rivista scientifica che – per struttura e brevità – si presentano come particolarmente adatti alla condivisione di un sapere altamente specialistico (cfr. Altieri Biagi 1987). Dall'altra parte, la *Raccolta* ospita testi di semi-divulgazione scientifica che si concretizzano perlopiù nel genere dei casi clinici che, infatti, occupano anche un ampio spazio. Questi casi clinici compaiono tipicamente come testi autonomi, ma se ne riscontrano anche alcuni che sono integrati in memorie e dissertazioni per dimostrare e meglio illustrare le implicazioni teoriche esposte. Per la presente analisi interessano solo quei casi clinici elencati come testi autonomi nell'indice dei singoli opuscoli, dove sono riportati sotto il titolo di *istoria* di una malattia.

2) ISTORIA di una tisichezza tubercolare del polmone sanata con l'uso dell'etiope minerale del Sig. Dot. ROMUALDO GARDINALI (*RMP*, 1778, vol. 3, 360)

3) ISTORIA di una tisichezza tubercolare curata con l'uso dell'Etiope minerale dal Sig. il Dot. MICHELE CALVANI Lettore Pubblico dell'Università di Macerata (*RMP*, 1778, vol. 3, 360)

A partire da questi titoli è possibile individuare tratti tipizzanti del discorso e della pratica nell'ambito della medicina settecentesca. In primo luogo, la designazione dei casi clinici come *istorie* suggerisce che il genere sfrutta ancora in modo regolare forme ascrivibili alla letteratura, il che infatti è ritenuto una peculiarità generale dei generi testuali legati al discorso scientifico italiano dell'epoca (cfr. Altieri Biagi 1987). In secondo luogo, gli esempi permettono di osservare che i titoli presentano una struttura interna altamente omogenea che segue un ordine lineare: si parte dal nome della malattia, per passare poi al nome del farmaco e infine al nome del medico (talvolta accompagnato dal suo luogo di residenza, che non è limitato all'area toscana – a riprova dell'ampia diffusione della *Raccolta*). Tale struttura permette non solo una facile classificazione delle esperienze riportate, ma anche il loro confronto empirico, soprattutto quando si tratta della stessa malattia, come in (2) e (3). Questa struttura lascia intendere che un particolare tipo di malattia richiede un percorso terapeutico ben definito, cosa che può apparire scontata alla luce dei metodi terapeutici odierni. Nel Settecento, tuttavia, gli approcci medici abbandonano solo lentamente l'usanza di trattare ogni singolo sintomo secondo la condizione personale di ciascun paziente (cfr. Maehle 2002), e i titoli dei casi clinici indagati sembrano rispecchiare in qualche modo questo cambiamento paradigmatico.

3. Analisi

L'analisi qualitativa che segue parte dall'organizzazione logico-argomentativa dei casi clinici (§ 3.1), per soffermarsi poi sulla loro struttura enunciativa (§ 3.2).

3.1 Il piano logico-argomentativo

Ispirandosi ai lavori di Lehto/Taavitsainen (2019), si propone un'analisi della coerenza testuale che confronta i casi clinici tratti dalla *RMP* con le narrazioni dette naturali (*natural narratives*), poiché in entrambi i casi vengono trattate tematiche legate alla vita e alla morte. Lo schema delle narrazioni naturali è stato stabilito da Labov/Waletzky (1997) in uno studio basato su registrazioni a nastro di resoconti di eventi in cui le persone interessate si trovano in pericolo di vita. Lo schema comprende sei unità narrative che ricapitolano l'esperienza seguendo lo stesso ordine degli eventi. Le prime due unità, il prologo (*abstract*) e l'orientamento (*orientation*), introducono i personaggi e l'argomento della storia. L'azione complicante (*complicating action*) costituisce la linea principale della narrazione che si conclude con una valutazione (*evaluation*) e un risultato (*result*). La coda (*coda*) riassume la storia.

4) Abstract: what, in a nutshell, is the story about?
Orientation: who, when, where?
Complicating action: What happened and then what happened?
Evaluation: So what? How or why is this interesting?
Result or resolution: What finally happened?
Coda: That's it. (Lehto/Taavitsainen 2019)

Nei casi clinici identificati nella *Raccolta* si riscontrano di solito tutte e sei le unità appena menzionate, che in linea generale possono essere inquadrate nello schema delle narrazioni naturali. La prima unità, il prologo, può essere illustrata a partire da esempi come (5):

5) [*Prologo*][3] Fu preso nel maggio rigore dell'inverno da una artritide anormale un uomo di anni 65. di temperamento sanguigno, di abito di corpo adusto, e di professione canapino. (*RMP*, 1778, vol. 3, 352)

Significativo in questo prologo il tentativo di caratterizzare il paziente a seconda dell'antica teoria umorale di Galeno (131–201), con cui sarebbe possibile determinare l'appartenenza di ogni individuo a una precisa categoria psicofisica. Secondo questa classificazione, la nozione di 'sanguigno' si riferisce a una persona con eccesso di sangue, che per questo motivo ha un carattere gioviale, allegro e gioioso. Vista la graduale trasformazione dei metodi terapeutici nel Settecento, non sorprende che nei casi clinici indagati non tutti i medici si riferiscano alla teoria galenica, mostrando un atteggiamento meno conservativo. A differenza dell'esempio (5), talvolta vengono menzionati anche il nome e il luogo di residenza della persona ammalata, come nell'esempio (6).

6) [*Prologo*] Verso la metà di Ottobre dell'anno 1777 fui chiamato a visitare un uomo di Campagna per nome Salvatore di Salvicchio, solito fare il Bifolco in casa del Rev. Sig. Don Sebastiano Fazzini abitante nella Villa di Cegliolo, ed uno dei Benestanti del Piano Cortonese. (*RMP*, 1778, vol. 3, 283)

All'introduzione del paziente segue l'orientamento, in cui si descrivono i principali sintomi del morbo. Nel suo proporsi come rendiconto dell'insorgenza della malattia l'orientamento presenta un deciso andamento espositivo.

7) [*Orientamento*] L'intensità dei dolori, che mutando spesso la loro sede irregolarmente l'affliggevano, non gli permetteva riposo, e gli faceva condurre una vita tormentosa ed infelice. Dal Medico della cura furono in tale stato di cose praticate delle tisane dolcificanti e risolventi. Aveva l'infermo una stitichezza pertinace di ventre, alla quale mal corrispondevano i blandi purganti ed antiflogistici, e gli opportuni clisteri. La febbre ogni giorno ripeteva le sue moderate esacerbazioni, ed i dolori per un mese e più procederono nel medesimo grado, e con la stessa irregolarità ad agire. (*RMP*, 1778, vol. 3, 353)

---

3 Qui e nei prossimi esempi l'inizio delle sei unità è contrassegnato da parentesi quadre contenenti il nome dell'unità.

Le unità che seguono l'orientamento hanno fini eminentemente informativi e carattere descrittivo. Nell'azione complicante si mette in luce il trattamento del paziente nelle sue varie fasi con una valutazione sull'efficacia della cura. In queste due unità narrative il medico si esprime generalmente in prima persona.

> 8) [*Azione complicante*] Lo sottoposi alla pratica dell'etiope alla dose di otto, o dieci granelli, preferendo quello fatto a fuoco, come più attenuato, e più facile a sciogliersi, all'altro preparato collo semplice triturazione. [*Valutazione*] Nello spazio di pochi giorni si vidde un notabile miglioramento, poichè migliorarono nella loro quantità, scemando a proporzione tutti agli altri perniciosi sintomi. (*RMP*, 1778, vol. 3, 355)

Alcuni casi clinici contengono osservazioni molto dettagliate, che descrivono l'esame del paziente con una serie di cure e risposte al trattamento. I casi clinici possono dunque sfociare in una seconda o terza azione complicante.

> 9) Allora eravamo quasi in porto, e credevo poterla licenziare dallo spedale, la mattina del dì 20. Novembre, visitandola le scopersi un altro tumore nel canto maggiore dell'occhio sinistro, ed esaminatolo trovai che questo proveniva dall'Idrope del sacco lacrimale. Nulla spaventommi questo nuovo ricorso di male, e nell'istesso tempo incoraggiai l'affitta Donna, dicendole, che di questo non se ne prendesse pena, perchè l'avrai guarita, senza ricorrere al taglio (*RMP*, 1778, vol. 3, 261).

In molti casi i medici basano il trattamento del paziente su conoscenze di altri studiosi, riferendosi ad esempio a consulti che hanno chiesto a loro colleghi o a trattati, vale a dire un genere testuale che, a differenza del caso clinico, consente di affrontare un morbo con sistematicità superiore.

> 10) Discorrendo col celebre Sig. Dot. Valdambrini, come soglio fare di leggieri per mia istruzione, molte volte era caduto in acconcio di parlare sulle proprietà dell'etiope minerale, e sull'efficacia del medesimo nei mali delle glandole, e precisamente nella tisichezza tubercolare. Egli con la forza delle sue ragioni, coll'autorità delle sue osservazioni mi convinse a farne suo negl'incontri, non ignorando quel che dice a favore di questo rimedio il mio dottissimo Maestro Domenico Cotunio nella sua Opera *de Sedibus Variolarum*. (*RMP*, 1778, vol. 3, 355)

In altri casi clinici, i medici si riferiscono a conoscenze per sentito dire o alle loro esperienze personali con patologie precedenti.

> 11) Deve ogni buon Chirurgo cercare d'impedire tutto ciò che di pernicioso cagionerebbe un Alcali suscettibile di fermentazione in parte delicata, come è la cellulare dello scroto. Per lo che pensai immediatamente di ricorrere alla emissione di sangue dal braccio, e questa in dose di oncie dieci benchè l'infermo fosse di un temperamento misto, e dir si potesse gracilino. (*RMP*, 1778, vol. 3, 284)

Nell'unità narrativa che segue, cioè il risultato, i medici di solito presentano un rendiconto degli esiti del loro trattamento. Va messo in luce che nella maggioranza dei casi il paziente guarisce, come illustrato in (12):

12) [*Risultato*] Nel termine di 40. giorni il malato si ritrovò in grado di poter agir liberamente, e adattarsi alle sue rusticali operazioni. (*RMP*, 1778, vol. 3, 287)

Infine, la coda segnala la fine del caso clinico, che viene quindi presentata come una storia compiuta. Di norma, i casi clinici si concludono esplicitamente con la parola *fine*, cioè con una forma discorsiva che oggi si assegnerebbe tipicamente a generi letterari come la favola o il romanzo.

13) [*Coda*] Questa è la candida, e genuina istoria della malattia, che ho avuto l'onore di descrivere per obbedire a chi me ne ha dato l'incarico, essendo per mia natura alieno dall'ambizione di comparire al pubblico autore di alcuna benchè frivola produzione.
Fine. (*RMP*, 1778, vol. 3, 356)

In rari casi i medici giustificano la scelta del loro approccio terapeutico solo dopo la coda. Questi paragrafi, come quello citato in (14), hanno un carattere fortemente argomentativo-concettuale e contrastano con la struttura narrativa delle sezioni di testo precedenti.

14) [*Coda*] Questa è, o Signori, l'istoria sincera di quanto io feci per risanare questa Giovane. Conviene ora che io vi esponga quali furono le ragioni che determinarono a proporre i sopradetti rimedj, dei quali mi pare che non si possa controvertere la efficacia.
Dalla serie dei sintomi della malattia della Landucci rozzamente espostami siccome a Voi la ho comunicata, mi parve di potere dedurre che Sorbuto dire si dovesse la di lei infermità, e che ella derivasse da lassezza dei solidi; pensai che nel corroborare i di lei solidi bisognasse anco avere in mira il correggere gli umori, i quali da una quasi putrida dissoluzione alterati sembravano. (*RMP*, 1773, vol. 1, 376)

L'analisi dell'articolazione logico-argomentativa ha permesso di osservare che la composizione testuale dei casi clinici si appoggia alla relazione tra singoli eventi, essenzialmente perché il passaggio da un'unità narrativa all'altra sfrutta una connessione causale e unidirezionale tra gli eventi descritti. In altre parole, prima di guarire bisogna ammalarsi e una descrizione diversa da questo schema universale sarebbe illogica. In questa prospettiva non sorprende che, secondo Lehto/Taavitsainen (2019), anche i casi clinici inglesi del XVIII secolo seguano fedelmente lo schema delle narrazioni naturali.

In una prospettiva diacronica, Viale (2010a) mostra che anche i casi clinici dell'italiano odierno assomigliano a veri e propri racconti, la cui parte iniziale è dedicata all'anamnesi del paziente, cioè alla ricostruzione della sua storia clinica. Il confronto strutturale mostra che tutte le unità narrative sono presenti, tranne la coda. A livello della sintassi del sintagma si nota peraltro una totale assenza di verbi al passato: diversamente dal Settecento, le vicende del paziente sono esposte quasi esclusivamente con verbi al presente o con frasi nominali in cui il verbo è omesso, come può essere illustrato dall'esempio (15):

15) [*Prologo*] C.N., maschio, nato a termine di gravidanza normodecorsa, parto con taglio cesareo elettivo, peso alla nascita 4000 g. Periodo neonatale fisiologico, dimesso dal nido in buone condizioni con allattamento materno. [*Orientamento*] A un mese di vita (fine dicembre 2006) il piccolo viene portato in Pronto Soccorso (PS) per poca tosse e raffreddamento in presenza di fratellino di 3 anni con un'infezione alle prime vie aeree in corso; visitato, viene rimandato a domicilio con diagnosi di rinite. [...] (Viale 2010a, 208)

3.2 Il piano enunciativo

Per quanto riguarda l'analisi della struttura enunciativa, ci interessa capire come i medici diano voce a sé stessi e al punto di vista dei pazienti.

Quanto al punto di vista dei medici è innanzitutto da considerare l'evidenzialità[4] diretta (o sensoriale), vale a dire l'espressione di contenuti proposizionali basati sulla percezione visiva e auditiva dello scrivente. Il ruolo centrale dell'evidenzialità diretta sta nel fatto che i medici riportano eventi in cui sono direttamente coinvolti come agenti. Nei testi indagati i medici fungono dunque sempre da narratori interni che possono adottare un punto di vista a volte fortemente soggettivo, esprimendo la propria percezione sensoriale. In alcuni testi si osserva uno spiccato coinvolgimento emotivo da parte dei medici, il che è correlato all'uso di un linguaggio espressivo-enfatico, particolarmente presente nei passaggi in cui viene raccontato il primo incontro con il paziente.

16) Una molesta tosse, cui successe lo scarico copioso di materie catarrali, era il principal sintomo, che minacciava a gran passi in maniera, che dopo lo spazio di due e più mesi era divenuto un vero scheletro, che mi spaventò la prima volta che fui chiamato a visitarlo. Oltre di che era schifosissimo, ed emanava

[4] Con il termine *evidenzialità* ci si riferisce a un fenomeno cognitivo-funzionale, codificato da mezzi linguistici con cui si marca la fonte della conoscenza del parlante (cfr. Marín Arrese et al. 2017).

> una esalazione, alla quale non si poteva reggere, non ostante che i domestici si studiassero di custodirlo con la maggior pulizia. Precedentemente alla mia visita non mi è note, che abbia preso altri rimedi a riserba di alcune pillolette espettoranti, e di quei che sono stati accennati. Lo stato deplorabile in cui fu da me trovato, a farvi sopra le più mature riflessioni, non me lo rappresentava ne' limiti d'un affezione reumatica di petto, ma bensì di una tisichezza tuberculare. (*RMP*, 1778, vol. 3, 354)

Ciò che colpisce in (16) è l'uso abbondante di espressioni enfatiche che trasmettono una rappresentazione drammatica della condizione di salute del paziente, descritta come spaventosa e ripugnante. Tuttavia, o forse proprio per questo, il medico si impietosisce. Nei dati indagati si osserva che l'espressione di compassione per l'infermo è uno schema discorsivo ricorrente, un vero e proprio topos, che riflette l'ethos professionale dei medici.

17) Mosso adunque dalla compassione, e dallo spirito di tentare un nuovo rimedio mi presi l'assunto di assistere a quell'infelice, il quale era stato di già abbandonato disperatamente al suo destino. (*RMP*, 1778, vol. 3, 134)

Allargando poi la prospettiva, va rilevato che si riscontrano anche descrizioni relativamente neutre del primo contatto con il paziente. In questi casi, i medici esprimono poco coinvolgimento, come in (18), in cui la persona ammalata viene descritta brevemente come *povera*, senza che il medico continui a ostentare il suo atteggiamento filantropico.

18) Fra li molto vari aspetti della malattia, da circa due mesi dopo il primo assalto di febbre, fu, chi scrive la storia, chiamato a visitare la povera inferma, e trovatala con lenta febbre, con tosse secca per lo più, mentre alcune volte espelleva poche inconcotte materie, e di cristallina apparenza, con rosso notabile alle gote, con emaciazione nel restante del corpo, e bassezza nella esterna muscolatura palpabile, combinati li varii morbosi insulti, credette poter con ragione stabilire, che una già cominciata tisi-tubercolosa del polmone affliggeva l'inferma, che però non esser quella malattia da medicarsi fuori della sua quotidiana assistenza (*RMP*, 1778, vol. 3, 55).

Significativo il fatto che il medico parli qui di sé stesso in terza persona e compaia, in ottica sintattica, come complemento di agente in una frase passiva. Questa costruzione permette di giungere a una maggiore valorizzazione dell'inferma e della sua malattia rispetto al medico che conduce la visita (per dettagli relativi all'uso del passivo nell'italiano scientifico del Settecento, cfr. Viale 2010b e Meier 2024).

Un altro elemento che mette in rilievo il punto di vista dei medici riguarda l'uso di citazioni indirette. Numerosi gli esempi in cui i medici ricostruiscono i dialoghi avvenuti con i pazienti, utilizzando *verba dicendi* come *dire* o *rispondere*. Questi verbi, usati come marcatori di evidenzialità riportiva, rendono palese non solo il carattere fortemente narrativo dei casi clinici, ma anche l'importanza che i medici attribuiscono alla dimostrazione dell'affidabilità del contenuto proposizionale veicolato.

19) Ma tornando all'infelice donna, che fu vittima di sua deferenza in quel colui, ed in quelle perniciose disapplicabili ricette, io le disse, che per lei il maggior partito sarebbe stato quello di ricorrere alla totale estirpazione del tumore; molto più che restava isolato con pochissima adesione alla cartilagine nasale. Piacque molto la mia insinuazione all'inferma, e di buona voglia risposemi, che si sarebbe adattata all'operazione. (*RMP*, 1778, vol. 3, 280)

Esempi come (19) illustrano che l'uso del discorso indiretto è particolarmente frequente nell'orientamento, in cui i medici ricostruiscono la storia clinica dei pazienti. Invece, non sono presenti casi in cui i pazienti prendono direttamente la parola, come può capitare nei casi clinici pubblicati nel Settecento in Inghilterra: in questi testi vengono spesso introdotte lettere in cui le persone ammalate raccontano i loro problemi di salute e chiedono aiuto (cfr. Lehto/Taavitsainen 2019).

Un ultimo fenomeno degno di nota si osserva nell'espressione della temporalità. Nell'ambito della medicina narrativa contemporanea si sostiene che la struttura temporale delle narrazioni di malattia sia spesso segnata da una presentazione ibrida che oscilla tra l'esposizione dei risultati oggettivi della medicina scientifica e quella delle esperienze soggettive dei pazienti con la malattia e la terapia (cfr. Meier-Vieracker 2021). Questa oscillazione si manifesta anche nei casi clinici pubblicati nella *Raccolta*. Da un lato, soprattutto nell'azione complicante, si nota l'uso di dati temporali precisi che garantiscono una presentazione oggettiva del trattamento del morbo. Un esempio palmare si trova in un testo scritto da Targioni, che descrive ora per ora lo stato di salute del paziente:

20) Nella notte orinò nel letto. La mattina del dì 9. alle ore 10. i polsi erano meno frequenti e più aperti, era minore la sonnolenza e meno frequente il respiro, e compariva del madore alle carni. [...] Altre tre vermi rese nella sera con il vomito ed alle ore 12. fu trovato con polsi più alti e meno frequenti, con il madore cresciuto a segno di formare un leggiero sudore, e respiro molto migliore. [...] Alle ore 10. del dì 10. erano i polsi meno frequenti e più aperti; molto minore la sonnolenza

> ed il vaniloquio, più liberi i sentimenti, ed all'aspetto compariva più sgravato l'infermo. [...] ed alle ore 7. della sera ebbe uno sgravio copioso di feccie. (*RMP*, 1778, vol. 3, 99–100)

Tuttavia, ci sono anche casi clinici in cui i medici forniscono indicazioni temporali piuttosto vaghe riguardo ai processi patologici, il che ne riduce il valore empirico.

21) Nel termine di tre, o quattro giorni ebbe luogo di osservare un notabile miglioramento, sensibilmente scuoprirsi la Cornea lucida, che dai materi gementi dall'ungula resa erasi opaca, e qualche ulceretta nella sua circonferenza. (*RMP*, 1778, vol. 3, 260)

D'altra parte, si trovano esperienze soggettive di temporalità che si riferiscono ad aspetti della vita quotidiana. In questi casi un evento singolare viene situato in un orizzonte temporale più ampio e descritto come parte di uno sviluppo terapeutico. Questi eventi si configurano spesso come esperienze di convalescenza, in cui viene presentato il ripristino di uno standard che nel frattempo si era perso. In (22) il medico parla ad esempio di una donna che dopo una lunga terapia è in grado di camminare per la prima volta.

22) La febbre si rendeva sempre più mite, né più si osservavano gli aggravi dopo le refezioni, da che gli fu permesso levarsi dal letto senza risentire i passati incomodi e dopo lo spazio di giorni venti si ridusse in grado d'andare ad ascoltar la Santa Messa nella Chiesa più vicina non senza sorpresa e meraviglia di chi veduta l'aveva ne' primi giorni della sua venuta in paese. (*RMP*, 1778, vol. 3, 351)

Le esperienze soggettive di temporalità sono frequenti anche nell'orientamento, in cui i medici raccontano dal punto di vista del paziente quando e come sono comparsi i primi sintomi della malattia. Anche in questi casi si fa spesso riferimento a un evento particolarmente memorabile.

23) Elisabetta di Margherita Landucci onestissima Fanciulla, di mediocre abito di corpo, nell'anno 30. di sua età restò improvvisamente privata di quella salute, la quale aveva sempre prosperamente goduta, il dì 27. Dicembre 1770., mentre avendo sentito tremare tutta la sua abitazione per quel forte terremoto, che alle ore cinque della mattina di detto giorno fu molto sensibile in Firenze si turbò moltissimo, e si sentì subito oppressa da universale stanchezza e palpiti di cuore, e questi incomodi andarono di giorno in giorno aumentandosi fino a renderla spossata talmente che impossibile le riesciva lo stare fuori del letto. (*RMP*, 1773, vol. 1, 373)

4. Conclusioni

La presente indagine sui casi clinici pubblicati nella stampa scientifica italiana della fine del XVIII secolo dimostra la grande continuità diacronica del genere per quanto riguarda il piano logico-argomentativo. La coerenza dei testi indagati è basata su uno schema cognitivo universale, la cui articolazione cronologica risulta da un collegamento causale tra i singoli eventi della diagnosi del morbo e della sua terapia. In questo senso i casi clinici indagati mostrano chiari segni di modernità, presentando una struttura testuale che segue un'articolazione fortemente standardizzata. Per quanto riguarda il piano enunciativo, invece, ci sono chiare divergenze rispetto ai casi clinici odierni. Nel Settecento il genere è ancora segnato da caratteristiche narrative (o letterarie) come l'espressione soggettiva di temporalità, spesso riscontrabile oggi nelle narrazioni digitali di malattia scritte dalle persone ammalate. Tuttavia, si riscontrano anche forme concettuali di rappresentazione che rispecchiano i profondi cambiamenti epistemologici e metodologici dell'Illuminismo in generale e della medicina settecentesca in particolare. In questo contributo, per motivi di spazio, sono stati messi in luce solo alcuni tratti enunciativi dei casi clinici italiani. È chiaro, però, che, per comprendere a fondo le specificità enunciative di questo genere testuale, bisogna ampliare la prospettiva sia a livello diacronico che interlinguistico.

Bibliografia

Altieri Biagi, Maria Luisa (1987): Forme della comunicazione scientifica. In: Asor Rosa, Alberto (a cura di): *Letteratura italiana, Vol. III, Tomo II (Le forme del testo. La prosa).* Torino: Einaudi, 891–947.

Altieri Biagi, Maria Luisa (2011): La lingua della scienza nell'Italia pre-unitaria. In: Coletti, Vittorio (a cura di): *L'italiano dalla nazione allo Stato.* Firenze: Le Lettere, 91–99.

Brambilla, Elena (1984): La medicina del Settecento: dal monopolio dogmatico alla professione scientifica. In: Della Peruta, Franco (a cura di): *Storia d'Italia. Annali, vol. 7 (Malattia e medicina)*. Torino: Einaudi, 5–152.

Castagnino, Alessia (2022): Le riflessioni sull'utilità delle traduzioni nelle riviste mediche italiane del secondo Settecento. In: Forner, Fabio / Meier, Franz / Schwarze, Sabine (a cura di): *I periodici settecenteschi come luogo di comunicazione dei saperi. Prospettive storiche, letterarie e linguistiche*. Berna: Lang, 91–113.

Cosmacini, Giorgio (1987): *Storia della medicina e della sanità in Italia. Dalla peste europea alla guerra mondiale (1348–1918)*. Roma: Laterza.

D'Acunti, Gianluca (1998): Strategie testuali in testi medici italiani del Settecento. In: Costa, Claudio / Onorati, Franco (a cura di): *Le lingue della scienza. Linguaggi scientifici e intersezioni tra letteratura e scienza*. Roma: Comune di Roma, VI circoscrizione, Ufficio Cultura, 31–46.

Deppermann, Arnulf (2018): Multimediale Narration im Angesicht des Todes. In: Peng-Keller, Simon / Mauz, Andreas (a cura di): *Sterbenarrative*. Berlino / Boston: De Gruyter, 115–138.

Ferrari, Angela (2014): The Basel Model for paragraph segmentation: The construction units, their relationships and linguistic indication. In: Pons Bordería, Salvador (a cura di): Discourse Segmentation in Romance Languages. Amsterdam / Philadelphia: Benjamins, 23–54.

Ferrari, Angela et al. (2008): L'interfaccia lingua-testo. Natura e funzioni dell'articolazione informativa dell'enunciato. Alessandria: Edizioni dell'Orso.

Hydén, Lars-Christer (1997): Illness and narrative. In: *Sociology of Health & Illness* 19 (1), 48–69.

Kalitzkus, Vera / Wilm, Stefan / Matthiessen, Peter (2009): Narrative Medizin – Was ist es, was bringt es, wie setzt man es um? In: *Zeitschrift für Allgemeinmedizin* 85 (2), 60–66.

Labov, William / Waletzky, Joshua (1997): Narrative analysis: Oral versions of personal experience. In: Journal of Narrative and Life History 7, 3–38.

Lehto, Anu / Taavitsainen, Irma (2019): Medical case reports in late modern English. In: Taavitsainen, Irma / Hiltunen, Turo (a cura di): Late modern English medical texts. Writing medicine in the eighteenth century. Amsterdam: Benjamins, 89–111.

Librandi, Rita (2003): Il lettore di testi scientifici in volgare. In: Boitani, Piero / Mancini, Mario / Vàrvaro, Alberto (a cura di): *Lo spazio letterario del medioevo, Vol. II (Il medioevo volgare. La ricezione del testo)*. Roma: Salerno, 125–154.

Maehle, Andreas-Holger (2002): *L'Età dei Lumi: le scienze della vita. Sistemi e metodi terapeutici*. URL: https://www.treccani.it/enciclopedia/l-eta-dei-lumi-le-scienze-della-vita-sistemi-e-metodi-terapeutici_(Storia-della-Scienza)/ (21-01-2025).

Mangani, Lorella (2008): Dal «Magazzino toscano» al «Giornale de' Letterati» di Pisa: La medicina fra tradizione sperimentale, specializzazione e innovazione. In: Capecchi, Silvia (a cura di): *Giornali del Settecento fra Granducato e Legazioni*. Roma: Edizioni di Storia e Letteratura, 191–212.

Mannaccio, Anna Teresa (1994): Il «Giornale di Firenze» (1769–1771) nella diffusione delle esperienze europee di prevenzione delle malattie e di terapia medico-chirurgica. In: *Rivista di storia della medicina* 4 (1), 37–92.

Marín Arrese, Juana / Haßler, Gerda / Marta Carretero, Marta (a cura di) (2017): *Evidentiality Revisited. Cognitive grammar, functional and discourse-pragmatic perspectives*. Amsterdam: Benjamins.

Meier, Franz (2024): Il passivo perifrastico dell'italiano a contatto con il francese: un'analisi sintattica e semantica di testi scientifici del Settecento. In: Lala, Letizia / Castro, Enrico (a cura di): *Il verbo in italiano. Morfologia, sintassi, testualità*. Firenze: Cesati, 265–281.

Meier, Franz (in stampa): Le contact des langues chez les traducteurs plurilingues dans la presse savante italienne du 18e siècle: le cas des phrases clivées dans les traductions du français et de l'anglais vers l'italien par Giovanni Luigi Targioni. In: Gipper, Andreas / Schrader-Kniffki, Martina (a cura di): *Normes et écarts. La traduction de textes de spécialité dans le monde hispanophone, francophone et italophone au début de l'époque moderne*. Stoccarda: Steiner.

Meier-Vieracker, Simon (2021): „immer noch chemo" – Zeitlichkeit in digitalen Krankheitserzählungen. In: Iakushevich, Marina / Ilg, Yvonne / Schnedermann, Theresa (a cura di): *Linguistik und Medizin. Sprachwissenschaftliche Zugänge und interdisziplinäre Perspektiven*. Berlino / Boston: De Gruyter, 295–313.

Pasta, Renato (2006): "L'Ospedale e la città": riforme settecentesche a Santa Maria Nuova. In: *Annali di Storia di Firenze* 1 (1), 83–98.

Prontera, Gemma (1984): Medici, medicina e riforme nella Firenze del '700. In: *Società e storia* 26 (7), 783–820.

Ratcliff, Marc (2016): *The Quest for The Invisible. Microscopy in the Enlightenment*. New York: Routledge.

Sobrero, Alberto (2003): Lingue speciali. In: Sobrero, Alberto (a cura di): *Introduzione all'italiano contemporaneo. La variazione e gli usi*. Bari: Laterza, 237–277.

Taavitsainen, Irma (2011): Medical case reports and scientific thought-styles. In: Revista de Lenguas para Fines Específicos 17, 75–98.

Taavitsainen, Irma / Pahta, Päivi (2000): Conventions of professional writing: The medical case report in a historical perspective. In: Journal of English Linguistics 28 (1), 60–76.

Vannini, Francesco (1996): Giovanni Luigi Targioni tra riforma ospedaliera e diffusione dell'innovazione medico-scientifica (1770–1785). In: Barsanti,

Giulio / Becagli, Vieri / Pasta, Renato (a cura di): *La politica della scienza. Toscana e stati italiani nel tardo Settecento*. Firenze: Olschki, 133–145.

Vannozzi, Francesca (2012): *L'esercizio dell'arte sanitaria in Siena. Secoli XVI-XXI*. Firenze: Nerbini.

Viale, Matteo (2010a): Tempo dell'evento e tempo della grammatica nella formazione storica del testo scientifico italiano. In: *Études Romanes de Brno* 31(1), 205–227.

Viale, Matteo (2010b): *La diatesi passiva nella storia dell'italiano. Analisi di testi scientifici e narrativi tra Seicento e Ottocento*. Padova: CLEUP.

«C'è stato un prima, un dopo e c'è l'oggi»: autopatografia e rappresentazione della malattia oncologica

Paolo Orrù

Abstract: The narration of the condition and feelings experienced during illness is a practice whose importance is increasingly recognised by health care professionals. Narrative medicine has formulated principles and methods that enable professionals to more deeply interpret patients' stories and perspectives, facilitating medical care that is both fair and effective.

Storytelling about the self and one's experience of illness, also known as self-pathography, is a genre in which the author's illness serves as a prism and filter of the whole story.

In this contribution we will examine a corpus consisting of 40 texts written by patients for three editions of a literary contest on cancer. The aim is to investigate the linguistic forms present in these texts that can highlight the writer's perspective and bodily experience. Additionally, the metaphors employed to conceptualise the disease will be analysed.

Keywords: cancer, Italian linguistics, discourse, pathography, body

1. Introduzione

La pervasività della comunicazione medica e l'insistenza sulla salute e sulla cura del corpo nel discorso pubblico sono ormai costanti da molti anni, ben prima della pandemia da Sars-Cov 2.

Tra le tante ramificazioni possibili dei discorsi sul corpo, in questo contributo si è deciso di volgere l'attenzione a un aspetto ancora trascurato negli studi linguistici italiani, ovvero quello della narrazione della malattia dal punto di vista del paziente (autonarrazione). Finora l'interesse scientifico verso il linguaggio della medicina si è focalizzato su aspetti storico-linguistici (Piro/Scarpa 2019); o terminologici e testuali (Serianni 2005; Gualdo/Telve 2011); sulla comunicazione tra medico e paziente (Orletti/Iovino 2018).

Nel corso del Novecento si è consolidato in campo medico l'approccio basato sulle evidenze (*evidence based medicine*), fondato sulla raccolta e analisi dei sintomi, su dati quantitativi e sulla ricerca di prassi standardizzate per lo sviluppo delle terapie. Tale paradigma ha sicuramente permesso enormi successi nella cura di svariate patologie, ma non pone al centro del processo il soggetto stesso della terapia. Da questo limite e dalla necessità di una comunicazione più efficace ed empatica tra medico e paziente ha iniziato a svilupparsi un nuovo paradigma, quello della *medicina narrativa* (*narrative based medicine*), la quale al contrario si basa su un approccio qualitativo, che integra i dati oggettivi con ulteriori elementi tratti dal racconto in prima persona dell'esperienza e della biografia del paziente, al fine di migliorare la qualità complessiva delle cure (cfr. D'Alessio 2023).

I due approcci, per quanto differenti, non sono da considerarsi alternativi, quanto piuttosto complementari. Secondo i principi alla base della medicina narrativa, la descrizione della condizione, delle emozioni e delle sensazioni vissute durante la malattia, così come il racconto formulato dagli operatori sanitari devono essere valutati come una parte della cura (cfr. Charon 2006). Sono state messe a punto delle pratiche e delle tecniche[1] sia per favorire l'interazione tra i diversi soggetti coinvolti (cfr. Trenta 2024), sia per stimolare la produzione e la fruizione di testi narrativi da parte del paziente per aiutarlo a dare senso alla malattia e all'intero processo terapeutico. Come afferma Moran a proposito delle narrazioni della depressione, inoltre, i testi narrativi impiegano un linguaggio «rich in metaphor and idiosyncratic meaning rather than the standardized jargon of medicine and psychiatry. In so doing, they give readers a sense of what depression feels like from the inside rather than – as in a medical textbook – what it looks like from the outside» (Moran 2006, 80).

Le intersezioni tra letteratura e medicina sono innumerevoli e radicate nel tempo, ed è scontato sottolineare come il tema della malattia sia centrale in innumerevoli opere; Hawkins (1999) ha coniato il termine *pathografy* (patografia) per definire con più precisione quei testi narrativi in cui l'autore descrive una malattia vissuta da sé o da una persona cara. In questo senso, l'autonarrazione può essere detta anche *autopatografia* (Cometa 2022, 123). Lungi dall'essere un'autobiografia canonica, si tratta piuttosto di un genere nel quale la malattia dell'autore fa da prisma e filtro dell'intera vicenda (cfr. Couser 1997).

Per Cometa, a un livello, però, più profondo, le autopatografie e le narrazioni della malattia sfidano sia le convinzioni narratologiche sia le nostre

[1] Per una breve disamina si veda Calabrese et al. 2022; si vedano anche Marinelli 2022 e Spinsanti 2024.

attese di fruitori di queste storie. Tali narrazioni, infatti, sfidano sia la loro riducibilità a una *fabula* ordinata e rappresentabile cronologicamente, sia, soprattutto, l'aspettativa stessa che in qualche modo l'arco narrativo si chiuda con una risoluzione, con l'arrivo a un nuovo *status quo*. Sono storie che possono non "finire bene", nel senso comunemente inteso, possono anche non avere un vero e proprio finale, soprattutto il punto di vista del malato è qualcosa che non sempre è ascrivibile ai canoni di una narrazione prototipica.

È importante sottolineare come l'esperienza corporea, soprattutto nel caso di una malattia grave o invalidante, sia capace di modificare radicalmente le percezioni dell'individuo, il suo modo di stare e agire nel mondo. A loro volta, tali percezioni hanno effetti profondi sull'identità e sul senso del sé della persona: nelle parole della filosofa Havi Carel, essa stessa affetta da una grave patologia e autrice delle proprie autopatografie, «the body is not an automaton operated by the person but the embodied person herself. We are our bodies; consciousness is not separate from the body. Disease, therefore, can no longer be understood as a mere physiological process that affects the person only secondarily» (2014, 27). Quello proposto da Carel (ibidem) è un cambiamento di prospettiva radicale:

> disease cannot be taken as a mere biological dysfunction, because there is nothing in human existence that is purely biological. We are embodied consciousness, so consciousness is inseparable, both conceptually and empirically, from the body. Therefore the concept of illness must be reconceived to take this unity into account.

2. Corpus e metodo

In questo contributo si intende analizzare un particolare esempio di autopatografie: prenderemo in esame un corpus composto da 40 testi, scritti da pazienti ed ex pazienti per tre edizioni di un concorso letterario sulla malattia oncologica indetto dall'Ospedale degli infermi di Biella in collaborazione con la Fondazione Edo ed Elvo Tempia Valenta[2].

L'obiettivo del contributo è quello di indagare le forme linguistiche, contenute nei testi, che possano evidenziare la prospettiva dello scrivente rispetto

---

[2] Un ringraziamento è d'obbligo a Vincenzo Alastra per aver generosamente fornito i testi per questa analisi. I testi finalisti e vincitori dei concorsi sono pubblicati in volumi, si veda Alastra 2015, 2018, 2021.

alla malattia, il legame tra corpo e identità, e infine le metafore impiegate per concettualizzare la malattia.

I concorsi hanno sempre avuto un titolo di riferimento e in due casi anche delle piccole "tracce" da cui partire come stimolo per la narrazione; tuttavia, gli scriventi hanno avuto ampia libertà di non aderire alle indicazioni e di proporre la propria chiave di lettura. Nello specifico, i temi scelti sono stati nell'edizione 2017/2018 *Il cancro come campo da gioco, messaggero, ri-scoperta* e nell'edizione 2019/2021 *Si può fare*, declinato poi in una lista di "Si può…".

Ai partecipanti è stato richiesto di scrivere racconti di lunghezza massima pari a 150 righe dattiloscritte e corredati da un titolo. Non sempre la consegna è stata rispettata e la lunghezza dei testi è assai variabile: si va da un minimo di 217 a un massimo di 3.557 parole, con un valore medio di 1.064. Ai nostri fini abbiamo eliminato i (rari) testi che oltrepassavano di gran lunga il limite previsto.

Il concorso è stato articolato in due o tre sezioni: prosa, poesia e in alcuni casi anche fotografia.

In questa sede, per motivi di spazio e opportunità si è optato per analizzare solo i racconti in prosa, poiché più ricchi dal punto di vista testuale. Ai fini dell'analisi i testi vengono riprodotti nella loro forma originaria, senza correzioni o interventi di alcun tipo.

Un'ultima precisazione di metodo e insieme di approccio: non entreremo in valutazioni estetiche né in questioni di correttezza formale dei testi. L'obiettivo dello studio non è quello di valutare le autopatografie come prodotti letterari in sé e per sé, quanto di riflettere sull'uso della narrazione per l'espressione del vissuto. Gli elementi linguistici e le metafore vengono evidenziati come chiave per interpretare il punto di vista del malato, non per stabilire se le narrazioni siano ben formate secondo criteri narratologici classici.

3. Definizioni della malattia

I testi si articolano essenzialmente in due sezioni: il racconto cronologico e più o meno dettagliato di una parte della propria vita; le riflessioni personali e sul proprio stato interiore. I due filoni ovviamente non sono mutuamente esclusivi, anzi all'interno di molti racconti si trovano entrambe le dimensioni; tuttavia, in alcuni ne emerge in maniera più spiccata una piuttosto che l'altra.

Traendo spunto proprio da una considerazione di un paziente, il momento della diagnosi sicuramente «rappresenta uno spartiacque tra la vita precedente e quella costruita dopo aver identificato il male» (G1-10[3]); tanto saliente da essere usato spesso come incipit o nelle prime battute del testo:

1) Riesci a sentire il mio grido alla vita? Rabbia, dolore, vuoto, e poi ancora rabbia dolore e infine il nulla!!! Queste spiacevoli emozioni ti svuotano l'anima, ti gelano il cuore, nel momento in cui ti viene diagnosticato un tumore maligno a soli 43 anni, nel pieno della tua vita, quando tutta la tua vita si svolge in modo regolare, all'improvviso le tue certezze, le tue sicurezze, il tuo mondo duramente conquistato crolla, crolla come un castello di sabbia travolto da un'onda improvvisa (G1-31).

L'effetto è dirompente e la diagnosi cambia immediatamente e *radicalmente* l'intera vita della persona. Essa può essere, così, *condanna* oppure l'inizio di una fase nuova e incerta. In entrambi i casi si tratta di momenti dal forte potenziale ontologico: la malattia fisica trasforma la propria percezione di sé e di come stare al mondo. L'essere *malat[i]* diventa una parte della propria identità, tanto da autodefinirsi come «un malato oncologico».

2) Esco dalla sede dell'Asl con la lettera in mano. Mentre attraverso la piazza per raggiungere la mia auto, mi fermo e decido di aprire la busta: i miei occhi scorrono il referto e la terribile parola "Carcinoma" su quell'anonimo foglio ha il potere, in un soffio, di *cambiare radicalmente la mia vita*. Scritta senza mezzi termini è la mia *condanna* (G1-59)[4].

3) La memoria torna a quel giorno, all'istante della diagnosi. Quello che succede ad un *malato oncologico* dal momento della diagnosi in poi è inimmaginabile, un susseguirsi di emozioni, paure, speranze, incomprensioni, sofferenze, dolore, la percezione della morte, la comprensione del significato profondo del vivere. Il primo giorno della nuova vita si apre con *l'incertezza del domani* (G1-20).

Negli estratti sopra, e in altri racconti, si colgono le elencazioni di diverse emozioni (*paura*, *speranza*, *sofferenza*, *dolore*, *rabbia*, *vuoto* ecc.), anche espresse in modo articolato («la percezione della morte, la comprensione del significato

---

3 Tra parentesi indichiamo con le sigle G1, G2, G3 l'edizione del concorso; il numero successivo invece indica un numero progressivo assegnato allo scritto.

4 Il corsivo per sottolineare i termini e le espressioni in evidenza è di PO.

profondo del vivere»). La paura è la prima tra queste per occorrenze e figura tra i primi dieci sostantivi presenti nel corpus.

4) Tutto pare crollare. Irene vive nel suo cuore la guerra più grande. E' piena di rabbia verso chi incontra per strada, chi passeggia sereno, chi si lamenta per un leggero mal di testa. Perché è toccato proprio a lei? Lei così salutista, così attenta ... E' piena di *rabbia*, ma ha soprattutto *paura* di morire. E forse ancora di più ha *paura di soffrire* e immagina già il suo *povero corpo dimagrito, straziato*...(G2-29)

Alla paura della morte e del dolore si associa strettamente l'esperienza corporea. Fin dalla diagnosi si prefigurano gli effetti delle terapie sul fisico, che cambia, viene alterato e deperisce. In (4) i tre aggettivi funzionano come un climax ascendente (*povero*, *dimagrito*, *straziato*).

La ricezione della diagnosi, nel passaggio seguente, è ricostruita con un dosaggio di elementi retorici e testuali di grande effetto.

5) Il dottore mi dà la mano, mi dice di accomodarmi ed io mi sono seduta sopra una sedia, una di quelle belle comode. Mi allunga l'esito dell'esame citologico e leggo: carcinoma.
Si fermò l'attimo.
Una morsa mi strozzava la gola, mancava il respiro, il mio cervello galleggiava nell'aria sopra di me, il mio corpo, appesantito da una tonnellata invisibile, ringraziava la sedia per essere lì, pronta a sostenermi, mi sembrava proprio grande e secondo me era lì apposta per contenere una persona che apprende che ha il cancro. (G3-19)

La frase («Si fermò l'attimo»), breve e incastonata tra i due paragrafi, spezza il ritmo, con l'effetto sia di rendere bene la sensazione di spaesamento e stasi nell'apprendere la notizia sia di mettere in risalto la parola *carcinoma*, anche efficacemente evidenziata dai due punti. Tutto è raccontato attraverso metafore che legano corpo e mente, i quali si fondono nel trasmettere le proprie sensazioni: leggerezza e pesantezza si alternano.

Anche in (6) si può notare l'impiego di metafore fisiche per rappresentare lo stato d'animo magmatico della paziente.

6) Esitai a guardarmi riflessa persino nella lama del coltello, nella quale ho sempre amato gorgheggiare con la bocca di rossetto. Volevo prima raccogliere i primi sguardi altrui. Non era una *cicatrice* silenziosa la mia. Non era possibile guardarmi senza infilarci lo sguardo dentro. *E io, volevo essere guardata*. Da tutti. E lì. E così feci. Erano solenni quei minuti. Ma debordavano, scomposti. Erano vigilia. Battesimo. Risorgimento. Erano troppo insieme. *Bollivo. Io bollivo*, sapendo

> che niente sarebbe stato più come prima. E ondeggiavo *brilla*, tra l'immagine di una me che mi ostinavo a non voler perdere, e la *nuova eredità che mi portavo inflitta nel corpo* (G2-27).

L'irrequietezza è resa attraverso la temperatura (*bollivo*) e l'incertezza attraverso il movimento (*ondeggiavo*). L'estratto mostra ancora efficacemente il nesso tra mente, identità e corpo: nel periodo finale vengono accostate appunto l'una («l'immagine di me») all'altro. Attraverso la qualificazione negativa (*inflitta*), la malattia è concettualizzata come una pena, una punizione che ricade direttamente all'interno della persona («nel corpo»). Si evince poi a un livello più profondo come, per la paziente, la malattia (resa visibile dalla cicatrice lasciata dall'intervento) sia un momento definitorio: l'esigenza di farsi guardare e di mostrarsi agli altri («volevo essere guardata») fa parte di questo rimescolamento identitario (*battesimo*, *risorgimento*) messo in moto dal cancro, tra permanenza della propria identità e assimilazione della nuova condizione di sé (*nuova eredità*). Susan Sontag nel suo lavoro fondamentale rimarcava come «il cancro non è tanto una malattia temporale, quanto una malattia o una patologia spaziale» (2020, 27), che cresce dentro il malato e deve essere asportata. Tale dimensione si riscontra anche nei racconti

7) Aspetto. *Di me è cresciuto qualcosa che non doveva*. Mi hanno *aperto il corpo* per *strapparlo* e farmi vivere, ancora. Ma l'attesa non è svanita, come la speranza (G1-51).

È possibile cogliere questo lato anche nell'estratto successivo:

8) La sentenza è confermata. *Volevo un figlio che crescesse dentro di me..ma qualcos' altro ha preso il suo posto...*ho talmente tanti pensieri che frullano nella mia mente al punto da non riuscire a sentirli...Sentimenti contrastanti *si susseguono e inizio a costruire un muretto che mi protegga..da cosa non so...*che mi isoli forse dal problema...ne parlo con una semplicità che a tutti risulta disarmante..ho la sensazione che tutto stia succedendo a qualcuno al di fuori di me... (G1-59).

Il parallelismo tra il desiderio della gravidanza e il cancro è di sicuro impatto emotivo, ma la dimensione spaziale si può cogliere anche attraverso altri due riferimenti: il primo è rappresentato dalla metafora del muro, costruito per delimitare e proteggere quindi lo spazio interiore; il secondo è quello della proiezione dell'esperienza della malattia *fuori* da sé, per comunicare la sensazione di straniamento e confusione che la malattia porta nell'individuo.

Un altro snodo importante risiede modo di nominare la malattia. Oltre al più generico *malattia*, la scelta più ricorrente è *cancro*, benché presente in meno della metà dei testi (16/40).

9) Come un automa lo seguo in segreteria ed un solo pensiero mi ossessiona. Ho il *cancro* e mi sconvolgerà la vita (G1-34).
Il cuore? Di certo batte ma non lo sento, mi faccio piccola piccola...sono in apnea...forse così farà meno male! Allora è così che si muore? È così che succede? Allora è tutto vero, ho il *cancro*, sì ho il *cancroooo*...aiuto qualcuno mi aiuti, non ce la faccio, Dio non ce la faccio!" (G2-10).
Vivo, per quel che posso, con un *cancro* nella tasca destra, mentre nella sinistra stringo ancora il solito pugno di vento (G3-19).

La seconda scelta definitoria è *tumore*:

10) Ovviamente, piove sempre sul bagnato, si trattava di un *tumore* al seno (G1-50).
Un anno fa, mi siedo sola davanti ad un medico che mi dice che ho un *tumore* (G2-27).
A furia di esternarla, intanto, la parola "*tumore*" inizia a incutermi meno paura: capisco che ogni cosa, così come ogni persona, ha il suo nome e per essere identificata chiede che venga adoperato (G3-16).

Il terzo esempio della serie in (10) richiama l'attenzione su come l'aspetto metalinguistico possa aiutare a percepire la malattia in un altro modo, anche attraverso una sorta di personificazione.

Sono poi presenti anche definizioni tecniche a vario livello di specialismo (cfr. Gualdo/Telve 2011, 293):

11) Due anni fa mi sono trovata ad affrontare la *malattia oncologica* (G1-19).
[...] un *carcinoma duttale infiltrante della mammella sinistra grado G3* (G1-19).
Il risultato è *CARCINOMA DEL CAVO ORALE* (G1-34).
La prima cosa che ho fatto, quando mi hanno confermato la diagnosi di *adenocarcinoma al colon* (G3-9).

In un testo in particolare si osserva come si passi dal lessema più comune (*tumore*) a una dettagliata definizione tecnica della malattia e delle pratiche impiegate per la cura.

12) Mi chiamo ***, ho compiuto da poco 40 anni, e circa due anni fa tre medici mi comunicarono che la causa del mio perdurante malessere era un *tumore*. Oggi so che il nome di ciò che hanno trovato in me, e di quello che han dovuto fare per salvarmi, è meno impressionante se descritto in tal modo: più corto, più facile da pronunciare; non rivela la strada necessaria per estirparlo. In realtà prende

> molto più spazio: "Adenocarcinoma del grosso intestino. Budding tumorale ad alto grado. PT4b: tumore che invade direttamente altri organi o strutture. Si procede a resezione anteriore del retto-sigma sec Hartmann con confezionamento di colostomia e isteroannessiectomia sinistra" (G1-10).

Attraverso la trascrizione della diagnosi, l'autrice crea un parallelismo tra la forma linguistica e il percorso di cura: se usare il termine più comune, *tumore*, semplifica, la descrizione tecnica rappresenta più fedelmente un percorso che è lungo, articolato e complesso.

Sono poi presenti altri tecnicismi, anche in questo caso a più livelli di trasparenza.

13) Fu allora che la *terminologia PSA ovvero Antigene Prostatico Specifico* fece la comparsa in maniera definitiva nella mia vita (G1-28).
Oggi la diagnosi: *mastectomia demolitiva* e successiva ricostruzione, con chemioterapia (G1-21).
Mi ritrovai operata: una *quadrantectomia* per valutare la natura del nodulo (G1-50).
La proposta? *Intervento demolitivo*, asportazione della mammella destra (G1-50).
Porto il barattolo con il suo macabro contenuto in anatomia patologica e... attendo 18 giorni...poi arriva l'esito: *CIN 3* (G1-59).

Spesso la terminologia non è spiegata o glossata, il che indica come l'aspetto tecnico diventi assai familiare ai pazienti. Non è scontato sottolinearlo, poiché mostra come in qualche modo sia parte integrante della vita quotidiana e del percorso di cura: la malattia e il suo trattamento sono "totalizzanti" per il malato. Il tecnicismo, oltre a essere un dettaglio che aggiunge precisione al proprio racconto, può suggerire forse anche l'aspettativa che i racconti vengano letti solo dai professionisti del settore e da altri pazienti o ex pazienti.

Tornando alla parola *cancro*, come ricordava Nora Galli de' Paratesi «[a]i mali più pericolosi si collega un timore simile a quello che è legato all'idea di morte e nominarli viene sentito istintivamente come una sfida che li evochi e li attiri su chi ha osato farlo» ([2]1969, 156); tuttavia, «[l]e interdizioni naturalmente cadono o si affievoliscono non appena i progressi della medicina rendono una malattia guaribile» (ibidem). Nel nostro caso, la prevalenza di *cancro*, però, può essere dovuta al contesto in cui le produzioni sono state elicitate.

Alcune scelte eufemistiche sono comunque rintracciabili; una delle più canoniche in tal senso è *male* o *brutto male*. Nei testi in cui è usata, è a volte forma esclusiva per definire la malattia e si tratta di scelte interpretabili come eufemistiche, mentre in altre produzioni compare alternativamente a *tumore* e *cancro*, denotando quindi una semplice scelta stilistica.

14) [...] mi aveva detto che non c'era più nulla da fare, che quella chemioterapia non aveva fatto nulla, *il male* era ingrandito, e anzi ce n'era un altro (G1-4).
[...] mi ha appena detto che ho un *brutto male*, sono senza parole, non so che dire (G1-32).
[...] Queste persone meravigliose che ti vedono come un essere umano e non ti identificano con *il male* che hai (cosa che mi ha sempre offeso moltissimo) mi hanno anche parlato di una dimensione impalpabile (G1-48).
Solo nel racconto della mia anima riesco a prendere possesso di me. Sento di essere. Di esistere. E prendo le distanze, riscopro *il mio male*, lo nomino, gli dò un senso (G2-1).
Quanto è grande *il mio male*? Quanto è pericoloso per la mia vita? Quale modalità d'intervento è meglio seguire? (G3-R16)

4. Metafore della malattia

Per Sontag (2020) l'uso pervasivo delle malattie come metafore nelle narrazioni pubbliche e letterarie può rivelarsi dannoso per coloro che soffrono effettivamente di un male; ma le metafore sono anche un modo primario di esprimere la nostra concettualizzazione del mondo (cfr. Lakoff/Johnson 1980; Kövecses 2000; Cameron/Deignan 2006) e possono essere tanto una risorsa espressiva per il malato quanto un utile strumento per il medico per una più precisa diagnosi o per una migliore verifica dell'efficacia delle terapie.

I testi sono ricchi di traslati, ma prenderemo in considerazione solo i più frequenti e strutturati, ovvero quelli usati per interpretare la malattia nella sua globalità. Alcune metafore (malattia come campo da gioco; come messaggera; come riscoperta) sono state suggerite nella traccia della seconda edizione del concorso, ma sono state, altresì, poco considerate dagli autori.

Le metafore principali sono sicuramente quella della malattia come battaglia e la malattia/vita come percorso. Si tratta di due traslati identificati anche in studi precedenti (Demmen et al. 2015; Semino et al. 2017, 2018; Potts/Semino 2019) su corpora in parte sovrapponibili al nostro, con testi scritti da pazienti, professionisti e caregiver e pubblicati su forum online per condividere e raccontare la propria esperienza con la malattia oncologica.

4.1 Cancro come battaglia/guerra

Già da tempo è stato evidenziato come la metafora della malattia come battaglia o guerra possa avere importanti implicazioni negative: è associata alla violenza e alla minaccia; suggerisce la presenza di un nemico interno al corpo del paziente e associa la non guarigione alla sconfitta (cfr. Semino et al. 2017: 2). Per questi motivi, il suo uso è stato sconsigliato da più parti. Nonostante ciò, sempre Semino et al. (2017) hanno riscontrato come lo stesso campo metaforico possa agire anche in favore dell'empowerment dell'individuo. Può, ad esempio, essere motivante e spingere a una reazione positiva nell'affrontare (*combattere*) la malattia e incoraggiare la solidarietà e la condivisione tra malati.

L'estratto seguente può rappresentare uno di questi casi.

15) Il tumore *mi ha dichiarato guerra*? Ebbene, troverà pane per i suoi denti! Tanto per cominciare ho cercato degli *alleati* molto agguerriti: il primario del S. Anna di Torino, gli oncologi dell'ospedale di Savona dove ho già iniziato a fare la chemioterapia.
Già, perchè prima della *battaglia decisiva* dobbiamo *accerchiare il nemico*, impedirgli di cercare *rinforzi* [...] *Avanti, miei prodi, siamo in guerra* e ho bisogno di tutti gli *alleati* possibili.
Il mio nemico *sarà combattuto su tutti i fronti*: medici, farmaci, terapie, parrucche, abbracci e voi!!!
Voglio combattere e, naturalmente, voglio vincere! (G1-21).

Vediamo come la reazione dell'autrice alla diagnosi sia una costellazione complessa di elementi metaforici tratti dal campo semantico della guerra: amici, parenti, medici sono gli *alleati*; i vari aspetti della cura e della vita affettiva sono i *fronti*; la cura è una *battaglia* e un "accerchiamento" della malattia/*nemico*.

Sia il percorso terapeutico sia la malattia in genere possono essere definiti come *battaglia*:

16) Duro immaginare un futuro di condivisione con *questa battaglia* (G1-10).
Perché dentro trovi quel coraggio, quello di lasciare andare. Così vincerai *la tua battaglia* e sarai più forte (G2-1).
Nelle foto ho sempre quel sorriso. Prima. Durante e dopo *la mia battaglia*. Appassionato. Ottimista. Indifeso (G2-27).

Come si evince dagli esempi sopra citati, sono presenti casi in cui la metafora ha connotati sia negativi, poiché associata ad aggettivi che comunicano difficoltà («[è] duro immaginare»), sia positivi, attraverso l'uso del futuro e di un'aggettivazione che in questo comunica forza («sarai più forte») o ancora sentimenti positivi.

Nell'estratto (17) si nota un uso positivo del traslato per comunicare sia la ricerca di condivisione sia lo stimolo ad affrontare le terapie con determinazione.

17) Irene decide allora che la *battaglia* con il cancro la vuole combattere ma non da sola. [...] E sogna il giorno in cui il cancro sarà debellato per sempre! Lei, in questa *battaglia*, si impegna continuamente.. (G2-29).

La personificazione del cancro come *nemico* avviene in diversi testi.

18) Ormai *il mio nemico, aveva raggiunto* già dimensioni importanti (G1-32).
Farò anche un esame alle corde vocali per individuare che *non siano state raggiunte dal nemico* (G1-34).
Il mio grazie va ai medici coraggiosi che hanno creduto in una possibilità di salvezza e a quelli che fronteggiano *un nemico mai pago* (G1-10).
È stato un nemico subdolo, all'inizio, ma poi si è palesato in tutta la sua *malvagità*, per farmi *lottare*, per darmi una spinta a scoprire le mie risorse. E io ho combattuto, si ho lottato sino alla fine (G1-50).

Il cancro assume contorni del tutto umani: cresce («aveva raggiunto dimensioni importanti»); è dotato di volontà («mai pago») e agentività («per farmi lottare»; trasmessa anche implicitamente dalla frase «non siano state raggiunte», che presuppone la volontà del movimento e dell'invasione); possiede qualità caratteriali (*subdolo*, *malvagità*).

Fanno parte di questa metafora anche altri elementi usati occasionalmente per riferirsi, ad esempio, alle cure da intraprendere (*fucile*) per abbattere idealmente il nemico; le reazioni emotive come «uno scudo per difendersi e un'arma per combattere»; la diagnosi come un'azione violenta («un coltello piantato nelle budella»):

19) Scoprire la verità è come avere *un coltello piantato nelle budella* (G1-10).
Era come avere a disposizione un *fucile a due canne* (e quindi avere due colpi possibili) invece di uno con una sola canna (G1-28).
A tutte loro vorrei dire che se cercano dentro di sé, *troveranno uno scudo* per difendersi ed *un'arma* per combattere "l'alieno", l'ironia (G1-33).

Nell'estratto (20) si nota la concettualizzazione dello stato d'animo attraverso la percezione fisica dolorosa («le mie ferite mentali») e allo stesso tempo la terapia come un attacco violento al corpo.

20) *Le mie ferite mentali si riaprirono*, il mio fisico venne nuovamente *bombardato* da ogni sorta di farmaco, ritornai ad indebolirmi, dovetti riaffrontare altri tre interventi (G1-54).

Le implicazioni dell'uso di un verbo come *bombardare* in riferimento al corpo non sono da sottovalutare. L'oggetto dell'attacco diventa, infatti, non più il nemico ma il proprio fisico e quindi la propria persona. E il fatto che a stretto giro si faccia riferimento proprio al dolore psicologico ed emotivo può essere un ulteriore segnale del nesso indissolubile tra corpo e mente.

4.2 Cancro come viaggio

L'uso della metafora del viaggio è invece largamente caldeggiato[5], poiché non presenta strutturalmente aspetti violenti e non prefigura la morte della persona come un fallimento: «Journey metaphors frame the illness experience differently: they potentially cast the illness as a companion to live and travel with; and they do not involve the implication that not recovering amounts to personal failure» (Semino et al. 2015, 2). Tuttavia, gli stessi studi mostrano come anche questo traslato non sia esente da possibili interpretazioni negative: può rappresentare il paziente in preda a un viaggio difficile e di cui non ha il controllo.

In (21), ad esempio, si nota come la frase passiva e senza agente espresso comunichi esattamente la mancanza di controllo; inoltre, non tornare sul sentiero tracciato dai medici ha come alternativa la morte, veicolata concettualmente dalla "conclusione del cammino".

21) Ma con la malattia oncologica il messaggio era chiaro: o mi fermavo e riuscivo a riprendere in mano la mia vita, *tornando sul sentiero che era stato tracciato per me, oppure il mio cammino si sarebbe concluso con quell'avventura* (G1-19).
Cammino, strada, percorso, viaggio sono i sostantivi usati per veicolare la metafora.

22) Incontro *nel mio viaggio* tante donne che come me non hanno avuto scelta, ciò che manca, purtroppo, è un supporto psicologico (G1-59).
Un po' più di consapevolezza sulle mi reali condizioni fisiche mi avrebbe, forse, aiutata ad *affrontare il cammino impervio* che mi attendeva (G3-3).

Al viaggio corrispondono anche altri elementi concettuali: le difficoltà sono *ostacoli* da superare oppure strade "in salita"

---

5 Per l'italiano si veda Antonelli/Micheletti (2021).

23) io e lei insieme, avremmo affrontato *la salita* prendendoci cura una dell'altra (G1-19).
L'impegno quotidiano, il trasferimento in auto in periodo invernale e soprattutto la preoccupazione del trattamento costituirono *un altro ostacolo nella* mia vita che *superai con serenità* anche grazie *ai "compagni di viaggio"* che ebbi la fortuna di incontrare (G1-28).

È molto frequente, inoltre, l'uso di *compagni di viaggio* per riferirsi a familiari, amici, medici e altri pazienti incontrati durante la terapia. Giusto un esempio tra i tanti:

24) Non riesco a non pensare come è stato questo anno appena trascorso: tragicamente pieno, bello, faticoso ma leggero, quasi spensierato, e questo perché *ho avuto dei compagni di viaggio* che mi hanno aiutato a cogliere l'aspetto positivo di tutto quello che mi stava succedendo (G1-20).

È in parte legata al traslato del viaggio e alla concettualizzazione delle difficoltà anche il *tunnel* come metafora di un percorso oscuro, stretto e di cui non si riesce a intravedere l'uscita.

25) Vivo come in *un tunnel, noia e speranza* si alternano in uno sconforto senza fine (G1-34).
Lascio fuori la mia vita, in questo dentro che è solo *l'ingresso in un tunnel* dalla luce fioca, là in fondo (G1-51).
Vorrei, in questi spazi di normalità, averci messo più vita per noi ed invece ci è toccato arredare *tunnel* che *si stringevano sempre più* (G2-35).

Il traslato si lega alla dimensione metaforica spaziale su cui ci si è soffermati in precedenza. La "luce fioca in fondo" indica chiaramente la poca speranza di arrivare alla guarigione completa, mentre il sentimento di angoscia può essere rappresentato icasticamente dal "restringimento".

5. Riflessioni conclusive

È importante constatare come questo primo approccio al corpus sia ben lontano dall'esaustività: i testi sono ricchissimi di spunti e sono ancora tutti da esplorare. In questa sede ci si è limitati a offrire alcuni primi rilievi, strettamente legati all'argomento specifico in discussione.

Un tema trattato nei testi, non emerso dalla nostra analisi è, ad esempio, quello della necessità e dell'apporto benefico dato dalle possibilità di costruire una rete di contatti con cui condividere e discutere della malattia e del percorso di cura. Altrettanta importanza è poi assegnata alla comunicazione medico-paziente, spesso vissuta in modo non soddisfacente.

I testi e il vissuto degli scriventi sembrano contraddire Susan Sontag quando affermava che «Il cancro, proprio perché può colpire ovunque, è una malattia del corpo. Lungi dal rivelare qualcosa di spirituale, rivela invece che il corpo è, malauguratamente, solo un corpo» (2020, 31). Si tratta di una visione che appare riduttiva, smentita anche dalle nostre conoscenze attuali sull'interazione tra corpo e mente. La malattia oncologica, proprio in virtù della sua pervasività nel corpo, per le sue caratteristiche di crescere dentro la persona, assume un ruolo totalizzante, capace di modificare le percezioni, le aspettative e in parte l'identità del soggetto.

Le metafore più frequenti impiegate dagli autori coincidono con i risultati raccolti in altri contesti, anche se la breve disamina proposta non può includere le numerose espressioni metaforiche non convenzionali presenti nei testi.

Ulteriori sviluppi futuri della ricerca sulle autopatografie dovranno passare inevitabilmente dall'allargamento del corpus di testi in due direzioni: da un lato, sarà utile e importante includere altri testi narrativi, anche relativi ad altre patologie e maturati in altri contesti. Ulteriore passo sarà quello di confrontare le narrazioni dei pazienti con quelle dei medici/professionisti e dei familiari/caregiver. L'esperienza e il racconto della malattia, infatti, toccano da vicino anche queste categorie, la cui visione merita attenzione. Esistono poi tante altre occasioni di racconto, condivisione e contatto online, su forum, social media e blog dedicati, che contengono ulteriori forme di narrazione ed espressione del vissuto della malattia.

Si tratta di un percorso di ricerca che può rivelarsi fruttuoso non solo perché ancora tutto sommato inesplorato, ma anche perché può consentire un'apertura verso una proficua collaborazione tra studiosi del linguaggio, medici e professionisti del settore. Le ricadute di un tale dialogo e di una particolare attenzione alla comunicazione in questo ambito possono essere a vantaggio di tutti gli attori coinvolti.

Bibliografia

Alastra, Vincenzo (a cura di) (2015): *GIM Paladino di un sogno. Narrazioni di malattia e di cura*. Lecce: Pensa MultiMedia.

Alastra, Vincenzo (a cura di) (2018): *Il cancro come campo di gioco, messaggero, ri-scoperta*. Lecce: Pensa MultiMedia.

Alastra, Vincenzo (a cura di) (2021): *GIM, fra sogno e realtà. Narrare la malattia oncologica e le pratiche di cura: testimonianze e storie immaginate*. Lecce: Pensa MultiMedia.

Antonelli, Giuseppe / Micheletti, Giacomo (a cura di) (2021): *Un dizionario emozionale: Atlante delle parole chiave in oncologia*. URL: https://www.ilsensodelleparole.it/wp-content/uploads/2021/11/DizionarioEmozionale.pdf (07-01-2025).

Calabrese, Stefano / Valentina, Conti / Fioretti, Chiara (2022): *Che cos'è la medicina narrativa*. Roma: Carocci.

Cameron, Lynne / Deignan, Alice (2006): The emergence of metaphor in discourse. In: *Applied Linguistics* 27 (4), 671–690.

Carel, Havi (2014): *Illness. The cry of the flesh*. London / New York: Routledge.

Charon, Rita (2006): *Narrative medicine: Honoring the stories of illness*. New York: Oxford University Press.

Cometa, Michele (2022): Storie, malgrado tutto. Per una teoria dell'autopatografia. In: Id. (a cura di): *Autopatografie. Cura e narrazioni di sé*. Palermo: Palermo University press, 7–61.

Couser, G.Thomas (1997): *Recovering bodies. Illness, disability, and life writing*. Madison: University of Wisconsin Press.

D'Alessio, Chiara (2023): Narrare la cura e la Cura del Narrare. Stili comunicativi della cura. In: *Medical Humanities & Medicina Narrativa* 4 (1), 133–143.

Demmen, Jane et al. (2015): A computer-assisted study of the use of Violence metaphors for cancer and end of life by patients, family carers and health professionals. In: *International Journal of Corpus Linguistics* 20 (2), 205–231.

Galli de' Paratesi, Nora (^{2}1969): *Le brutte parole: semantica dell'eufemismo*. Milano: Mondadori.

Gualdo, Riccardo / Telve, Stefano (2011): *Linguaggi specialistici dell'italiano*. Roma: Carocci.

Hawkins, Anne H. (1999): *Reconstructing Illness. Studies in Pathography*. West Lafayette: Purdue University Press.

Kövecses, Zoltán (2000): *Metaphor and emotion: Language, culture, and body in human feeling*. Cambridge: Cambridge University Press.

Lakoff, George / Johnson, Mark (1980): *Metaphors we live by*. Chicago: Chicago University Press.

Marinelli, Massimiliano (a cura di) (2022): *Dizionario di medicina narrativa. Parole e pratiche*. Brescia: Scholé.

Moran, Stephen T. (2006): Autopathography and depression: Describing the "despair beyond despair". In: *Journal of Medical Humanities* 27, 79–91.

Orletti, Franca / Iovino, Rossella (2018): *Il parlar chiaro nella comunicazione medica. Tra etica e linguistica*. Roma: Carocci.
Piro, Rosa / Scarpa, Raffaella (a cura di) (2019): *Capitoli di storia linguistica della medicina*. Milano: Mimesis.
Potts, Amanda / Semino, Elena (2019): Cancer as a metaphor. In: *Metaphor and Symbol* 34 (2), 81–95.
Semino, Elena et al. (2017): The online use of Violence and Journey metaphors by patients with cancer, as compared with health professionals: a mixed methods study. In: *BMJ Supportive & Palliative Care* 7 (1), 60–66.
Semino, Elena / Demjén, Zsófia / Hardie, Andrew / Payne, Sheila / Rayson, Paul (2018): *Metaphor, Cancer and the End of Life*: *A Corpus-based Study*. New York: Routledge.
Serianni, Luca (2005): *Un treno di sintomi*. Milano: Garzanti.
Sontag, Susan (2020): *Malattia come metafora e L'Aids e le sue metafore*. Milano: Nottetempo.
Spinsanti, Sandro (2024): *La responsabilità della cura. Oltre l'orizzonte delle prestazioni sanitarie*. Roma: Il pensiero scientifico editore.
Trenta, Paolo (2024): *La postura narrativa. I modi di essere della cura*. Roma: Castelvecchi.

«Il virus che colpisce gay e drogati». La narrazione dell'AIDS nei giornali italiani contemporanei

Cecilia Valenti

Abstract: The aim of this paper is to analyse the description of the sick body from a linguistic perspective, with particular attention to the lexical and textual elements employed in the narrative of the HIV/AIDS epidemic in Italian newspapers during the 1980s and 1990s. The lexical analysis focuses on both technical-specialist terms and the often evaluative lexical components created by the press to describe the disease. This study also aims to investigate how stereotypes about the sick body are crystallized; thus, the analysis focuses on the implicit textual structures used in the representation of the so-called "at-risk categories", through which newspapers contributed both to the creation of a specific imagery surrounding HIV/AIDS and to the reinforcement of the stigma against those affected by the disease.

Keywords: AIDS, Italian newspapers, discrimination, homosexual, drug users

1. Introduzione

Nel giugno del 1981 la rivista statunitense *Morbidity and Mortality Weekly Report* del CDC (*Centers for Disease and Control and Prevention*) pubblica un articolo in cui vengono descritti per la prima volta i sintomi di una malattia, ancora sconosciuta, che causa immunodeficienza, febbre, tumori e infezioni opportunistiche. Tutte le persone coinvolte sono omosessuali: si inizia, quindi, a parlare di GRID, *Gay Related Immune Deficiency*, o 'immunodepressione correlata all'omosessualità', sindrome che, da lì a poco, verrà conosciuta a livello globale come AIDS, causata dal virus HIV.

Negli anni Ottanta e Novanta, la stampa rafforza il legame tra epidemia e omosessualità: anche in Italia, la malattia viene quasi immediatamente etichettata come «cancro dei gay» (Pulcinelli 2017, 41) ed è la stampa che alimenta la percezione che siano categorie già ampliamente discriminate come quelle degli omosessuali e dei tossicodipendenti ad essere malate di AIDS (cfr. Caputo et al. 2016). Anche quando, in un secondo momento, si scopre che ad essere affetti dalla malattia sono anche gli eterosessuali – e non vi è, quindi, alcuna correlazione diretta, ad esempio, tra l'orientamento sessuale dei malati e la diffusione del virus – la stampa continua a insistere, in modo più o meno esplicito e incalzante, sull'interazione tra comportamenti considerati devianti rispetto alla norma sociale (omosessualità e utilizzo di droghe) e predisposizione al contagio. Perciò, tra gli anni Ottanta e Novanta l'universo discorsivo relativo all'AIDS appare spesso polarizzato e l'epidemia assume i contorni di una «malattia mediatica» (Ballestracci et al. 2022, 23): la narrazione dei malati e della loro fisicità dipende prevalentemente dalle notizie relative al virus riportate nei media, che possono alimentare il sospetto nei confronti di specifici gruppi sociali causandone la discriminazione.

Questo contributo si propone di indagare la narrazione relativa alle «cosiddette "categorie a rischio"» (Guidali 2022a, 186) – omosessuali e tossicodipendenti – e al corpo dei malati secondo una duplice prospettiva. Un primo punto di vista è costituito dallo studio, in ottica quantitativa e qualitativa, del lessico tecnico-specialistico; coniugando «precisione informativa e lessico divulgativo» (Salvatore 2022, 5) la lingua dei giornali è un composto eterogeneo in cui, anche nel caso dell'epidemia da AIDS/HIV, si può ricorrere all'uso di termini specialistici per informare i cittadini e segnalare le nuove scoperte scientifiche relative all'avanzamento della malattia.

In secondo luogo, questo contributo ha lo scopo di osservare le modalità con cui nella stampa italiana contemporanea «si cristallizzano gli stereotipi» (Gualdo 2007, 13) relativi al corpo dei malati di AIDS. Non di rado, i giornali possono essere utilizzati per trasmettere informazioni ideologicamente polarizzate (cfr. Dardano 1986, 13) che possono essere sfruttate per veicolare discriminazione oppure odio nei confronti di specifiche categorie sociali; in questo lavoro, ci occuperemo quindi anche di definire quali siano le strategie testuali, spesso implicite, con cui i giornali hanno contribuito alla creazione di un preciso immaginario di segno negativo attorno al virus e al rafforzamento dello stigma nei confronti delle persone colpite dalle malattia.

2. Il corpus della ricerca

Per questa ricerca, si è allestito un corpus[1] formato dagli articoli in cui, nel periodo tra il 1982 e il 1992, si parla di AIDS/HIV nelle testate nazionali

[1] Il corpus è stato realizzato entro il PRIN 2022 LiSDiGio (Lingua e storia della discriminazione nei giornali italiani). Un ringraziamento particolare va a Elena Pepponi (Università di Cagliari) e Giulio Argenio (Università Statale di Milano) per aver aiutato chi scrive a raccogliere il materiale.

generaliste. Gli articoli sono stati estratti dagli archivi storici delle differenti testate tramite la ricerca con parole chiave. Le parole chiave selezionate, fatte interagire tra loro con l'operatore booleano OR, sono state le seguenti: *HIV*; *AIDS*; *sieropositiv**; *tossicodipendent**; *omosessual**. Il corpus (d'ora in poi anche "corpus AIDS") è formato da 752 articoli, per un totale di 575.000 token, secondo la disposizione dei dati seguente: 110 articoli dal *Corriere della Sera*, 132 da *Il Messaggero*, 285 per *La Stampa* e 225 da *La Repubblica*. La disomogeneità nella distribuzione dei dati rispecchia la reale distribuzione degli articoli – selezionati come spiegato sopra – tra le testate scelte per questa ricerca. I dati utilizzati sono stati poi messi a confronto con il corpus *la Repubblica* dell'Università di Bologna (v. Baroni et al. 2004), il cui dataset contiene testi di italiano giornalistico ed è perciò adatto a essere comparato con i testi raccolti per questa ricerca.

Gli articoli sono stati analizzati tramite il software Sketchengine, con cui è stato possibile estrarre le parole chiave e le collocazioni. Rispetto agli obiettivi della ricerca esposti in §1, l'analisi del lessico è utile sia per mappare la presenza dei termini tecnici nel corpus AIDS (tramite alcune delle parole chiave più frequenti) sia, più in generale, per capire quali sono i nuclei semantici del corpus; in preparazione all'analisi qualitativa, lo studio delle collocazioni risulta poi efficace per individuare gli elementi lessicali che ricorrono insieme in modo più frequente per informare o per porre un discrimine tra corpo sano e malato.

Le osservazioni proposte in merito agli elementi collocazionali consentono anche di perimetrare i confini entro cui si sviluppa la discriminazione delle categorie a rischio nei giornali: le collocazioni rendono infatti conto di un universo discorsivo "sommerso", nel quale ogni volta che si parla di AIDS compaiono, in modo pressoché "automatico", termini legati all'omosessualità e alla tossicodipendenza. Le specificità di questo panorama comunicativo discriminante vengono poi messe in luce in §3, in cui si cerca di stabilire, tramite analisi qualitative svolte in modo automatico e manuale, quali elementi testuali degli articoli attivino la discriminazione nei confronti dei malati.

2.1 Il lessico relativo al corpo malato: una prima ricognizione

L'analisi automatica svolta con Sketchengine restituisce un'immagine composita del lessico. Dall'analisi della composizione lessicale del corpus emergono due categorie: (i) elementi di natura tecnica derivati dal lessico della medicina; (ii) lessemi che si riferiscono allo stile di vita o all'orientamento sessuale delle categorie a rischio. Per quanto riguarda il primo gruppo, l'apporto della terminologia scientifica al linguaggio giornalistico non è di certo una sorpresa; non di rado, la rielaborazione dei contenuti che caratterizza la comunicazione giornalistica fa sì che si attinga dai repertori specialistici (cfr. Gatta 2014), quali quello di area medico-sanitaria nel caso delle informazioni relative all'AIDS. La presenza di questo lessico negli articoli del corpus può essere motivata in una duplice direzione. Da un lato, tra gli anni Ottanta e Novanta nella stampa italiana si registra un cospicuo interesse per temi di natura scientifica, in particolare in relazione a nuove scoperte – si pensi non solo al virus HIV, ma anche ai primi trapianti di organi, alle conferenze internazionali ecc. – ed è quindi ovvio che si scelga di riferirsi alla scienza tramite un lessico di tipo tecnico. Dall'altro, i giornali recepiscono, in particolare in relazione all'epidemia AIDS/HIV, la lingua dei documenti ufficiali con cui, a partire dalla prima metà degli anni Ottanta, si cerca di definire in modo più concreto i contorni di una malattia ancora perlopiù sconosciuta.

Vediamo alcuni esempi:

1) In tema di trasfusioni un caso particolare è quello delle emofilie, il quale ha necessità di iniezione di preparati (i cosiddetti *emoderivati*) contenenti il fattore Vili o il fattore IX della coagulazione, nel suo sangue assenti per un difetto genetico, e che vengono ricavati dal sangue di donatori. (S_13-05-1990) [2]

2) Il direttore dell'Istituto, Francesco Antonio Manzoli, ha aggiunto che "il sangue e gli *emoderivati* sono farmaci biologici e, purtroppo, come gli scienziati ben sanno, non esistono *farmaci biologici* a rischio zero. Tuttavia", ha precisato, "i controlli introdotti dopo il 1985 hanno consentito di portare il rischio sempre più vicino allo zero". Si è parlato anche del vero rischio non ancora risolto: gli *emoderivati*. [...] Ma trattandosi di *farmaci salvavita* non si può certo toglierli dalla circolazione". (R_15-02-1992)

Nel corpus ricorrono spesso termini che si riferiscono direttamente alla malattia o alle cure disponibili: è il caso del composto *emoderivato*, con cui

---

2 Il corsivo per sottolineare i termini e le espressioni in evidenza negli esempi è dell'autrice. Per le citazioni dal corpus, la lettera in maiuscolo indica la testata – C per il *Corriere*, M per *Il Messaggero*, R per *la Repubblica*, S per *La Stampa* – ed è seguita dalla data di pubblicazione dell'articolo.

si indica appunto una «sostanza derivata dal sangue per impieghi terapeutici o preventivi» (Devoto-Oli 2024, s.v. *emoderivato*). È interessante notare come, in (1) e (2), il sostantivo di origine tecnica sia accompagnato da sinonimi o perifrasi nel co-testo destro – come nel caso di *farmaci biologici* o *farmaci salvavita* – con cui la specificità del lessema tecnico viene opacizzata e resa (anche se parzialmente) più comprensibile per i lettori del quotidiano. Questa tendenza non è isolata: la scrittura giornalistica è, di per sé, orientata alla semplificazione (cfr. Bonomi 2002) e la lingua dei giornali è spesso una «lingua di riuso» (Dardano 1994, 13), nella quale i termini di natura specialistica tendono a essere spiegati, il che spiana la strada al loro eventuale ingresso nell'uso linguistico comune.

Nel caso del nostro corpus, i tecnicismi possono essere altresì utilizzati per ricercare una maggiore impersonalità o ufficialità nella comunicazione con i cittadini:

3) Al centro dell'episodio c'è una ex tossicodipendente di 28 anni, *sieropositiva*, che ha scelto il nosocomio maceratese per mettere al mondo il suo bambino. L'ospedale ha già accolto in passato altri pazienti *sieropositivi* o affetti da Aids, senza che si verificassero particolari problemi. (R_18-02-1990)

4) I *politrasfusi* italiani contagiati dal virus che provoca la «*Sindrome da immunodeficienza acquisita*» stanno inviando lettere raccomandate al ministero della Sanità e alle case farmaceutiche per chiedere a loro il risarcimento in solido del danno biologico causato dal sangue e dai suoi *emoderivati* (S_01-05-1990).

Anche nei casi menzionati sopra, i tecnicismi sono di area medica: il sostantivo *sieropositivo* fa riferimento a «chi in base all'esito di un esame sierologico risulta portatore di virus, anche se non affetto dalla malattia che può derivarne (con particolare riferimento al virus dell'Aids)» (Devoto-Oli 2024, s.v. *sierologico*), mentre il sostantivo *politrasfuso* è un composto che indica un «paziente che ha ricevuto più trasfusioni di sangue di diversa provenienza» (Devoto-Oli 2024, s.v. *politrasfuso*). L'apparente abuso di tecnicismi in (4) può inoltre essere giustificato dalla presenza di un testo "fonte" da cui provengono entrambe le comunicazioni, il che esemplifica il processo di medicalizzazione (cfr. Guidali 2022b) cui sono sottoposte le notizie relative al virus dalla seconda metà degli anni Ottanta all'inizio degli anni Novanta. Prima della nascita delle campagne ministeriali di prevenzione (cfr. Gabardi 2017, 12–13), vi è infatti la tendenza a una iper-specificazione delle notizie tramite l'amalgama di termini tecnici e riferimenti al mondo della medicina (si pensi ai molteplici articoli dedicati, su tutte le testate nazionali, al virologo Fernando Aiuti), nonostante, come già constatato, fossero ancora molti gli aspetti sconosciuti relativi all'AIDS.

Nel corpus occupano un ruolo centrale anche le parole chiave *Aids* e *Hiv*, come si nota negli esempi seguenti:

5) Risulta sieropositivo il 40 per cento di quanti hanno accettato di sottoporsi allo screenenge, una percentuale più che raddoppiata negli ultimi due anni, quadruplicata a partire dall'85 quando gli affetti da *Hiv* (*immunodeficienza acquisita*) erano solo il 16,6. (M_23-01-1990)

6) Cinque anni fa la parola incriminata era "cancro", adesso, c'è anche l'*Aids*, *sindrome da immunodeficienza acquisita*. Nonostante le campagne di informazione e di prevenzione del Ministero della sanità, il numero dei malati non accenna a diminuire. (CS_29-02-1991)

Anche in questo caso, negli esempi in (5) e (6) si ricorre a una parafrasi esplicativa dei termini scientifici e, più in particolare, si spiega anche la differenza tra i due tecnicismi che, anche nei testi giornalistici, vengono spesso sovrapposti – il termine *Hiv* è riferito al virus, mentre *Aids* identifica la malattia.

Tuttavia, anche i tecnicismi possono in alcuni casi essere utilizzati in modo più enfatico, come si evince dall'analisi delle collocazioni nel nostro corpus:

7) Il *"flagello" Aids*. (R_29-09-1985)

8) *Uno spettro* si aggira nell'universo omosessuale: l'*Aids*. (CS_24-04-1985)

9) Nadia, invece, è stata la prima ad essere colpita dal *micidiale virus*. Nel marzo dell'86, quando aveva 34 anni, la donna si fece ricoverare all'ospedale di Asolo per l'asportazione di un fibroma multiplo. L'intervento sembrava perfettamente riuscito, tanto che il giorno dopo la donna era già in piedi. Poi, invece, i medici le riscontrarono una forma di anemia disponendo appunto una trasfusione di sangue per risolverla. Il *dramma* aveva avuto inizio. (S_27-09-1991)

Molte sono le espressioni che, tra gli anni Ottanta e Novanta, vengono utilizzate per denotare la malattia, quali *peste* o *flagello* in (7); in alcuni testi, la denotazione di segno negativo e dai toni allarmistici può anche essere realizzata tramite catafora, come in (8). Nei collocati si ricorre anche al termine *virus*, utilizzato in modo iperonimico per indicare sia l'AIDS che l'HIV, che nei contesti indagati viene accostato ad aggettivi negativi.

Negli articoli di giornale di fine Novecento in cui si parla di AIDS, i tecnicismi possono quindi essere impiegati sia in riferimento all'oggettiva avanzata dell'epidemia – come in (1–6) – sia per strumentalizzare singoli casi di cronaca contribuendo all'isterismo di massa nei confronti delle persone affette dalla malattia – come nell'articolo riportato in (9) –, in cui gli elementi lessicali non positivi vengono sfruttati per rafforzare una narrazione carica dal punto di vista emotivo (si noti l'utilizzo dell'incapsulatore *dramma* in chiusura).

Come anticipato all'inizio di questa sezione, il secondo gruppo lessicale prevalente all'interno del corpus è invece relativo ai costumi o agli orientamenti sessuali delle categorie a rischio, ed è attorno a questo nucleo lessicale che si articola la maggior parte delle collocazioni estratte dal corpus. Più nello specifico, le collocazioni relative a questo secondo gruppo danno conto della presenza, anche nella comunicazione giornalistica, di elementi utilizzati per rinforzare pregiudizi o alimentare diffidenza nei confronti dei malati.

Un primo termine che compare nelle parole chiave e nelle collocazioni del corpus è *tossicodipendente*, spesso accostato a sintagmi come *soggetto a rischio*:

10) Determinante inoltre il potenziamento dei servizi di assistenza ai *tossicodipendenti*, principali soggetti a rischio: vale la pena di ricordare che dei 460 casi di Aids registrati in Piemonte alla fine di giugno, ben 302 riguardano soggetti dediti al consumo di droga. (S_03-08-1990)

Questo elemento lessicale può trovarsi alternato, in modo sinonimico, anche al sostantivo *drogato*, come di seguito:

11) Ma i *drogati infetti* dilagano ormai in tutto il mondo, velocemente, e non diminuisce da nessuna parte il numero dei nuovi adepti del buco. (S_23-07-1992)

12) Nell'alto Novarese record dei *drogati sieropositivi*. Lo sostiene l'eurodeputato radicale antiproibizionista Taradash. (S_13-06-1992)

La presenza dei due termini non è casuale e rispecchia in modo abbastanza ovvio il problema causato, in particolare in Italia, dalla stretta correlazione tra tossicodipendenza e decessi per AIDS (cfr. Ballestracci et al. 2022). Tuttavia, è curioso che nella stampa vi sia un'oscillazione tra due atteggiamenti tra loro antitetici: da un lato, in alcuni articoli si parla di tossicodipendenza in modo abbastanza "neutro", semplicemente ricordando ai lettori che i tossicodipendenti rientrano tra le cosiddette "categorie a rischio" e utilizzando anche dei dati presumibilmente estrapolati dai vari bollettini pubblicati dal Ministero della Salute – come in (11) –; dall'altro, il tema della tossicodipendenza può diventare funzionale per insistere su alcuni aspetti legati alla diffusione incontrollata della malattia. È il caso delle collocazioni *drogato infetto* e *drogato sieropositivo*, espressioni che possono suscitare allarme nei lettori; in entrambi i casi, si implica sia una stretta relazione tra la malattia e la categoria sociale, sia una possibile diffusione non consapevole della malattia da parte delle persone affette da AIDS che fanno uso abituale di droghe, e in particolare di sostanze iniettabili. Come già visto nei paragrafi precedenti, il termine *sieropositivo* si riferisce, in modo specifico, a chi è portatore asintomatico della malattia; questo tipo di collocazioni va quindi ad alimentare la visione, diffusa pure a partire dai casi di cronaca riportati nei quotidiani (cfr. Lupton 1999, 42), dell'infezione dovuta anche alla negligenza degli stessi tossicodipendenti, i quali erano soliti abbandonare le siringhe in luoghi frequentati anche da famiglie o da gruppi sociali che si riteneva non potessero ammalarsi di AIDS.

L'analisi delle collocazioni del corpus mostra inoltre che, quando si sceglie di parlare di AIDS, si fa riferimento a una cornice narrativa nella quale compaiono, necessariamente, le categorie a rischio oggetto di studio di queste pagine. Infatti, l'altro termine che figura più frequentemente è *omosessuale*, il cui principale collocato è *tossicodipendente*. Vediamo qualche esempio:

13) La casistica interessa ancora in gran parte *omosessuali* e *tossicodipendenti*, un totale di 27.000 casi contro i 1.560 riscontrati fra gli eterosessuali. (M_21-06-1990)

14) Lo spot ("L'Aids non si vede ma sta crescendo") arriverà presto nelle case italiane e forse scatenerà polemiche. Questa volta i protagonisti sono persone comuni, che non hanno comportamenti "a rischio", e non sono *omosessuali* o *tossicodipendenti*. (R_06-04-1990)

La collocazione tra *omosessuale* e *tossicodipendente* è anzitutto utilizzata per porre un discrimine tra le categorie a rischio e coloro che non sono potenzialmente affetti dalla malattia, come nell'esempio in (13) in cui si crea una distanza tra i gruppi a rischio e gli *eterosessuali*. Si tratta di una distinzione su cui si insiste tanto negli anni Ottanta quanto in quelli a seguire (l'articolo in (13) è di inizio anni Novanta), benché ormai i dati mostrassero una forte incidenza della malattia anche tra persone non omosessuali. Questa idea è poi rafforzata in (14), in cui si legge che gli spot ministeriali di prevenzione al virus comprenderanno anche *persone comuni*: il fatto che questi spot possano suscitare potenziali polemiche è emblematico dello stigma di cui sono state investite, in quegli anni, le categorie a rischio ed è, inoltre, funzionale per rimarcare atteggiamenti non convenzionali (dal punto di vista sociale e sessuale) che, come vedremo meglio nei prossimi paragrafi, venivano attribuiti in modo esclusivo a omosessuali e tossicodipendenti.

2.2 Sesso, morte e valori. La rappresentazione delle categorie a rischio nei quotidiani italiani

Nella stampa italiana, la discriminazione nei confronti di omosessuali e tossicodipendenti affetti da AIDS avviene attraverso un ampio ventaglio di strategie linguistiche e testuali. Un primo aspetto cui dedicare attenzione è costituito dai titoli degli articoli: di norma, sia nella carta stampata che nei più moderni articoli pubblicati direttamente online, il titolo è il primo elemento che cattura l'occhio dei lettori e, per aumentare l'interesse dei potenziali fruitori del giornale, può assumere dei toni sensazionalistici (cfr. Gualdo 2007, 39).

Nel caso dei malati di AIDS, si vedano gli esempi che seguono:

15) Male misterioso fa strage. È la «*peste dei drogati*» (S_10-11-1982)

16) Detenuto scarcerato. Ha la «*nuova peste*» (R_27-08-1985)

17) Guerra preventiva a Reggio Emilia contro l'Aids, il «*morbo dei gay*» (R_20-07-1983)

Come si nota negli esempi riportati, i titoli svolgono due funzioni principali: fanno leva su elementi potenzialmente conosciuti al pubblico e rafforzano, in modo esplicito, lo stigma nei confronti delle categorie colpite dal virus. Se è infatti vero che gli omosessuali sono stati i primi a essere affetti dall'AIDS, il ruolo della stampa nella creazione di un preciso orizzonte linguistico denigratorio nei loro confronti è innegabile; parlare, ad esempio, di *morbo*, *peste* o di *guerra* rispetto al tema della malattia ha, infatti, alimentato l'emarginazione delle persone malate.

Benché in molti dei contesti analizzati la spettacolarizzazione della malattia e del corpo dei malati avvenga tramite elementi testuali espliciti, il compito di veicolare la discriminazione delle categorie a rischio e del nesso tra omosessualità, tossicodipendenza e AIDS è in realtà più spesso affidato agli impliciti linguistici. Come noto dalla ricca bibliografia sull'argomento (cfr. almeno Sbisà 2007), la gamma di funzioni di cui sono dotati gli impliciti è varia, ma due sono gli scopi principali per cui possono essere utilizzati anche nel caso della discriminazione. Anzitutto, gli impliciti possono essere sfruttati per celare contenuti altrimenti discutibili attraverso elementi linguistici apparentemente neutri, quali le descrizioni definite, gli avverbi e così via, deviando l'attenzione dal contenuto denigrante del messaggio. In secondo luogo, gli impliciti sono spesso codificati a partire da conoscenze condivise, stereotipi o credenze – si basano su un cosiddetto *terreno comune* (cfr. Stalnaker 2002) – la cui interpretazione è affidata completamente al destinatario; ne consegue che l'emittente può deresponsabilizzarsi dal contenuto (offensivo) proposto perché, trattandosi di contenuti convenzionali, il significato celato può essere interpretato dal ricevente come già verificato e attendibile.

Vediamo, anzitutto, la discriminazione nei confronti del corpo dei malati omosessuali:

18) *Anche sul tavolo dell'obitorio* la paura dell'Aids (M_05-02-87)

19) Il *cadavere* di un travestito brasiliano, Edoardo Gomes, deceduto per *Aids*, è stato sepolto dopo 4 giorni dalla morte perché *"nessuno voleva toccarlo"*. (S_07-01-1990)

In (18) si ha a che fare con una presupposizione (cfr. Lombardi Vallauri 2019) attivata dalla congiunzione *anche*: l'implicito sottintende che il corpo dei malati di AIDS omosessuali (di cui si parla nel resto dell'articolo) possa essere pericoloso anche dopo la morte, implicando che sia svantaggioso entrare in contatto con il corpo malato a prescindere – se ne potrebbe dedurre che il corpo dei malati non debba essere curato, ad esempio. La distanza fisica da interporre con il corpo dei malati di AIDS è ripresa anche in (19), in cui la descrizione definita *il cadavere* introduce un *frame* negativo in cui si inserisce il sintagma nominale *un travestito*, utilizzato, in modo spregiativo, per riferirsi all'ambiguità e alla promiscuità sessuale di cui sono spesso tacciate le comunità omosessuali. Lo stigma della possibile infezione si rende inoltre manifesto attraverso l'inserimento di voci secondarie nel testo: essendo il quotidiano un oggetto per natura pluridiscorsivo (cfr. Salvatore 2023), anche i piani enunciativi secondari possono essere utilizzati per discriminare e, in questo caso, la frase *nessuno voleva toccarlo* rafforza ulteriormente la percezione della comunità LGBT+ come una categoria che deve essere isolata per evitare il contagio.

Un'altra strategia presente nel corpus si trova nei testi che seguono:

20) L'America e l'incubo dell'Aids. È una *vera epidemia* o un pretesto per colpire la troppa libertà sessuale degli ultimi anni? (R_25-09-83; occhiello)

21) *Non sono forse loro i gay* che hanno diffuso il «morbo» che ha attaccato perfino quarantaquattro bambini, rei di convivere con genitori malati? *Non è forse vero* che l'«epidemia» si manifesta soprattutto a New York, San Francisco e Los Angeles, dove c'è la maggiore concentrazione di omosessuali? (R_25-09-83; articolo)

Negli esempi riportati è particolarmente evidente l'uso di domande retoriche, il cui scopo è quello di evocare indirettamente la risposta che è contenuta nelle stesse (ad esempio, "sì, sono i gay ad aver diffuso la malattia") e di confermare, di conseguenza, una verità parziale rispetto ai fatti riportati (che può corrispondere anche in modo esclusivo all'opinione di chi scrive). Nel corpo dell'articolo citato in (21), la discriminazione viene portata avanti tramite altri elementi linguistici:

22) E poi, le analisi parlano chiaro: i «veicoli trasmettitori» della piaga sono la *saliva, lo sperma e le feci, e i contatti contagiosi gli accoppiamenti orali e anali*. La catastrofe sembra risparmiare per ora i rapporti eterosessuali, [...] ma *non si può giurare che la bisessualità di certi uomini non diventi «veicolo inquinante»*. (R_25-09-83; articolo)

Nell'esempio in (22) il rapporto di causa-effetto tra omosessualità e contagio è anzitutto contenuto nell'espressione *le analisi parlano chiaro*, con cui si cerca di dare attendibilità alle informazioni contenute nel co-testo destro. In secondo luogo, la discriminazione viene sostenuta tramite l'utilizzo di un elenco di elementi lessicali che si riferiscono direttamente alla dimensione corporale della malattia («la saliva, lo sperma, le feci, e i contatti contagiosi gli accoppiamenti orali e anali») e il cui valore non è informativo ma moralistico-vittimizzante – come si può notare anche in chiusura, in cui si ribadisce che sono proprio questi atteggiamenti percepiti come scorretti a far sì che alcune categorie (gli eterosessuali) siano risparmiate dalla "catastrofe" AIDS.

Se nella rappresentazione del malato omosessuale si insiste, come si è appena visto, sulla dimensione fisica e corporale, nel caso della tossicodipendenza si fa invece riferimento alle malattie o a un più generale malessere di tipo mentale. Vi è inoltre la tendenza – inizialmente presente anche nel caso dei membri delle comunità gay – a insistere su singoli casi di cronaca:

23) L'assassino di Firenze è un *malato di mente* che colpisce solo a Natale. Il suo *delirio mistico* lo guidò anche due anni fa, quando, durante le feste, ferì la madre. *Tossicodipendente e colpito da Aids*, Raimondo Satta, era appena uscito dal *manicomio criminale* di Aversa. (S_08-02-1990)

24) *Un'altra rapina con la siringa.* «Dammi l'incasso o ti infetto». La paura dell'Aids paralizza le vittime. Sta diventando *una moda* tra i tossicodipendenti *questo nuovo modo di procurarsi i soldi per la droga.* (C_07-03-1989)

Nel corpus emerge una forte relazione tra criminalità e tossicodipendenza: in (23) *l'assassino di Firenze* è malato di AIDS ed è tossicodipendente, così come sono tossicodipendenti le persone che, in (24), rapinano negozi utilizzando siringhe infette. Anche in questi esempi si può notare l'uso di impliciti, in particolare di due presupposizioni (cfr. Lombardi Vallauri 2019, 64) introdotte dai sintagmi nominali *un'altra rapina* e *questo nuovo modo di procurarsi i soldi*, con cui si implica, nel primo caso, che i tossicodipendenti siano soliti compiere rapine e, nel secondo, che vi siano altre modalità altrettanto illegali con cui i drogati si procurano denaro. Oltre a insistere sull'assiduità di questo tipo di gesti da parte dei malati di AIDS tossicodipendenti, la dimensione di disagio sociale ed economico in cui si trovano i tossicodipendenti è da un lato schernita – si parla di *moda* in (24) – e, dall'altro, messa in risalto con lo scopo di suscitare emozioni di panico, allarme o paura in chi fruisce l'articolo.

3. Conclusioni

Come mostrato brevemente nel corso di questo lavoro, la comunicazione giornalistica ha sicuramente contribuito alla creazione di un preciso immaginario nei confronti della malattia e dei malati nel caso dell'epidemia AIDS/HIV. E si può affermare che l'approccio dei quotidiani italiani e internazionali abbia esacerbato la stigmatizzazione delle persone malate di AIDS, anziché contribuire a una comprensione più empatica e scientificamente informata della malattia. Come si è avuto modo di constatare, in assenza di altri tipi di informazione sull'AIDS, a partire dagli anni Ottanta alla stampa è stato affidato il compito di diffondere le notizie – all'inizio poche e incerte – su una malattia incurabile e dai sintomi mortali. Ma i giornali non si sono solo limitati a riproporre quanto presente nei documenti ufficiali del tempo: la stampa è diventata cassa di risonanza anche per le narrazioni polarizzate sui malati di AIDS di cui si è dato conto anche in queste pagine.

Nel caso dell'AIDS, si può forse parlare a giusto titolo di "bipolarismo mediatico": la stampa sembra muoversi, in modo costante, tra l'esigenza di informare in modo neutro e preciso i cittadini, e cercare di rafforzare, secondo varie strategie testuali e linguistiche, la discriminazione nei confronti del corpo malato. Questo aspetto emerge anche osservando l'utilizzo dei tecnicismi all'interno del corpus raccolto per la ricerca, in cui, se da un lato vengono utilizzati termini propri del linguaggio medico e scientifico, dall'altro gli stessi possono comparire all'interno di espressioni enfatiche (si pensi a *folle virus*, *flagello Aids* e così via) volte a evidenziare la distanza tra gruppi maggioritari (non malati) e minoritari (omosessuali e tossicodipendenti malati di AIDS).

Più in particolare, secondo alcuni studiosi – tra cui Lupton (1999, 38) –, nel caso dell'AIDS la stampa ha favorito la nascita di veri e propri archetipi narrativi utilizzati per discriminare categorie sociali già marginalizzate, la cui reiterazione in più contesti ne ha causato la permanenza nell'immaginario collettivo. L'archetipo si focalizza sugli aspetti negativi dei malati, cioè su quei tratti della categoria che possono essere dedotti in modo privativo dal gruppo dominante dei sani; le caratterizzazioni dei malati che ne risultano sono quindi semplicistiche e hanno lo scopo di mantenere la distanza tra i diversi gruppi sociali. L'archetipo può modificarsi nel corso del tempo e può variare sulla base del gruppo sociale interessato dalla malattia. Si pensi, in questo senso, alla vittimizzazione dei malati di AIDS e alla differenza che può intercorrere tra gli articoli in cui il racconto ruota attorno alla morte di un bambino affetto dalla malattia – fece particolare scalpore il caso di un bambino morto nel bresciano nel 1985 – e quelli in cui, invece, si parla della morte di omosessuali. In entrambi i casi si ha a che fare con una vittima, ma solo il bambino viene percepito in quanto tale, nel senso stretto del termine; nel caso degli omosessuali, "colpevoli" di non condurre una vita sessuale conforme alla maggioranza, la narrazione assume invece toni patetici e vittimizzanti, oppure paternalistici e di condanna. Ciò avviene perché, nel caso dei malati omosessuali, per la prima volta la stampa si è trovata a «illustrare e investigare aspetti legati alla sessualità» (Guidali 2022b, 122) e all'intimità del rapporto con il proprio corpo: per quanto riguarda gli omosessuali, la malattia ha reso ancora più esplicita la «violazione dei tabù sessuali» (Ranisio 2018, 26) da parte di questo gruppo sociale e, per questa ragione, la valutazione del corpo dei malati è spesso stata data dai giornali in termini etici, come «se comportamenti considerati al di fuori di una certa concezione della morale potessero di per sé spiegare lo stato di salute» (Ranisio 2018, 26) delle persone colpite da AIDS. Lo stesso è avvenuto anche nel caso dei tossicodipendenti, altra categoria discriminata per via dell'anormalità dei comportamenti sociali portati avanti da chi utilizzava droghe iniettabili.

Una simile narrazione ha favorito la presenza di un clima di sospetto costante nei confronti delle categorie a rischio; la rappresentazione mediatica dei malati ha perciò avuto un impatto duraturo sulla percezione sociale della malattia, contribuendo alla costruzione di un'immagine stigmatizzante e discriminatoria della stessa. In conclusione, si può affermare che la narrazione dell'AIDS nei quotidiani italiani sia il frutto della concomitanza di più fattori, la cui interrelazione ha comportato, come visto in questo lavoro, la progressiva polarizzazione del dibattito pubblico sulla malattia e la stigmatizzazione dei malati di AIDS. Come mostrato nell'analisi linguistica, questo tipo di narrazione sfrutta più elementi lessicali nella realizzazione di un racconto che ha lo scopo di screditare e annullare l'identità delle categorie malate sia in modo manifesto (attraverso i tecnicismi, ad esempio), sia in modo indiretto (con gli impliciti), andando a ribadire e rafforzare stereotipi e pregiudizi ben presenti al pubblico dei lettori. E quest'ultimo, in particolare, è l'aspetto forse maggiormente pericoloso nella narrazione dei gruppi minoritari, perché comporta l'accettazione pressoché silente del pregiudizio nei confronti delle categorie a rischio, causando l'inavvertita «cristallizzazione di rappresentazioni sociali» (Boero 2020, 126) diseguali.

Bibliografia

Ballestracci, Fiammetta et al. (2022): *L'Aids in Italia (1982–1996). Istituzioni, società, media.* Pisa: Pacini.

Baroni, Marco et al. (2004): Introducing the "la Repubblica" corpus. A large, annotated, TEI (XML) corpus of newspaper in Italian. In: *Proceedings of LREC 4th International Conference on language resources and evaluation.* Universidade Nova de Lisboa.

Boero, Marianna (2020): Sguardi sull'altro tra passione e narrazione: la figura del migrante. In:
Rivista italiana di Filosofia del Linguaggio, 123–133.

Bonomi, Ilaria (2002): *L'italiano giornalistico. Dall'inizio del '900 ai quotidiani on line.* Firenze: Franco Cesati editore.

Caputo, Andrea et. al. (2016): AIDS as social construction: text mining of AIDS related information in the Italian press. In: *AIDS Care* 28 (9), 1171–1176.

Dardano, Maurizio (1986): *Il linguaggio dei giornali italiani.* Roma / Bari: Laterza.

Dardano, Maurizio (1994): La lingua dei media. In: Castelnuovo, Valerio / Tranfaglia, Nicola (a cura di): *La stampa italiana nell'età della TV 1973–1994*. Roma / Bari: Laterza, 207–235.

Devoto-Oli 2024 = Serianni, Luca et al. (a cura di) (2024): *Nuovo Devoto-Oli 2024. Il vocabolario dell'italiano contemporaneo*. Firenze: Le Monnier.

Gabardi, Emanuele (2017): *STOP AIDS. I linguaggi della pubblicità contro l'Aids in Italia e nel mondo*. Milano: FrancoAngeli.

Gatta, Francesca (2014): Giornalismo. In: Antonelli, Giuseppe et al. (a cura di): *Storia dell'italiano scritto. III: Italiano dell'uso*. Roma: Carocci, 293–347.

Gualdo, Riccardo (2007): *L'italiano dei giornali*. Roma: Carocci.

Guidali, Fabio (2022a): L'altro maledetto virus. In: *PRETEXT* 18–19, 186–191.

Guidali, Fabio (2022b): I media e la rappresentazione dell'Aids negli anni Ottanta. In: Ballestracci et al. (a cura di): 85–154.

Lombardi Vallauri, Edoardo (2019): *La lingua disonesta. Contenuti impliciti e strategie di persuasione*. Bologna: Il Mulino.

Lupton, Deborah (1999): Archetypes of infection: people with HIV/AIDS in the Australian press in the mid-1990s. In: *Sociology of Health and Illness* 21 (1), 37–53.

Pulcinelli, Cristiana (2017): *AIDS. Breve storia di una malattia che ha cambiato il mondo*. Roma: Carocci.

Ranisio, Gianfranca (2018): La costruzione culturale dell'Aids: epidemia, pandemia o patologia cronica? In: Corbisiero, Fabio / Ranisio, Gianfranca (a cura di): *From curing to caring. Quality of life and longevity in patients with HIV in Italy*. Milano: PM Edizioni, 26–37.

Salvatore, Eugenio (2022): Per un'analisi della lingua dei giornali. In: Carlucci, Paola / Salvatore, Eugenio (a cura di): *Giornali italiani dopo il 1950. Questioni storiche e linguistiche*. Siena: Edizioni Università per Stranieri di Siena, 3–33.

Salvatore, Eugenio (2023): *Voci quotidiane. Enunciazione e testualità nei giornali del secondo Novecento*. Alessandria: Edizioni dell'Orso.

Sbisà, Marina (2007): *Detto non detto. Le forme della comunicazione implicita*. Roma / Bari: Laterza.

Stalnaker, Robert (2002): Common ground. In: *Linguistics and Philosophy* 25 (5), 701–725.

PARTE IV

Il corpo in azione

Il corpo nel bodybuilding maschile e femminile: analisi semantico-lessicale dei primi manuali di culturismo italiano

Giulia Mantovani

Abstract: The history of women's bodybuilding is marked by numerous concerns that have hindered its development alongside the male category, favouring the establishment of a double standard in official competitions. From its origins in the 1950s, Italian bodybuilding adopted different criteria for men and women, as the first manuals dedicated to the discipline clearly show: *Muscoli e bellezza* (1954) and *Armonia e bellezza* (1957). The very titles of these texts reveal a dualistic approach to the sport, motivated by the different perceptions of the two sexes. Through a semantic-lexical analysis of the language used to refer to the body, this article seeks to identify the linguistic elements that convey a different interpretation of the concept of bodybuilding, shaped by the gender distinction that still exists in society.

Keywords: body, female bodybuilding, gender, lexicology, topic modeling.

1. Introduzione

La storia del culturismo femminile è segnata dalle numerose remore che ne hanno ostacolato uno sviluppo in parallelo con la categoria maschile, favorendo l'instaurarsi di un doppio standard nelle competizioni ufficiali. L'analisi del modo in cui lo sport è stato concepito fin dalle sue origini è un tassello fondamentale per comprendere l'evoluzione del culturismo femminile nel contesto italiano. Tra le discipline sportive, il culturismo si distingue per essere stato particolarmente modellato sulla base delle caratteristiche corporee legate al sesso biologico, sul quale la società costruisce precise aspettative di genere[1]. Le aspettative sono trasmesse e rafforzate attraverso vari canali, a partire dalla lingua, veicolo privilegiato di tale processo.

Alcuni studi di linguistica italiana dedicati all'indagine del rapporto fra lingua, genere e corpo sono raccolti per esempio nel volume curato da Pietrini (2023). Tuttavia, la rappresentazione del corpo nello sport da una prospettiva linguistica e nella sua interazione con il costrutto sociale di genere rimane

[1] Per semplificazione, il contributo adotta una concezione binaria del genere.

un ambito poco esplorato (ma si vedano per esempio Giani 2017, 2019, 2024; Argenziano 2018). Per quanto riguarda il culturismo, l'argomento è stato oggetto di studio soprattutto nell'ambito dei *gender* e *cultural studies* di tradizione anglofona.

Il presente contributo si propone di approfondire la diversa definizione del culturismo femminile attraverso l'analisi dei primi due manuali italiani dedicati alla disciplina. L'indagine si concentrerà sulle differenze semantico-lessicali del linguaggio utilizzato per descrivere il corpo e verrà svolta attraverso metodi d'indagine qualitativi e quantitativi. L'obiettivo è quello di svelare i meccanismi linguistici attraverso i quali si sono diffuse le costruzioni di genere legate al culturismo.

2. I concetti di *mascolinità* e *femminilità*

Il corpo è un luogo attraverso cui si esprimono e si costruiscono i concetti di *mascolinità* e *femminilità*. In quanto costrutti sociali, i due concetti presentano alcune caratteristiche stereotipate costanti nella percezione della società occidentale, come la forza e la virilità nel caso della mascolinità, mentre l'eleganza e l'armonia sono tradizionalmente associate alla femminilità (cfr. Bifulco/Tuselli 2017, 258–262). Nel suo volume paradigmatico *Il sessismo nella lingua italiana*, Alma Sabatini denunciava la marcatezza del sostantivo *femminilità*, i cui valori semantici non riflettono doti naturali, ma stereotipi di stampo patriarcale (cfr. A. Sabatini 1993, 65). L'ideale di donna associato a questo concetto è stato ridefinito nel tempo, alternando corpi formosi o delicati – a simboleggiare il comportamento premuroso e domestico della donna – a corpi magri, segno di fragilità e vulnerabilità. L'ipertrofia muscolare, invece, non è mai stata percepita come un attributo femminile (cfr. Shilling/Bunsell 2009, 146).

Pur trattandosi di costrutti sociali, i concetti di mascolinità e femminilità hanno conseguenze reali nella società, e influenzano il nostro modo di pensare e di agire (cfr. Rosdahl 2017, 4–5). In una società misogina, per esempio, le caratteristiche medie del corpo femminile sono strumentalizzate per giustificare la disuguaglianza sociale fra i due sessi[2]: la forza fisica

2 Sulla differenza fra sesso (genere naturale o biologico) e genere sociale cfr. Luraghi/Olita (2006, 28).

mediamente superiore degli uomini si traduce nell'idea che una donna non possa raggiungere i loro stessi risultati in termini cognitivi e pratici (cfr. Grosz 1994, 14), favorendo una posizione dominante dell'uomo (cfr. Bifulco/Tuselli 2017, 260). Il modo in cui i corpi vengono rappresentati nel discorso può rivelarci allora la loro condizione nella società (cfr. Ruspini 2013, 27), poiché l'espressione linguistica non è scevra da stereotipi consolidati anche inconsciamente (cfr. Cavagnoli 2019, 10–11).

3. Sport e genere in prospettiva storica

Un'altra sede in cui si riflettono e si rafforzano le idee sulle differenze di genere è lo sport, in cui la corporeità gioca un ruolo centrale (cfr. Bifulco/Tuselli 2017, 256–258). L'accesso delle donne allo sport, in particolare a livello agonistico, è stato a lungo ostacolato dalle istituzioni della Chiesa e dalla scienza medica, che nel XIX e per gran parte del XX secolo hanno giustificato l'esclusione con argomentazioni di tipo morale e fisiologico, come il rischio di infertilità per la donna (cfr. Giuntini 2017, 362). Durante il regime fascista si osservano politiche contraddittorie generate dal tradizionalismo promosso e il potenziale propagandistico offerto dallo sport. Verso la fine degli anni Trenta, infatti, il regime riconosce la possibilità di strumentalizzare lo sport femminile come un ulteriore mezzo per mobilitare le masse e per affermare la superiorità della razza italiana a livello internazionale (cfr. D'Angelo/Fonzo 2017, 335–356).

L'esclusione delle donne ha interessato in particolare le discipline sportive che richiedono uno sforzo fisico intenso, trovando sostegno nell'azione dei media, che da un lato hanno nascosto, attraverso scelte linguistiche non inclusive, l'effettiva partecipazione delle donne (cfr. A. Sabatini 1993, 85), dall'altro hanno contribuito a radicare nell'opinione pubblica l'idea che per le donne sarebbe più difficile competere a livello agonistico. Un esempio palmare è il caso mediatico delle Olimpiadi di Amsterdam del 1928: la narrazione emotivamente sovraccarica dell'affaticamento delle atlete al termine della gara femminile degli 800 metri portò all'esclusione della disciplina dal programma olimpico fino al 1960 (cfr. Giuntini 2017, 361–366). Sebbene ancora negli anni Ottanta diverse discipline fossero caratterizzate da una partecipazione prevalentemente maschile, lo sport ha costituito un terreno fertile per i movimenti emancipatori femminili (cfr. Argenziano 2018, 113).

Nel contesto sportivo, infatti, «possono trovare accoglimento esperienze di rottura, di conflitto, di sfida e di ridefinizione delle idee dominanti sul genere» (Bifulco/Tuselli 2017, 256). Lo sport diventa allora uno strumento cruciale per raggiungere la parificazione di genere, un potenziale che, tuttavia, non è stato ancora pienamente valorizzato nel caso del culturismo.

4. Il culturismo femminile

Nel culturismo femminile si trovano aspetti fra loro contrastanti: lo sport promuove lo sviluppo della forza e della muscolatura ipertrofica, contraddicendo l'ideale comune di femminilità. Allo stesso tempo, però, il potenziale di una rielaborazione del concetto di femminilità rimane in gran parte inesplorato, poiché le competizioni continuano a pretendere una presentazione da parte delle atlete che enfatizzi elementi tradizionalmente ritenuti femminili, come i costumi colorati, i capelli lunghi o il make-up appariscente (cfr. Bifulco/Tuselli 2017, 264–265). La donna culturista trasgredisce quindi solo parzialmente la concezione di femminilità dominante in Occidente (si veda a riguardo Shilling/Bunsell 2009, 141–142), facendo del proprio corpo un «contested ideological terrain» (Messner 1988, 197).

La prima competizione nazionale di bodybuilding femminile si tenne nel 1978 negli Stati Uniti (cfr. Todd/Harguess 2012, 7), con un ritardo decisivo rispetto alla prima gara mondiale maschile che si svolse a Londra nel 1901 (cfr. Campitelli 2014, 12). L'allenamento della maggior parte delle culturiste, inoltre, non era orientato allo sviluppo dei muscoli, ma a quello di un corpo atletico e simmetrico. Ancora negli anni Ottanta, quando il culturismo femminile conosce una crescita esponenziale, la muscolatura eccessiva nelle competizioni veniva penalizzata in quanto ritenuta poco femminile (cfr. Wedemeyer 1996, 69–73; Todd/Harguess 2012, 7 e 16).

Dal punto di vista storico, i primordi del culturismo risalgono agli ultimi decenni del XIX secolo, quando lo sport si sviluppa negli Stati Uniti e in Europa nell'ambito dell'atletica pesante per promuovere un corpo atletico, salutare e simmetrico. Parallelamente si diffonde un interesse per l'aspetto muscoloso ispirato ai modelli maschili dell'antichità, inteso come reazione alla vita sedentaria dell'uomo moderno. Il culturismo sosteneva, quindi, un ideale di anti-civilizzazione dell'uomo, che doveva ricongiungersi allo stato preindustriale seguendo uno stile di vita sano che curasse l'alimentazione e il corpo (cfr. Wedemeyer 1993, 183–189). Infatti, il composto inglese *bodybuilding* (letteralmente 'costruzione del corpo'), la cui prima attestazione, secondo l'*Oxford English Dictionary*, risale al 1855, inizialmente era un aggettivo riferito agli alimenti che contribuiscono a sviluppare i tessuti muscolari (OED, s.v. *body-building*).

Il materiale pubblicitario, le riviste e i libri pubblicati nel corso del XX secolo in seguito a una crescente attenzione verso la cura del corpo testimoniano come il culturismo, fin dalle sue origini, sia stato concepito in modo differente a seconda del sesso. In Italia, il primo manuale di bodybuilding sembra essere *Muscoli e bellezza. Metodo di ginnastica scientifica americana* (d'ora in poi M&B), pubblicato nel 1954 dal pioniere del culturismo italiano John Vigna, nome d'arte di Giovanni Vignarelli[3]. Il trattato fu un successo editoriale, contribuendo in modo significativo alla diffusione della disciplina in Italia. Probabilmente, il termine *culturismo* venne usato proprio in questo contesto: il *Nuovo De Mauro*, infatti, registra la prima attestazione nel 1956[4].

Nel 1957 appare sul mercato *Armonia e bellezza. Metodo di ginnastica culturista femminile* (A&B), il *pendant* di M&B destinato al culturismo femminile e redatto dalla nuotatrice Paola Brusati di Settala su incarico di Vignarelli. Pur essendo stati pubblicati come testi complementari nella stessa collana e dalla stessa casa editrice (M.E.B. Torino), i due manuali si differenziano già nei titoli, che mettono in primo piano da un lato la muscolatura, dall'altro l'armonia del corpo. Attraverso un'analisi lessicale dei due manuali in prospettiva contrastiva, nei paragrafi che seguono ci si propone di comprendere la diversa concezione del corpo al fine di individuare le aspettative di genere espresse nei testi e che ancora oggi plasmano la nostra idea di culturismo femminile.

---

3 Due anni più tardi, Vignarelli fonderà a Torino l'*Istituto John Vigna di Alto culturismo fisico*.

4 La parola andrebbe quindi retrodatata al 1954, anno di pubblicazione del volume di John Vigna in cui compaiono 23 occorrenze di *culturismo*.

5. Metodo e analisi

Di seguito verranno confrontati i testi dei manuali, convertiti in testi ricercabili (*OCR*), a livello lessicale e frasale, incrociando i dati di tipo quantitativo con approcci qualitativi. Dopo una prima descrizione dei peritesti (§ 5.1) verranno mostrati gli argomenti principali che ricorrono rispettivamente nei due manuali (§ 5.2), le parole uniche (§ 5.3), e infine le combinazioni dei sostantivi pertinenti al campo lessicale del corpo con aggettivi connotati (§ 5.4)[5]. I dati raccolti attraverso il software di analisi *MAXQDA* sono stati combinati con la lettura dei singoli impieghi d'uso.

5.1 I peritesti

I peritesti dei due manuali offrono informazioni preliminari che confermano la percezione di una diversa impostazione del culturismo per i due sessi. Nella sinossi di *Muscoli e bellezza*, Vignarelli presenta l'intento del libro come quello di «riportare al valore che avevano presso la civiltà greca la forza e la bellezza» (M&B 1954, sinossi). Nella prefazione, l'autore descrive i muscoli come «doti eminenti della forza maschia e della maschia bellezza» (M&B 1954, 10), sottolineando la correlazione fra lo sviluppo della forza fisica e i benefici sull'autostima, sulle relazioni interpersonali e sulla carriera. Lo scopo promozionale del manuale è quello di proporre l'immagine di un uomo muscoloso come simbolo di salute, piacere estetico e affidabilità, caratteristiche che lo predispongono anche al successo nel mondo del lavoro. La descrizione riflette dunque chiaramente l'idea per cui un uomo forte sia avvantaggiato nella società.

La sinossi di *Armonia e bellezza*, invece, promette alle lettrici «la scomparsa della maggior parte di quelle deficienze fisiche che umiliano chi ne è afflitta» e il mantenimento di un corpo «snello, sano ed armonioso anche in chi non è più in giovanissima età» (A&M 1957, sinossi). L'obiettivo del manuale, descritto nella prefazione a cura di Vignarelli, è di aiutare le donne a sviluppare un corpo armonioso, con benefici anche sulla psiche:

---

5 Nel contributo si impiega il termine *combinazione* al posto di *collocazione* perché nella maggior parte dei casi si tratta di sintagmi in combinazione libera piuttosto che di unità lessicalizzate (cfr. a proposito Faloppa 2010, online).

«quando una donna è sana, bella e si sente ammirata migliora anche il proprio carattere essendo meno portata alle crisi depressive» (A&M 1957, prefazione). L'autore consiglia il libro alle donne che non solo desiderano preservare la propria bellezza, giovinezza e salute, ma anche quella dei figli, «perché da donne sane sia fisicamente che moralmente nascono figli sani e forti» (A&M 1957, prefazione).

I motivi promozionali nei due manuali si distinguono nettamente nel tipo di vantaggi promessi. Per gli uomini si pone l'accento sul legame fra salute fisica e successo professionale, mentre per le donne i benefici si manifesterebbero principalmente nell'umore e nella sfera famigliare.

5.2 Gli argomenti principali: il *topic modeling*

La scomposizione dei due manuali negli argomenti principali è stata svolta attraverso la tecnica del *topic modeling* ('modellazione tematica') offerta dal software *MAXQDA*. Il *topic modeling* è un metodo esplorativo tramite il quale le co-occorrenze delle parole in un testo vengono registrate e raggruppate in modo automatico in 'argomenti', denominati successivamente dall'utente. Se alcune parole ricorrono frequentemente insieme, verranno associate automaticamente a uno stesso argomento. Nel corpus M&B, per esempio, la parola *atleta* compare frequentemente insieme a *stranieri* e *americani*; il software ha quindi inserito le tre parole in uno stesso gruppo tematico, che è stato successivamente denominato *sport/competizioni* (v. sotto).

Prima di avviare l'analisi è stata attivata la lemmatizzazione automatica delle forme di parole; fra le impostazioni disponibili, inoltre, si è scelto di individuare solo i primi cinque temi principali di ciascun manuale. Infine, è stata inserita una lista di *stop-words*, ovvero di parole semanticamente vuote, da escludere dai risultati. Il risultato di M&B presenta temi relativi a 1) sport/competizioni, 2) esercizi, 3) salute, 4) corpo, 5) alimentazione. Il primo campo tematico comprende varie parole riferite agli atleti americani e alle competizioni negli Stati Uniti, il paese da cui Vigna ha importato il bodybuilding, come *atleta*, *americano*, *mondiale*, *straniero*. Il tema degli esercizi fisici comprende i lessemi *piegare*, *supino*, *sollevare*, mentre il gruppo 3) sulla salute raggruppa lessemi riferiti agli organi, come *polmone*, e agli elementi che agiscono nei processi fisiologici, come *proteina* e *vitamina*. Il gruppo tematico 4) relativo al corpo contiene lessemi riferiti alle parti del corpo come *gamba*, *muscolatura*, *pettorale*. Il gruppo 5), che è stato denominato *alimentazione*, raggruppa parole come *dieta*, *latte*, *miele*, *frutta*.

I primi quattro temi di A&B sono a grosso modo gli stessi di M&B; tuttavia, si posizionano in un ordine di rilevanza diverso, basato sulla quantità delle parole contenuta in ciascuna categoria: 1) corpo, 2) alimentazione, 3) esercizi, 4) salute/igiene. Come si mostrerà anche più sotto (§ 5.4), il tema della corporeità comprende parole con significati associati a valori negativi, come *grosso* e *difetto*. Il secondo gruppo tematico contiene parole appartenenti al campo lessicale della dieta, come *grasso*[6], *ingrassare*, *dimagrire*. Trascurando i lessemi relativi all'esecuzione degli esercizi, meno rilevanti per gli scopi del contributo, si può osservare che il gruppo 4), relativo alla salute, include parole anche più specificamente connesse alla sfera dell'igiene personale rispetto a M&B, come *sapone* e *shampoo*. Infine, fra i primi cinque argomenti si colloca il tema dell'estetica (5) con lessemi quali *bellezza*, *portamento*, *capelli*.

I risultati del *topic modeling* offrono una prima visione generale del corpus, evidenziando alcune differenze significative: in M&B emerge una maggiore ricorrenza di lessemi legati allo sport e alle competizioni, mentre in A&B si nota un'attenzione più accentuata verso l'aspetto estetico e la cura personale. I lessemi registrati in ogni argomento rappresentano quelli che ricorrono più frequentemente, ma per comprendere a fondo le caratteristiche linguistiche dei due testi è stata condotta un'analisi delle parole uniche di ciascun manuale.

5.3 Parole uniche

Di seguito sono riportate le parole che riguardano la ginnastica culturista in senso lato (escludendo tuttavia le parole relative agli esercizi) e che ricorrono almeno sei volte. Poiché i due manuali contano un numero diverso di parole totali (9.783 per M&B e 6.831 per A&B, escludendo le *stop-words*), verrà segnalata fra parentesi la frequenza delle parole uniche normalizzata su 1.000 parole e arrotondata a due decimali.

---

6 Come si è accennato sopra (§ 5), le occorrenze sono state controllate nei loro contesti d'uso per escludere possibili polisemie, come nel caso di *grasso* che può riferirsi sia alla sostanza animale, sia al tessuto adiposo del corpo.

Adottando questi criteri, i risultati ci offrono un totale di 14 parole (incluse tutte le possibili declinazioni e i derivati, questi ultimi esplicitati) che compaiono unicamente in M&B: *culturismo/culturista* (7,26), *atleta/atletico* (6,64), *potenza/potente/possente* (2,35), *scuola* (1,43), *America/americano* (1,33), *sessuale* (1,23), *individuo* (1,23), *palestra* (1,23), *Mister* (0,92), *sentimento* (0,2), *avambraccio* (0,82), *psichico* (0,61), *razionale* (0,61), *Universo* (0,61). In A&B, invece, risultano esserci quattro parole uniche: *grosso* (1,32), *ingrassare/ingrassante* (1,02), *fegato* (0,88), *limone* (0,88).

Le parole uniche presenti in M&B appartengono prevalentemente al campo lessicale dello sport e della preparazione atletica. Si nota, in particolare, l'uso dei termini *culturismo/culturista*, che in A&B compaiono esclusivamente in una citazione posta nel frontespizio, nel nome dell'Istituto di John Vigna riportato nel colophon e sulla copertina come derivato aggettivale (*ginnastica culturista*), e sono invece assenti nel testo vero e proprio. La mancanza di queste parole in A&B, insieme all'assenza di *atleta* (o dell'ipotetico *atletessa*, cfr. a proposito Giani 2024) è significativa, perché segnala la mancanza di una concezione del culturismo femminile come disciplina sportiva.

L'impressione viene ulteriormente rafforzata dall'assenza, in A&B, del lessico relativo alle competizioni sportive, registrato in M&B. Nel manuale dedicato agli uomini si parla infatti di una vera e propria *scuola* di culturismo fisico, una *palestra culturista* ispirata al metodo *americano*, intesa come disciplina *razionale* per la formazione di atleti riconosciuti con titoli prestigiosi quali *Mister Universo*. Come accadde per altre discipline sportive (cfr. per esempio D'Angelo/Fonzo 2017; Giuntini 2017), anche il culturismo, fin dai suoi esordi in Italia, è stato concepito come uno sport prevalentemente maschile.

Degno di nota è anche l'aggettivo *psichico*, che in M&B si riferisce al legame fra lo sviluppo di un fisico muscoloso e la formazione di un *sentimento* di *potenza* – un tema a cui, fra l'altro, è dedicato un intero capitolo –, che porterebbe al superamento dei complessi di inferiorità diffusi soprattutto nella sfera *sessuale*.

In A&B, invece, le parole uniche appartengono soprattutto al campo lessicale della dieta e dei difetti estetici: si fa riferimento a una dieta *ingrassante*, a esercizi mirati per correggere gambe troppo *grosse* alla coscia o al polpaccio, e si consiglia il consumo di *fegato* per il suo apporto di vitamine, e di *limone* per una dieta dimagrante.

5.4 Combinazioni e connotazioni

L'analisi si è concentrata successivamente sulle combinazioni dei sostantivi riferiti al corpo, limitandosi alle cinque parole più frequenti in ciascun manuale modificate da aggettivi connotati. Calcolati su 1.000 parole, i sostantivi analizzati sono, per M&B, *muscol** (10,63), *gamb** (8,79) *bracci** (8,83), *corp** (6,85), *spall** (2,76), mentre per A&B *gamb** (17,85), *pied** (11,71), *spall** (7,61), *fianc** (3,37), *schiena* (3,22). Le tabelle registrano la loro combinazione con aggettivi connotati in senso positivo o negativo. La connotazione è stata verificata con la lettura dei contesti d'uso. Nel caso di *gambe lunghe* (Tab. 2), ad esempio, il sintagma è usato sia in accezione positiva sia negativa. Sono stati esclusi dall'analisi gli aggettivi impiegati per fornire indicazioni tecniche sullo svolgimento degli esercizi, come nel caso di: «Mantenendo la schiena diritta e la testa alta, piegare le ginocchia» (A&B 1957, 162).

Tabella 1: Combinazioni delle parole sul corpo in M&B

Lessema	Connotazione positiva	Connotazione negativa
muscolo	muscoli forti (2), muscoli voluminosi (1), muscoli possenti (1), muscolatura giovanile (1), solidi muscoli (1), muscoli sviluppati (1), muscoli gonfi (1)	–
gamba	gambe agili (3), gambe robuste (2), gambe forti (1)	–
braccio	braccia atletiche (3)	–
corpo	corpo agile (1), corpo prestante (1), corpo valorizzato (1), corpo sano (1), splendide corporature (1)	esile corporatura (1), adiposità del corpo (1)
spalla	spalle larghe (5)	spalle cadenti (1)

Tabella 2: Combinazioni delle parole sul corpo in A&B

Lessema	Connotazione positiva	Connotazione negativa
gamba	gambe perfette (2), gambe lunghe (1)	gambe grosse/troppo grosse (5), gambe arcuate (4), gambe troppo magre (2), gambe lunghe (1), gambe corte (1), gambe sgraziate (1)
piede	–	piedi grossi (2)
spalla	spalle dritte (1)	spalle alte (3), spalle spioventi (3), spalle strette (2), spalle curve (3),
fianco	fianchi ben modellati (1)	fianco adiposo (1), fianco mal modellato (1)
schiena	–	schiena incurvata verso il basso (3)

La tabella 1 mostra un uso più frequente di aggettivi connotati positivamente nella descrizione del corpo maschile, mentre si ravvisa una tendenza opposta per quanto riguarda la lingua del corpo nel manuale femminile (Tab. 2). I risultati degli studi linguistico-cognitivi, che hanno dimostrato come l'uso delle parole possa avere degli effetti sulla psiche (cfr. Riketta/Dauenheimer 2003; Foolen 2015), suggeriscono che il comportamento linguistico svolge un ruolo centrale nel plasmare la realtà. Gli aggettivi con valenza negativa o positiva, portatori di giudizi, possono infatti influire sulla percezione del corpo, da un lato accentuando le insicurezze, dall'altro rafforzando l'autostima.

6. Il culturismo oggi: regolamenti ufficiali

Per riflettere sull'eredità delle differenze concettuali che hanno influenzato il culturismo odierno, il paragrafo conclusivo di questo contributo è dedicato ai regolamenti ufficiali delle associazioni di bodybuilding. Ancora oggi, infatti, il culturismo è uno sport dominato dagli uomini, in cui i criteri di valutazione nelle competizioni maschili si focalizzano sulla grandezza e sulla forma dei muscoli, mentre nelle competizioni femminili prevale ancora il parametro della femminilità (cfr. Rosdahl 2017, 5–6). Dagli anni Cinquanta ad oggi, il culturismo femminile si è evoluto in uno sport in cui le donne hanno progressivamente aumentato gli standard relativi alla massa muscolare, sfidando i regolamenti ufficiali delle competizioni (cfr. Todd /Harguess 2012, 15–19). Tuttavia, i regolamenti delle principali associazioni nazionali e internazionali continuano a presentare differenze significative fra le categorie maschili e femminili.

Un esempio emblematico si trova nel regolamento 2023 della *Bodybuilding & Fitness Federation Italia* (BBF). Fra i criteri di valutazione per la categoria *women's physique* viene esplicitamente indicato quello della femminilità: l'atleta, infatti, «[p]ur avendo una muscolarità evidenziata deve apparire femminile» (BBF Italia 2023, online). La massa muscolare, inoltre, deve essere «evidenziata ed equilibrata senza eccessiva enfasi» (BFF Italia 2023, online). Al contrario, nella categoria maschile non viene imposto alcun limite allo sviluppo del muscolo, né viene menzionato un criterio di mascolinità, implicando che i muscoli sono già considerati un attributo maschile. Nelle competizioni femminili, quindi, le atlete devono comprovare la propria femminilità (cfr. Rosdahl 2017, 5–8), stabilita in modo soggettivo dai giudici (cfr. Hunter 2013, 5).

7. Conclusioni

L'analisi lessicale dei manuali a confronto ha messo in evidenza le differenze a livello di argomenti principali, unicità delle parole e connotazioni degli aggettivi riferiti al corpo. I risultati mostrano una concezione del corpo diversa che si riflette in una definizione alternativa del culturismo femminile rispetto a quello maschile. Entrambi i manuali invitano il lettore a considerare il corpo come un elemento da curare attraverso la cultura fisica. Tuttavia, la differenza fra i due testi emerge chiaramente nel tipo di 'corpo ideale' promosso. Nel caso del culturista, infatti, il corpo è associato alla forza, alla potenza e alla muscolatura voluminosa, caratteristiche che si ripercuotono sulle prestazioni sociali, lavorative e sessuali. La bellezza maschile viene quindi definita principalmente attraverso lo sviluppo muscolare, con aggettivi che descrivono il corpo in senso positivo. Per il corpo femminile, invece, i sostantivi più frequenti sono accompagnati da aggettivi con connotazione negativa. Il manuale pone l'enfasi, inoltre, su elementi generalmente associati alla bellezza come la pelle e i capelli, e sull'alimentazione, considerati ingredienti essenziali per assicurare la salute, la stabilità emotiva e la procreazione.

Il concetto di bellezza corporea femminile si collega allora più intimamente all'idea di armonia, intesa come benessere psicofisico.

Infine, solamente il testo di M&B utilizza la parola *culturismo* per denotare una disciplina sportiva agonistica, mentre l'assenza di nomi d'agente per riferirsi alle sportive femminili in A&B riflette quella che, ancora oggi, è la minore accettazione delle categorie femminili nel bodybuilding. Il culturismo, infatti, continua a essere uno sport contestato, in cui le donne devono dimostrare la legittimità della propria partecipazione. Allo stesso tempo, tuttavia, la disciplina rappresenta un'opportunità per sfidare gli stereotipi e promuovere una parità di genere nello sport, che valorizzi le capacità e gli attributi effettivi degli atleti indipendentemente dal sesso biologico e dalle relative aspettative di genere. Come si spera di aver mostrato nel contributo, questa sfida può essere affrontata anche attraverso un uso consapevole della lingua, che non solo «esprime la nostra visione dei fatti […] [, ma] in notevole misura condiziona e guida tale visione» (F. Sabatini 1993, 9).

Fonti primarie

Di Settala, Paola Brusati (1957): *Armonia e bellezza. Metodo di ginnastica culturista femminile*. Torino: MEB.

Vigna, John (1954): *Muscoli e bellezza. Metodo di ginnastica scientifica americana*. Torino: MEB.

Bibliografia

Argenziano, Rosa (2018): Note sull'uso del genere nella lingua dello sport: il caso del calcio. In: *Lingue e culture dei media*, 107–125.

BFF Italia = *Bodybuilding & Fitness Federation. Regolamento tecnico ufficiale competizioni bodybuilding 2023*. URL: https://asdbodybuilding.it/wp-content/uploads/2023/04/Regolamento_gare_BB_BBF_2023.pdf (16-01-2025).

Bifulco, Luca / Tuselli, Alessia (2017): Corpi sportivi e identità di genere: il *Crossfit*. In: *La camera blu* 17, 254–282.

Campitelli, Stefano (2014): *Storia e filosofia del body building*. Salerno: Booksprint.

Cavagnoli, Stefania (2019): La grammatica della lingua di genere. Dissimmetrie semantiche e stereotipi. In: GiULiA Giornaliste (a cura di): *Stereotipi Donne Nei Media*. Milano: Ledizioni, 9–41.

D'Angelo, Giuseppe / Fonzo, Erminio (2017): «Arrivederci a Tokyo»: Ondina Valla e lo sport femminile durante il fascismo. In: *La camera blu* 17, 332–360.

Faloppa, Filippo (2010): Collocazioni. In: Simone, Raffaele (a cura di): *Enciclopedia dell'italiano*. Roma: Istituto della Enciclopedia Treccani. URL: https://www.treccani.it/enciclopedia/collocazioni_(Enciclopedia-dell%27Italiano)/ (16-01-2025).

Foolen, Ad (2015): Word valence and its effects. In: Lüdtke, Ulrike M. (a cura di): *Emotion in Language: Theory – Research – Application*. Amsterdam et al.: John Benjamins, 241–255.

Giani, Marco (2017): «Amo moltissimo il giuoco del calcio»: storia e retorica del primo esperimento di calcio femminile in Italia (Milano, 1933). In: *La camera blu* 17, 384–422.

Giani, Marco (2019): L'estate della *portiera*: polemiche sul linguaggio di genere per il calcio femminile. In: *Lingue e culture dei media* 3, 16–71.

Giani, Marco (2024): Quell*a campione di* un'*atletessa*! Parole per le sportive, nell'Italia del ventennio. In: *Lingue e culture dei media* 8 (2), 95–115.

Giuntini, Sergio (2017): Gli 800 metri: una gara atletica vietata alle donne. In: *La camera blu* 17, 361–370.

Grosz, Elizabeth (1994): *Volatile bodies: toward a corporeal feminism*. St. Leonards: Allen & Unwin.

Hunter, Sheena A. (2013): *Not simply women's bodybuilding: gender and the female competition categories.* Georgia State Univ.: ScholarWorks.

Luraghi, Silvia / Olita, Anna (2006): Introduzione. In: Luraghi, Silvia / Olita, Anna (a cura di): *Linguaggio e genere: grammatica e usi*. Roma: Carocci, 15–41.

Messner, Michael A. (1988): Sport and male domination: the female athlete as contested ideological terrain. In: *Sociology of sport journal* 5, 197–211.

Nuovo De Mauro = Grande dizionario italiano dell'uso, diretto da Tullio de Mauro. URL: https://dizionario.internazionale.it/.

OED = *Oxford English Dictionary*. URL: https://www.oed.com/dictionary/body-building_adj?tab=meaning_and_use#137598541.

Pietrini, Daniela (a cura di) (2023): *Lingua e discriminazione: studi diacronici, lessicali e discorsivi*. Lausanne et al.: Peter Lang.

Riketta, Michael / Dauenheimer, Dirk (2003): Manipulating self-esteem with subliminally presented words. In: *European journal of social psychology* 33, 679–699.

Rosdahl, Jamilla (2017): *Sculpting the woman: muscularity, power and the problem with femininity.* Oxford et al.: Peter Lang.

Ruspini, Elisabetta (2013): *Le identità di genere.* Roma: Carocci.

Sabatini, Alma (a cura di) (1993): *Il sessismo nella lingua italiana.* Roma: Istituto poligrafico e zecca dello stato.

Sabatini, Francesco (1993): Più che una prefazione. In: Sabatini, Alma (a cura di): *Il sessismo nella lingua italiana*. Roma: Istituto poligrafico e zecca dello stato, 9–15.

Shilling, Chris / Bunsell, Tanya (2009): The female bodybuilder as a gender outlaw. In: *Qualitative research in sport, exercise and health* 1 (2), 141–159.

Todd, Jan / Harguess, Desirée (2012): Doris Barrilleaux and the beginnings of modern women's bodybuilding. In: *Iron game history* 11 (4), 7–21.

Wedemeyer, Bernd (1993): 'Der Weg zur Kraft': die 'Bodybuilding-Ideologie' um 1900 als Gegenentwurf zum industrialisierten Menschen. In: Dauskardt, Michael et al. (a cura di): *Der industrialisierte Mensch: Vorträge des 28. deutschen Volkskunde-Kongresses in Hagen vom 7. bis 11. Oktober 1991.* Münster: Ardey, 183–190.

Wedemeyer, Bernd (1996): *Starke Männer, starke Frauen: eine Kulturgeschichte des Bodybuildings*. München: Beck.

Retorica e narrazione del corpo nelle prediche dal Quattro al Seicento

Raphael Merida

Abstract: This work examines the representation of the body in sacred prose from the early 15th to the late 17th century. Starting from the sermons of Bernardino da Siena and arriving at those written by Paolo Segneri, some linguistic and rhetorical structures of the sermons will be analysed in relation to the narration of the body in contrast to the narration of the soul. Furthermore, the body will be considered, pragmatically understood as the human body, made of flesh, bones and blood, and the body of God, described as an unattainable point of aesthetic perfection. Finally, the essay will focus on some aspects of the *actio* both from the point of view of the treatises on sacred eloquence and from that of contemporary artistic representation.

Keywords: sacred oratory, rhetoric, linguistics, Paolo Segneri, artistic representation.

1. Introduzione

La rappresentazione delle emozioni umane attraverso la fisicità del corpo e la spiritualità dell'anima è uno degli aspetti che corrobora l'*actio* all'interno della predicazione d'argomento sacro. Si tratta di una raffigurazione che cammina su due binari paralleli: da una parte la sofferenza fisica, incarnata principalmente dalle figure dei santi, dall'altra la descrizione della malattia e della deformazione, tipica, invece, dell'essere umano. Il particolare impasto linguistico delle prediche (fatto di tecnicismi d'area medica, botanica, anatomica ecc.) e alcune soluzioni retorico-sintattiche (accumulazione di coordinate o di subordinate, anastrofi, iperbati, isocoli ecc.) si coniugano per mettere in scena la malattia e la sofferenza e per sviluppare la parte centrale della predica, cioè la narrazione.

Il presente contributo, partendo dal Quattrocento e fermandosi alla fine del Seicento, analizzerà le strutture linguistiche delle prediche in relazione al racconto del corpo, inteso come strategia di comunicazione adatta ad amplificare la commozione dell'uditorio. Il saggio si concentrerà, infine, su un ulteriore aspetto: la resa scenica e artistica della predica. Secondo gli schemi retorici del Cinque e del Seicento, infatti, il bravo predicatore era colui che riusciva a predicare dal pulpito o in piazza usando il proprio corpo secondo rigide regole corporee, per esempio l'uso delle mani e delle braccia e le espressioni del volto.

2. Esempi quattrocenteschi

Le prediche senesi di Bernardino, messe in scena sulla Piazza del Campo di Siena nel 1427, rappresentano, com'è noto, un esempio di trascrizione «*de verbo ad verbum*», così come scrive l'anonimo autore del prologo della raccolta delle prediche[1]. Da lui apprendiamo che queste prediche furono raccolte dal senese Bartolomeo di Benedetto, contemporaneo di Bernardino, il quale scrisse «le presenti prediche non lassando nissuna parola che non scrivesse, come lui predicava» (Bernardino da Siena 1989, I, 5). La presenza di tracce dell'oralità sottostante nelle *reportationes* è stata più volte ribadita, tanto che Francesco Sabatini, in un suo contributo del 1983, «ha inserito le prediche nel novero delle fonti utili per la ricostruzione del parlato in testi antichi» (Palermo 2016, 170)[2]. Gli studi della seconda metà del Novecento, in generale, hanno cercato di portare alla luce tracce del parlato nell'orditura sintattica dei predicatori; superando la rigida dicotomia del rapporto scritto/parlato, Cardona (1983, 25) mostra che «c'è un continuo e documentabile scambio tra i due mondi dell'oralità e della scrittura, che non sono province remote l'una dell'altra, ma continuamente comunicano, per staffette e ambasciatori». Delcorno (2009, 47), nei suoi studi su Giordano e Bernardino, evidenzia che l'oralità delle prediche non è un'oralità spontanea ed elementare, ma una costruzione testuale debitrice nei confronti della retorica.

Il repertorio di qualsiasi predicatore, dal Medioevo all'inizio del Settecento, comprende figure oppositive e ripetitive che si susseguono, nei casi più estremi, per intere pagine[3]. L'opposizione, di norma, avviene nella formulazione dei contenuti e può riguardare diversi àmbiti semantici; le ripetizioni, come ricorda Delcorno (2009, 47), «sono spesso ribadite dalle figure retoriche naturalmente tributarie dell'iterazione e della rima: anafora, epifora, *complexio*». I meccanismi di iterazione, come riscontrato negli studi di retorica, rientrano nelle figure di parola *per adiectionem* creando un effetto di «*amplificatio* emozionale», per usare le parole di Lausberg (1969, § 241). In questo modo, il predicatore ottiene una duplice espansione del testo: "verticale", che

---

1 Il prologo fu scritto fra il 1450 e il 1466, anno in cui fu trascritto nel codice Ottoboniano latino 3293 da Ghoro di Michelagniolo (Bernardino da Siena 1989, I, 81 n. 1).

2 La fedeltà delle *repertotationes* è stata a lungo dibattuta; si vedano, in proposito, Delcorno (1989, 241–260); Colombo (2014, 261–292); Bruni (2015, 11–25).

3 Si rimanda, a tal proposito, al repertorio delle figure oppositive e ripetitive illustrato da Giovanni Pozzi (1997, 189–198) per santa Maria Maddalena de' Pazzi.

porta avanti un concetto; "orizzontale", che lavora sul piano sintagmatico, aggiungendo e riprendendo parti di testo[4].

Le sfere d'azione dell'opposizione e della ripetizione, come si diceva, sono produttive in diversi ambiti del sapere; tra questi rientrano i campi della medicina, dell'anatomia, della botanica, dell'astronomia e della teologia. L'intreccio di questi cinque saperi è spesso proficuo nelle prediche: si parla, infatti, di *cura*. Nella seconda predica, per esempio, Bernardino (1989, I, 35) ragiona sulla «mirabile cura che Idio ha sopra dell'umana natura». La formulazione contenutistica della predica ruota attorno all'opposizione *corpo-anima*.

Per introdurre l'argomento relativo al *corpo*, Bernardino usa un procedimento tipico dell'oratoria sacra, la *sermocinatio* (cfr. Mortara Garavelli [2]1997, 265-266):

> Parleremo contra coloro i quali credono nel destinato delle costellazioni [...]. So' di quelli che dicono: – io so' nato in una costellazione, che non posso fare se none quello che da la natura io fui inchinato. – Chi dice: – io non mi posso ritenere dall'usura. – Chi dice: – et io so' costretto di furare, e non posso fare altro. – L'altro dice: – io so' nato sotto una costellazione, che sempre sarò superbo. – L'altro dice: – e io so' nato sotto uno pianeta, che io sempre sarò accidioso. – L'altro dice: – chi nasce sotto il tale pianeto, sarà bello del suo corpo. – E chi dice una cosa, e chi ne dice un'altra (Bernardino da Siena 1989, I, 118)

Non ci soffermeremo su questa porzione di testo, pur meritevole di analisi perché racchiude in sé molti elementi linguistici dell'oralità come la deissi personale (*io*), la ripresa pronominale, il *che* polivalente, i segnali discorsivi in apertura di battuta (*e io so' nato*) ecc.; varrà la pena, invece, continuare a vedere come Bernardino costruisce la predica sull'opposizione dei «due reami, l'uno corporale, l'altro spirituale» (Bernardino da Siena 1989, I, 37). Sfruttando la polisemia della parola *corpo*, Bernardino crea un'opposizione *corpo-anima* attraverso il tecnicismo astronomico *corpo* 'elemento del cielo':

> El reame corporale [...] s'intende tutti i pianeti; el pianeto della Luna, con ciò che s'apartiene in esso; el pianeto di Mercurio, el pianeto di Venus, e quello del Sole, e quello di Marte, quello di Giove, quello di Saturno; e intendecisi i pianeti, i quali

4 Sulla tipologia delle ripetizioni in Bernardino da Siena cfr. Palermo (2016, 169–193). Per un'analisi dei segnali discorsivi in Giordano da Pisa e Bernardino da Siena si veda anche Mastrantonio (2019, 3–28).

> ci so' in essi con tutti i loro segni Aries, Tauro, Gemini, Cancer, Leo, Virgo, Libra, Scoprio, Sagittario, Capricornio, Acquario, Pisces. Et anco s'intende fra essi 72 costellazioni (Bernardino da Siena 1989, I, 119).

All'interno dell'opposizione si nota il processo di enumerazione anaforica (*el pianeto della / el pianeto di*, *el pianeto di / quello di*, *quello di*, *quello di*, *quello di*) che prepara il terreno al fenomeno dell'accumulazione caotica manifestata dalla successione dei dodici segni zodiacali (nel testo, da *Aries* a *Pisces*).

Nella coppia oppositiva *anima*, invece, l'iterazione si diversifica grazie a un doppio processo di distribuzione degli elementi a contatto e a distanza (cfr. Lausberg 1969, § 259; Mortara Garavelli [2]1997, 191–195):

> L'altro reame è lo spirituale, il quale è l'anima; la quale anima è sopra tutte le cose corporali, e più in generale che niuna altra cosa corporale. Questa anima è in altezza e virtù sopra tutta la terra, sopra l'acqua, sopra il fuoco, sopra l'aria, sopra a ogni cosa che s'appartiene a' detti elementi. L'anima è sopra il cielo della Luna e di Mercurio e di Venus, del Sole, di Marte, di Giove, di Saturno, di tutti e segni che so' in essi: ella è sopra alle 72 costellazioni.
>
> Ma sopra dell'anima sono gli angioli; li quali angioli c'inducano e sospingono e c'illuminano in tutte quelle cose che noi doviamo fare. E quali angioli v'hanno condotti qui ad udire in questo Campo, e tutto questo Campo è pieno d'angioli, i quali vi fanno stare attenti a udire le parole, le quali a loda di Dio vi so' dette da me; che state a udire tanto attenti, che a pena se fusse santo Pavolo che predicasse, non credo che steste più attenti. E questo donde viene? (Bernardino da Siena 1989, I, 121).

Quando Bernardino presenta la sfera spirituale è evidente una struttura sintattico-retorico diversa, costruita sulle ripetizioni a contatto (*il quale è l'anima; la quale anima*), a distanza, sulle terne sindetiche (*c'inducano e sospingono e c'illuminano / della Luna e di Mercurio e di Venus*), sulle accumulazioni (presentata, come per il passo precedente, dall'elenco di pianeti *del Sole, di Marte, di Giove, di Saturno*); una struttura che si conclude con una domanda retorica (*E questo donde viene?*), assente nella descrizione dei corpi celesti, appartenenti alla sfera fisica. Insomma, sembra che al momento della descrizione dell'anima il predicatore si concentri di più sull'effetto persuasivo dato dalla combinazione di elementi retorici e di complicazioni sintattiche (si noti, infatti, la verticalità sintattica che precede l'interrogativa retorica).

Bernardino continua la sua predica elencando i difetti del corpo, inteso questa volta come corpo umano, e le virtù dell'anima. Nel momento di maggiore intensità, però, il predicatore senese sfrutta l'opposizione *corpo-anima* per condurre una sintassi più sostenuta, come nel passo seguente:

> E se la carne pure s'ingegna di trarre l'anima da tale buona operazione, quanto più resiste, più merita. [...] La carne sempre fa guerra all'anima, e l'anima fa sempre resistenzia contro al corpo. – Imperò che l'anima sempre vuole tenere dalla parte di sopra, però che di lassù è venuta, e 'l corpo sempre dalle cose di qua giù, più ratto a la inchinazione di quello che ci dimostra il diavolo. L'uno vuole digiunare, e l'altro vuole mangiare; l'anima vegghiare, e 'l corpo dormire; l'anima orare, e 'l corpo godere; l'anima dar limosine, e 'l corpo volersele per sé; l'anima andare in peregrinaggio, e el corpo in agio; e sempre hanno diferenzia l'uno coll'altro (Bernardino da Siena 1989, 129).

Corpo (o *carne*) e *anima* sono qui due piatti della stessa bilancia; se da una parte si nota il procedimento retorico basato sull'antitesi, dall'altra emerge un processo di nominalizzazione dovuto dall'ellissi *in praesentia*, in questo caso reso evidente dalla mancanza del verbo servile dopo la sua prima manifestazione: un tratto che, unito all'anafora dei sostantivi *corpo* e *anima*, accelera il ritmo narrativo della prosa e suscita attesa nell'uditorio. Nel passo in questione occorre sottolineare che il fenomeno di ellissi si manifesta nel periodo immediatamente precedente come elemento preparatorio alla fitta sequenza oppositiva *corpo-anima*; si tratta, però, di un'ellissi più marcata, perché a essere sottratto alla proposizione non è soltanto il servile *vuole*, ma anche il suo infinito. Dal punto di vista lessicale sono significativi i sostantivi *guerra*, *resistenza*, usati metaforicamente come elementi oppositivi; la presenza di *inchinazione*, usato figuratamente nel senso di 'corruzione morale', che seguito da *diavolo* accresce il senso della negatività legata ai piaceri del corpo; e l'uso di *diferenzia* 'contrasto', che richiama ancora una volta il concetto di opposizione fra due elementi. Innalza il tono della prosa, invece, il latinismo *orare* 'pregare'.

3. Corpo dei predicatori e corpo di Dio

Diverso è il caso della rappresentazione del corpo come raffigurazione della sofferenza terrena dei santi o di Gesù. Si veda un esempio dalle prediche per la Quaresima di Cornelio Musso, dove il corpo di Cristo viene raffigurato come un tesoro prezioso proprio grazie alle sofferenze subite durante la crocifissione:

> Dolcissimo Gesù, questo è stato il thesoro che ti ha donato tuo Padre in questa vita, il colmo d'ogni guai, d'abiettione, di povertà, di dispregio, di persecuzione,

> d'ignominia, d'opprobrio, di pena, di dolore. Ohimè, che in quel tuo corpo prezioso non rimase pur una gocciola di sangue (Signore) che le tue santissime carni furono tutte da capo a' piedi da quei rabidi Giudei lacerate come da' cani (Musso 1576, 418).

Dal punto di vista sintattico-retorico, è necessario evidenziare anche in Musso l'aumento dell'intensità patetica dovuto all'accumulazione (*d'abiettione, di povertà, di dispregio, di persecuzione, d'ignominia, d'opprobrio, di pena, di dolore*), all'interiezione *ohimè* e a un iperbato debole, cioè l'inserzione di almeno un oggetto indiretto tra due segmenti verbali (cfr. Bozzola 1999, 139), in questo caso fra l'ausiliare *furono* e il participio passato *lacerate*. Un fenomeno, quest'ultimo, presente timidamente nelle prediche quattrocentesche, di largo uso in quelle del Cinquecento (cfr. Bozzola 1999), e esasperato mediante l'interposizione di intere frasi nel corso del Seicento (cfr. Merida 2018).

Se sul corpo e sull'anima vengono elencati gli aspetti negativi e quelli positivi, sull'aspetto fisico i predicatori si soffermano spesso per opporre la propria fisicità a quella di Dio. Sempre Cornelio Musso scrive:

> Ma questo è quello onde io godo et essulto, dolce mio Dio, che tu sei tanto bello, e pur non ha a schifo che l'infinita bruttezza mia s'accosti a contemplare l'infinita bellezza tua. [...] non hai niuna bruttezza di peccatto, niuna macchia di passione, niuna imperfettione d'essenza, niun difetto di virtù, niuna menda d'attione. [...] Il tuo capo è tutto d'oro; i tuoi capelli sono lana monda; gli occhi tuoi sono come due soli; la tua voce è un susurro d'acque, che cadono da alto; le tue mani sono che paiono fatte a torno; i tuoi piedi sono d'auricalco; la tua faccia è la gratia istessa. Il tuo capo è la tua divina essentia; i tuoi capelli sono gli angioli; i tuoi occhi, la providenza; le tue palpebre, i tuoi secreti giudicii; le tue nari, l'inspirationi; la tua bocca, Christo; le tue labra, i tuoi due testamenti; la tua lingua, lo Spirito santo; le tue dita, i profeti; i tuoi piedi, l'umanità assunta; le tue spalle, le creature; la tua faccia invisibile, l'incircoscritto lume della tua Maestà (Musso 1576, 186).

La quantità di elementi positivi riferiti alla bellezza di Dio offre a Musso la possibilità di sfruttare l'accumulazione frastica attraverso l'enumerazione appositiva[5]. Nell'enumerazione delle parti del volto di Dio (*il tuo capo...Maestà*), è possibile vedere l'intensificarsi del ritmo della sintassi causato dalla progressiva soppressione del verbo e dall'accostamento di periodi giustapposti; si tratta di

5 Cfr. Herczeg (1967, 146–149) per esempi a partire dal Quattrocento; cfr. Merida (2018, 106–107) per un'esemplificazione nella prosa sacra del Seicento.

una costruzione del periodo che provoca un'incongruenza sintattica attraverso lo zeugma. Nell'esempio, la discordanza sta nell'unire alla copula di terza persona plurale (*sono*) una parte nominale che non le si accorda grammaticalmente (*i tuoi capelli sono gli angioli* [...]; *la tua bocca, Christo*).

Lo stile nominale relativo all'enumerazione è simile nella descrizione della passione di Cristo fatta da Francesco Panigarola, dove a ogni parte del corpo corrisponde un tipo di supplizio[6]:

> In capo hai la corona di spine, negl'occhi il velo, nelle guance le ceffate, nelle nari lo sputo, nell'orecchie le biastemme, nella bocca il fiele, nel collo la fune, negl'homeri i flagelli, nel petto la lancia, nelle mani i chiodi, nelle gambe lo stiracchiamento, nei nervi e nei piedi le confitte (Panigarola 1596, 172).

La sofferenza fisica era per i predicatori un pretesto per riempire di fenomeni retorico-sintattici la predica e, nello stesso tempo, accompagnarla con una resa scenica. In questa direzione, ci offrono valide testimonianze sia le *reportationes* (come si diceva all'inizio), sia i trattati di eloquenza sacra, sia le relazioni fatte sulle prediche recitate in piazza. Nel 1671, durante una missione nel faentino, Paolo Segneri predicò davanti a circa sedicimila persone, almeno così racconta Giovan Pietro Pinamonti, suo compagno di missione incaricato di svolgere le funzioni di catechista e confessore (cfr. Majorana 1998, 212). Scrive Pinamonti a proposito di questa predica:

> La carità del padre, sempre ingegnosa in ritrovar nuovi modi da compungere i peccatori, ritrovà questo, che è poi riuscito ammirabile per tal effetto: si conclude questa funtione col cantare ad alta voce il *Te Deum* [...]; ora il p. Segneri si accomodava un'altra più logora, cinta con una fune et aperta tutta sopra le spalle. Data poi la beneditione e invitato il popolo a riconoscere il Signore con l'inno suddetto, mentre diceva "Voi vi tratterrete in ringratiar Dio del bene ch'avete fatto. È ben dovere ch'io non mi scordi di far penitenza di quello che ho impedito co' miei peccati" e in questo dire, spogliandosi della prima veste, compariva all'improviso con l'altra di sotto e con una disciplina di ferro in mano seguitava a battersi finché durava a cantarsi (Pinamonti 1674, 267)[7].

In questo passo, il discorso di Segneri sulla propria colpa passa dalla parola alla penitenza corporale: il predicatore, *in quel dire* si scopre le spalle, mostrate da una

---

6 Panigarola, di norma, accumula proposizione paratattiche «fino al punto di darci una pura lista di vocaboli» (Pozzi 1960, 320), come nel brano qui esemplificato.

7 Cito il brano da Majorana 1998.

veste aperta sulla schiena, prende la disciplina e comincia a percuotersi. La parola predicata permette al predicatore di commuovere lo spettatore e di mostrare al contempo la penitenza fisica attraverso la messa in scena del proprio corpo. La stessa pratica penitenziale è raccontata da un altro biografo di Segneri, Giuseppe Massei, che ci dipinge Segneri intento a prepararsi ad affrontare la predica in piazza:

> ragunato già il popolo a suon di campane sopraggiungeva il padre Segneri, che aveva la sua vesticciuola aperta dietro e cinta di funi, un orribil capestro pendente dal collo, un cappuccio di tela nera calato in faccia, una lunga catena a' piedi, e in mano la sua disciplina di ferro; in questa foggia sì lugubre prostrato davanti all'altare vi adorava riverentemente il Signore (Massei 1701, 57).

Paolo Segneri, oltre a essere un predicatore instancabile nell'azione, fu anche un modello di prosa sacra per le generazioni successive. Forte della propria esperienza di missionario, le sue prediche contengono molteplici riferimenti alla sfera corporale. Nella sesta predica del *Quaresimale*, il predicatore gesuita si sofferma sulle sofferenze fisiche inviate come penitenza di Dio agli uomini:

> una sola febbretta basta a rendere miserabile il più fortunato principe della terra [...] Ma dite a me, non è di tutti questi languori capace anche il vostro corpo? Siete giovani, vel concedo; siete prosperosi, siete robusti. Ma che? forse per privar voi di una sanità benché atletica, deve Dio durar fatica assai grande? Non basta un catarro? Non basta un umoretto, non basta un calcolo? [...] Dio non può giungere a farsi temer da noi con quell'apparato immenso dei morbi che ci dimostra del continuo schierato ne' corpi languidi, or de' nostri parenti, or de' nostri amici, tormentati da dolori intensissimi, chi di denti, chi di stomaco, chi di reni, chi di podagra, chi di ulceri, chi di pietra (Segneri 1679, 97).

Rivolgendosi all'uditorio, probabilmente indicando le persone più giovani, prosperose e robuste, Segneri dimostra la conoscenza approfondita delle malattie del corpo attraverso un elenco di termini ascrivibili all'ambito della medicina (*catarro*, *umoretto*, *calcolo*, *podagra*, *ulceri*). In altri passi, Segneri parla di *umori pituitosi*, di *cancrene* (anche in senso figurato riferito all'anima) e di rimedi efficaci contro il veleno nelle vene, sfruttando quindi anche la conoscenza della botanica[8].

---

[8] Sulla conoscenza di lessico tecnico da parte dei predicatori secenteschi cfr. Merida (2018, 135–163).

4. Cura e movimento del corpo dei predicatori

Ci avviamo verso l'ultima parte di questo contributo per sottolineare l'importanza dell'uso del corpo e della gestualità durante la predicazione. A confermarlo ci sono anche, come accennato sopra, i trattati di eloquenza sacra. Facendo riferimento a uno studio precedente in cui erano già state analizzate le strategie retoriche adottate dai predicatori riguardo all'uso della voce nelle prediche, in questa sede ci si concentrerà su alcune parti di questi stessi trattati inerenti all'uso del corpo (cfr. Merida 2020).

Il predicatore cappuccino Girolamo Mautini da Narni, nella sua opera manoscritta intitolata *Modo breve di predicare*, scrive alcuni passaggi essenziali sull'uso del corpo durante la predicazione, visto come strumento necessario alla buona riuscita della predica:

> Alle volte s'è visto predicatori cattivarsi la benevolenza e l'animo degli uditori più per un gesto ben fatto al principio, per qualche parola detta con grazia, che per la novità dei concetti o la purezza della elocuzione in tutto il corso del ragionamento (Mautini 1998, 144).

Il predicatore, inoltre, sempre secondo Mautini, non deve trascurare l'importanza del vestiario (così come abbiamo visto per Segneri), né la gestualità che precede la predica:

> [il predicatore] salendo in pulpito, sia come huomo incognito e nuovo a tutta l'audienza; e salito che sarà, se metta in mezo col capuccio in testa tirato alquanto in già, e col mantello adosso, senza mirar l'audienza; o, se pure la vuol mirare, sia modesto lo sguardo e da pochi visto. E, stato un poco, si cavi il capuccio con gravità, faccia profonda riverenza al Crocifisso; e se vi sta il Santissimo, faccia la genuflessione con un ginocchio [...], alzando gli occhi al cielo e giongendo le mani, fattosi il segno della croce in ginocchioni verso il Crocifisso, dica l'Ave Maria etc., qual finita, stando così, si cavi il mantello (Mautini 1998, 144–145).

Sono indicazioni che sembrano dipingere i più celebri quadri sui predicatori che conosciamo e che sembrano accompagnare le descrizioni dei predicatori in azione, come abbiamo visto per i biografi di Segneri. Tramite l'uso del corpo, che accompagna la parola sacra, i predicatori mettevano a disposizione del pubblico un testo sviluppato durante l'arco di mesi e perfezionato nel corso degli anni di pratica oratoria; «ci sono motivazioni estetico-stilistiche e motivazioni strategiche a determinare la scelta e l'ordine delle parole all'interno del periodo; ci sono motivazioni retoriche che influenzano, naturalmente, gli aspetti pragmatici di un'orazione» (Merida 2020, 195). A tal proposito, un altro passo tratto da Mautini consiglia al predicatore di non usare a sproposito la mano, né di agitare casualmente le dita della mano:

> E nel gestire si deve avvertire di non alzar tanto la mano che passi la testa, né tanto bassarla che passi la sommità del pulpito, come verbi gratia quando vorà dire: giù a basso etc. Né perciò si proibisce che il predicatore, stando in fervore, faccia qualche di questi gesti, perché all'hora lo ricerca il tempo e le parole [. . .]. Perciò, quando nella predica vi sta inserta un poco di dottrina, all'hora si deve dire in mezo, più tosto in modo da catedrante che da predicatore, e si potrà appoggiare o sedere, e questo è nella conclusione di qualche concetto o nel fine della prima parte (Mautini 1998, 145).

Solo così si capisce l'importanza e la buona presenza di deittici spazio-temporali nelle prediche. Il predicatore, dunque, non è soltanto l'autore della predica, ma un regista nel momento in cui riflette sull'impostazione retorica del corpo nell'oratoria e un attore quando mette in scena il proprio corpo e presta la propria voce alla recitazione. L'attenzione al corpo è alta; il corpo, come elemento fisico e terreno, rappresenta il contraltare dell'anima, e allo stesso tempo è il veicolo dell'espiazione delle proprie colpe o della rappresentazione del pensiero teologico.

5. Il corpo del predicatore tra retorica e rappresentazione artistica

Un'ulteriore prova a sostegno di queste tesi risiede nell'antiporta del *Quaresimale* di Segneri, che rappresenta san Paolo intento a predicare all'Areopago. Il carteggio intorno alla travagliata vicenda evolutiva dell'opera tra il pittore romano Ciro Ferri, l'agente mediceo a Roma Paolo Falconieri, il segretario granducale Apollonio Bassetti e il predicatore Paolo Segneri, all'epoca, cioè nel 1679, già notissimo predicatore, accademico della Crusca dall'anno precedente e amico del granduca di Toscana Cosimo III, mostra una ricerca filologica e dettagliata nei confronti del corpo del predicatore durante l'orazione; per la precisione di un gesto. L'indice disteso di san Paolo fu motivo di un acceso scambio di lettere tra Ferri, Bassetti, Falconieri e Segneri; alcuni dettagli sulle modifiche suggerite a Ferri una volta visionata la prima impressione e su quali di queste il pittore fosse disposto ad accogliere si apprendono dalla lettera che Falconieri indirizzò al suo corrispondente fiorentino, Bassetti, il

24 dicembre 1678: «circa alla stiticheria del padre Segneri dice Ciro, ch'egli si soddisfi eleggendo quello de' modi proposti che più gli piace, o di levare la cartella o d'aggiugnere lo splendore, quello di aprirgli la mano non lo vorrebbe fare, perché pare a lui, che il gesto averebbe troppo del goffo» (ASF, Mediceo del Principato, 3944, 24 dicembre 1678, Falconieri a Bassetti)[9]. Il gesto suggerito da Segneri ritenuto *goffo* da Ciro Ferri non era altro che un gesto, quello della mano semiaperta e non della mano chiusa con l'indice sollevato, che seguiva i dettami dei trattati d'eloquenza sacra.

C'è da dire, infine, che l'autorità intellettuale di Segneri venne riconosciuta da Ferri per allestire la scenografia generale dell'opera. In un disegno preparatorio per la predica di san Paolo conservato all'Istituto Centrale per la Grafica, sull'altare posto al centro della scena figura un simulacro velato, cioè l'*Ignoto Deo*, mentre nella versione finale dell'opera l'ara è vuota. Questa decisione sembra essere dettata da una profonda conoscenza del testo evangelico, dove Paolo fa menzione soltanto di un'iscrizione posta su un'ara (e non su una statua) letta in un tempio ad Atene durante il suo ministerio apostolico[10]. Anche se non si ha certezza sulla paternità di tale scelta nel disegno dell'antiporta (cfr. Matarazzo 2020, 219), è ragionevole attribuire a Segneri l'indicazione circa la rimozione del simulacro velato sull'ara. Nell'ottavo ragionamento del *Cristiano istruito*, il gesuita nettunese scrive: «in riguardo all'ignoranza comune, potrebbesi quasi quasi cominciare ad incidere ciascuno de' nostri altari, ciò che l'apostolo lesse in quello di Atene: *Ignoto deo, Al Dio sconosciuto*» (Segneri 1686, 117). Questa testimonianza, anche se successiva alla pubblicazione del *Quaresimale*, rende quasi evidente l'incursione di Segneri nel lavoro di Ciro Ferri; d'altronde, la lettera menzionata poco sopra riporta che Ferri era disposto ad «aggiungere lo splendore», cioè la presenza invisibile di Dio all'interno della scena della predicazione (Fig. 1). Così come nella predica scritta, anche nella raffigurazione artistica si è di fronte a un'opposizione: assenza del corpo di Dio, presenza

---

9 Cito la lettera da Matarazzo (2020, 222).

10 Rimandiamo agli Atti degli Apostoli, 17,23: «praeteriens enim et videns simulacra vestra inveni et aram, in qua scriptum erat: "Ignoto deo". Quod ergo ignorantes colitis, hoc ego annuntio vobis»; «Passando infatti e osservando i vostri monumenti sacri, ho trovato anche un altare con l'iscrizione: "A un dio ignoto". Ebbene, colui che, senza conoscerlo, voi adorate, io ve lo annuncio» (vatican.va).

dell'uomo attraverso il corpo e i gesti (san Paolo con la mano destra sollevata rivolta verso il bagliore e la mano sinistra rivolta verso l'iscrizione *Ignoto Deo*)[11].

Figura 1: Cornelis Bloemaert da Ciro Ferri, *La predica di san Paolo nell'Areopago.* New York, The Metropolitan Museum of Art, The Elisha Whittelsey Fund, 1951, inv. 51.501.4649

[11] Aresi (1611, 755): «Che non mai la mano sinistra sola faccia gesto alcuno, ma sempre unitamente colla destra». È forte la presenza di Quintiliano in tutti i trattati di eloquenza sacra tra Cinque e Seicento.

Bibliografia

Aresi, Paolo (1611): *Arte di predicar bene*. Venezia: Bernardo Giunti, Gio. Battista Ciotti e compagni.

Atti degli Apostoli, 17. URL: https://www.vatican.va/archive/ITA0001/__PWM.HTM (19-01-2025).

Bernardino da Siena (1989): *Prediche volgari sul Campo di Siena.* 1427, a cura di Carlo Delcorno. Milano: Rusconi.

Bozzola, Sergio (1999): *Purità e ornamento di parole. Tecnica e stile dei* Dialoghi *del Tasso*. Firenze: Accademia della Crusca.

Bruni, Francesco (2015): Parola udita, parola letta. Modi di collaborazione con l'autore in alcune testualità religiose. In: Pierno, Franco (a cura di): *The Church and the Languages of Italy before the Council of Trent*. Toronto: Pontificial Institute of Mediaeval Studies, 11–25.

Cardona, Giorgio Raimondo (1983): Culture dell'oralità e culture della scrittura. In: Asor Rosa, Alberto (a cura di): *Il letterato e le istituzioni.* Torino: Einaudi, 25–101.

Colombo, Michele (2014): Predicazione e oratoria politica. In: Antonelli, Giuseppe / Motolese, Matteo / Tomasin, Lorenzo (a cura di): *Italiano dell'uso*, III. Roma: Carocci, 261–292.

Delcorno, Carlo (1989): La diffrazione del testo omiletico. Osservazioni sulle doppie "reportationes" delle prediche bernardiniane. In: *Medioevo e Rinascimento* 3, 241–260.

Delcorno, Carlo (2009): *«Quasi quidam cantus». Studi sulla predicazione medievale*. Firenze: Olschki.

Herczeg, Giulio (1967): *Lo stile nominale in italiano*. Firenze: Le Monnier.

Lausberg, Heinrich (1969): *Elementi di retorica* [traduzione italiana]. Bologna: il Mulino.

Majorana, Bernadette (1998): L'arte della disciplina corporale nella predicazione popolare dei gesuiti. In: *Teatro e storia* 13 (20/21), 209–230.

Massei, Giuseppe (1701): *Breve ragguaglio della vita del venerabile servo di Dio il padre Paolo Segneri*. Firenze: per Pier Mattia Miccioni e Michele Nestenus.

Mastrantonio, Davide (2019): Segnali discorsivi in Giordano da Pisa e Bernardino da Siena. In: *Lingua e stile* 1, 3–28.

Mautini, Girolamo (1998): Modo breve e facilissimo di comporre le prediche. In: Criscuolo, Vincenzo: *Girolamo Mautini da Narni (1563–1632)*. Roma: Istituto Storico dei Cappuccini, 136–155.

Matarazzo, Maria Gabriella (2020): Ciro Ferri *delineavit*, Cornelis Bloemaert *sculpsit*. Una collaborazione artistica per due antiporte di committenza medicea. In: *Mitteilungen des Kunsthistorischen Institutes in Florenz* 62 (2/3), 209–235.

Merida, Raphael (2018): *La lingua della prosa sacra del Seicento*. Pisa / Roma: Fabrizio Serra.

Merida, Raphael (2020): Aspetti del parlato nell'oratoria sacra secentesca: tra retorica e pragmatica. In: *Rhetorica* 38 (2), 180–199.

Mortara Garavelli, Bice (^{2}1997): *Manuale di retorica*. Milano: Bompiani.

Musso, Cornelio (1576): *Il secondo libro delle prediche*. Vinegia: appresso Gabriel Giolito de' Ferrari.

Palermo, Massimo (2016): Serialità e iterazione in Giordano da Pisa e Bernardino da Siena. In: *Lingua e stile* 2, 169–193.

Panigarola, Francesco (1596): *Prediche sopra gl'evangelii di Quaresima*, Seconda parte. Roma: appresso Stefano Paolini.

Pinamonti, Giovan Pietro (1674): Breve relatione della missione fatta dal p. Paolo Segneri e dal p. Gio. Pietro Pinamonti. In: Pallantieri, Girolamo: *L'Ercole porporato. Panegirici accademici*. Bologna: per Giacomo Monti, 266–267, ora in: Majorana (1998).

Pozzi, Giovanni (1960): Intorno alla predicazione del Panigarola. In: *Problemi di vita religiosa in Italia nel Cinquecento*. Atti del Convegno di Storia della Chiesa in Italia (Bologna, 2–6 settembre 1958). Padova: Editrice Antenore, 315–322.

Pozzi, Giovanni (1997): *Grammatica e retorica dei santi*. Milano: Vita e pensiero.

Sabatini, Francesco (1983): Prospettive sul parlato nella storia linguistica italiana (con una lettura dell'«Epistola napoletana» del Boccaccio). In: Albano Leoni, Federico (a cura di): *Italia linguistica: idee, storia, struttura*. Bologna: il Mulino, 178–191.

Segneri, Paolo (1679): *Quaresimale*. Firenze: per Iacopo Sabatini.

Segneri, Paolo (1686): *Il cristiano instruito nella sua legge*, Parte terza. Firenze: nella stamperia di S.A.S.

Il corpo nella costruzione di una grammatica performativa. Primo sondaggio su trattati ottocenteschi di recitazione

Claudio Nobili

Abstract: This paper examines two nineteenth-century treatises on acting: the long *Dell'arte della parola* by the scholar Giuseppe Compagnoni (1827) and the decidedly shorter *Mie teorie e precetti sull'arte drammatica* by the actress Adelaide Ristori (1888). The treatises were selected because they differ according to the following parameters: the author's gender and profession, the chronological references and the extension; however, they are united by the absence of an iconographic repertoire. The aim of the paper is to analyse the (meta)linguistic and textual strategies with which the author outlines a performative grammar in the treatises. The analysis highlights two fundamental and pertinent features of this grammar: the consideration of the multimodal complexity of the actor's performance in its vocal and bodily components; the integration of both aesthetic and linguistic aspects. The paper concludes with a brief reflection on the usefulness of the treatises regarding teacher training in multimodality.

Keywords: treatises, nineteenth century, acting, multimodality, performative grammar.

1. Introduzione: le coordinate pragmatico-contestuali del discorso

Lo studio della rappresentazione linguistica del corpo in testi scritti non può esimersi dall'includere i trattati di recitazione, nello specifico ottocenteschi, alcuni dei quali (cfr. § 2) non solo offrono un materiale importante alle ricerche sulla lingua del teatro (cfr. De Blasi/Trifone 2019), ma possono essere ascritti al genere della prosa educativa sul piano più largamente civile (cfr. Fresu et al. 2020)[1]. La ragione della delimitazione temporale adottata in

[1] «Ma queste avvertenze appartengono omai più alle regole della civiltà, che all'*Arte della Parola*» (Compagnoni 1827, 204–205). Nell'intero contributo le citazioni dai testi originali sono trascritte fedelmente.

questa sede risiede nel fatto che, come osserva Pietrini (2009, 64) a proposito della figura attoriale:

> Nel corso dell'Ottocento si cominciò a cercare un riconoscimento ufficiale per un mestiere ancora disprezzato, poiché fondato sulla tradizione dell'apprendistato diretto e non sul rigore della teoria. Dopo secoli di pratica teatrale estranea ai canoni teorici, letterati, drammaturghi e attori si dedicarono così alla scrittura di trattati di teoria della mimica e manuali di recitazione.

Nell'intento, dunque, di colmare un vuoto teorico, i trattati ottocenteschi di recitazione si collocano su un versante normativo; l'obiettivo di questi testi è infatti dare un fondamento scientifico all'arte della recitazione nel senso di formalizzarla, istituzionalizzarla nei termini di una prassi efficace. Se ne ricavano di conseguenza, secondo un approccio proprio della pragmatica storica dell'italiano (cfr. Alfieri et al. 2020), i tratti pertinenti di quella che si potrebbe definire una *grammatica comportamentale* o *performativa* che, se da un lato incoraggia l'adozione di un atteggiamento conformista rispetto a regole prefissate, dall'altro lato non rinuncia a dare spazio alla soggettività dell'attore e alla contingenza situazionale.

Prima di rintracciare le strategie (meta)linguistiche e testuali sottese alla costruzione di una grammatica performativa che tenga conto in particolare dell'azione teatrale in ottica multimodale[2], tramite un sondaggio su due trattati ottocenteschi di recitazione, è opportuno richiamare sinteticamente almeno tre coordinate pragmatico-contestuali entro le quali inquadrare l'analisi dei trattati. Bisogna innanzitutto ricordare l'assenza di un repertorio drammaturgico nazionale di qualità: nell'Ottocento

> Il teatro, anche il teatro di prosa, era ormai un'industria e aveva bisogno di abbondante materia prima. Ma il «grande repertorio» della seconda metà del secolo era costituito essenzialmente dai drammi di Dumas e di Sardou importati dalla Francia: Odette, Fedora, Cesarina, Margherita Gautier furono i personaggi con cui più volentieri si misurarono la Duse, la Marini, la Tessero e le altre prime

[2] È in ragione di una naturale predisposizione alla multimodalità che l'essere umano tende spontaneamente alla combinazione e all'integrazione di modalità (tra cui quella parlata, che qui interessa) e di modi (risorse comunicative non solo verbali) differenti (cfr. Prampolini/Voghera 2012; Nobili in stampa). Uno sfruttamento consapevole di tale predisposizione naturale richiede, a qualsiasi livello e in qualunque contesto, una formazione adeguata (cfr. Cirillo/Nodari 2024 tra gli ultimi aggiornamenti).

> donne italiane. Del resto i drammaturghi italiani non produssero niente che sia degno di ricordo, ove si eccettuino due capolavori: *El nost Milan* di Bertolazzi e *Cavalleria rusticana* di Verga. Un lavoro dialettale e un atto unico (Molinari ^{6}1999, 223).

La spinta a ricercare testi a buon mercato fuori dai confini nazionali, specie in Francia, è dovuta anche alla specificità di un teatro di massa, a cui partecipava un pubblico sempre più desideroso di novità, nonostante la sua forte eterogeneità sociale. Non di poca importanza è infine lo spazio di azione dell'attore, uno spazio inadeguato al teatro di prosa, ma reso funzionale alla messa in scena (rifunzionalizzazione spaziale) proprio dalla centralità dell'attore e dalla sua corporeità (cfr. Cruciani ^{5}1997, 100–106).

I due trattati presi in esame in questo contributo sono stati selezionati in quanto differiscono per genere e professione dell'autore, altezza cronologica ed estensione; sono invece accomunati dall'assenza di un repertorio iconografico.

2. Il letterato allo scrittoio: fondamenti, metodo e ottica pluridisciplinare per un'*Arte della parola*

Ci si soffermerà dapprima sul lungo carteggio unidirezionale[3], indirizzato a un giovinetto quattordicenne[4], di cui si compone *Dell'arte della parola* del letterato Giuseppe Compagnoni (Compagnoni 1827)[5]. Il trattato è rivolto principalmente (ma non esclusivamente) alla formazione del buon attore (cfr. § 4):

> Tutte queste cose non solamente si debbon sapere da chi vuol esser attore; ma egli dee averle fatte suo abito a tanto da conformarsi a tutto ciò che e le regole e il buon gusto prescrivono intorno ad esse; e non già per riflessione all'uopo, ma per una specie d'istinto spontaneo, sicchè il bel recitare veggasi in lui più che di studio precedente, effetto di propizia natura (Compagnoni 1827, 308).

La prima lettera del carteggio, scritta a Varese nel luglio 1825, funge per volontà dell'autore da premessa all'intera sua opera; non vi è da stupirsi,

---

3 Ventinove sono le lettere in totale.

4 Chiamato con il diminutivo con valore affettivo *Eugenietto*, a cui è posposto il possessivo *mio*.

5 Per un profilo bio-bibliografico dell'autore si rimanda alla voce redatta da Gullino (1982).

quindi, se in essa Compagnoni adduce la ragione che lo mosse alla stesura. Il riferimento è alla produzione libresca nella Francia di primo Ottocento, e in particolare alla lettura del libro *L'art de lire a haute voix* (in traduzione: *L'Arte di leggere ad alta voce*) di Louis Dubroca, pubblicato a Parigi in prima edizione nel 1802 e in edizione rinnovata nel 1824.

> LETTERA PRIMA
>
> *ARGOMENTO*[6]
>
> *L'Autore espone l'oggetto di quest'opera, e le ragioni per le quali si è indotto ad intraprenderla. Essa può considerarsi come la Prefazione del Libro* (ivi, 5).
>
> L'argomento di questo carteggio mi viene suggerito da un bel libro francese, ultimamente capitatomi nelle mani [...]
>
> Ha questo libro per titolo l'*Arte di leggere ad alta voce*. Su di che dei sapere, che i Francesi per ordinario poco o nulla recitano a memoria, fuori che in teatro: che tanto nelle loro assemblee politiche, quanto presso i tribunali, non che poi nelle accademie, nelle scuole e in tutte altre adunanze, essi usano più volentieri leggere; nè improvvisano per lo più se non costretti a rispondere sul momento ad alcuna o proposta, o replica altrui, ove ciò occorra. [...] Hai dunque con ciò la ragione per la quale l'autore del libro, di cui parlo, lo ha intitolato *l'Arte del leggere ad alta voce*. Il che in sostanza equivale a quello che noi diremmo arte di parlare aringando, predicando e recitando: od almeno comprende queste diverse cose (ivi, 7–8).

In un paragone con la Francia osservata quale esempio virtuoso, Compagnoni lamenta in Italia l'assenza di uno studio rigoroso incentrato sull'arte del ben parlare in pubblico, che privilegi soprattutto le questioni di metodo concernenti la lettura e la recitazione:

> Noi veramente non abbiamo in corso alcun libro che di proposito ci ragioni di questa materia; e neppure n'abbiamo alcuno che c'insegni il giusto modo di ben leggere nè in adunanze civili, o letterarie, il che pur ci occorre sovente di dover fare, nè in adunanze pubbliche, ove molte volte accade che debbasi fare qualche lettura. Intanto credendo di saper leggere bene, e ciò non essendo vero, dalla lettura nostra spesso raccogliamo mal frutto, o per certo non raccogliamo tutto

---

[6] Il contenuto di ciascuna lettera è sintetizzato in una breve sezione paratestuale di apertura.

il buon frutto che potremmo, e ne diamo la colpa a tutt'altro che alla nostra imperizia (ivi, 8).

Risulta a nostro avviso necessario riconoscere le scelte (meta)linguistiche adoperate da Compagnoni e l'impianto testuale realizzato per dimostrare quanto la sua opera abbia contribuito alla fondazione scientifica di un'arte dell'oratoria pubblica, da cui estrapolare i tratti caratterizzanti quella che poco più sopra è stata denominata grammatica performativa, e quanto le scelte linguistico-testuali siano corrispondenti a precise e misurate scelte di metodo.

2.1 Il parlare e la parola: i confini (anche linguistici) di un'arte da fondare

Attenendosi al principio secondo cui il primo passo che ogni scienza è chiamata a compiere consiste nel delimitare sé stessa, ossia il proprio campo di studi, nella seconda lettera del carteggio Compagnoni non esita a fornire una definizione del parlare.

LETTERA II.

ARGOMENTO

Definizione di ciò che è parlare. Parlano anche gli animali, ma assai ristrettamente in paragone degli uomini; e perchè. In che consista la parola. Differenza delle lingue parlate dagli uomini. Problema sulla origine della prima lingua dagli uomini parlata. Maraviglia in che dee mettere la costruzione di ogni lingua.

Noi dobbiamo dunque, Eugenietto mio, ragionare intorno all'*Arte della Parola*. E d'onde meglio incomincieremo che dal vedere cosa sia il parlare? – È il parlare, di cui intendo ragionar teco, quello esprimere che facciamo agli altri col suono della voce ciò che o pensiamo, o sentiamo noi, o ciò che prendiamo a riferire di pensato, o di sentito da altri. Dico poi che il parlare è un esprimere col *suono della voce* per differenziarlo dallo esprimere per mezzo di gesti, di toccamenti, o di pittura, le accennate cose. Imperciocchè facilmente intenderai che anche coi gesti, coi toccamenti e colla pittura possiamo far penetrare negli altri i nostri pensamenti, o i sentimenti nostri, colpendo i loro occhi, ed operando sugli organi del loro tatto, siccome col suono della voce colpiamo i loro orecchi. Osserverai poscia, che se i gesti, i toccamenti, e la pittura, possono costituire una specie di ciò che diciamo linguaggio, quello che per alcuna di queste tre maniere si adopera, non ha mai, nè può avere tanta estensione quanta ne ha quella della voce (ivi, 10–11).

È interessante osservare come, in un'argomentazione costruita geometricamente[7], Compagnoni individui nel sintagma *suono della voce* (graficamente in rilievo) l'elemento distintivo del parlare, e come dia una definizione di quest'ultimo in ottica differenziale, collocandolo in un orizzonte semiotico (cfr. De Mauro 2013, 142). La specificità del parlare, insomma, a detta di Compagnoni può essere intesa da una prospettiva di più ampio respiro, integrale, a condizione cioè che se ne colga la differenza con modi comunicativi non verbali, primi fra tutti quelli che coinvolgono il corpo, ossia i gesti e la sottocategoria dei gesti eseguiti con un contatto delle mani verso qualcosa, a cui seguono i tocchi pittorici[8]. Tale differenza si misura in base al parametro dell'estensione delle occasioni d'uso: gesti e tocchi pittorici sono tre *maniere*[9] che rimandano a *una specie di linguaggio* (codice diremmo oggi), con un'estensione delle occasioni d'uso inferiore rispetto al parlato.

L'orizzonte semiotico entro cui Compagnoni definisce il parlare non è limitato ai linguaggi non verbali umani, ma è esteso al linguaggio di altre specie animali. Quest'allargamento consente all'autore di motivare la maggiore estensione delle occasioni d'uso del parlare in una lingua comune, oltre i *termini primi* a cui si arrestano i gesti, i tocchi pittorici e i linguaggi di animali non umani, alla luce della ricchezza e della varietà degli scambi comunicativi umani comportati dal vivere in società; ne viene fuori una dissertazione di stampo sociolinguistico ante litteram:

---

7 Si noti: il mantenimento del binomio *pensare-sentire* nel passaggio dall'espressione vocale, da parte di un locutore, della propria soggettività, all'espressione vocale di una soggettività altra, riportata da un locutore, fino alla considerazione di espressioni non verbali (gesti, gesti di contatto e tracce pittoriche); il mantenimento dell'ordine dei membri del trinomio *gesti-toccamenti-pittura* nell'intera citazione riportata.

8 Relativamente a questo punto, è stata evidenziata l'utilità di accostare il trattato di Compagnoni a un altro trattato, seicentesco, su una materia complementare al parlare e di grande interesse nel settore della formazione attoriale: si tratta de *L'Arte de' cenni* di Giovanni Bonifacio (1616). Dal canto contrario, anche in Bonifacio si ravvisa una consapevolezza che lo accomuna a Compagnoni e che giustifica l'accostamento proposto: fondare un'arte dei cenni così come Bonifacio li intende (movimenti compiuti da una o più parti del corpo in assenza del parlato, pertanto codificati e in più iconici considerata la loro universalità dalla posizione bonifacesca) è possibile soltanto a partire dalla loro collocazione in un orizzonte semiotico (v. Nobili 2024).

9 Prestito romanzo (dal fr. *main* > *manier* > *manière*; sp. *manera*; port. *maneira*), attestato sin dal secolo XIII col significato di 'modo particolare di fare, di essere e di procedere' (cfr. DELI, s.v.) per mezzo di un'azione manuale.

> Ma il loro (*scil.* degli usignoli) parlare è assai più ristretto del nostro, sì perchè, almeno molti, non l'usano che in certi tempi, sì perchè, se ben si considera, non esce mai oltre certi determinati modi. Il loro lunghissimo cicaleccio non è forse che un lunghissimo ripetere gli stessi suoni, ancorchè con alcune varietà composti.

> [...] dalla natura gli animali di ogni altra specie, oltre la nostra, non hanno avuta tanta e sì variata quantità di bisogni quale n'abbiamo noi. I bisogni nostri sono quelli che ci hanno condotti a legarci insieme in costante vita socievole. E come socievole vita non potremmo noi vivere senza comunicarci a vicenda le nostre idee e gli affetti nostri; ed è amplissima la serie di queste idee e di questi affetti, perchè amplissima è quella de' nostri bisogni, dai quali e le idee e gli affetti nostri sorgono, ed essi stendosi per un infinito circuito, che la stessa socievol vita va ognora più accrescendo; così amplissima sorge eziandio la necessità e l'opportunità delle nostre comunicazioni. Per queste adunque impieghiamo noi con molta estensione e varietà il ministero della nostra voce. Ed ecco perchè tutti gli altri animali sonosi arrestati entro i termini primi; e noi li andiamo allargando continuamente (ivi, 13–14).

Chiudono inevitabilmente la prima parte della seconda lettera le definizioni di parola e di lingua, descritte dal punto di vista fonetico come il frutto di una convenzione tra parlanti nel tempo, in forza della quale si spiega la variazione linguistica sia sul piano diacronico sia su quello sincronico:

> Questa (*scil.* la parola) viene costituita da una serie di voci, o direm meglio di suoni ingegnosamente combinati, e da una speciale generazione di uomini per comune accordo fermati, il complesso de' quali suoni forma ciò che chiamiamo *lingua*. Io dico qui da una speciale generazione di uomini per comune accordo fermati, per farti, Eugenietto mio, notare la differenza delle tante lingue, che gli uomini hanno ne' tempi indietro parlate, e che di presente parlano (ivi, 14–15).

2.2 L'insufficienza della voce e dell'intonazione

Se da un lato, come si è visto, Compagnoni individua nell'espressione vocale la distintività del parlare e l'efficacia comunicativa dell'oratore di fronte al suo pubblico sia in campo artistico (per cui si veda Albano Leoni 2022, 71–79) sia al di fuori, dall'altro lato ammette, non per mera casualità a metà del carteggio, la parzialità di una simile concezione. Nell'offrire un'indicazione che tiene conto dell'efficacia della lettura e della recitazione su ambo i versanti della ricezione e della produzione linguistica, Compagnoni dichiara che vanno contemplati anche i movimenti comunicativi del corpo, posti in relazione di olonimia-meronimia (volto, occhi, fronte, gote, altre parti del volto), e viceversa (testa, mani, braccia, piedi, corpo intero). Il ricorso a tali movimenti, lungi dall'essere qualcosa di artificioso, avviene per natura in accompagnamento al parlato.

LETTERA XV.

ARGOMENTO

Non basta pel buon effetto della parola attendere alle intonazioni ed inflessioni delle voci. Queste vogliono essere accompagnate dall'azione. Principii dai quali ne nasce la necessità. Regole dell'azione propria della lettura di conversazione. Regole dell'azione propria nella lettura d'officio. Come abbiansi a comportare il Professore e l'Accademico nelle letture che loro incombono. Dell'azione conveniente nella lettura fatta in alcuna pubblica solennità.

Ciò che intorno alle intonazioni ho detto nella precedente Lettera, non creder già, Eugenietto mio, che sia tutto quello che basti per una retta lettura o recitazione. Le intonazioni operano sullo spirito e sul cuore di chi ascolta mediante il ministero dell'orecchio; ma per compiere il loro effetto vogliono il sussidio dell'occhio. E puoi a questo proposito ricordarti dell'avvertimento di *Orazio*, che minor forza fanno sull'animo nostro le cose udite che le vedute. E devi poi ricordarti ancora della osservazione fatta altrove da noi, che gli organi della voce hanno una certa connessionc con quelli del volto nostro, così che alla espressione dei pensieri e degli affetti, a cui serve la voce, parte aggiunge eziandio il movimento della fisonomia, la quale cogli occhi e coll'azione dei muscoli, di che la fronte, e le gote ed ogni parte del volto sono composte, viene i diversi tuoni della voce accompagnando. Così per natura siamo fatti noi; e il sentir nostro, che comprende ogni moto sì della mente che del cuore, per tutti quei mezzi si manifesta; nè per anche sono questi i soli: chè si avvivano concordemente inoltre tutte le altre attive membra del nostro corpo, e il corpo stesso intero: voglio dire la testa, le mani, le braccia e gli stessi piedi, e l'atteggiamento della persona tutta (ivi, 199–200).

Riprendendo le belle similitudini di Poggi (2003), una performance di oratoria pubblica efficace, che giunga all'effetto che le è proprio (quello dell'illusione della verosimiglianza, in particolare nel caso della recitazione) è da intendersi allora come una sinfonia o un mosaico, i cui strumenti o i cui tasselli sono le sonorità e le modulazioni della voce a cui si aggiunge un'*azione* (poco più su *atteggiamento*) esternamente visibile tramite *un secondo linguaggio*[10], un *supplemento alle parole*, che è formato dall'insieme dei movimenti comunicativi del corpo dell'oratore, e che rientra nell'orizzonte di attesa dello spettatore (pena il

[10] *Secondo*: nell'accezione di 'congiunto e perfettamente integrato', non di 'secondario, meno importante'. Cfr. sopra l'uso di *una specie di linguaggio* a cui vanno ricondotti i gesti, inclusi quelli di contatto.

giudizio di statua o di automa parlante che graverebbe sull'oratore). Il rapporto tra intonazione della voce e azione del corpo, se vi è concordanza o proporzionalità diretta nel rispetto delle variabili situazionali (natura dell'attore, pubblico destinatario, circostanza della declamazione, materia trattata, ecc.), è di *perfezione*; altrimenti, per antonimia scalare, di *assurdità*. Il livello della perfezione è raggiungibile a patto che l'attore possegga spirito di flessibilità e di adattamento alla situazione in cui è chiamato ad agire:

> Ben sai o per esperienza o per riflessione, che un intimo legame sussiste tra i sensi dell'animo di lui e i movimenti della sua persona (*scil.* del lettore in pubblico o dell'attore). E se consideri teco stesso, in questi movimenti diversi intendi trovare una certa specie di supplemento alle sue parole: chè nel complesso di questa esterna azione sta, dirò così, un secondo linguaggio, il quale non meno dell'altro è stromento potentissimo di eloquenza: perfetto nella natura sua quando è ben appropriato alle giuste inflessioni della voce; assurdo, se da quelle dissente; e che ove manchi può per avventura dirsi che toglie, se non tutto, la miglior parte al certo dell'ottimo effetto, che dal ben parlare dovrebbe procedere. Immagina infatti uno che o seduto legga, o ritto in piedi aringhi senza alcun variato moto di occhio, di fisonomia, di portamento: che parratti egli più che una statua, da cui per interno artifizio esca meccanicamente preparata una serie di voci? E se vedi in costui muovere gli occhi e le mani a rovescio di quel principio di ordine, di aggiustatezza e di buon gusto, che la natura ispira, e l'arte opportunamente dirige e tempera, qual secreto peso non viene egli a farti sull'animo? quale noja non ti reca e di quale scontamento non ti riempie? (ivi, 201–202)

La complessità della resa oratoria, sintesi di vocalità e di corporeità, va in ultima analisi connessa alla funzione pedagogica del teatro:

> Per questo il teatro è riguardato come una scuola pubblica ed efficace: poichè essendo per lo più debole il senso, che fanno ad ognuno le cose pel solo orecchio comunicate, fortissimo e vivissimo sempre è quello, ch'esse fanno poste sotto gli occhi; e in teatro appunto per istruirci si mettono sotto gli occhi gli accidenti, che possono servirci d'istruzione (ivi, 312).

2.3 Etica ed estetica della multimodalità in un continuum variazionale

Per quanto, come già detto, il ricorso ai movimenti comunicativi del corpo sia dovuto a una predisposizione naturale di tutti gli esseri umani, affinché il buon attore si allinei a quel grado di perfezione nella consonanza tra voce e corpo, e persegua quell'effetto di illusione della verosimiglianza che gli è richiesto di raggiungere, è necessario, di nuovo in ottica differenziale, uno studio attento alle affezioni presenti in natura lungo un continuum variazionale di caratteri (*le gradazioni varie*), i cui poli estremi sono rappresentati dalla calma e dalla passione. Ecco che, all'altezza della ventritreesima lettera, la trattazione di Compagnoni si configura come una sorta di vademecum.

> LETTERA XXIII.
>
> *ARGOMENTO*
>
> *Condizioni necessarie per riuscire buon attore. Osservanza di quel complesso di regole in generale già accennate per la retta pronunciazione: gradevoli qualità della voce e della persona: convenienza esterna dell'attore col personaggio che deve rappresentare: cognizione esatta sì della natura e dell'andamento dell'azione, che del fine per essa contemplato dall'autore, e della relazione che la parte dell'attore ha con quella degli altri. L'attore per creare la illusione negli spettatori deve trasformarsi nel personaggio che figura. Sussidii e considerazioni per ottenere l'apparenza di questa trasformazione. Studii necessarii per la scelta dei modi migliori nella espressione* (ivi, 307).
>
> [I] nostri attori, uomini e donne, per riuscire nella retta espressione dei caratteri che debbon rappresentare, e per afferrare nella occorrente espressione i più scelti modi, che è ciò che costituisce il buon gusto, somma e costante attenzione debbon mettere in osservare il contegno, i tuoni, i gesti, i moti, gli atteggiamenti, coi quali usano esprimersi in certe circostanze per forza di natura gli uomini e le donne delle rispettive condizioni, la originalità dei cui caratteri è stata il soggetto, a cui l'autore ha inteso. Questa osservazione ben meditata li porterà a rilevar chiaramente i segni veri, coi quali si appalesa in generale il carattere di tale o tale altra morale affezione; poscia le gradazioni varie, con cui esso viene espresso tanto nella calma, quanto nell'impeto della passione; ed infine tutte le differenze che nella espressione mette la differenza del temperamento, della fisonomia, della voce di ogni individuo (ivi, 315–316).

Il criterio in base al quale l'attore deve selezionare, nella varietà naturale, voci e corpi da portare sulla scena è un criterio puramente estetico; l'attore cioè, nella rappresentazione multimodale e misurata della verosimiglianza (*che sta in mezzo a' due estremi di difetto e di soverchio*), deve farsi guidare dalla ricerca continua del *buon gusto*, del *tatto squisito*, e trasmetterlo al pubblico spettatore, in vista di quella funzione pedagogica del teatro evidenziata prima:

> in mezzo a tante diverse maniere alcune ve ne hanno meglio chiare, meglio proprie, meglio delineate, e dirò anche meglio vere. E queste sono quelle che si hanno a notare e trascegliere per la imitazione in ogni occorrente caso: facendosi da chi vuol essere buon attore ciò, che dal pittor[11] valente si usa fare. Chè nel volere questi mostrarci secondo i diversi suoi disegni figure di uomini o di donne, trasporta all'ideale quanto di più eletto nelle singolari specie ha osservato. E come assai male si apporrebbe il pittore, se colla scusa d'imitar la natura per dipingerci alcun bambino non di altro si facesse sollecito che di prenderne le forme osservate nei più grossolani e luridi (chè di tali pur la natura, ed assai spesso, ne mostra); così l'attor nostro errerebbe, se da qualunque apparenza dei varii caratteri da lui considerati in azione si limitasse a ritrarre quanto al suo uopo occorre, nulla in essi trascegliendo. Per bene imitar la natura al nobil fine di produrre il miglior effetto teatrale, non qualunque tipo nel genere rispettivo si dee seguire; ma quello che più consente alla delicatezza degli spettatori, e alla verità del soggetto. Dico alla delicatezza degli spettatori, non solamente perchè in mezzo alla moltitudine di questi vi ha sempre una eletta parte fornita di fina intelligenza e di squisito gusto, la quale severamente giudica l'attore, e mal lo soffre qual'è, e lo vorrebbe quale dovrebbe essere; ma perchè reputo ogni attore obbligato ad ispirare alla moltitudine stessa il buon gusto. [...] Dissi poi alla verità del soggetto per la manifesta ragione, che essendo nella intenzione dell'arte conveniente soltanto ciò che può fare l'effetto migliore, l'arte che deve di suo proprio officio perfezionar la natura, non giunge a tanto se non trascegliendo in ogni opportunità i mezzi atti a produrre il miglior effetto. Or questo miglior effetto non può sperarsi, nè può dirsi che se ne sieno trascelti i mezzi più atti, se dietro a ben meditati paragoni non si sia acquistato quel tatto squisito che giunge a far sentire nel suo pieno la verità, che è in ogni cosa, e che sta in mezzo a' due estremi di difetto e di soverchio (ivi, 316–318).

Emerge qui un punto nevralgico della trattazione di Compagnoni sia rispetto al suo intento sia rispetto ai contenuti e all'impianto metodologico pluridisciplinare della sua opera in quanto l'appropriatezza linguistica, e più in generale multimodale, della prassi attoriale viene commisurata, nello sfociare con l'estetica, al criterio del bello. Questo si somma alla soggettività naturale dell'attore che, nella delineazione di regole comportamentali generali, non perde il suo valore, ma al contrario lo acquista:

> Dico adunque che nel complesso dei tanti caratteri osservati chi si consacra all'arte della scena alcuni ne troverà in persone aventi maggiore conformità col carattere suo proprio e col sentir suo. Questi sono quelli che più agevolmente e più sicuramente lo porranno in istato di riuscir meglio (ivi, 319).

[11] La similitudine col pittore ricomparirà nello scritto di Adelaide Ristori analizzato nel par. 3: «La dizione è il pennello dell'attore, senza di esso non potrà mai dar colore alla sua parte» (Ristori in Buonaccorsi 1974, 67).

3. L'attrice allo scrittoio: principii per un'educazione scenica

È utile notare che alcuni tratti della grammatica performativa fin qui desunti da *Dell'arte della parola* di Compagnoni, con un'attenzione specifica alla dimensione corporea, si riscontrano in un trattato ben più breve di fine Ottocento, scritto dall'attrice Adelaide Ristori e dato alle stampe con il titolo *Mie teorie e precetti sull'arte drammatica per coloro che bramassero esercitarla come artisti e anche per diletto* (1888).

Il trattato si apre con la messa a punto dell'armamentario terminologico essenziale, concernente specificamente l'opposizione tra azione e parola, tra fare e dire:

> La persona che ha in animo di dedicarsi all'Arte Drammatica, deve porre ogni studio a preferire le parti nelle quali l'azione è meno facile che la parola. Questo è uno studio principale per l'artista che vuole elevarsi ad un grado eminente.
>
> Esso deve preferire lo studio del *fare* a quello del *dire*, perché *quello* richiede maggior talento di *questo*. Quanto la parola è spesso in contrasto con le condizioni dell'animo lo si deve far comprendere al pubblico con dei moti del volto, e dall'accento, affinché allo spettatore sia evidente quanto la parola discordi dalla verità (Ristori 1888 in Buonaccorsi 1974, 66–67).

Come in Compagnoni, l'agire attoriale sulla scena è inquadrato nei termini di un incastro multimodale complesso tra inflessione della voce (*accento*) e movimenti comunicativi del corpo (come esempio vengono presi i *moti del volto*). L'attore che vuole giungere al grado massimo della sua professione (ossia, in definitiva, che vuole essere realmente attore) deve tendere con lo studio verso tale incastro, senza tuttavia contrastare la propria caratterizzazione naturale. Per quanto concerne quest'aspetto della caratterizzazione naturale, il temperamento della razza latina e quello della razza nordica vengono considerati poli estremi di un continuum variazionale:

> Ogni natura ha un carattere speciale di espressione, d'intonazione di voce, di movimenti. [...] Per esempio, il carattere della razza latina si manifesta con una vivacità rimarchevole nell'espressione e nei movimenti, ed i suoi attori sarebbero tacciati di freddezza ove si avvisassero di contenersi. Mentre nella razza nordica la ritenutezza nei movimenti, la sobrietà delle espressioni, è naturale in essa (ivi, 67).

L'attitudine naturale va congiunta e affinata con lo studio dell'estetica, che da Compagnoni ritorna in Ristori, il cui scopo è la ricerca del bello che coincide con il vero, come scrive due volte la stessa Ristori (tra i due membri *bello* e *vero*, segnalati dal corsivo, è posto il verbo essere che ne marca immediatamente l'identità). E riaffiora in Ristori la funzione pedagogica del teatro già ravvisata nelle righe del trattato di Compagnoni:

> Qualunque personaggio rappresenti, l'attore coscienzioso non deve mai perdere di mira che il solo bello è vero, che il solo vero alletta, s'insinua piacevolmente ed educa; che l'attore non si stanchi mai dello studio profondo dell'estetica che lo condurrà a non mai trascurare la ricerca del *bello* nelle sue manifestazioni perché il solo bello è *vero*; e se qualche *vero* non è *bello*, l'artista studioso e pensatore saprà trovare il modo da renderlo meno spiacevole (ibidem).

Dal suo punto di vista, ossia quello di un'attrice[12], Ristori insiste molto sull'aspetto varietistico, multiforme delle manifestazioni caratteriali e affettive in natura, del bello e di conseguenza del vero. Da questa realtà variegata l'attore, grazie alla sua flessibilità e alla sua capacità di adattamento, dovrà attingere e mostrare sul palcoscenico (l'*immagine esterna* è l'*azione esterna* in Compagnoni) quella varietà di voce e di corpo che meglio esprime l'idea da rappresentare:

> La mia convinzione pratica è, che avendo la fortuna d'incontrare una buona guida in un Direttore provetto, suo primo compito è di far declamare dall'allievo qualche brano di poesia od altro per giudicare dal modo col quale esprime i sentimenti dell'animo suo, quali siano le qualità che possiede e dove lo si deve correggere, dacché non tutti esprimono il dolore, la gioia, o l'indifferenza nello stesso modo, perché le nature sono diverse. Il bello è vario quanto l'aspetto della natura. Il vero, nell'arte, non consiste in una linea indeclinabile, ma nella corrispondenza della idea colla immagine esterna che deve esprimerla (ivi, 73).

Si giunge così, in prossimità della conclusione, al nucleo del trattato di Ristori: l'attrice fa emergere il tono pragmatico della sua scrittura dalla struttura a lista non omogenea con la quale sintetizza, a mo' di punti elenco, le regole alle quali deve attenersi il buon attore. Va notato il brusco passaggio dal nome

12 Dalla citazione che segue va messo in rilievo l'uso dell'aggettivo modificatore postnominale *pratica* (*convinzione pratica*), che sottolinea come il punto di vista adottato nella trattazione sia proprio quello di un'addetta ai lavori.

l'*insegnamento* (della corretta dizione e dei movimenti misurati del corpo, in particolare dei gesti) al verbo *insinuargli* (introdurre l'attore alla ricerca del bello nell'esecuzione dei gesti), che spezza la simmetria delle parti del discorso in gioco nella strutturazione delle informazioni:

> Altre norme fondamentali sono: l'insegnamento della corretta dizione; del portamento nel camminare; nell'atteggiarsi; l'efficacia e la giusta misura del gesto; insinuargli di studiare il bello nelle movenze del suo gesto e fuggire dall'esagerato e ricercato che spesso si usa per eccitare l'applauso del pubblico (ibidem).

Non di minore importanza, precisa Ristori sul finire, è lo studio delle variazioni negli usi del vestiario scenico, che costituisce un ulteriore aspetto fondamentale della comparsa dell'attore sulla scena con il suo corpo:

> Altro precetto importante da insinuare all'alunno è quello che l'artista non deve solo occuparsi dei lati psicologici dei personaggi che deve interpretare, ma altresì deve fare uno studio speciale delle epoche nelle quali le azioni si svolgono, come dell'esattezza dei costumi (ivi, 74).

4. Conclusioni

La persistenza di alcuni tratti ricavati dall'analisi dei due trattati presi in esame in questo contributo, redatti da un autore e da un'autrice con profili molto diversi, rivela sostanzialmente una codificazione stabile nel corso dell'intero Ottocento di una grammatica performativa a uso dell'attore, che si riversa in misura più o meno estesa nei manuali attuali (cfr., per esempio, Carboni/Sorianello 2011). I tratti fondamentali emersi sono due: tener conto della complessità multimodale della performance attoriale nelle sue componenti vocale e corporea; tener conto dell'aspetto estetico, oltre che di quello linguistico.

Nell'impresa di incardinare in maglie fisse le regole comportamentali che il buon attore deve seguire, i trattati destano interesse perché riproducono, in continua linguistici, la multisfacettatura del reale, soprattutto dei caratteri naturali e delle passioni umane.

È bene infine concludere con una nota sull'importanza che i trattati a nostro avviso rivestono nel campo della formazione docenti, nello specifico la formazione alla multimodalità. Risultano di una straordinaria modernità le parole di Compagnoni che seguono; dal contesto della lettura in pubblico a proposito di argomenti scientifici, possono valere per qualsiasi altra azione multimodale dell'insegnante in classe, verso la cui totalità fatta di espressioni verbali e corporee converge l'attenzione degli alunni e delle alunne:

> È nel Professore per l'ufficio suo tal carattere di autorità, per cui non gli è per certo disdetta una cert'aria di sicurezza nella esposizione delle sue dottrine, e convenientissimo è pure in lui un certo tuono vigoroso, spezialmente ove gli accada di dover combattere alcun sistema che reputi erroneo o pericoloso. Nel qual caso, siccome egli ha bisogno di prendere consentanee intonazioni, a queste deve eziandio far corrispondere consentanee forme di atteggiamento. Ma queste saranno sempre nobili e moderate; e con siffatto contegno, alle dottrine che espone, quella a profitto de' suoi alunni aggiungerà che insegna i modi nobili e moderati della espressione che può dall'azione dipendere (Compagnoni 1827, 207–208; lettera XV).

Bibliografia

Albano Leoni, Federico (2022): *Voce. Il corpo del linguaggio*. Roma: Carocci.

Alfieri, Gabriella / Alfonzetti, Giovanna / Motta, Daria / Sardo, Rosaria (a cura di) (2020): *Pragmatica storica dell'italiano. Modelli e usi comunicativi del passato*. Atti del XIII Convegno ASLI Associazione per la Storia della Lingua Italiana (Catania, 29–31 ottobre 2018). Firenze: Franco Cesati.

Buonaccorsi 1974 = Ristori, Adelaide (1888): Mie teorie e precetti sull'arte drammatica per coloro che bramassero esercitarla come artisti e anche per diletto. In: Buonaccorsi, Eugenio (1974): *La recitazione del «grande attore» da Gustavo Modena a Tommaso Salvini*. Genova: Alfagrafica, 65–75.

Carboni, Giancarlo / Sorianello, Patrizia (2011): *Manuale professionale di dizione e pronuncia. Come educare la voce parlata*. Milano: Hoepli.

Cirillo, Letizia / Nodari, Rosalba (a cura di) (2024): *Contesti, pratiche e risorse della comunicazione multimodale*, studi AItLA 18. Milano: Officinaventuno.

Compagnoni, Giuseppe (1827): *Dell'arte della parola considerata ne' varii modi della sua espressione sia che si legga sia che in qualunque maniera si reciti. Lettere ad E. R. giovinetto di quattordici anni*. Milano: Antonio Fortunato Stella e figli.

Cruciani, Fabrizio ([5]1997): *Lo spazio del teatro*. Roma / Bari: Laterza.

De Blasi, Nicola / Trifone, Pietro (2019): *L'italiano sul palcoscenico*. Firenze: Accademia della Crusca-goWare.

De Mauro, Tullio (2013): Non di sola linguistica vive la conoscenza del linguaggio. In: Albano Leoni, Federico / Gensini, Stefano / Piemontese, Maria Emanuela (a cura di): *Tra linguistica e filosofia del linguaggio. La lezione di Tullio De Mauro*. Roma / Bari: Laterza, 139–151.

Fresu, Rita / Murgia, Giulia / Serra, Patrizia (a cura di) (2020): *Trasmettere il sapere, orientare il comportamento. Tipologia linguistica, generi testuali, modelli culturali della prosa educativa*. Firenze: Franco Cesati.
Gullino, Giuseppe (1982): Compagnoni, Giuseppe. In: *Dizionario Biografico degli Italiani*. Roma: Istituto della Enciclopedia Italiana, 100 voll., vol. XXVII, 654–661.
Molinari, Cesare (^{6}1999): *Storia del teatro*. Roma / Bari: Laterza.
Nobili, Claudio (2024): La multimodalità nell'istituzionalizzazione di un'arte della parola e dei cenni. Pratiche linguistico-discorsive à rebours (dall'Ottocento al Seicento). In: *Sinestesieonline* 8 (43), 1–15. URL: https://sinestesieonline.it/wp-content/uploads/2024/09/sinestesieonline_settembre2024_barocco_16_nobili.pdf (19-01-2025).
Nobili, Claudio (in stampa): Multimodalità. In: Serena, Enrico (a cura di): *Dizionario dell'italiano L2: insegnamento, apprendimento, ricerca*. Pisa: Pacini.
Pietrini, Sandra (2009): *L'arte dell'attore dal Romanticismo a Brecht*. Roma / Bari: Laterza.
Poggi, Isabella (2003): Sinfonie e mosaici: il bello del significato. In: *Giornale italiano di psicologia* (3), 491–498.
Prampolini, Massimo / Voghera, Miriam (2012): Multimodalità futura e originaria. In: *Testi e linguaggi* (6), 11–15.

Scrivere un gesto, (de)scrivere la danza? Il discorso sul corpo e la corporeità nei testi storici sulla danza

Eva Rothenberger

Abstract: The term *dance* encompasses various aspects, including artistic movement, rhythmic motion, social context and emotional expression. It is both a visual and kinetic art form, performed by dancers and choreographers, usually for an audience. Physicality is central to dance, as the body serves as the medium for expression, with no movement occurring without it. Since the Renaissance, dance has been documented in writings, motivated by the dance masters' ambition to record their compositions and knowledge. These texts aimed to establish dance as a legitimate art form and elevate the role of dance teachers. Over time, notation systems were developed to record dance movements, and treatises on dance became increasingly widespread and influential. This article analyses dance texts from Italy and France between 1580 and 1820, focusing on the concept of corporeality and its historical context in dance, highlighting crucial aspects of this body-bound art form and its evolution.

Keywords: treatises on dance; 16th-19th century; corporeality; performative art; dance movements

1. Introduzione

Il termine *danza* implica diverse sfaccettature. È l'arte che si fa vedere in scena attraverso il movimento su musica, che può essere descritto come movimento artistico nello spazio, movimento ritmico, costume sociale o contesto rituale, forma espressiva di tipo artistico, espressione di emozioni, ecc. Quest'arte richiede il senso della vista, poiché si rivolge a un pubblico di spettatori. Innanzitutto si possono individuare singoli elementi che da un lato aiutano a recepire la danza come forma d'arte visiva da parte dei destinatari e dall'altro come forma d'arte cinetica da parte degli esecutori, ovvero i danzatori e i coreografi. Questa forma artistica della rappresentazione attraverso il movimento è caratterizzata da performatività, situatività e fisicità. La fisicità implica un corpo che esegue i movimenti e i percorsi spaziali nel momento della performance e che deve avere una costituzione adatta allo scopo. Ebbene, l'unica cosa che manca nelle prime riflessioni appena fatte è il mezzo che funge indissolubilmente da superficie di proiezione per i modelli di movimento e le forme di espressione: il corpo. Senza il corpo come superficie di espressione, il movimento e quindi la danza non possono manifestarsi. Così la fisicità nella danza si manifesta più concretamente come corporeità perché non è solamente fisica o materiale, ma è legata al corpo umano.

Osservando le definizioni di *danza* o *ballo* dei dizionari contemporanei, si nota che il dettaglio costitutivo del corpo non è menzionato ovunque. Un confronto tra il *Nuovo De Mauro*, il *Sabatini Coletti* e lo *Zingarelli*[1] mostra, da un lato, che le descrizioni si assomigliano molto, e dall'altro che ci sono sottili sfumature, per cui vengono utilizzati aggettivi diversi o sintagmi con focus semantico differente nelle specificazioni. Inoltre, la relazione con la musica e con le caratteristiche ritmiche dei movimenti è diversa. Il riferimento al corpo è per lo più presente e in un caso si parla specificamente dei piedi. Nella pratica attiva performativa il corpo costituisce il centro e soprattutto il punto di partenza di ogni azione danzante. Senza un corpo nessun movimento o gesto può prodursi perché manca la superficie di proiezione. La danza non può avvenire sulla carta o su tela (dipinto), dove si può solo catturare una scena di danza. Eppure, a partire dal Rinascimento, sulla carta arriva una serie di testi di danza. I maestri di danza hanno preso in mano la penna e hanno scritto nero su bianco ciò che altrimenti era iscritto sul corpo umano. Per vari motivi hanno verbalizzato e scritto l'arte performativa che è la danza, che vive soprattutto nel momento dell'esecuzione che è la performance. In questo modo, si preoccupano soprattutto di affermare la danza come forma d'arte a tutti gli effetti, accanto alle altre arti, e di emanciparla sempre di più. Documentando le proprie composizioni di danza, all'epoca non ancora etichettate con il termine *coreografia*, introdotto in seguito a questo scopo, perseguono una valorizzazione della professione del maestro di danza, che contribuisce in modo significativo alla messa in scena della nobiltà in occasione di feste e cerimonie.

Si tratta innanzitutto di maestri di danza italiani trasferitisi, tra l'altro, alla corte reale francese[2]. Questi, oltre ad avere il compito centrale di mettere in scena l'autorità del re e della nobiltà con composizioni di danza in occasione di eventi pubblici, erano anche insegnanti di danza per la nobiltà. Sono quindi

---

1 Cfr. NDM, s.vv. *ballo* e *danza*; SC, s.vv. *ballo* e *danza*; ZING, s.vv. *ballo* e *danza*.

2 Per un panorama più ampio sulla storia della danza, soprattutto sul contatto culturale tra la Francia e l'Italia, cfr. Sorell (1995, 83–96); Di Tondo/Pappacena/Pontremoli (2019, 39–73 e 96–122).

coreografi, gestori di eventi e insegnanti di danza. Da un lato, devono ideare creativamente materiale sempre nuovo e, dall'altro, metterlo insieme in combinazioni di passi e movimenti versatili per creare pezzi di danza completi.

Nel corso del tempo sono state sviluppate diverse soluzioni per la scrittura della danza. Oltre al testo scritto, emergono modelli di notazione che cercano di passare da un sistema semiotico (il movimento strutturato di un corpo nello spazio in combinazione con la musica come forma di espressione artistica) a un altro sistema semiotico (il testo scritto e quindi linearizzato su una superficie cartacea bidimensionale) con il minor attrito possibile. Rispetto alla musica, però, nessun sistema di notazione ha prevalso nel corso dei secoli perché le sequenze di movimento complesse richiedono linee e simboli dettagliati che inevitabilmente assumono forme molto criptiche diventando spesso illeggibili.

In questo articolo l'attenzione è rivolta a testi scritti e pubblicati in Italia e in Francia tra il 1580 e il 1820 e ai concetti di corporeità in essi contenuti. A tal fine, ci si concentrerà su una selezione di sei testi come casi di studio esemplari. Questa base permette di astrarre il discorso sulla percezione del corpo e della corporeità nell'arte della danza dell'epoca. Tuttavia, dal Rinascimento in poi si è verificato uno scambio culturale di danza molto vivace e continuo al di là dei confini territoriali, per cui le linee interpretative presentate non sono costruite arbitrariamente e senza contesto.

Il contributo si compone di due parti: dopo una premessa storica con due esempi testuali del Cinquecento e dell'inizio del Seicento, segue l'analisi di quattro casi di studio del XVIII e XIX secolo. L'approccio accademico si basa principalmente su una prospettiva di studi letterari e culturali sui testi e mira ad analizzare il discorso sul corpo nel contesto storico della danza.

2. Il ruolo dell'Italia per l'arte della danza nel Rinascimento

2.1 Fabritio Caroso: *Il Ballarino* (1581)

La panoramica inizia a Venezia con *Il Ballarino* di Fabritio Caroso (ca. 1526 – ca. 1605)[3] del 1581. Insieme al primo *ballet d'action*, il *Balet comique de la Royne* apparso a stampa nell'anno successivo, *Il Ballarino* è un'opera

---

3 Le date di nascita e morte sono incerte.

pionieristica della letteratura di danza a stampa. È diviso in due trattati: il primo contiene la descrizione dei passi e le regole generali di comportamento; il secondo contiene le coreografie delle danze di società[4] dell'epoca, la cui musica è annotata in intavolatura per liuto. L'indice elenca le 55 regole che Caroso spiega poi in sezioni compatte. La *Regola Prima* fornisce una prima introduzione generale, che tratta principalmente di come il cappello rimosso debba essere tenuto in mano e di come debba essere posizionato di conseguenza il braccio. A questo capitolo introduttivo segue la *Regola Seconda*:

> La Riverenza grave si fa tenendo ben distesa la vita, & le gambe, con la metà del piè sinistro più innanzi del destro, & lontano quattro dita da quello, avertendo che le punte de tutti due li piedi stieno ben diritte. Et perche nella maggior parte de i Balletti intervengono otto battute perfette di Musica, che sono sedici battute ordinarie; però si ha da sapere, che nelle quattro prime battute si principia, & finisce tutta la Riverenza: & nelle quattro ultime, le due Continenze, come sì dirà al suo luogo. (Caroso 1581, 3)

La descrizione dell'inchino (*riverenza*) – il primo momento di apertura della danza cortese – inizia dalla vita e prosegue lungo le gambe fino alla punta dei piedi. La progressione è quindi dal centro del corpo fino alle gambe. Viene data un'indicazione sulla posizione dei piedi e su come devono essere allineati l'uno rispetto all'altro. Caroso indica anche come devono essere posizionate qualitativamente le parti del corpo nella postura di partenza. L'elemento costitutivo della musica viene introdotto immediatamente in modo che il movimento e la danza possano nascere da questa postura. Ciò avviene attraverso l'indicazione metrica della battuta, cioè la funzione strutturante sotto forma di ritmo è integrata all'istante. Il numero di battute è poi collegato all'inizio e alla fine di due sequenze di movimento (1 riverenza e 2 continenze). Per quanto riguarda la percezione del corpo si può osservare che la metà inferiore del corpo è vista come il punto di partenza, viene portata in posizione e messa in una certa qualità posturale affinché, quando la musica inizia, il corpo posizionato possa entrare nel movimento in modo coordinato e strutturato. Seguono descrizioni precise dei passi, che indicano quale

---

4 In italiano esistono diversi termini per indicare questo tipo di danza: *liscio*, *ballo nobile*, *ballo cortese* o *di sala*, *danza sociale* (cfr. ad es. Di Tondo/Pappacena/Pontremoli 2019; Tani 1983). Per questo articolo, sulla scia di Falcone/Veroli (2018, 10), si usa il termine *danza di società*.

piede viene mosso in quale modo e in quale sequenza. Mancano le braccia e le mani perché non sono ancora integrate in modo coerente nella sequenza di movimento. Le *Regole* che seguono descrivono sequenze di movimenti e passi sempre più convenzionalizzati.

2.2 Cesare Negri: *Le Gratie d'Amore* (1602)

Circa vent'anni dopo fu pubblicato a Milano *Le Gratie d'Amore* di Cesare Negri (ca. 1535 – ca. 1605)[5]. Come il suo predecessore l'autore divide la sua opera in singoli trattati. Il primo trattato contiene una documentazione biografica dei suoi successi e un elenco di illustri ballerini del suo tempo: «Dove si contengono i nomi de più famosi Ballarini che fiorirono al tempo dell'Aurore, i luoghi è grandi personaggi, dove, & dinanzi à quali ha l'Auttore Ballato.» (Negri 1602, 1; didascalia del titolo) Nel secondo trattato Negri fornisce una descrizione dettagliata dei singoli passi e delle sequenze di movimento della *Gagliarda* – una danza molto popolare nel Cinquecento e diffusa in molti Paesi europei – seguita dalla stesura delle sue coreografie, delle sequenze di movimento e dell'intavolatura per liuto, con illustrazioni nel terzo trattato.

Uno sguardo più attento al secondo trattato rivela alcuni parallelismi tra Negri e Caroso. Prima di fornire al lettore una raccolta di 55 regole, Negri inserisce nove avvertimenti, nel primo dei quali figura qualcosa di piuttosto inaspettato e atipico:

> IL primo è, che tutta l'importanza del ben ballare la gagliarda, od altri balli oltre lagratia,&agilità, che si deve possedere, consiste nello stare attento con l'orecchia al suono come quello, ch'è Instrumento del ballo, &ballare à tempo con la misura di quello, osservado quello, che si è detto di sopra. (Negri 1602, 31)

L'orecchio non è tipicamente tematizzato in un contesto di danza, poiché la gamma limitata dei suoi movimenti non lo rende adatto a un coinvolgimento attivo in una coreografia. In questo esempio esso non è inteso, infatti, come parte del corpo che viene utilizzata per eseguire un movimento, ma se ne sottolinea l'importanza come organo sensoriale indispensabile per un buon danzatore al fine di armonizzare il proprio corpo danzante. Per poter eseguire consapevolmente una sequenza strutturata di movimenti, questa deve essere

---

[5] Le date di nascita e morte sono incerte.

unita, attraverso la percezione sensoriale, al quadro strutturale musicale generato dall'esterno da metro, battito e ritmo. In questo senso, l'orecchio è l'anello di congiunzione irrinunciabile tra il corpo e la musica, la quale dà la sua struttura ritmica al danzatore e al suo movimento.

3. Casi di studio testuali più dettagliati

Dopo che Catarina de' Medici portò in Francia maestri di danza italiani come Baltasar de Beaujoyeulx (1535–1587, originariamente Baldassare da Belgiojoso), nel mondo della danza si verificò un ricco scambio culturale (cfr. Calendoli 1986, 112). Questo trasferimento culturale dall'Italia alla Francia ha contribuito al notevole sviluppo che la cultura della danza cortese in Francia conobbe nel XVII secolo. Luigi XIV – egli stesso appassionato e talentuoso danzatore – fondò l'*Académie royale de Danse* nel 1661/62. Questa istituzionalizzazione dell'arte della danza accanto alle altre arti pose le basi per la sua emancipazione come forma d'arte indipendente e ne promosse la professionalizzazione. Oltre al ballo da sala, che coinvolgeva la corte e quindi l'intero pubblico, si sviluppò la danza artistica, sempre più concepita per la rappresentazione sul palcoscenico.

Con l'affermarsi della Francia e soprattutto di Parigi come centro culturale della danza dell'epoca, si assiste alla pubblicazione di diversi testi da parte dei maestri di danza francesi. Dopo lo sguardo ai primi testi sul ballo di origine italiana, segue l'analisi di alcune opere francesi e italiane sulla danza e sulla coreografia. Nacquero in questo periodo anche i primi sistemi di notazione che, simili alle note della notazione musicale, avrebbero permesso una scrittura e una documentazione attraverso simboli astratti.

3.1 Raoul-Auger Feuillet: *Choregraphie ou l'Art de décrire la Dance* (1700)

Raoul-Auger Feuillet (ca. 1660–1710) pubblicò, oltre a brani di testo scritto, un complesso sistema di notazione[6], uscito per la prima volta a Parigi nel 1700 con il titolo *Choregraphie ou l'Art de décrire la Dance* (cfr. Hartmann/

[6] Questo sistema fu sviluppato in realtà nell'ambiente dell'Académie da Pierre Beauchamp (1631–1705) e per questo oggi solitamente ci si riferisce ad esso con "notazione di Beauchamp-Feuillet".

Woitas 2017, 210). La paternità dell'opera rimane però controversa e non può essere pienamente chiarita tra i vari maestri di danza di questo ambiente (cfr. Schoenfeldt 1997, 184–188).

Dopo la definizione di base delle posizioni di gambe e piedi, passi o salti, si definiscono la posizione e l'orientamento del ballerino nello spazio. Ogni parte del corpo viene poi analizzata in dettaglio per quanto riguarda le varie posizioni che può assumere e le viene attribuito un simbolo di notazione. Moduli di testo accompagnano i simboli di notazione. Nell'insieme si tratta di descrizioni quasi cinetiche, geometriche e allo stesso tempo estetizzanti, che utilizzano linee che indicano quale parte del corpo deve eseguire quale movimento per una particolare figura di danza. L'attenzione si concentra sul corpo e sull'esecuzione del movimento stesso, nel raggio spaziale che circonda immediatamente il corpo del danzatore. Segue un'estensione spaziale in cui Feuillet definisce vari percorsi ammissibili. In questo modo si passa dalla logica della localizzazione e del posizionamento di un corpo danzante nello spazio fisico immediatamente circostante al movimento strutturato di quello stesso corpo nello spazio tridimensionale più ampio. Schoenfeldt classifica le descrizioni della *Choregraphie* come una teoria analitico-meccanicistica del movimento, ma fa anche riferimento alla pratica della danza tradizionale esistente all'epoca (cfr. Schoenfeldt 1997, 188–204). Sottolinea inoltre il rapporto con «la voce della musica» e la sua qualità unificante temporale (cfr. Schoenfeldt 1997, 196).

Rispetto ai due esempi testuali precedenti, in Feuillet si trova la dimensione qualitativa dell'esecuzione del movimento: il tono della gamba tesa, il buon sollevamento (ben dritto) del busto o l'agilità risuonano implicitamente nel testo nella misura in cui le combinazioni sempre più virtuose di passi, salti e piroette non possono essere eseguite senza questo prerequisito. Ci sono riferimenti al «bene» (cioè al giusto) e al «male» (cioè allo sbagliato): ad esempio alla «mutation des positions» (Feuillet 1700, 26), il passaggio da una posizione all'altra, che può avvenire in «bonnes positions» (ivi, 27) e «fausses positions» (ivi, 28) e con una transizione verso un altro luogo. La lettura del testo di Feuillet conferma la definizione data da Claudia Jeschke (1996, 199) per la concezione del corpo in quest'epoca come «meccanico». Il corpo viene percepito quasi come una macchina o come un oggetto fisico umano, scomposto nelle sue singole parti, che a loro volta vengono analizzate in relazione alle varie possibilità di movimento.

Attraverso questo approccio graduale l'opera costruisce sistematicamente l'intero repertorio di movimenti del balletto intorno al 1700 in modo documentato e allo stesso tempo sviluppa una meticolosa scrittura di notazione, che successivamente rende possibile la registrazione e così la documentazione di intere coreografie – nonostante i limiti della registrazione spaziale e temporale di intere danze durante la trascrizione.

3.2 Jean Georges Noverre: *Lettres sur la danse, et sur les ballets* (1760)

Un altro esempio importante di letteratura di danza è costituito dagli scritti di Jean Georges Noverre (1727–1810), che si scontrò con Gasparo Angiolini in una disputa pubblica sulla drammatizzazione del *ballet en action*. Sabine Huschka (2008, 93) sottolinea:

> Während Dramatiker und Schauspieler jener Zeit über die Grade der Einfühlung und Empfindung des Schauspielkörpers räsonierten […], stritten zwei der bedeutendsten Ballettmeister in Europa über kompositorische Fragen. Jean Georges Noverre (1727–1810) und Gasparo Angiolini (1731–1803) waren grundsätzlich eins in der Frage, im Tanz […]Affekte mittels beredter Gesten zur Aufführung zu bringen. Allerdings waren sie entschieden uneins darin, wie ein angemessenes dramatisch-inszenatorisches Arrangement hierzu auszusehen habe[7].

In sostanza, quindi, si tratta di questioni di composizione della danza che riguardano la rappresentazione appropriata degli affetti sul palcoscenico. E sebbene la fisicità non sia direttamente tematizzata in questa *Querelle des Pantomimes*, troviamo alcune tracce linguistico-testuali del corpo danzante nell'opera di Noverre. Egli riflette ad esempio sull'*adresse du corps* e sull'*agilité des jambes*, affermando che l'espressione emotiva non può essere raggiunta solo attraverso queste due componenti (Noverre 1760, 8). La costruzione, ovvero la

7 «Mentre i drammaturghi e gli attori di quel tempo riflettevano sui gradi di empatia e sensazione del corpo attoriale […], due dei più importanti maestri di balletto in Europa si confrontavano su questioni compositive. Jean Georges Noverre (1727–1810) e Gasparo Angiolini (1731–1803) erano fondamentalmente d'accordo sulla questione di esprimere attraverso il ballo […] gli affetti tramite gesti eloquenti. Tuttavia, erano decisamente in disaccordo su come dovesse essere strutturato un appropriato arrangiamento drammatico e scenico a questo scopo.» (Tutte le traduzioni dal tedesco sono state eseguite dall'autrice con l'aiuto di IA.)

composizione del brano e della danza, deve avere già una certa struttura che susciti affetti ed emozioni. Secondo le regole sempre più sofisticate dello stile, alcuni personaggi da rappresentare sul palcoscenico richiedono determinate caratteristiche fisiche:

> La taille qui est propre au demi-caractere & à la Danse voluptueuse est sans contredit la moyenne ; elle peut réunir toutes les beautés de la taille élégante. Qu'importe la hauteur, si les belles proportions brillent également dans toutes les parties du corps ?
>
> La taille du Danseur comique exige moins de perfections ; plus elle sera racourcie, & plus elle prêtera de grace, de gentillesse & de naïveté à l'expression.
>
> Les physionomies ainsi que les tailles doivent différer. Une Figure noble, de grands traits un caractere fier, un regard majestueux, voilà le masque du Danseur sérieux.
>
> Des traits moins grands, une figure aussi agréable qu'intéressante, un visage composé pour la volupté & la tendresse, est la physionomie propre au demi-caractere et au genre pastoral.
>
> Une physionomie plaisante & toujours animée par l'enjouement & la gaieté, est la seule qui convienne aux Danseurs comiques. Ils doivent être, pour ainsi dire, les singes de la nature, & imiter cette simplicité, cette joie franche & cette expression sans Art qui regne au village. (Noverre 1760, 232–234)

Il concetto di corpo qui contenuto riflette la codificazione consolidata delle figure secondo le modalità di rappresentazione sul palcoscenico. Gli stili ricordano la *Rota Virgiliana* e continuano così le questioni di appropriatezza della letteratura e del teatro per la danza di scena. Ci sono riflessioni sulle carenze fisiche: se affrontate nell'infanzia – quando il corpo è ancora malleabile e plasmabile – queste possono essere corrette con un'adeguata istruzione al movimento. Anche le carenze naturali possono essere compensate dalla brillantezza e dalla perfezione (cfr. Noverre 1760, 311–312).

L'obiettivo di Noverre è soprattutto quello di ampliare il repertorio definito di movimenti esistenti, per fornire alla gamma di emozioni e affetti possibilità di espressione gestuale altrettanto ampie. Per questo motivo le gambe e la loro suddivisione in anche, ginocchia e piedi sono affrontate in diversi contesti e qualità di movimento. La testa è inclusa in alcuni punti, ma il torso, la schiena e lo stomaco non sono affatto differenziati. Si usa invece il termine *corpo/corps* per la danza e il movimento, in modo che le singole parti differenziate del corpo siano nuovamente percepite come un insieme. In questo contesto, Jeschke utilizza il termine «instrumentaler Körper» (corpo strumentale), nel senso che il corpo è strumento di espressione per gli affetti che saranno sempre più rappresentati nella danza sulla scena. L'autrice sottolinea che in quest'epoca la relazione tra drammaturgia e coreografia si differenzia ulteriormente (cfr. Jeschke 1996, 200).

3.3 Gennaro Magri: *Trattato teorico-pratico di ballo* (1779)

Un trattato di danza che segue le orme di Noverre proviene dalla penna di Gennaro Magri (ca. 1737/39–1789)[8]. L'opera *Trattato teorico-pratico di ballo* del 1779 consta di due parti e un elenco di illustrazioni. Nella *Parte Prima* si crea un panorama completo, che va da un'introduzione generale a 50 capitoli sui singoli passi, le sequenze di passi e i salti nella danza da palcoscenico e da sala. Nella *Parte Seconda*, Magri si concentra poi sulle *Contraddanze*, una forma di danza di coppia popolare a partire dal XVII secolo.

La *Parte Prima* si concentra sulle gambe e sui piedi, per i quali Magri fornisce descrizioni dettagliate delle posizioni e istruzioni di movimento su come eseguire passi e salti. Seguono la descrizione della disposizione spaziale per le coppie di ballo nelle Contraddanze, nonché le direzioni e le sequenze di movimento. Il trattato di Magri non costituisce un'innovazione. Ogni precedente registrazione di coreografie, sia di Beauchamp che di Feuillet o di altri colleghi, prende in considerazione anche l'elemento dello spazio. In Magri, però, è il corpo stesso a essere menzionato in diversi passaggi sull'*equilibro* nell'intero testo, che implica sia l'allineamento sia il sollevamento:

> FOndiamo [sic] tutte le basi pria di entrare nella prattica de' passi. L'Equilibrio è uno de' fondamenti principali della Danza. Egli mantiene il corpo ben dritto, e fermo in piedi. Non importa altro l'equilibrio, che quella linea, che dall'alto al basso divide ogni corpo in due parti eguali, cada nel centro della base. Egli ha tanta forza questo equilibrio, che potrebbe sostenersi sopra la punta di ago da cucire, [...]. (Magri 1779, 19)

Come per Feuillet e altri autori, l'attenzione si concentra sui movimenti geometricamente allineati; inoltre, si scompone in due metà uguali il posizionamento e l'allineamento qualitativo associato (dritto e fermo) del corpo e viene fatta una

---

[8] Sull'opera di Gennaro Magri Napoletano si veda Fabbricatore 2020.

distinzione concettuale tra il centro (del corpo) e la base, che sono in relazione tra loro geometricamente e spazialmente. Dopo una spiegazione del sollevamento del busto Magri descrive sei diversi modi in cui il corpo può essere portato in equilibrio nella danza. A tal fine sono incluse «due le piante de' piedi, e la vita ben dritta», così come lo «*Sternome* [...] osso intercostale, detto *Pugio* dagli Anotomici [...] osso del torace, a cui stanno attaccate le costate, si facesse pendere giù un filo con un piombo, dovrebbe detto piombo cadere giusto nel centro di quel spazio, che sta tra piede, e piede.» (Magri 1779, 20) C'è una crescente messa a punto della prospettiva sul corpo danzante e sulle sue parti anatomiche.

Dopo questo fondamentale posizionamento del corpo, esso viene messo in moto nel testo e si stabilisce l'importante riferimento alla musica, perché «[tu]tti i passi della Danza mai saranno esser gradevoli, se dall'armonia non saran regolati.» (Magri 1779, 22) La *Parte Seconda* si basa su questo approccio sistematico del corpo danzante, concentrandosi sulle contraddanze. Dopo le note introduttive per i maestri di danzatori principianti, la collocazione e la varietà delle Contraddanze, Magri descrive un gran numero di figure con la terminologia francofona e in parte italianizzata, che arricchisce anche con tavole illustrative nell'appendice all'opera. Per quanto riguarda la spazialità come elemento costitutivo della danza, è implicito un orientamento tripartito. In primo luogo, si tratta del movimento di ogni singola persona e del suo corpo nello spazio. In secondo luogo, il movimento spaziale di una coppia di ballerini, cioè Uomo e Donna, implica che due partner di danza entrino in relazione tra loro danzando insieme. In terzo luogo, nelle coreografie per più coppie di danza, lo spazio del movimento e quindi della percezione è ampliato dalla dimensione dell'interazione tra le singole coppie di danza in combinazione con percorsi a terra talvolta molto complessi.

Nel caso di studio del *Trattato teorico-pratico di Ballo* possiamo quindi osservare un approccio molto sistematizzato e anche sistematizzante. «Was die Lektüre indes verdeutlicht, ist die Ausdifferenzierung des Schrittmaterials die das 18. Jahrhundert hervorgebracht hat. Seit der „Chorégraphie“ [von Feuillet] hat sich das Repertoire an Figuren, Drehungen, Sprüngen etwa um ein Drittel vergrößert»[9], sottolinea Weickmann (2002, 118), e fa notare che

---

9 «Ciò che la lettura chiarisce, tuttavia, è la differenziazione del materiale di passi che il XVIII secolo ha prodotto. Da quando è apparsa la "Chorégraphie" [di Feuillet], il repertorio di figure, rotazioni e salti si è ampliato di circa un terzo.»

stanno emergendo cambiamenti non solo quantitativi ma anche qualitativi: «Die Bewegungsmuster sind komplizierter geworden; schwierige Passagen werden häufig ineinander verflochten; die verbindliche Einbeziehung der Arme setzt eine präzise Koordinationsfähigkeit voraus.»[10] (ibidem)

3.4 Carlo Blasis: *Traité élémentaire, Théorie et Pratique de l'art de la Danse* (1820)

Carlo Blasis (1795–1878), infine, si pone, con il suo *Traité élémentaire, Théorie et Pratique de l'art de la Danse*, in contrasto con Noverre. Mentre questo, secondo Blasis, scriveva solo per i compositori di danza, egli dichiara di scrivere un trattato per l'«artiste danseur» (Blasis 1820, 9)[11]. Nel corso di nove capitoli Blasis descrive il ballerino ideale che raggiunge la perfezione in contrasto con la mediocrità dei corpi di ballo mal formati che nessuno spettatore esperto vorrebbe vedere. Colpisce il fatto che, dopo un'introduzione più generale, l'attenzione si concentri direttamente sulle gambe: la danza inizia dalla base del corpo danzante, a partire appunto dalle gambe. Solo in seguito compaiono il corpo/torso e le braccia. Seguono numerose descrizioni qualitative, espresse con molti aggettivi e frasi nominali volte a incoraggiare l'eccellenza estetica:

> Attachez-vous à la correction et à la précision dans votre danse ; que tous vos temps soyent règlés d'après les meilleurs principes que vous avez reçus, et que l'exécution de vos pas soit toujours élégante et gracieuse.
>
> Il faut que les mouvemens des grands temps soyent larges, moëlleux, et faits avec majesté, et qu'en les exécutant, le danseur montre une grande précision, de la fermeté et de l'aplomb en les terminant. Dans les temps terre-à-terre, vous ne sauriez assez faire jouer le ressort des coude-pieds, pour en rendre l'exécution plus agréable et plus gracieuse, et renforcer et baisser les pointes pour la rendre vive et brillante.
>
> L'artiste doit s'attacher à nuancer ses pas le plus qu'il lui sera possible, et il faut que son exécution correcte en marque la diversité ; [...]. (Blasis 1820, 71–72)[12]

---

[10] «Gli schemi di movimento sono diventati più complicati; passaggi difficili vengono frequentemente intrecciati tra loro; l'inclusione obbligatoria delle braccia richiede una precisa capacità di coordinazione.»

[11] Sull'opera di Carlo Blasis si veda Pappacena 2005.

[12] Corsivi dell'autrice.

Viene fatto inoltre un collegamento tra l'adeguatezza dei passi e le caratteristiche fisiche del danzatore: «Mais qu'il se rappelle que le choix des pas soit toujours propre au genre qu'il a adopté, et convenable à sa construction physique.» (Blasis 1820, 72). Segue un capitolo sulla categorizzazione delle forme corporee in tre generi distinti:

> DANSEUR SÉRIEUX. DANSEUR DEMI-CARACTÈRE. DANSEUR COMIQUE.
>
> Celui qui se destinera à la danse sérieuse ou héroïque, doit posséder une belle taille et de belles formes ; son genre de danse exige absolument ces qualités physiques (1). (Blasis 1820, 88)

Weickmann (2002, 122) afferma, a proposito dell'intera attività editoriale di Blasis, che «[n]irgendwo lassen sich die wünschenswerten Maße und Formen des Körpers, nirgends die Ausbildungsprioritäten besser studieren: Carlo Blasis zeigt das Instrument einer Kunst, das [...] nur noch dem Anmutigen Ausdruck verleiht.»[13] Il corpo ideale del ballerino perfetto viene così definito e appare come uno strumento d'arte e d'espressione.

Vorrei concludere lo studio delle fonti sottolineando una caratteristica particolare dell'opera di Blasis. Un numero straordinariamente elevato di istruzioni ed esortazioni viene dato al lettore sotto forma di imperativi nella seconda persona plurale, nella forma *vous*. Grazie a questa focalizzazione il trattato si presenta come una moderna letteratura di consulenza, in quanto il testo è rivolto direttamente al lettore. C'è così una componente pedagogica esplicita, poiché si tratta di insegnare l'arte della danza. Infine, possiamo osservare l'assenza di un elemento altrimenti eminentemente importante per la danza: Blasis non tiene conto della musica.

4. Conclusioni: Astrazione del concetto di corpo nei testi storici di danza

Quali spunti si possono trarre dall'analisi di questi casi di studio?
In primo luogo, il corpo viene percepito attraverso le sue singole parti, poi descritto in termini di posizionamento e dopo di cambio di posizionamento,

---

13 «Non c'è luogo migliore per studiare le misure e le forme desiderabili del corpo, né per analizzare le priorità della formazione: Carlo Blasis mostra lo strumento di un'arte che [...] conferisce espressione solo al grazioso.»

ovvero il gesto o movimento per guidare il corpo e le sue parti dalla posizione iniziale a quella successiva. Segue lo sviluppo di un inventario che elenca le possibilità di movimento delle parti del corpo, che possono poi essere combinate per creare sequenze di movimento più complesse. Queste possibilità di movimento sono anche strettamente legate a percorsi e figure spaziali geometricamente definiti. L'approccio è altamente razionale e matematico: il corpo viene messo in movimento in modo strutturato utilizzando linee rette, cerchi e altre forme geometriche. Gabriele Klein sottolinea che «der allgemeine Trend zur Mathematisierung und Formalisierung, die zunehmende Disziplinierung des Körpers und seiner Bedürfnisse sowie die Rationalisierung und Psychologisierung des Verhaltens»[14] (Klein 1992, 97) ha fatto nascere in questo periodo forme di danza molto stilizzate. La musica funge da servitore, fornendo il metro per questo tipo strutturato di movimento estetico di danza. Nel XVIII secolo Noverre e Angiolini diedero vita al dibattito sulla rappresentazione delle emozioni nella cosiddetta *Querelle des Pantomimes*. Con questo scambio di colpi la danza artistica va incontro a una drammatizzazione. In seguito, soprattutto nella danza scenica, l'obiettivo è stato quello di rappresentare un'azione attraverso la danza e non solo una sequenza virtuosa di passi. Con Magri e Blasis, abbiamo più affermazioni sulla natura qualitativa dei movimenti e, soprattutto, sulle qualità fisiche.

In secondo luogo, il corpo è localizzato nello spazio. Inizialmente attraverso posizioni e allineamenti statici, poi si espande attraverso il movimento nello spazio e l'occupazione dinamica dello spazio di danza disponibile. Ciò è legato anche al contatto spaziale con i partner e all'interazione con e nella danza. Questo vale sia per la danza artistica di scena che per i balli di società. Da un lato il corpo stesso rappresenta uno spazio – uno spazio che occupa naturalmente – dall'altro c'è lo spazio che circonda immediatamente il corpo e infine lo spazio più ampio, margine del movimento. Il corpo è il mezzo per entrare in contatto con l'ambiente e nella danza lo fa in modo altamente convenzionalizzato e codificato. Anche la componente del tempo ha una funzione strutturante, in quanto il metro e il ritmo definiscono le sezioni temporali disponibili per l'esecuzione di un movimento.

---

14 «la tendenza generale alla matematizzazione e formalizzazione, la crescente disciplinarizzazione del corpo e delle sue necessità, nonché la razionalizzazione e psicologizzazione del comportamento.»

In terzo luogo, l'analisi ci porta a comprendere il corpo in questi testi come un mezzo di espressione addomesticato nella danza che deve seguire determinate regole. Negli esempi riportati incontriamo il corpo in un ruolo addomesticato e subordinato. Le forze razionalizzanti e strutturanti hanno un effetto sulla fisicità. Così le osservazioni di Jeschke e la sua analisi del rapporto tra coreografia e drammaturgia, che estrae dalla storia dello sviluppo della danza, possono essere trasferite al discorso sul corpo e sulla fisicità nei testi di danza presentati sopra. Il corpo si mostra qui geometrico, meccanicistico e strumentale (cfr. i termini di Jeschke 1996, 198–202) nei testi di Caroso, Negri e Feuillet. Nel pensiero di Noverre e ancora di più in Angiolini l'espressione enfatica e la tecnica del danzatore diventano un tutt'uno: questi due aspetti orientati verso la dimensione corporale della danza strutturano la composizione e la produzione dei balletti dell'epoca (cfr. Jeschke 1996, 202–204). È il corpo che acquista la funzione di elemento strutturante della danza artistica. Allo stesso tempo gli affetti e le componenti emotive dell'espressione fisica nel mezzo della danza richiedono sempre più attenzione. La qualità dei movimenti e dei gesti diventa centrale per Magri e Blasis. A partire dalla seconda metà del XIX secolo, i pionieri della danza moderna (ad esempio Loïe Fuller, Isadora Duncan, Mary Wigman) mettono in discussione e superano l'adesione a modelli e materiali di movimento in precedenza altamente convenzionalizzati. Il gioco di affetti ed effetti che ne deriva libera il corpo e rende possibili nuove forme di movimento che avrebbero caratterizzato il XX e il XXI secolo. Il corpo diventa il portatore del contenuto e riceve così una pertinenza ermeneutica differente dai balletti classici romantici.

In quarto luogo, una constatazione rivelatrice è che si possono astrarre cinque elementi essenziali che si trovano in tutti i testi e che si può quindi dire costituiscano la danza: il corpo, la posizione, la qualità (del corpo o di un movimento), il movimento e la musica. L'attenzione si sposta su ciascun elemento, per cui non tutte le cinque componenti sono rappresentate allo stesso modo e nella stessa misura – in alcuni casi si descrive più ampiamente la natura qualitativa o le sequenze di movimento sono in primo piano. Ciò dipende dall'aspetto su cui l'autore vuole porre l'accento. In generale possiamo osservare che si è sviluppata una maniera di considerare, poi di pensare, di scrivere e così di concepire la danza attraverso la messa per iscritto. Nel corso del periodo considerato questa strutturazione attraverso la scrittura ha avuto un effetto sulla professionalizzazione della danza e delle creazioni di danza, così che nel tempo l'esigenza pedagogica dell'insegnamento dell'arte della danza è stata sempre più presa in considerazione accanto alla dimensione della documentazione e della conservazione. Hartmann e Woitas notano in questo contesto che innovazione e individualità sono diventate possibili solamente perché è emersa una cultura scritta:

> Eng verknüpft mit der Aufwertung des Künstlers und eine Voraussetzung für Innovation und Modifikation ist die Dokumentation bzw. Notation der Bewegung. Denn erst als der Tanz in seiner spezifischen Formgebung fixierbar war, konnte von einem individuellen Werk überhaupt die Rede sein[15]. (Hartmann/Woitas 2017, 209)

Da un lato, la danza viene trasmessa attraverso il contatto diretto tra maestro di danza e allievo; dall'altro, la notazione di Beauchamp-Feuillet e il massiccio aumento della pubblicazione di libri di danza nel XVIII secolo indicano un cambiamento fondamentale nell'insegnamento della danza: «Gerade im Bereich des Gesellschaftstanzes verlagert sich diese [Tanzvermittlung] vom persönlichen Unterricht bei einem Tanzmeister immer stärker auf das Selbststudium»[16] (Hartmann/Woitas 2017, 210). L'allenamento fisico del corpo per le coreografie può quindi essere spostato nelle sale private. La corporeità diventa una questione privata da essere poi sfoggiata in pubblico.

Nel complesso si può affermare che dal Rinascimento in poi il corpo umano nella danza ha assunto la funzione ibrida sia di superficie materiale di espressione per l'arte cinetica performativa, sia di mezzo semiotico di espressione a livello contenutistico ed estetico. Nei secoli successivi scrivere di danza e descrivere danze, gesti e sequenze di movimento ha portato a uno sviluppo della percezione della fisicità. Cominciando a differenziarsi la danza artistica dalla danza di società, iniziano la ricerca della perfezione della corporeità e lo sviluppo virtuoso dei movimenti di danza. Con la successiva professionalizzazione dei creatori di danza – coreografi, maestri e ballerini – la percezione del corpo e della corporeità della danza stessa si è affinata. L'attenzione si allarga ai dettagli qualitativi dell'esecuzione dei

---

15 «Strettamente legata alla valorizzazione dell'artista e un presupposto per l'innovazione e la trasformazione è la documentazione o notazione del movimento. Infatti, solo quando la danza fu resa fissabile nella sua forma specifica, si poté parlare di un'opera individuale.»

16 «Proprio nel campo della danza sociale, quest'insegnamento della danza si sposta sempre di più dallo studio personale con un maestro di danza all'autoapprendimento.»

movimenti di danza, alla costituzione fisica dei danzatori professionisti e sempre di più alla carica enfatica e al modellamento dei gesti.

Fonti primarie

Beaujoyeulx, Balthazar de (1582): *Balet comique de la Royne, faict aux nopces de monsieur le duc de Joyeuse & madamoyselle de Vaudemont sa soeur*. Paris: Adrian Le Roy & Robert Ballard & Mamert Patisson.

Blasis, Carlo (1820): *Traité élémentaire, Théorie et Pratique de l'art de la Danse*. Milano: Joseph Beati / Antoine Nenenti.

Caroso, Fabitio (1581): *Il Ballarino*. Venezia: Francesco Ziletti.

Feuillet, Raoul-Auger (1700): *Choregraphie ou l'Art de décrire la Dance*. Paris: Michel Brunet.

Magri, Gennaro (1779): *Trattato teorico-prattico di ballo*. Napoli: Vincenzo Orsino.

Negri, Cesare (1602): *Le Gratie d'Amore*. Milano: Pacifico Pontio & Giovanni Battista Piccaglia.

Noverre, Jean George (1760): *Lettres sur la danse, et sur les ballets*. Lyon: Aimé Delaroche.

Bibliografia

Di Tondo, Ornella / Pappacena, Flavia / Pontremoli, Alessandro (2019): *Storia della Danza e del Balletto*. Roma: Gremese.

Fabbricatore, Arianna Beatrice (a cura di) (2020): *Il virtuoso grottesco – Gennaro Magri Napoletano*. Canterano: Aracne Editrice.

Falcone, Francesca / Veroli, Patrizia (2018): Introduzione. In: Novack, Cynthia (a cura di): *Contact Improvisation. Storia e tecnica di una danza contemporanea*. Roma: Dino Audino, 7–12.

Hartmann, Annette / Woitas, Monica (2017): Europa. In: Hartmann, Annette / Woitas, Monica (a cura di): *Das große Tanz-Lexikon*. Laaber: Laaber-Verlag, 208–210.

Huschka, Sabine (2008): Die Darstellungsästhetik des »ballet en action« – Anmerkungen zum Disput zwischen Gasparo Angiolini und Jean Georges Noverre. In: Schlottermüller, Uwe / Weiner, Howard / Richter, Maria (a cura di): *Vom Schäferidyll zur Revolution – Europäische Tanzkultur im 18. Jahrhundert*. Freiburg: fa-gisis Musik- und Tanzedition, 93–106.

Jeschke, Claudia (1996): Körper/Bühne/Bewegung. Dramaturgie und Choreographie als theatrale Strategien. In: *Forum Modernes Theater*, 11 (2), 197–213.

Klein, Gabriele (1992): *FrauenKörperTanz – Eine Zivilisationsgeschichte des Tanzes*. Weinheim / Berlin: Quadriga Verlag.

NDM = *Il Nuovo de Mauro*. URL: https://dizionario.internazionale.it (13-01-2025).

Pappacena, Flavia (2005): *Il Trattato di Danza di Carlo Blasis 1820–1830 / Carlo Blasis' Treatise on Dance 1820-1830*. Lucca: Libreria Musicale Italiana.

SC = *il Sabatini Coletti*. URL: https://dizionari.corriere.it/dizionario_italiano/ (13-01-2025).

Schoenfeldt, Susanne (1997): *Choreogrpahie – Tanzkompositionen und Tanzbeschreibungen. Zur Geschichte des choreographierten Tanzes*. Frankfurt a.M.: Peter Lang.

Sorell, Walter (1995): *Kulturgeschichte des Tanzes – Der Tanz im Spiegel der Zeit*. Wilhelmshafen: Noetzel Verlag.

Tani, Gino (1983): *Storia della danza dalle origini ai nostri giorni*. Firenze: Olschki.

Weickmann, Dorion (2002): *Der dressierte Leib – Kulturgeschichte des Balletts (1580-1870)*. Frankfurt a.M.: Campus Verlag.

ZING = *Lo Zingarelli 2025*. URL: https://u.ubidictionary.com/viewer/#/dictionary/zanichelli.lozingarelli16 (13-01-2025).

PARTE V

Il corpo e le sue parti

Leonardo da Vinci e la descrizione della macchina umana

Barbara Fanini

Abstract: Leonardo's anatomical studies imply a fundamental connection with mechanics, which was consolidated, especially starting from the early years of the sixteenth century, through a series of analogical combinations between the human body, with its forms and functions, and the human-made devices. The most explicit declaration of this connection is found in a famous note (Codice sul Volo, 3r, around 1505), in which Leonardo states that mechanics is the noblest and most useful science, since its laws regulate all the activities of living beings. In Leonardo's thinking, however, the elements and principles of mechanics not only provide the most effective theoretical framework for the investigation of the human body, but often also offer the most suitable terminology for its description. The essay examines some of Leonardo's anatomical notes (with specific reference to those written after 1500), highlighting the impact of this integrated vision of knowledge on a linguistic level, particularly its effects on his technical lexicon.

Keywords: technical-scientific lexicon, anatomy, mechanics, analogy, Leonardo da Vinci

1. Il lessico tecnico leonardiano. Stato degli studi

Negli ultimi due decenni, la bibliografia storico-linguistica su Leonardo ha indubbiamente conosciuto un incremento straordinario, rendendo disponibili studi sempre più rigorosi e sistematici sugli aspetti più rilevanti – dalla grafia al lessico – documentati negli autografi vinciani[1]. Il vero punto di svolta si può individuare nel 2004, anno in cui la Biblioteca Leonardiana di Vinci, con la collaborazione di altri istituti di ricerca, ha iniziato a sviluppare il progetto *e-Leo – Archivio digitale di storia della tecnica e della scienza*: un portale consultabile in rete ideato per raccogliere il corpus completo degli scritti dell'artista-ingegnere, con le carte digitalizzate ad alta risoluzione e le trascrizioni[2]. Sin dall'inizio, tuttavia, *e-Leo* non è stato concepito come un semplice contenitore di documenti digitalizzati ma come un portale

---

1 Per un aggiornamento bibliografico si vedano, da ultimi, Biffi 2021; Fanini 2021; Manni 2024.

2 Il portale è consultabile all'indirizzo https://www.leonardodigitale.com. Per un'illustrazione dettagliata del progetto si vedano almeno Nanni 2011; Biffi 2011.

di studio, inteso a favorire l'incontro e lo scambio tra ricercatori di ambiti diversi: informatici, paleografi, storici dell'arte e della scienza. Proprio sulla scorta di questa scelta metodologica innovativa, la Biblioteca ha avviato allora anche una stretta e proficua collaborazione con gli storici della lingua, promuovendo, con l'Accademia della Crusca e l'Università di Firenze (poi anche con altre università), una serie d'indagini linguistiche e lessicali mirate.

Frutto diretto di queste collaborazioni è stata, all'interno dello stesso portale, la realizzazione della sezione *Glossario*: un'area di approfondimento e di supporto alla lettura dedicata alla terminologia specialistica dei vari settori in cui si esplica l'indagine vinciana. Le schede lessicali consultabili sono attualmente oltre un migliaio e sono connesse ai primi tre ambiti presi in esame finora (altri sono in preparazione): la meccanica applicata, a cura di Paola Manni e Marco Biffi, l'ottica, a cura di Margherita Quaglino, e l'anatomia, a cura di Rosa Piro (imprescindibili saranno, nelle osservazioni che seguiranno, i riferimenti a quest'ultimo lavoro). Tali schede sono state progressivamente raccolte e pubblicate anche in versione cartacea in tre diverse monografie, uscite fra il 2011 e il 2019, all'interno della collana *Biblioteca Leonardiana. Studi e documenti*[3].

La partizione in settori scientifico-disciplinari – verrebbe da dire – che scandisce il progetto dei *Glossari* risponde all'esigenza pratica di suddividere l'indagine e la redazione lessicografica in segmenti quanto più possibile definiti; tuttavia, com'è evidente, i confini effettivi fra gli ambiti appena richiamati sono tutt'altro che rigidi. E se questo è vero per la scienza antica in genere, è tanto più vero per quella leonardiana, che si presenta come un'unica esperienza costruita e alimentata da una visione profondamente integrata dei saperi, capace di trascorrere dall'ottica alla meccanica, dall'anatomia all'arte, senza soluzione di continuità. Alla base di questa visione c'è l'idea che nella natura operi una fitta trama di corrispondenze e di coincidenze riconoscibili anche tra oggetti o realizzazioni fisiche molto diversi: una rete

Per gli aggiornamenti apportati nella nuova versione, in linea dal 2019, si rimanda in particolare a Taddei 2020.

3 Cfr. Manni/Biffi 2011; Quaglino 2013; Piro 2019. A tali lavori si può aggiungere il glossario sul lessico della meccanica (sia pratica, come integrazione dello studio di Paola Manni e di Marco Biffi, sia teorica) cui chi scrive ha lavorato per la tesi di dottorato (v. Fanini 2015). È inoltre in preparazione un glossario sul lessico dell'architettura, curato da Marco Biffi.

analogica, dunque, che stringe uomo, macchina, terra, cosmo, e che guida lo scienziato-osservatore verso la verità.

Sulla funzione dell'analogia nella scienza antica e, in particolare, nei processi conoscitivi vinciani sono state scritte molte pagine illuminanti e non occorrerà qui spingersi oltre[4]. Quello che interessa al linguista è, naturalmente, il riverbero di tale approccio sul piano espressivo. Indubbiamente, nel patrimonio lessicale tecnico-scientifico leonardiano è possibile riconoscere delle punte di specificità, ossia dei tecnicismi strettamente saldati a un unico ambito disciplinare; tuttavia, come gli stessi *Glossari* hanno dimostrato, emerge vistosamente anche una serie di soluzioni comuni, che agisce trasversalmente connettendo esperienze e riflessioni di diversa natura. Esiste insomma, nelle carte vinciane, una sorta di *ricorsività* lessicale – come l'ha definita Margherita Quaglino (2013, X) – che consente a uno stesso termine tecnico di trasferirsi da un settore all'altro ridefinendo continuamente la propria specificità semantica in funzione del contesto.

Per evitare che quanto detto resti troppo vago, veniamo subito a un primo esempio concreto. Fra i tanti possibili, può essere perspicuo il caso di *arteria*: il termine è evidentemente appartenente all'ambito anatomico (Piro 2019, s.v.); tuttavia, nel Codice Atlantico, *arteria* viene impiegato da Leonardo per indicare la 'coda' della camera di deflagrazione del cannone (Fanini 2015, s.v.)[5]. Nella nota che accompagna il disegno (piuttosto schematico) dell'arma da fuoco, si legge infatti: «De arteria. 3 sono le sorte delle arterie, delle quali l'una è largha in fo(n)do e sstretta in bocha, l'altra largha in boccha e sstrecta in fo(n)do, la terça è d'uniforme largheça» (Atlantico, 1031v)[6]. Si rileverà qui, oltre ad *arteria*, anche il ricorso al termine *bocca* per indicare l'apertura

---

4 Si ricorda almeno, fra i più recenti, il contributo di Alessandro Nova (2016).

5 Per un approfondimento sul valore tecnico di tale nota, si veda Bernardoni (2013, 37).

6 La trascrizione è data secondo i criteri fissati da Arrigo Castellani (1952, I, 12-13; Id. 1982, I, XVI-XIX) per l'edizione dei testi medievali, con gli adattamenti previsti da Manni/Biffi (2011, XXXI-XXXII) e adottati dal gruppo di ricerca che ha lavorato ai glossari successivi. Seguono tali criteri anche gli studi condotti contestualmente alla realizzazione dei glossari, nonché due recenti edizioni critiche di autografi leonardiani (Fanini 2018; Felici 2020). Gioverà qui ricordare soltanto che tale trascrizione è condotta con la massima fedeltà ai tratti grafici e fonomorfologici documentati dall'autografo; le abbreviazioni sono sciolte fra parentesi tonde; le parentesi quadre segnalano eventuali integrazioni, quelle graffe le aggiunte interlineari.

del cannone: una rideterminazione semantica senz'altro ben documentata nella lingua del tempo (Manni/Biffi 2011, s.v.) e ancora viva in quella contemporanea[7]. L'impiego di *arteria*, al contrario, risulta privo di ulteriori riscontri, e si candida a essere una delle tante audaci soluzioni del vocabolario tecnico vinciano. A Leonardo dobbiamo infatti riconoscere una certa attitudine all'attività onomaturgica, che è forse ancor oggi da mettere nel dovuto risalto. In alcuni settori – in particolare in quelli in cui l'indagine di Leonardo è stata pioniera –, i suoi taccuini lasciano affiorare un numero sorprendente di neologismi o di neosemie, come hanno ben dimostrato i *Glossari* già pubblicati.

2. Il corpo umano, «questa nosstra machina»

L'esempio di *arteria*, che istituisce un ponte fra il vocabolario anatomico e quello della meccanica (della meccanica militare, in particolare), ci consente anche di entrare un po' più nel vivo del tema di questo contributo, ossia la descrizione del corpo dell'uomo in termini meccanici. Se è infatti possibile parlare in termini anatomici di una macchina, sia essa un cannone (come già visto), un argano, una pompa idraulica, è altrettanto possibile parlare in termini meccanici del corpo umano, istituendo degli accostamenti analogici efficaci fra le forme e le funzioni dell'uomo e i dispositivi da quest'ultimo costruiti. Gli scambi lessicali fra questi due settori non sono certo estranei alla nostra lingua, che senz'altro conta numerosi termini dell'uno e dell'altro campo risemantizzati sin dalle sue fasi più antiche (parliamo ancor oggi di *braccio* di una bilancia o di una macchina, i punti di congiunzione fra due ossa sono detti *giunture* ecc.)[8]. Tuttavia negli autografi vinciani questo dialogo si fa incredibilmente più serrato e, come vedremo, funzionale allo sviluppo dell'indagine.

All'origine di quanto detto si pone la convinzione che l'essere umano sia a tutti gli effetti una macchina (come lo sono, del resto, tutti gli esseri viventi):

---

7 Ancor oggi si ricorre all'espressione *bocca da fuoco* per indicare un pezzo di artiglieria pesante (cfr. GRADIT, s.v. *bocca*). Più in generale, l'impiego di *bocca* con riferimento all'apertura di un elemento cavo di un oggetto o di uno strumento risulta documentato in volgare già dalla fine del sec. XIII (cfr. TLIO, s.v. *bocca*, § 8).

8 Sui trasferimenti lessicali fra linguaggi specialistici si veda Gualdo/Telve (2011, 90–91; per esempi di ambito medico: 284).

pertanto, tutte le sue parti e le funzioni fisiologiche svolte dai singoli organi risultano indagabili meccanicamente. L'accostamento uomo-macchina è più che mai esplicito, per esempio, in un passo in cui Leonardo invita lo studioso a scrollarsi di dosso i timori dati dalla pratica, senz'altro scoraggiante, della dissezione dei cadaveri: «Ho sspechulatore di questa nosstra machina, non ti contristare p(er)ché choll'altrui morte tu ne dia notitia, ma rallegrati che il nostro altore[9] abbia fermo lo intelletto a ttale eccelle(n)tia di strume(n)to!» (Windsor, RL 19075v / 179v; 1513–1514 circa)[10].

L'uomo è dunque uno strumento eccellente, una macchina complessa e perfettamente progettata. A tale nitidissima convinzione, tuttavia, Leonardo giunge soltanto in una fase piuttosto matura della sua esperienza personale di artista e di scienziato, ossia quando gli appare ormai evidente che le leggi meccaniche regolino tutte le operazioni della natura: queste ultime, infatti, sono contraddistinte dal moto, che è il principio primo della vita (cfr. Galluzzi 1996, 119). Scrive Leonardo nel Codice sul Volo, databile al 1505 circa, quando ha più di cinquant'anni:

> La sscientia strumentale ov(er) machinale è nobilissima e ssop(r)a tutte l'altre utilissima, co(n) ciò sia che, mediante quella, tutti li corpi animati {che ànno moto} fanno tutte loro operationi. E quali moti nasscano dal centro della lor gravità, che è possto in meço a pparte[11] di pesi disequali, e a cquesto charesstia o dovitia di musscoli ed etia(m) lieva e contra lieva.
>
> Codice sul Volo, 3r; 1505 circa

---

9 Cioè 'autore'. Per questo particolare fenomeno, senz'altro tipico della lingua vinciana e normale nel fiorentino argenteo, si veda Fanini (2018, 160 e 174-175), con la bibliografia ivi indicata.

10 Sulla pratica della *notomia* sui cadaveri si potrà ricordare anche una nota, di qualche anno precedente, che ne racconta le terribili condizioni e l'atmosfera spettrale: «E sse ttu arai l'amore a ttal cosa [*scil.* la notomia], tu sarai forse inpedito dallo stomaco; e se questo no(n) t'inpedisce, tu sarai forse inpedito dalla paura coll'abitare nelli te(n)pi notturni in co(n)pagnia di tali morti squartati e scorticati e spaventevoli a vederli; e se cquesto no(n) t'i[n]pedisce, forse ti mancherà il disegnio bono [...]. E se ttu arai il disegno, e' no(n) sarà aco(n)pagnato dalla prespettiva; e sse sarà aco(n)pagnato, e' ti ma(n)cherà l'ordine delle dimostratio(n) geometrice e ll'ordine delle calculation dele forçe e valime(n)to de' muscoli. O fforse ti mancherà la patie(n)tia, ché tu no(n) sarai dilige(n)te». (Windsor, RL 19070r / 113r; 1508–1510 circa). Per la numerazione dei fogli di Windsor adottata, si veda oltre, nota n. 16.

11 Cioè 'parti'.

Si noti come, nell'ultimo periodo (che resta sintatticamente sospeso), ricorrano, accanto a *muscoli*, i tecnicismi meccanici *leva* e *contralleva*[12]. Gli esseri viventi, dunque, si muovono e agiscono secondo le leggi della meccanica, che diventano così indispensabili alla vita stessa. Di conseguenza, la conoscenza di tali leggi si rivela cruciale, tanto che, in un'ideale ricomposizione organica delle proprie note scientifiche, Leonardo immagina il *Libro degli elementi macchinali* come preliminare a qualsiasi altra trattazione (anche a quella anatomica). Così precisa, infatti, in un altro appunto:

> Fa che 'l lib(r)o delli eleme(n)ti machinali colla sua praticha vada ina(n)ti ala dimostratione del moto e força dell'omo e altri animali, e media(n)te quelli tu potrai provare ogni tua propositione.
>
> Windsor, RL 19009r / 143r; 1509–1510 circa

3. *Armature*, *leve* e *sostentacoli*: esempi dai fogli di Windsor

Negli anni della maturità, si diceva, gli effetti sul piano linguistico di questo più deciso inquadramento teorico si fanno più evidenti: superata la soglia del Cinquecento, i trasferimenti lessicali fra l'ambito anatomico e quello meccanico – pur presenti, in una certa misura, anche negli autografi giovanili –, appaiono progressivamente più cospicui e convinti: ecco allora che le articolazioni, come nel passo già ricordato, sono *leve* e *contralleve* azionate dai muscoli; i punti su cui fanno leva le cuspidi valvolari dell'aorta sono *cardini*; i tendini diventano *corde*; il malleolo, snodo da cui dipende l'equilibrio dell'uomo, è il *polo* del piede; l'attaccatura del gomito è una *forcella*, le strutture ossee o fibrose sono chiamate *armature*, come quelle in legno o in ferro che sostengono strutture meccaniche o architettoniche (dunque con

---

12 Negli autografi vinciani i due termini sono attestati pressoché esclusivamente con il dittongo, normale nel fiorentino antico e ancora in quello cinquecentesco (cfr. Castellani Pollidori 1961); per il secondo si alternano le forme con e senza raddoppiamento sintattico *contrallieva* e *contralieva*, spesso in scrizione separata. Nel glossario Manni/Biffi 2011 (s.vv.) sono registrate anche altre forme, tuttavia estremamente rare (*leva*, *lieve* sing., *levera*; *contro a lieva*).

una rideterminazione semantica ulteriore di un termine, *armatura*, mutuato a sua volta dall'ambito militare)[13].

Vediamo dunque alcuni esempi, tutti documentati nei fogli di Windsor: un corpus che conta oltre 600 documenti e disegni sciolti, oggi parte della Royal Collection di Carlo III. Tali fogli si distribuiscono lungo un arco cronologico che attraversa tutta la vita di Leonardo; i passi selezionati, tuttavia, sono collocabili attorno al 1510 circa, e dunque tutti ascrivibili al periodo della maturità.

> Il panichulo sottile s'asstende sop(r)a le chorde grosse e avanzano fori del pannichulo di socto. E ppare che cqui la natura ma(n)cherebbe, p(er)ché, nella 'spulsion del sanghue che de(n)tro vi p(er)chote nel riserrare del ve(n)trichulo desstro l'armadure ov(er)o sosste(n)tachuli d'essi panichuli, vorrebono essere di fori, cioè dal diritto d'esso panichulo, e nno(n) da rriverscio, nel propio locho della p(er)chussione.
>
> Windsor, RL 19078v / 165v; 1509–1510 circa

Nel passo, tratto da una carta interamente dedicata allo studio del cuore umano, *armatura* (nella forma sonorizzata *armadura*) vale 'sostegno di consistenza muscolare o fibrosa di una parte del corpo' (cfr. Piro 2019, s.v., § 1)[14] posto in corrispondenza di tessuti molli, membranosi, come sono i *pannicoli*[15]. E infatti Leonardo rimarca la funzione anatomica di tali *armature* avvalendosi anche del termine *sostentacolo*, altro tecnicismo ricorrente nella descrizione di macchine: in particolare, nei codici di Madrid e nell'Atlantico, il sostantivo (più spesso nella forma latineggiante

13 Cfr. Piro 2019, s.vv. *cardine*, *corda*, *polo [del piede]*, *forcella del gomito*, *armadura*. Si vedano anche le osservazioni in Ead. 2018.

14 Altrove *armatura* può valere anche 'ossatura', come in questa nota (databile però al 1489): «Io voglio levare quella parte dell'osso, armadura della ghua(n)cia, che ssi truova infra lle .4. linie *a b c d* e, p(er) la scop(er)ta apritura, dimostrare la largeça e profondità de' .2. vachui che dirieto a cquello s'asscho(n)dano» (Windsor, RL 19057v / 43v; cfr. Piro 2019, s.v., § 2).

15 Come *arteria* (vedi *supra*), il termine *pannicolo* (più spesso *panniculo*) rappresenta un felice esempio di tecnicismo anatomico impiegato da Leonardo nell'ambito della meccanica, con particolare riferimento alla fluidodinamica. Nel Codice Atlantico o nel Leicester, per esempio, *pannicolo* è impiegato per descrivere quella sorta di "reticolo" di linee di forza che delimita la superficie di un elemento (cfr. Fanini 2015, s.v.), in particolare dell'acqua. Tali linee di forza sono individuate da Leonardo anche nei moti della fiamma e nelle bolle d'aria che «si formano da un equilibrio di forze tra tensione superficiale dell'acqua e pressione dell'aria» (Bernardoni 2015, 11).

sostentaculo) è impiegato nelle accezioni di 'elemento di sostegno; supporto', anche con valore astratto, o di 'elemento di bloccaggio; fermo di sicurezza' (cfr. Manni/Biffi 2011, s.v.).

Particolarmente interessanti sono le riflessioni leonardiane sull'equilibrio dell'uomo e sugli elementi articolatori che lo garantiscono. Gli studi sulla *bilicazione* – questo il termine con cui il Vinciano indica l'equilibrio – attingono evidentemente ai princìpi e al lessico della statica, la *scientia de ponderibus*, nella quale l'artista-ingegnere stava ottenendo ottimi risultati proprio negli stessi anni. La *bilicazione* è, in particolare, protagonista del taccuino conservato a Torino, alla Biblioteca Reale, che restituisce le annotazioni relative a uno dei progetti leonardiani più ambiziosi e visionari: il volo umano. In questo codice si rileva una sovrapposizione continua e talora inestricabile fra terminologia anatomica (umana e, soprattutto, animale, relativa a quella dei volatili) e terminologia meccanica: mai come in queste carte, infatti, il corpo umano è assimilato a quello di una macchina da "prolungare" con le ali, cioè con delle protesi artificiali (ma costruite sul modello di quelle naturali) che consentono al primo di ergersi in volo (cfr. Fanini 2022).

Torniamo però al corpo dell'uomo a terra e, in particolare, ai fogli di Windsor. Qui si trovano numerosi studi dedicati al piede che, con il suo meccanismo straordinariamente flessibile, capace di adattarsi alle diverse inclinazioni del suolo, garantisce all'essere umano di *bilicarsi*:

a) Il polo *a* è cquello dove si bilicha l'omo col suo peso mediante le corde *n m* e *o p*, le quali fanno del fussto della ghanba sop(r)a detto polo, come fan le sarte alli alb(er)i delle navi.

Windsor, RL 19144r / 102r; 1508–1510 circa

b) Nota qui che lla corda che piglia il calchagno *c* tira tanto in su che lleva l'uomo sop(r)a il petto del piede *a*, sta(n)do il peso dell'omo nel polo *b*; e p(er)ché *b c*, lieva, entra due volte in *b a*, contralieva, quattrocento libbre di forҫa in *c* fa potentia per duecento libre in *a*, stando l'omo sop(r)a un piedi.

Windsor, RL 19008r / 140r; 1509 circa

c) Quando l'omo s'inalҫa sop(r)a le punte de' piedi, li musscoli *f d* sentano col suo tirare la metà del peso dell'omo 'n una delle ghanbe. E p(r)ovasi così per la equilibra *a b c*, dela quale il polo hè in *b* e lli stremi equidistanti a esso polo sono *a c*, p(er)-ché posando *m*, petto del piedi, sop(r)a a *v*, polo del piedi, no(n) pò discendere.

Windsor, RL 19010v / 147v; 1509–1510 circa

Come sempre accade per gli autografi di Leonardo, i testi vanno letti con il supporto dei disegni, che sono tutt'altro che un corredo accessorio[16]. Benché la qualità e l'accuratezza di tali illustrazioni siano molto diverse fra le tre carte, in tutte occorre l'indicazione delle lettere che identificano con precisione le *leve*, le *contralleve*, i *poli* e le *corde*, nonché le linee di forza che tali elementi tracciano. Nell'ultimo esempio citato (*c*), in particolare, le lettere *abc* appaiono funzionali a riconoscere l'*equilibra*, ossia lo schema della distribuzione dei pesi disegnato dal piede sollevatosi sulla punta. Tutto il ragionamento procede né più e né meno come un problema di statica: l'unico modo, del resto, di illustrare l'equilibrio umano sul piano anatomico è quello di ricondurlo a un problema meccanico, oggettivamente misurabile e calcolabile.

Particolarmente interessante appare, nel primo esempio (*a*), l'analogia stabilita tra le *sarte* (cioè le 'sartie')[17] e i tendini del piede, e tra l'albero della nave e il *fusto* della gamba (quest'ultimo termine, mutuato dalla botanica, è largamente impiegato da Leonardo in ambito meccanico: Manni/Biffi 2011, s.v.). Si tratta di un'analogia esplicita, introdotta dal *come*, cui corrisponde un accostamento analogico implicito, perché ormai assimilato, che si individua laddove Leonardo ricorre a *corde* (o, in altre note, ad altri equivalenti onomasiologici) per indicare i tendini.

L'analogia con le sartie è indubbiamente indotta da un'affinità di funzione, come conferma il ricorso al verbo *fare* («come fan le sarte...»); tuttavia, se si osserva in parallelo il piccolo disegno che accompagna tale nota, l'accostamento appare insieme di funzione e di forma: i tendini sono infatti rappresentati in modo piuttosto innaturale, come delle linee perfettamente rette. La costruzione eccessivamente geometrica, in parte senz'altro imputabile alla fretta dell'esecuzione, sembra tuttavia proprio intesa a far emergere, anche

---

16 Le carte, che qui non si riproducono per ragioni di spazio, sono facilmente consultabili all'interno del portale *e-Leo* già ricordato, mediante la funzione *sfoglia* e la selezione del corpus *Disegni anatomici a Windsor*. La numerazione adottata dal portale è quella dell'edizione Keele-Pedretti (es. 102r) e non quella basata sul codice di inventario della Royal Library (es. RL 19144r). Si segnala, inoltre, che gli studi vinciani più recenti tengono conto anche dell'ultimo aggiornamento del Royal Collection Inventory Number, che aggiunge alla precedente numerazione il prefisso 9 (es. RCIN 919144r).

17 Per *sartia* (cfr. GDLI, s.v.) s'intende ciascuno dei cavi che sostengono lateralmente e da poppa l'albero di un'imbarcazione a vela. Il termine è attestato in volgare sin dalla fine del XIII sec. (cfr. Corpus OVI).

nell'illustrazione anatomica, la forma triangolare delle sartie che sorreggono lateralmente l'albero di un'imbarcazione.

Un parallelismo pressoché identico si rileva nel foglio di Windsor RL 19075v, già richiamato per il passo sullo «sspeculatore di questa nosstra machina» (v. *supra*, § 2): qui Leonardo si sofferma anche sulla descrizione dei tendini che sorreggono la spina dorsale dell'uomo in prossimità della testa. Scrive:

> Farai p(rim)a la sspina del collo cholle sue chorde a uso di albero di nave colle sue cosstiere[18], essendo sança la tessta. Di poi fa lla tessta cholle sue corde che lle danno il moto sop(r)a il suo polo.
>
> Windsor, RL 19075v / 179v; 1513–1514 circa

Quanto osservato in merito al disegno precedente appare qui ancora più evidente: il testo precisa l'analogia di funzione, ora introdotta dall'espressione *a uso di*, mentre la raffigurazione anatomica – questa volta ben più complessa e accurata – la rimarca sul piano delle forme.

4. «Desscrivere» per conoscere

La selezione di esempi proposta, benché limitata, consente di rilevare come il ricorso vinciano a simili parallelismi, impliciti o espliciti, non appaia guidato esclusivamente da un'esigenza descrittiva: quando afferma che i tendini sono *sarte*, *corde* o *costiere*, il piede un'*equilibra*, o che il polmone umano lavora «a uso di mantace»[19], Leonardo sta individuando dei corrispettivi meccanici funzionali a scomporre un'azione fisiologica, un'articolazione o, più in astratto, gli schemi di forze e di equilibrio in campo, trasferendo l'indagine su un campo evidentemente a lui più congeniale, nonché più facilmente verificabile al cimento dell'esperienza.

Non è un caso che questo nuovo modo di concepire l'indagine anatomica autorizzi l'artista-ingegnere anche a costruire dei modelli di organi, del tutto simili a quelli realizzati per progettare argani, ponti o macchine militari.

---

18 «Nei piccoli velieri a vele latine, ciascuno dei cavi che fanno l'ufficio di sartie» (GDLI, s.v. *costiera*, § 6; senza esempi). Il tecnicismo è assente nel TLIO.

19 «E così ap(r)e(n)dosi il polmone a uso di ma(n)tace tira l'aria che rie(n)pie il suo creato spatio» (Windsor, RL 19014v / 148v; 1509 circa).

Non andrà dimenticato che, proprio grazie alla costruzione di un modello di cuore, Leonardo arriva per primo a intuire il funzionamento della valvola aortica: un risultato considerato concordemente fra le conquiste più significative ottenute dall'esperienza vinciana nell'ambito degli studi anatomici (cfr. Clayton/Philo 2012, 242–243).

In quest'impostazione di ricerca costruita sugli apporti sinergici di disegni tecnici, modelli meccanici e trattazione verbale, Leonardo sembra assegnare all'ultima una posizione secondaria: se rapportata ai primi, strumenti immediati e universali, la parola gli appare infatti un mezzo impreciso ed estremamente lento, che tenta con enorme fatica di corrispondere alla realtà che intende descrivere.

In ambito anatomico, la scarsa fiducia accordata alla parola è pienamente manifesta: una descrizione verbale, per quanto minuziosa e particolareggiata, non appare in alcun modo sufficiente a illustrare la complessità delle membra umane, delle loro parti e delle loro funzioni. Di più: senza il supporto della *figurazione*, la parola rischia di essere persino dannosa, gettando il lettore nella confusione[20].

> O sscrictore, co(n) quali lettere scriverrai tu cho(n) tal perfectione la intera fighuratione qual fa cqui il disegnio? [...] Chon quali lettere dessscriverrai quessto chore che ttu non e(n)pia un lib(r)o e, qua(n)to più lu(n)ghame(n)te scriverrai alla minuta, tanto più cho(n)fonderai la mente dello ulditore e ssenp(r)e arai bisognio d'isponitori o di ritornare alla sperie(n)tia, la quale in voi è b(r)evissima e dà notitia di poche chose risspecto al tutto del subbietto di che desideri integral notitia.
>
> Windsor, RL 19071r / 162r; 1511–1512 circa

Occorre dunque insieme «fighurare e dessscrivere», come conclude sentenziosamente in una nota di poco successiva, ancora appartenente al corpus dei fogli di Windsor:

> E ttu che vogli chon parole dimosstrare la fighura dell'omo cho(n) tutti li asspecti della sua me(n)brifichatione, removi da chotale oppenione, p(er)ché qua(n)to più minutame(n)te descriverrai, tanto più co(n)fonderai la me(n)te del lectore e più lo removerai dalla chognitione della chosa desscricta. Adunque è neciessario fighurare e dessscrivere.
>
> Windsor, RL 19013v / 144v; 1513 circa

20 Su questo tema si veda, in particolare, Manni (2024, 147–162), con la bibliografia ivi indicata.

A Leonardo la parola appare dunque un mezzo limitato. Eppure, lo dimostrano queste stesse note, in nulla inferiori ai disegni, sia per lo spazio occupato, sia per l'innegabile attenzione stilistica che le sostiene; e lo dimostra la recente bibliografia storico-linguistica ricordata: il codice verbale non soltanto è indispensabile alla trattazione scientifica, ma esercita su Leonardo un fascino straordinario, capace com'è di nominare «le infinite chose che sono in atto e che sono in pote(n)tia di natura» (Windsor, RL 19045v / 50v; 1509–1510 circa)[21], di definire il visibile e il non visibile, ciò che non è reale e persino ciò che non lo sarà mai. Nessuno strumento umano può arrivare a tanto, neppure il disegno.

La parola può essere insomma, anche più dell'occhio, uno strumento d'indagine potentissimo, capace di innescare connessioni, stabilire analogie e differenze, classificare; in altri termini: conoscere, in una prospettiva sempre più trasversale e universale. Quella stessa prospettiva che occorre recuperare oggi per indagare la lingua di Leonardo.

Bibliografia

Bernardoni, Andrea (2013): *Esplosioni, fusioni e trasmutazioni. Il monumento a Francesco Sforza e le arti chimiche in Leonardo. Disegni dal Codice Atlantico.* Novara: De Agostini.

Bernardoni, Andrea (2015): *Del colpo cagion del foco*, LV Lettura vinciana. Firenze: Giunti.

Biffi, Marco (2011): e-Leo. Archivio digitale di storia della tecnica e della scienza (<http://www.leonardodigitale.com>). In: *Studi italiani*, 45 (1), 201–207.

21 Il foglio richiamato raccoglie alcune note che documentano l'interesse vinciano per l'apparato fonatorio umano, presentato come un mirabile "congegno": i suoi dispositivi – la lingua, i denti, le labbra – sono capaci di emettere suoni infiniti, che poi si combinano tra loro e si trasformano in vocaboli. E questi ultimi sono potenzialmente infiniti, come sono infinite le cose che sono nominabili: «Considera bene chome, mediante il moto dela linghua, choll'aiuto delli labri e de(n)ti, la pronu(n)tiatione di tutti i nomi delle chose ci son note, e lli vochaboli senplici e chonposti d'u(n) linguaggio p(er)venghano alli nosstri orechi mediante tale isstrume(n)to. Li quali, se tutti li effetti di natura avessino nome, s'aste(n)derebbono inverso lo infinito, insieme cholle infinite chose che ssono in atto e che sono in pote(n)tia di natura» (Windsor, RL 19045v / 50v).

Biffi, Marco (2021): *Il «mancamento delle parole». Osservazioni sulla lingua di Leonardo*. Firenze: Cesati.

Castellani, Arrigo (1952): *Nuovi testi fiorentini del Dugento*. Firenze: Sansoni, 2 voll.

Castellani, Arrigo (1982): *La prosa italiana delle origini*. Bologna: Pàtron, 2 voll.

Castellani Pollidori, Ornella (1961): Lieva-leva. In: *Studi linguistici italiani*, II, 167–168.

Clayton, Martin / Philo, Ron (2012): *Leonardo da Vinci. Anatomist*. London: Royal Collection Publications.

Fanini, Barbara (2015): *La terminologia della meccanica nei codici di Madrid e Atlantico. Supplemento al* Glossario leonardiano. Tesi di dottorato in Filologie del Medioevo e del Rinascimento e Linguistica (ciclo XXVIII), Università degli Studi di Firenze, 2012–2015.

Fanini, Barbara (2018): *Le liste lessicali del codice Trivulziano. Trascrizione e analisi linguistica*. Firenze: Cesati.

Fanini, Barbara (2021): *Leonardo scrittore*. Firenze: Cesati.

Fanini, Barbara (2022): Immaginare il volo: dalla «scientia machinale» alla parola. In: Felici, Andrea / Frosini, Giovanna (a cura di): *Leonardo, la scrittura infinita*. Atti del Convegno della XII Piazza delle lingue (Firenze, 30–31 ottobre 2019). Firenze: Accademia della Crusca, 53–70.

Felici, Andrea (2020): *«L'alitare di questa terestre machina». Il Codice Leicester di Leonardo da Vinci. Edizione e studio linguistico*. Firenze: Accademia della Crusca.

Galluzzi, Paolo (1996): Immagine e scrittura nella tradizione tecnica del Quattrocento. In: Leonardi, Claudio / Morelli, Marcello / Santi, Francesco (a cura di): *Album. I luoghi dove si accumulano i segni (dal manoscritto alle reti telematiche)*. Atti del Convegno di studio della Fondazione Ezio Franceschini e della Fondazione IBM Italia (Certosa del Galluzzo, 20–21 ottobre 1995). Spoleto: Centro italiano di studi sull'alto Medioevo, 113–125.

Gualdo, Riccardo / Telve, Stefano (2011): *Linguaggi specialistici dell'italiano*. Roma: Carocci.

Manni, Paola / Biffi, Marco (a cura di) (2011): *Glossario leonardiano. Nomenclatura delle macchine nei codici di Madrid e Atlantico* (con la consulenza tecnica di Davide Russo e con la collaborazione di Francesco Feola, Barbara McGillivray, Claudio Pelucani, Paola Picecchi e Chiara Santini). Firenze: Olschki.

Manni, Paola (2024): *Sulla lingua di Leonardo. E altri studi dai libri d'abaco a Galileo*. Firenze: Cesati.

Nanni, Romano (2011): e-Leo: online digital archive for studying the history of Renaissance science and technology. In: Cappellini, Vito (a cura di): *EVA 2011 Florence: conference, workshops, meetings, training & exhibition*. Bologna: Pitagora, 88–93.
Nova, Alessandro (2016): Valore e limiti del metodo analogico nell'opera di Leonardo da Vinci. In: Marani, Pietro C. / Maffeis, Rodolfo (a cura di): *Leonardo da Vinci. Metodi e tecniche per la costruzione della conoscenza*. Busto Arsizio: Nomos, 25–36.
Piro, Rosa (2018): The «giogrofia del core» in Leonardo da Vinci's Anatomical Writings. In: Altmanova, Jana / Centrella, Maria / Russo, Katherine E. (eds): *Terminologie et discours / Terminology et discourse*. Bern et al.: Peter Lang, 255–276.
Piro, Rosa (2019): *Glossario leonardiano. Nomenclatura dell'anatomia nei disegni della Collezione Reale di Windsor*. Firenze: Olschki.
Quaglino, Margherita (2013): *Glossario leonardiano. Nomenclatura dell'ottica e della prospettiva nei codici di Francia*. Firenze: Olschki.
Taddei, Monica (2020): e-Leo. Archivio digitale della Biblioteca leonardiana di Vinci: un'esperienza di valorizzazione, fruizione e comunicazione. In: *DigItalia*, anno XV (1), 53–68.

Dizionari e banche dati

Corpus OVI = *Corpus OVI dell'italiano antico*, diretto da Pär Larson, Elena Artale e Diego Dotto, Istituto CNR Opera del Vocabolario Italiano. URL: http://gattoweb.ovi.cnr.it/.
e-Leo = *Archivio digitale di storia della tecnica e della scienza*, banca dati realizzata dalla Biblioteca Leonardiana di Vinci. URL: www.leonardodigitale.com.
GDLI = *Grande Dizionario della Lingua Italiana*, fondato da Salvatore Battaglia, poi diretto da Giorgio Bàrberi Squarotti. Torino: UTET, 1961–2002, 21 voll. URL: www.gdli.it.
GRADIT = *Grande Dizionario Italiano dell'uso*, ideato e diretto da Tullio De Mauro. Torino: UTET, 1999–2000, 6 voll.
TLIO = *Tesoro della Lingua Italiana delle Origini*, fondato da Pietro G. Beltrami e diretto da Paolo Squillacioti, Istituto CNR Opera del Vocabolario Italiano URL: http://tlio.ovi.cnr.it/TLIO/.

The binder as garment of transmasculine transition. Ritualized practices and individual experience in the liminal phase

Ray Hein

Abstract: During their transition, many transmasculine individuals use a binder to regulate feelings of dysphoria related to their chest. This garment, designed to masculinize the biologically female chest through compression, plays a significant role in the complex and often ambivalent processes of negotiating one's body and identity.

In this context, the binder also assumes a ritualistic significance as a vital companion during the liminal phase, as which the transition can be recognized. Drawing on the findings from qualitative interviews with trans individuals and an analysis of social media posts, these connections can be effectively examined through the lens of ritual theory.

Keywords: gender transition, trans identity, binder, ritual theory, liminal phase

1. Introduction

In recent years, an increased need for discussion has emerged in society and politics regarding the necessary regulations for the legal, social, and medical transitions of transgender individuals. Recently established legal frameworks, such as Germany's Self-Determination Act[1], have already been the subject of renewed scrutiny and partisan debate about their potential repeal just months after their implementation, despite no evidence of misuse (cf. CDU/CSU 2024, 6). The discourse surrounding *gender transition* – or simply *transition*, as it is colloquially referred to – describes the process of transitioning from the gender identity assigned at birth, which is often shaped by childhood socialization based on biological sex, to an individual's true gender identity. This discourse is shaped by deeply entrenched prejudices and alienating stigmas that have developed over centuries. The voices of representatives of the transgender community, who highlight the critical necessity of gender-affirmative actions and

---

1 The Self-Determination Act (*Selbstbestimmungsgesetz* in the original German wording and fully enacted by Nov. 1st, 2024) allows transgender and non-binary individuals to change their gender and first name in official records through self-declaration, without medical assessments or court approval.

gender-affirming medical care for transgender individuals and their well-being (cf. Boyle 2022), are frequently overlooked.

The primary motivator for transgender individuals to pursue affirmative actions and begin transitioning is gender dysphoria, which is defined as «psychological distress caused by the [...] incongruence between physical characteristics and one's gender identity» (Queerpoint Minden, n.d.). When untreated, gender dysphoria often exacerbates psychological distress, leading to conditions such as depression and anxiety disorder[2]. Trans people affected by dysphoria so intensely that they choose affirmative actions are quite vocal about their needs and sentiments regarding transformative actions. In the New York Times, transgender individuals articulate their transition experiences concerning their use of binders, garments that visually and functionally resemble sports bras but, due to their thicker and less flexible material, provide significantly greater compression and deconstruction of the biologically female chest as «one of the most distinctly recognizable gender markers» (Stegen 2021), thereby serving as tools for masculinizing the appearance of transmasculine individuals (cf. ibidem). In the referenced article, the interviewees discuss their varied experiences with the gender-affirmative practice of binding and independently reach the shared conclusion that binders significantly alleviated their dysphoric feelings, in some cases becoming their only means of escaping suicidal thoughts (cf. Takenaga 2019). The immense significance of the binder as a garment and an affirmative practice can be primarily discerned from personal testimonials. These narratives, if genuinely engaged with and incorporated into opinion formation and decision-making processes, hold the potential to foster a fundamental, empathetic understanding of the experiences of transgender individuals. Although the exploration of transgender bodily experiences has thus far been limited within cultural studies, there are both explicitly queer-theoretical frameworks and more general theories that can be applied to this context. The approaches advanced by various scholars, such as the cultural theorist Gerrit Herlyn, underscore the significance of «a continuous opening of the most significant ethnological theories of ritual» (Herlyn 2002, 44), suggesting that such an opening can substantially contribute to the thematization and

---

2 All translations of German-language sources have been provided by the author. The exact wording can be found in the original sources listed in the bibliography.

elucidation of diverse social phenomena. In alignment with this approach, as will be demonstrated in this paper, it is likewise valuable to subject the theory of *rites de passage* by the ethnologist Arnold van Gennep, as well as the extensions to the concept of the liminal phase by the anthropologist Victor Turner to this process of opening, specifically concerning an analysis of the transition as a critical phase in the lives of members of a socially marginalized group. Given a basic understanding of the identity-related experiences of transition, as well as the aforementioned ritual theoretical approaches to explaining the human passage through social positions and life stages, clear affinities emerge. Drawing on the described factors of general societal perception and trans-specific realities, this paper asserts how the transition of transgender individuals functions as a liminal phase, within which the binder can be situated as a ritual garment. This discussion builds upon reflected and updated research findings developed in the context of a bachelor's thesis, rooted in cultural theory and incorporating an analysis of transgender experiences derived from two interviews – one with a trans man, the other with a non-binary person – supplemented by an analysis of selected TikTok videos.

2. Review: Liminal phases according to van Gennep and Turner

In order to determine how the binder can be understood as a garment of the liminal phase, it is first necessary to elucidate the relationship between transition and this phase. For this purpose, it is worthwhile to first review the theoretical foundations of ritual studies as developed by van Gennep and Turner, before turning towards the phenomenon of transition itself. In 1909, the French ethnologist Arnold van Gennep introduced the theory of *rites de passage*, which has remained relevant to this day and is frequently revisited in both summary and applied contexts. Herlyn explains that this theory is based on the observed principle that

> [t]he inevitable transition of individuals between different age and activity groups repeatedly necessitates institutionalized symbolic rituals, which serve to regulate, order, and control the dynamics of social life (Herlyn 2002, 20).

Van Gennep subsequently attributed a coping function to the symbolic actions, viewing them as regulatory institutions in the context of the social transformation of individuals. These structuring actions were described by the researcher, as Herlyn notes, as «similar in form and function» (ibid., 20–21), as he further categorized them into separation, liminal, and incorporation phases and rites (cf. van Gennep 1986, 21). Defined as «a functioning model for understanding social actions» (ibid., 186) and accepted by the scholarly community, van Gennep's theoretical approach not only garnered attention within the field of cultural anthropology but also led to interdisciplinary adaptation and expansion. One of the most frequently cited adaptations of his work is the research of the religious ethnologist Victor Turner, particularly his characterization of the liminal phase. While his findings initially focused on social movements within the population of Ndembu villages in north-western Zambia, writings by scholars such as anthropologist Till Förster have postulated Turner's research in a broader context. According to Förster, individuals who underwent a so-called *social drama*, the equivalent of a rupture from their previous social structure or position, entered a crisis state consistent with van Gennep's concept of the liminal phase (cf. Förster 2003, 703–704). Turner introduces the concept of liminality by referring to individuals in this phase as liminal personae, who exist in an intermediate state, suspended between categories, and possess a certain ambiguity within the social classification grid of society (cf. Turner 1969, 95). They occupy what Förster calls a «no longer, not yet status» (Förster 2003, 704). Like van Gennep, Turner locates the factor of processual conflict resolution through certain coping strategies – manifested as ritualized actions – in this phase of instability. These strategies are meant to reintegrate individuals back into the structured order of society, while also requiring an existential change from the individuals (ibid., 704–705). Within this process, Turner also identifies the phenomenon of a connection developing among the liminal persons – the *communitas*, which is primarily characterized by values of comradeship and equality (cf. Turner 1969, 95–96). This relationship and connection serve, in the context of the suspended state, as a means of coping with the individuals' lack of structure and ambiguity (cf. ibidem). The communitas does not represent a communal union or community, but rather a rudimentarily structured bond between people who express, in their homogeneity, their shared state of structural uncertainty and their social and cultural transition between conditions through various symbols (cf. ibidem). A fundamental characteristic of the communitas, Förster emphasizes, is the «[p]layful deconstruction and recombination of familiar cultural configurations» (Förster 2003, 706) of societal structure, as a means of making the individual's ambiguity visible and of working through the existential change (cf. ibidem).

3. Methodology and analytical approach

Regarding undergoing such an existential change, Förster discusses the relevance of the individual experiences of liminal persons in the states of liminality and communitas, as these are fundamental to the event of the processual transformation (cf. Förster 2003, 705). In accordance with the transformative power attributed to it, Förster advocates for the examination, description, and determination of the experiences of liminal individuals (cf. ibidem). Consequently, in alignment with this non-negotiable consideration, direct contact with trans individuals represents a methodological necessity that was met in this study by conducting two guided qualitative interviews. In order to obtain research outcomes aligned with the study's objectives, the potential interviewees were required to meet the criteria of the applied theories of ritual studies and to demonstrate a personal narrative reflecting the affirming action of binding (cf. Mey/Mruck 2020 522): The interviewees had to be transmasculine individuals – people who were assigned female at birth and who have taken steps toward masculinization in their transition. In addition to the inherently necessary experience with dysphoria, it was also important that the individuals had been in transition for some time, in order to potentially affirm the processual and transformative nature of the liminal phase as emphasized by Turner and van Gennep. Thus, within the scope of this research, a non-binary person, Tom Schranker, and a trans man, Finn Koch, were interviewed regarding the *discovery* of their trans identities, the beginning and progression of their transition, and especially their experiences with the binder[3]. The analysis revealed that the core characteristics of the liminal phase, as outlined in the previous section, could be used as a comparative framework for the individual *transition testimonials*, in relation to the theoretical concept of liminality. Thus, the personal experiences, processes of self-recognition, and behavioural patterns of the interviewees, as will be shown in the following section, could be mapped onto the theoretical

3 All interviewee names have been anonymized by mutual agreement to ensure confidentiality, with pseudonyms used where necessary for clarity in analysis.

framework. One factor that emerged more prominently than expected in both interviews was the influence of media imagery surrounding the binder. Various films and series were named as a *wake-up call* regarding their own trans identities, though these will not be discussed further in this analysis. Only TikTok videos, identified by both liminal individuals as a significant influence on their relationship with the binder, will be analysed under the criteria of ritualized actions, and contrasted with the personal experiences of Schranker and Koch.

4. Individual testimonials and the liminality of transition

While the theoretical summary of ritual theory and the general understanding of gender transition already suggest a structural similarity and thus, a function-specific connection, this link is primarily evident in the shared element of the processual transformation of the self, particularly in terms of social positioning. Only by analysing the individual life experiences of Schranker and Koch within the theory-based comparative framework of the liminal phase, can the transition be comprehensively understood as such. The central aspect that initiates a transitional phase – and consequently the liminal phase – is the rupture from an existing social status or a social drama that propels initiates into the liminal phase through a crisis. In the accounted moments provided by the interviewees, certain instances can be discerned as such ruptures. Schranker recognized his own trans identity when he consumed the testimonials of trans YouTubers regarding the use of binders. Subsequently, he attempted to bind his chest in an unsafe manner using scarves to explore «how [he] would look without [it]» (Schranker 2023). From Schranker's realization during this period, «Shit, I'm trans!» (ibidem), the sudden rupture from a familiar *cis-identitarian structure* becomes evident. In Koch's case, the *crisis-like rupture* occurred while watching a biographical film about the life of a trans woman, when he realized, «Fuck, I'm just like that! Just in the other direction!» (Koch 2023). In both cases, the life-altering impact on their reality can be seen not only in the negatively charged wording of their self-realizations but also in the years-long process of denying their trans identities that followed the rupture. This denial reflects the crisis they experienced after being propelled out of the social status *cis woman* (cf. Schranker 2023; Koch 2023). Already during this phase of denial, signs of negotiating their own needs, as well as their gender identity and presentation – guided by feelings of dysphoria, particularly regarding their bodies – become apparent.

Hair was a big thing, clothes too, that was always [...] a point of conflict [...] at home, because I didn't want to wear dresses [...] tights were the absolute worst for me. I definitely did not want to wear tights and skirts. [...][W]ith my mom, it was a bit more difficult, she pushed me in the feminine direction (Koch 2023).

Koch recounts how, even before reaching full acceptance – something that for both individuals would only occur years after their rupture, facilitated by engaging with TikTok posts discussing the experiences of trans individuals – he began to negotiate his male presentation with himself and his environment. This took the form of actions related to social transition, such as adapting his self-presentation through masculinization of his clothing and hairstyle. This brief excerpt already reveals the process of self-realization and development that both Schranker and Koch experienced over the years, regardless of the identity denial triggered by the rupture. Following these events, which can be understood as said rupture and the beginning of the liminal phase, their lives can be characterized as a transformative period, marked by the step-by-step acquisition of knowledge about trans identities and experiences related to various gender identities, facing gender dysphoria, and discovering the existence and potential of diverse affirmative actions through the accounts of other trans individuals as well as through self-perception. For instance, Schranker sought to connect with transition-related resources and other trans people, not only on an online forum called *Amino* but also through the local initiative *Queer Augsburg* (cf. Schranker 2023). At the same time, during this period, he began reflecting on, planning, and gradually implementing his transition practices as a way to explore his personal needs. For the first time, he considered the option of affirmative surgeries, such as chest reduction or later mastectomy, recognizing these as a solution to his dysphoria concerning his chest (cf. ibidem). Schranker also began introducing himself to his family and new acquaintances with new pronouns – at that time, he used male, female, and gender-neutral pronouns – and his new name, thus taking further steps in his social transition (cf. ibidem). Regarding the purchase of a binder, Schranker came to the realization, shortly before his public coming out, that it could be a potential option for affirmative practices, and that he should acquire such a garment (cf. ibidem). This illustrates his gradual process of discovering his needs concerning his body and identity. A similar observation can be made about Koch's experiences. He started reflecting on his dysphoria regarding his chest in relation to social-situational dependencies. He reflected on how external perceptions influenced his discomfort with his body, observing his dysphoric feelings in various settings, including his own room, the shared spaces in his flat share, and public spaces, and learned to manage these feelings through the affirmative practice of binding (cf. Koch 2023). Within the processuality of self-realization and self-development, the liminality of the individuals becomes apparent. The constant negotiation between external and self-perception, the expectations of others and personal needs, and especially the social starting point and the final goal of transition, reveals the state of ambiguity these individuals experience in the transformative phase of transition as a liminal phase. The individuals in transition, who can be understood as liminal personae, clearly demonstrate how, throughout their process of self-recognition, they engage with the various offerings of affirmative actions – on both social and medical levels – to apply them as coping mechanisms against dysphoria and uncertainty. Name changes, adjustments in clothing and hairstyles, the adoption of new pronouns, binding, as well as hormone therapy and mastectomy, represent identity-stabilizing elements of the transition and can be seamlessly applied to the theory of the liminal phase. The final factor of this phase now presents the role of communitas. While this has not yet been analytically emphasized up to this point, it has been subtly referenced in the various experiences of the interviewees, highlighting how the transition process is interwoven with the social connections to other initiates. It is important to note that trans people in transition are not invited into a socially recognized, historically established, and readily available communitas, like that of confirmands in the context of their profession of faith. Instead, they must find such communitas for themselves in a much more independent manner, which – based on Schranker's and Koch's experiences and search – can lead to the formation of a variety of connections through and across diverse groups and media. At times, the concept of communitas can be observed in queer or trans-supportive local initiatives that organize themselves as groups, whose participants often find themselves in similar life circumstances and share a liminal status, meeting regularly. In Schranker's case, *Queer Augsburg* was such an organized group, where he could first engage in exchange with people undergoing similar experiences and processes and gain knowledge about trans people (Schranker 2023). Whether through organized events or private conversations, the local initiative provided the framework where he could learn about coping with dysphoria, the existence of gender euphoria, and other topics (ibidem). Through networking within the group, Schranker was able to form personal connections with queer people and especially trans people, which sometimes developed into friendships. Within these, further experiences were shared, including both positive experiences of gender affirmation and negative ones, such as discrimination and misgendering, thereby establishing a shared emotional connection (ibidem). For Koch, a trans-organized youth group in Ulm represented his first contact with transgender individuals and provided him with an opportunity to discuss his fears and doubts (cf. Koch 2023). Having previously had little or no knowledge of transgender people, their experiences and practices, the organized group offered a point of contact where Koch found the support he needed after the rupture from his previous status and the phase of denial (ibidem). Additionally, through a donation to this group, he received his first binder, along with advice based on others' experiences regarding binding. These phenomena related to communitas can, based on the interview analysis of Schranker and Koch, be partially transferred to the digital realm. Both participants indicated that YouTubers and creators on *Trans TikTok*, as well as smaller exchanges in trans internet forums, fulfilled similar functions and occupied spaces comparable to those of friendships and organized groups. Koch and Schranker both informed themselves about the experiences of those posting on YouTube and TikTok from the very beginning of their transitions. Schranker, for instance, learned about safe binding practices through YouTube channels run by transgender individuals and was introduced to the topic of affirming surgeries, such as mastectomy. These personal accounts helped him understand the potential process of surgery and recovery (Schranker 2023). These testimonies not only served as a source of information but also shaped his expectations regarding the practices – especially binding – and encouraged him to take steps in his transformative process to achieve gender euphoria (Schranker 2023). What particularly stands out is the role of social media, giving both individuals described how they were able to break free from their phase of self-denial and learn more about binding as a technique through consuming content on *Trans TikTok*.

4.1 Media representation of the first binder experience on TikTok

TikTok videos and other forms of media imagery served as pathways for both Schranker and Koch to confront and reconcile with their own identities. Simultaneously, these media provided access to the specific garment that both of them strongly desired to acquire – the binder: «There is a bunch of videos, where you can see a trans person putting on a binder for the first time and then becoming [...] gender euphoric. That's [...] what I saw» (Koch 2023). The information and expectations conveyed in such videos – which might be perceived as encouragements for the purchase of binders – can be used as a lens for understanding the lived experiences of Schranker and Koch. Compilations of numerous TikTok videos of this kind, created by various users, can be found in abundance on YouTube. A review of these *diverse* contributions quickly reveals that a significant portion of the videos follows a similar structure, often consisting of comparably, if not identically executed elements. The pattern and staging schema of *first binder experiences* can be illustrated by comparing two posts featured in the compilation video «People getting their first binder!» (User ‚Undead BMO' 2021) uploaded by the YouTube user *Undead BMO*: Both TikTok users – *elliooot.I* (User 'ellioot.I' 2021, 2:53–3:14) and *itstheoiguess* (User 'itstheoiguess' 2021, 1:4–2:40) – start their posts by announcing the arrival of their first binder. As they unpack the binder – each scene accompanied by emotional background music – both users visibly convey their emotional state, characterized by nervousness and anticipation, through facial expressions and gestures. The unpacked garment is then held up to the camera before a brief cut introduces a *before-sequence*, depicting the body and its presentation prior to wearing the binder. In this part of the video, both individuals wear a T-shirt under which their previous undergarments, such as a sports bra or a standard bra, are still visible. They turn from side to side in front of the camera, presenting their profiles to the audience, and pull back their T-shirts to expose the contours of their chests before putting on the binder. These actions are often accompanied by hurried, sweeping motions over their torsos, particularly over the chest area. The elation and excitement that were palpable during the receipt and *unboxing* of the package gradually give way to a sombre, dejected atmosphere, as seen in the facial expressions of the protagonists at this stage of the video. The shift in mood toward a more negative tone could potentially be attributed to the visible dysphoria experienced by the two trans individuals. In the subsequent sequence, the two individuals are now shown wearing their new binders, smiling and on the verge of tears, standing in front of the camera without the additional coverage of a T-shirt. They once again turn from side to side, presenting their silhouettes in profile while repeatedly running their hands over their now noticeably flatter torsos. However, these movements lack the haste that characterized the earlier *before-sequence*. Instead, they are carried out more slowly and with visible joy. This segment is significantly longer than the scene without the binder. After another cut, the individuals reappear, now wearing the previously shown T-shirts over their binders. Once again, they repeat the sequence of turning, stroking, and presenting their silhouettes. At this moment, the atmosphere of the video appears to shift once more, with the reactions and emotional state of the individuals becoming even more intense. Both protagonists are visibly moved to tears, repeatedly pressing their hands to their mouths in speechless joy and euphoria, before allowing their hands to once again wander back to their torsos. The subsequent moment before the end of the video, is thus positioned as a polar opposite of the *before-shot*, which the individuals once again express through the phrases «I'm so happy!» (User 'ellioot.I' 2021, 3:05) or simply «Happy Happy HAPPY» (User 'itstheoiguess' 2021, 2:35). In these expressions and the obvious joy, the fulfilment of the hope associated with the binder is reflected, specifically the achievement of a flat, *more masculine* chest. Both transgender individuals, through the utilization of the binder, experience a significant alleviation of dysphoric feelings, accompanied by a profound sense of euphoria regarding their gender presentation – and potentially, their gender identity – thus manifesting gender euphoria. Accordingly, the binder, due to its ability to masculinize the chest, can be seen as a stabilizing coping mechanism for dysphoric feelings and, by extension, the liminal state of transition. The phrasing used by another user, *novacain333*, toward the end of their similarly structured experience video – «putting my binder on and finally feeling like me» (User 'novacain333 2021, 0:54) – further reinforces the interpretation of the binder as a stabilizing and identity-confirming practice within the process of self-reflection, self-discovery, and self-transformation. In the videos, the binder presents itself as a garment imbued with expectations and hopes of escaping the negative, depressive state of dysphoria, finding oneself, and experiencing joy in the form of gender euphoria. Through the consumption of these positive testimonials and emotionally charged portrayals, individuals such as Schranker and Koch, who suffer significantly from dysphoric feelings and seek a way out, are inspired to acquire such an object of hope. Not only the garment itself and its compressing function, but also a potential escape from dysphoria is anticipated and purchased.

4.2 Assessing reality: individual struggle and success

> [W]ell, I put it on [...] and I was expecting to feel like super excited, because [...] you see that all the time in the videos, but then my feeling was more like [...]'Hm, yeah, okay. Doesn't really work that great.' (Schranker 2023).

Both Koch and Schranker consumed such media imagery at the beginning of their transition. The hopes and expectations internalized through this consumption ultimately proved decisive for both in their decision to purchase a binder. However, an examination of their experiences wearing a binder for the first time and their subsequent interactions with the garment reveals that their experiences diverged from the media's portrayals of joy and euphoria, instead being characterized by considerably more nuanced realities. In both cases, the anticipated euphoria of the first wear did not materialize. Schranker, prior to his mastectomy, had to manage a significantly larger chest, which meant that the compression provided by his first binder, as well as all subsequent ones, was insufficient to achieve the desired masculinization of his appearance (cf. Schranker 2023). This led Schranker to adopt unhealthy binding techniques, such as using excessively tight binders. While these methods temporarily alleviated feelings of dysphoria, they were accompanied by persistent back and rib pain as well as severe abrasions in axillary regions. Similarly, Koch was disappointed by his first binder, as the donated garment was of lower quality and therefore less effective in achieving the desired binding effect (cf. Koch 2023). Only when he had the financial means to purchase branded binders was he able to experience the euphoria depicted in video portrayals. However, over time, he also began to experience increasing back pain and general discomfort from daily use. What both individuals highlighted through their accounts was the emotional and mental dependency that developed on this garment. Koch, for instance, no longer wanted to leave his room without wearing his binder after acquiring it. Schranker, on the other hand, was at times forced to limit his binding activities due to pain, which led to more frequent instances of appearing in public without the garment. This, in turn, caused him to avoid certain social outings and experience heightened feelings of dysphoria. Yet also the daily use of the binder could become an independent source of dysphoria. Koch emphasized that the very necessity of such a garment, which he was confronted with daily, as well as the fear that the binder might become visible to others and reveal his trans identity, subjected him to additional psychological distress (cf. Koch 2023). Another shared experience was that, despite wearing the binder, both individuals continued to be misgendered, which further diminished or entirely prevented any binder-induced gender euphoria. Despite these unexpected negative experiences, both interviewees acknowledged the binder's essential, supportive role in their transition and expressed gratitude toward it. Regardless of its negative aspects and side effects, the binder represented one of the few tools available to manage chest dysphoria, offering a means to approximate the desired more masculine appearance, even though it did not provide perfect results (cf. Schranker 2023; Koch 2023). Of greater significance for both individuals was the opportunity to experiment with the binder, allowing them to determine the circumstances in which it was needed: When and in what contexts did they experience dysphoria? How did others' perceptions influence their sense of dysphoria? What additional social or medical affirming practices were required, such as hormone replacement therapy, voice training, or, in both cases, mastectomy? For both individuals, the binder represented one of the steps that enabled them to affirm their trans identity, reflect on their gender identity and the corresponding needs for bodily affirmation, and ultimately accept themselves.

> [I]t was definitely a confirmation for me [...] that my chest definitely makes me dysphoric, and that getting surgery, eventually, [...] will definitely be the right thing to do (Koch 2023).

> [It] also helped me [...] to start feeling connected to the community when I wear a binder, and that I then [...] accepted that I'm trans. Like, that it is a part of my life now, and that I started contemplating all these trans identities and stuff more (Schranker 2023).

The analysis of the personal narratives and evaluations surrounding the garment reveal the liminal nature of the object regarding the subjective attachment to the item and its effective impact. Thus, it can simultaneously induce and alleviate dysphoria, serve as a mere, directional interim solution, and be viewed as both an essential necessity and a despised instrument. In all interpretations and formulations, the binder emerges as an object that requires individual negotiation and experience during the transition process, and within this framework, it can be utilized in the search for and discovery of one's true identity and presentation, thus contributing to the achievement of the desired status. It presents itself as a coping and solidifying strategy within the liminal phase of the transmasculine transition.

5. Conclusion

This summary of the research findings elucidates the extent to which the gender transition of transmasculine individuals can be understood as a liminal phase in human life, based on Turner's foundational ritual theoretical characteristics of the liminal phase and the analysis of individual experiences of transmasculine individuals. In this context, the binder assumes and fulfils the role of a coping strategy and stabilizing practice concerning the indeterminate state of the liminal personae within the individual processes of self-recognition and self-development leading toward incorporation. In addition, the ambivalence in the use and perceptions of the binder embodies the emotional and social complexity inherent in the liminal phase. The analysis of media representations and portrayals of the garment further enables its interpretation as a ritualized act in its acquisition, initial use, and general wearing. The analytical excerpt captured within the scope of this paper cannot claim to comprehensively answer every question regarding transition as a liminal phase or the binder as a symbolically and ritually charged liminal garment. It does, however, open the possibility of theoretically engaging with transition as a private and social, emotional, yet explicable societal phenomenon. The step-by-step analysis of a *trans experience* through a theoretically guided perspective applicable to complex cultural experiences aims to introduce new dimensions to academic research and foster a deeper understanding of the societal situation of trans individuals. This emphasizes that transition and trans individuals should not be perceived as alien or threatening but rather as an expression of cultural and identity-based diversity.

Primary sources

Koch, Finn (2023): *Interview*. University Augsburg TG-3130, IP02_26072023.

Schranker, Tom (2023): *Interview*. University Augsburg TG-3120, IP01_23022023.

Online sources

User ‚elliooot.I' (2021): n.t. In: User ‚Undead BMO': *People getting their first binder!* URL: https://www.youtube.com/watch?v=CfC2sGGthkw&t=53s (23-03-2023), 2:53–3:14.

User ‚itstheoiguess' (2021): n.t. In: User ‚Undead BMO': *People getting their first binder!* URL: https://www.youtube.com/watch?v=CfC2sGGthkw&t=53s (23-03-2023), 1:41–2:40.

User ‚novacain333' (2021): n.t. In: User ‚Undead BMO': *People getting their first binder!* URL: https://www.youtube.com/watch?v=CfC2sGGthkw&t=53s (23-03-2023), 0:52–0:58.

User ‚Undead BMO' (2021): *People getting their first binder!* URL: https://www.youtube.com/watch?v=CfC2sGGthkw&t=53s (23-03-2023).

References

Boyle, Patrick (2022): *What is gender-affirming care? Your questions answered.* URL: https://www.aamc.org/news/what-gender-affirming-care-your-questions-answered (08-08-2023).

CDU / CSU (2024): *Politikwechsel für Deutschland. Wahlprogramm von CDU und CSU.* URL: https://www.bundestagswahl-bw.de/fileadmin/bundestagswahl-bw/2025/Parteien_und_Spitzenkandidierende/btw_2025_wahlprogramm-cdu-csu.pdf (20-12-2024).

Förster, Till (2003): Victor Turners Ritualtheorie. In: *Theologische Literaturzeitung* 128 (7), 703–716.

Herlyn, Gerrit (2002): *Ritual und Übergangsritual in komplexen Gesellschaften. Sinn- und Bedeutungszuschreibungen zu Begriff und Theorie*, Studien zur Alltagskulturforschung, Vol. 1. Münster et al: LIT.

Mey, Günter / Mruck, Katja (2020): Grounded-Theory-Methodologie. In: Mey, Günther / Mruck, Katja (ed.): *Handbuch Qualitative Forschung in der Psychologie. Band 2: Designs und Verfahren*. Wiesbaden: Springer, 513–536.

Queerpoint Minden (n.d.): *Gender informationen.* URL: https://www.lgbt-minden.de/infothek/gender-informationen/ (23-03-2023).

Stegen, Jasper (2021): *Binder.* URL: https://dgti.org/2021/09/14/binder/> (23-03-2023).

Takenaga, Lara (2019): *'It's binding or suicide': Transgender and non-binary readers share their experiences with chest binders.* URL: https://www.nytimes.com/2019/06/17/reader-center/chest-binding.html (15-08-2023).

Turner, Victor (1969): *The ritual process. Structure and anti-structure.* New York: Routledge.

Van Gennep, Arnold (1986): *Übergangsriten. Les Rites de Passage.* Frankfurt a. M. et al.: Campus Verlag.

La rappresentazione del corpo nella fraseologia fra tradizione letteraria e uso attuale

Irene Rumine

Abstract: This paper aims to examine whether and how the representation of the body in phraseology changes, starting with three examples of somatic idioms attested in literary tradition and still used in Italian: *legarsela al dito*, (*essere/trovarsi* e *mettere qcn.*) *con le spalle al muro*, and *essere la mano di Dio*. The goal is to reconstruct the linguistic history of these expressions, from their original meaning to that currently in use.

Keywords: somatic idioms, body parts name, phraseology, lexicography, Alessandro Manzoni

1. Fraseologismi del lessico del corpo umano

Il campo semantico del corpo umano è tra i gruppi più produttivi di fraseologia e dà origine mediante processi retorici ai cosiddetti fraseologismi somatici, ossia espressioni idiomatiche costruite con una o più parole del corpo[1]. Molteplici sono le possibilità di classificazione dei fraseologismi in genere, che possono essere raggruppati secondo la componente lessicale (espressioni idiomatiche composte, per es., con il lessema *braccio*, con il lessema *cuore*, con il lessema *gamba*, ecc.), la funzione grammaticale (locuzioni verbali, sostantive, avverbiali, ecc.), il tema (fraseologismi che esprimono, per es., *amore*, *astuzia*, *coraggio*, *desiderio*, *offesa*, ecc.) e così via. Senza voler entrare nel merito delle tipologie di classificazione dei fraseologismi somatici, qui si intende ripercorrere la storia linguistica di alcune espressioni di

---

1 Di "parole del corpo" e di modi di dire e proverbi costruiti con esse ha parlato Forconi 1987. L'etichetta di «fraseologismi somatici» si legge in Messina Fajardo (2020, 98), che osserva tuttavia che non vi è un termine universalmente accettato per indicare questo tipo di espressioni, alle quali ci si riferisce, infatti, con denominazioni diverse («espressioni somatiche, somatismi idiomatici, espressioni corporali, componente somatica fraseologica, anatomia fraseologica, unità fraseologica del corpo umano, ecc.»). In ogni caso, i fraseologismi di questo tipo sono caratterizzati a livello strutturale da una relativa stabilità che ne favorisce la memorizzazione e riproduzione nel discorso, e da un significato unitario e quasi sempre idiomatico che non deriva dalla somma dei significati dei singoli componenti dell'espressione (ivi, 85–86).

questo tipo, per l'analisi delle quali ci si è avvalsi degli strumenti lessicografici (vocabolari e lessici etimologici, storici e dell'uso), oltre che di alcuni spogli condotti personalmente sul romanzo manzoniano, in cui quelle espressioni si ritrovano. La ricerca sui vocabolari è stata poi supportata da un riscontro su Google Libri.

Essendo innumerevole il materiale fraseologico afferente al lessico del corpo umano, sia nella tradizione che nell'uso attuale, si è scelto di dedicare questo contributo all'esame di tre espressioni somatiche attestate nella tradizione, che si sono stabilizzate nell'italiano con un significato diverso da quello originario, o in una sola delle accezioni in cui erano diffuse.

2. *Legarsela al dito*

L'espressione *legarsela al dito* è oggi comune nel significato di 'serbare memoria e rancore per un torto ricevuto' (*Nuovo De Mauro*, s.v. *dito*). La sua origine è da ricondurre a un fraseologismo di forma affine, il cui significato era sempre inerente alla sfera della memoria, ma in cui non era implicata la componente vendicativa: *legarsi al dito qcs.* 'imprimersela bene nella mente, per ricordarsene'. Quest'ultima accezione è registrata nella *Crusca* fin dalla I impressione per definire la forma *legarsela al dito* (cfr. *I Crusca*, s.v. *dito*). Si è, tuttavia, di fronte a due locuzioni distinte[2]. Nell'accezione originaria, riferita alla memorizzazione di qcs. per regola o avvertimento, la locuzione *legarsi al dito qcs.* è attestata già nel fiorentino del XIII secolo, nei versi di Schiatta Pallavillani (*Sonetti in tenzone con Monte Andrea*, LXXIII, vv. 20-22: «[...] Amico, ör ti lega al dito questa: / la nostra gente è di combatter vaga / sì che, de' tuoi, avranno sol la groppa [...]»; l'esempio è in *TLIO*, s.v. *dito*). Il significato inerente al semplice ricordo deriva dalla pratica di legarsi al dito un segno o un filo, a mo' di anello, per non dimenticare di assolvere un compito, secondo

---

2 Nella *III Crusca* (s.v. *dito*) è aggiunta, accanto a *legarsela al dito*, la variante *allacciarsela al dito* e sim., ma ancora col significato di 'imprimersi bene nella memoria qcs.'. Dalla *IV Crusca* (s.v. *dito*), si aggiunge, in riferimento alla forma *legarsela al dito* (o *allacciarsela al dito*) il significato di 'determinare di vendicarsi', ma senza esempi. Solo nella *V Crusca* (s.v. *dito*) si distinguono le due espressioni: *legarsi checchessia a dito* o *al dito*, nel senso di 'imprimerselo bene nella mente per propria regola o avvertimento', e *legarsela a dito* o *al dito* (e anche *allacciarsela a dito* o *al dito*), ossia 'ricordarsi di torti, offese, danni e simili, per vendicarsene'.

un'usanza antichissima descritta nel libro dei proverbi di Salomone, cap. VII, da dove trarrebbe origine (così si legge nella *I Crusca*, s.v. *dito*)[3]. Dell'uso di legarsi al dito, alla mano o al braccio qualcosa come promemoria la Bibbia parla in molti altri passi, sia nel VT (es. *Es.* XIII 9 e 16, *Dt.* VI 8 e XI 18), sia nel NT (es. *Mt.* XXIII 5) (cfr. Lurati 2001, s.v. *dito*, e Quartu/Rossi 2012, s.v. *dito*), e anche alcuni predicatori antichi riferiscono dell'usanza degli ebrei di portare legati al braccio i filattèri, pezzi di carta in cui erano scritti i comandamenti della legge (così fra Giordano da Pisa nel *Quaresimale fiorentino*, il cui esempio è registrato nella *V Crusca*, s.v. *fillateria, e filattera, filatera, filateria, filattiera*). In tale accezione la locuzione idiomatica *legarsi al dito* o *a dito qcs.* è diffusamente attestata in letteratura, dal Quattrocento (e fino all'Ottocento almeno), per lo più in opere poetiche, comiche ed eroicomiche. Si legge nei *Sonetti* del Burchiello (CX, *Risposta di B. alle consonanze*: «[…] legati questo al dito e ben l'anoda: / non è fine spagnuola o marchigiana / la seta e 'l pelo, che per fame incanni […]») e nel *Morgante maggiore* del Pulci (XXII 19: «[…] Disse Rinaldo: Tu non parli a matto, / Tu tel vorresti un giorno beccar su / Quel Montalbano, e faravi un bel tratto; / Ma sia che vuole, al dito legherati, / Ch'io nacqui per punir i tuoi peccati») (i due esempi sono registrati nella *II Crusca*, s.v. *dito*). Si ritrova poi in un sonetto di Matteo Franco al Pulci (VII, *Messer Matteo a Luigi Pulci*: «[…] Or sbuca fuor quel tuo Sonetto trito, / Legati prima al dito. / Che s'io piglio più penna, e' c'è tant'accia, / Che non t'atia de' Pulinar la faccia»), nelle *Lettere familiari* di Machiavelli (LXIV, *A Francesco Guicciardini*: «[…] e legatevi a dito questo, che se il re non è mosso con forze e autorità, e con cose vive, osserverà l'accordo, e vi lascerà nelle peste […]») e, più tardi, nella *Suocera* del Varchi (II 1, dove Nastasia dice a Fulvia: «[…] Io ti protesto, tienlo a mente, e legatelo al dito, che se tu non ti muti di natura, tu ti troverai con le mani piene di vento […]») (le allegazioni del Pulci e del Varchi sono aggiunte nella *IV Crusca*, s.v. *dito*, quella di Machiavelli nella *V Crusca*, s.v. *dito*). Nella prima metà del Seicento la locuzione è attestata, per esempio, nell'*Eneide travestita*, una riscrittura virgiliana in chiave comica del Lalli (Libro V, quando Enea si lamenta con Giove: «[…] Se tu da ver non

3 Nel libro dei *Proverbi* VII 2–3, la Sapienza invita il discepolo a fare tesoro dei suoi insegnamenti: «Osserva i miei precetti e vivrai, / il mio insegnamento sia come la pupilla dei tuoi occhi. Légali alle tue dita, / scrivili sulla tavola del tuo cuore» (CEI 2008).

ti hai legato a dito, / Di esterminarci affatto di qua giuso; / E s'hai pietà, sì come so che l'hai, / Dei nostri estremi, e raddoppiati guai: / Libera queste navi dal periglio [...]»), e nella seconda metà del secolo si rintraccia nella *Serva nobile*, dramma civile del Moniglia (II 18, dove è detta da Leandro ad Anselmo: «Esco di casa, non sono ancora morto. / Conosco il torto, e me lo lego al dito») (i due esempi sono ricordati da Passarini 1875, 191-192, n. 381).

Almeno a partire dal Cinquecento inizia a diffondersi, nel significato di 'determinare di vendicarsi', la forma *legarsela al dito* o *a dito* (cfr. Lurati 2001, s.v. *dito*), in cui la particella pronominale aggiunta – un colloquialismo usato soprattutto nel parlato – allude a qualcosa di indeterminato e vago (e in genere negativo, dato che non lo si può nominare). In questo senso la locuzione ha una prima attestazione nel *Malmantile* del Lippi (1676, VI 7: «Basta, ch'ella se l'è legata al dito / E l'à presa coi denti, e sen affanna / Tal c'andarsene in Dite à stabilito, / Perch[é] ne vuol veder quanto la canna [...]»), come spiega Minucci nelle note: «*Se l'è legata al dito.* Ne ha presa memoria per vendicarsi. Sogliono molti, per aver memoria di qualche negozio, che devano fare, legarsi un filo intorno al dito; il che ha dato origine al presente dettato» (seguono rinvii al poema del Lalli, a passi del *Deuteronomio* e alla già ricordata usanza degli ebrei di legare al braccio i filattèri: cfr. Lippi/Minucci 1688, 253).

Nell'Ottocento la locuzione *legarsela al dito* o *a dito* è impiegata dal Pananti nel *Poeta di teatro*, sia nella prima edizione italiana (Pananti 1817, XXVI 21: «[...] E un uom, non seppi distinguer qual'uomo, / Mi vince e tira su come un penecchio. / Oh questa al dito me la son legata, / Ed oggi l'hanno da pagar salata»), sia nell'edizione del 1824 (XXXIII, *La malattia e il rimedio*: «[...] Quello è un uomo che un soldo non ribatte, / Che quando è offeso se la lega a dito [...]»; l'esempio è in *V Crusca*, s.v. *dito*). Ancora nell'Ottocento, tuttavia, continua a circolare la locuzione *legarsi al dito qcs.* col significato d'origine. Così è usata da Manzoni nel *Fermo e Lucia*, quando il cardinal Borromeo ascolta da Agnese la storia del mancato matrimonio dei due giovani (Manzoni/Colli et al. 2006, III III 25: «Il Cardinale domandò una spiegazione, e Agnese spiattellò tutta la storia del matrimonio, senza far motto del clandestino. Federigo che non voleva fare alcuna dimostrazione prima d'avere inteso il curato, per non manifestare un giudizio che forse avrebbe dovuto ritrattare, tacque, ma si legò al dito anche questa»). L'espressione non è confermata nell'edizione definitiva dei *Promessi sposi* (è già espunta dal luogo corrispondente della Seconda minuta e quindi dalla Ventisettana

II xxiv), perché evidentemente in questa accezione stava cadendo in disuso, mentre, come è noto, il romanziere era in cerca di voci e modi della lingua viva fiorentina. Nella *V Crusca* (s.v. *dito*), infatti, *legarsi checchessia a dito* o *al dito*, cioè 'imprimerselo bene nella memoria, nella mente, per propria regola o avvertimento', è marcata come «maniera non comune», mentre è registrata la forma *legarsela a dito* o *al dito*, nel senso di 'ricordarsi di torti, offese, danni e simili, per vendicarsene'[4]. Nel corso del Novecento scema l'uso di *legarsi al dito qcs.* nell'accezione d'origine, e invece si diffonde, fino a stabilizzarsi nella lingua, la locuzione *legarsela al dito*, col significato tutt'oggi corrente che esprime l'idea del torto ricevuto e dello spirito di vendetta (cfr. Quartu/Rossi 2012, s.v. *dito*, e *Nuovo De Mauro*, s.v. *dito*).

3. *Con le spalle al muro*

Appartiene alla tradizione, ed è tuttora comune, anche la locuzione avverbiale *con le spalle al muro* – da cui i modi di dire attualmente in uso *essere/trovarsi con le spalle al muro* e *mettere con le spalle al muro qcn.* –, ossia 'in una posizione dalla quale non si può indietreggiare ulteriormente o dalla quale non ci si può più muovere, come trovandosi concretamente con le spalle appoggiate a un muro'. In senso lato, la locuzione significa 'trovarsi nell'impossibilità di scegliere e di agire liberamente' ed è «usat[a] soprattutto per chi non ha più possibilità di scampo o di salvezza» (Quartu/Rossi 2012, s.v. *spalla*; cfr. anche *Nuovo De Mauro*, s.v. *spalla*). È bene precisare, tuttavia, che l'immagine delle *spalle al muro* ha dato luogo a diversi modi di dire, che, come si vedrà, non solo esprimono costrizione (*essere/trovarsi con le spalle al muro*, *essere messo/stretto con le spalle al muro* e sim., *mettere/porre con le spalle al muro qcn.* e sim.), ma veicolano anche i concetti di protezione, risolutezza e ostinazione (*avere/mettere le spalle al muro* e sim., *mettersi con le spalle al muro*). La *Crusca*, peraltro, registra solo la forma attiva *avere/mettere le spalle al muro*, ma senza definizione ed esempi (cfr. *V Crusca*, s.v. *muro*, che contiene solo un rinvio al lemma *spalla*, che non è stato compilato a causa dell'interruzione del vocabolario alla lettera O).

Una prima attestazione della locuzione *con le spalle al muro* in modi che denotano uno stato di costrizione (*vedersi con le spalle al muro* e *costituire con*

---

4 Nelle *Maniere di dire fiorentine* di Luigi Matteucci del 1856 è annotata la locuzione *legarsela a dito*, con la spiegazione: «Dicesi di un'ingiuria» (cfr. Manzoni/Stella et al. 2000, 1003, n. 37).

le spalle al muro qcn.) si rintraccia nella seconda metà del Quattrocento, in un racconto storico di Romano Colonna (1478, 107: «ciò inteso vedendosi eglino colle spalle al muro, con poco speranza di riuscirgli cosa di buono, se fatto avessero resistenza, riconosciutosi certissimi perditori, Domandorno di voler parteggiare la consegna del Castello [...]»; e 362–363: «[...] infine tali inusitate crudeltà lo costituirono come si sol dire colle spalle al muro [...]»)[5].

Nel Cinquecento il sintagma *con le spalle al muro* si ritrova in scritti di vari tipo, ma sempre in senso letterale. Le attestazioni cinquecentesche del sintagma, non raccolte nei vocabolari, sono state ricavate da Google Libri e si rintracciano in opere della seconda metà del secolo, più o meno note, come l'*Arte del ricordare* di Della Porta (1561, cap. VII), le *Historie del mondo* del Roseo (1573, 313–314), la *Plutosofia* del Gesualdi (1592, 31), e in altri scritti storici.

Nel Seicento la locuzione figura prevalentemente in testi di carattere religioso, nelle forme *mettere/porre con le spalle al muro qcn.* e *ritrovarsi con le spalle al muro*, spesso corredate da formule cautelative (*per così dire*) o che segnalano un'espressione ben nota (*come si suol dire*). La locuzione ricorre, ad esempio, nel *Quadrigesimale* del Leggi (1641, 200: «Voglio che con un'argumento [sic] crediate convincer questo Dio a non negarvi la salute, lo metterete con le spalle al muro, come si suol dire per liberarvi dalle febri della colpa [...]»), nel *Peregrino della terra* del Sidereo (1646, 103: «[...] che strettezza di cuore, che oppressione d'animo haverà all'hora il misero peccatore, quando si ritroverà, come si suol dire, con le spalle al muro [...]»), nella biografia del venerabile Alipio del Maggi (1657, 45: «[...] tanto più sapendo, come per le mie l'ho fatta consapevole, l'inganno che mi è stato fatto dal Padre Eugenio [...] il qual mi ha posto con le spalle al muro per così dire»), e in altre opere. Vi è anche un esempio di *porre le spalle al muro*, ossia 'ostinarsi', in un discorso religioso del Vincenti (1659, 122: «Non scioccamente a difenderla [la fede di Cristo] con la spada come 'l Moro: non col porre le spalle al muro, col dire son nato hebreo, hebreo voglio morire: ma con prudenza divina si hà a credere»; e passim).

Più significativi sono gli esempi d'uso nel Settecento, specialmente in opere poetiche, di genere eroicomico o pastorale, in cui la locuzione è adoperata per esprimere, anche in tal caso, una limitazione della libertà. Si legge

---

5 Una ricerca nel *Corpus OVI* non ha restituito occorrenze del sintagma *con le spalle al muro* nell'italiano e nei volgari antichi (nel *TLIO* non sono ancora stati compilati i lemmi *muro* e *spalla*).

innanzitutto, nella forma *mettere con le spalle al muro qcn.*, nelle *Rime piacevoli* del Fagiuoli (XLI: «Voi che ne siete cagione, o reverendo, / che mi metteste colle spalle al muro / a dir quel ch'io non so, ch'io non intendo [...]») (l'esempio è in Tommaseo/Bellini 1865–1879, s.v. *spalla*). Con lo stesso significato costrittivo, ma in forma passiva, la locuzione è impiegata nella *Celidora* del Casotti (1734, IV 97: «Io certo pendo hinc inde, e sono in bivio, / Stretto, e ristretto colle spalle al muro [...]»), e nella variante *con le spalle al muro* nella *Galatea* di Florian (1788, 48: «Era la notte quando sbarcai, e nel traversare una strada, intesi un batter di spade, scopersi un'uomo [sic] colle spalle al muro, solo difendersi da quattro malandrini»).

Nell'Ottocento si riscontra un primo impiego di *avere le spalle al muro*, nel senso di 'essere a posto, al sicuro', nella celebre *Lettera semiseria* di Berchet (1816, 101: «Che se l'argomento ti viene prestato da una storia scritta, o da una tradizione che dica, *il tal fatto è accaduto così*, e tu senti che comunemente *è creduto così*; allora non istare ad angariarti il cervello per timore d'inverosimiglianze, da che tu hai le spalle al muro»)[6]. Lo stesso modo si ritrova in Manzoni, ancora una volta nei *Promessi sposi*, dove è detto fra sé e sé dall'oste della Luna piena, che non sapendo come risalire al nome di Renzo chiede indicazioni alla sconosciuta guida del giovane, il sedicente spadaio Ambrogio Fusella, che lo rimprovera (cfr. Manzoni/Poggi Salani 2013, XIV 36: «In mezzo a queste grida, lo sconosciuto, dando all'oste un'occhiata di rimprovero, per quell'interrogazione troppo scoperta, disse: "lasciatelo un po' fare a suo modo: non fate scene." / "Ho fatto il mio dovere," disse l'oste, forte; e poi tra sé: – ora ho *le spalle al muro*»). Il modo, già introdotto nell'edizione Ventisettana, è significativamente segnalato in corsivo da Manzoni, come a dire che si tratta di un'espressione mutuata dal dialetto milanese (Cherubini 1839–1856, s.v. *mur*, registra *avè* o *mett la s'cenna* o *i spall al mur*, 'porsi al sicuro, assicurarsi' e anche 'star sulla dura'), ma non riscontrata né nella tradizione cruscante né nell'uso vivo fiorentino[7]. Occorre precisare che l'espressione, non

6 L'esempio di Berchet non è registrato nei dizionari, ma è segnalato in Manzoni/Poggi Salani 2013, cap. XIV 36, nota 79. Il corsivo è dell'autore.

7 Per la verifica dell'uso vivente toscano di modi di dire milanesi Manzoni aveva più volte "scomodato" gli amici fiorentini, Cioni e Niccolini, durante la prima revisione del romanzo (nel 1827), e nella lista dei modi loro sottoposti compare anche *aver le spalle al muro*, su cui tuttavia né l'uno né l'altro forniscono un riscontro (cfr. Manzoni/Stella et al. 2000, 96, n. 209). La spiegazione del modo richiesto da Manzoni è, invece,

solo milanese, in quel significato positivo era comune anche ad altri dialetti settentrionali, come il trentino (*méter, avér le spale al mur*: cfr. Ricci 1904, s.v. *spala*). Anche la forma *mettere le spalle al muro*, 'bene assicurarsi, e anche voler star fermo ma senza ostinazione' (secondo la definizione di Tommaseo/ Bellini 1865–1879, s.v. *muro*, che tuttavia non riporta esempi), trova degli equivalenti dialettali, con diverse sfumature semantiche che esprimono non solo protezione ma anche risolutezza e ostinazione, e in cui le *spalle* sono spesso sostituite da un altro lessema, come *schiena* (come si è visto nel milanese), *piedi* e perfino – specialmente nei dialetti lombardi, veneti ed emiliani – *culo*[8]. In tal caso, il soggetto che *ha* o che attivamente *mette le spalle al muro* è protetto da attacchi proditori, da colpi alle spalle (un significato analogo è quello del modo d'uso *avere le spalle coperte*: cfr. *Nuovo De Mauro*, s.v. *spalla*). Diverso è il caso, invece, di chi *è/si trova* o *è stretto/messo* e sim. *con le spalle al muro*, e non può indietreggiare davanti a chi lo attacca. A partire da questa motivazione, con cui si spiega il significato positivo di *avere le spalle al muro*, 'essere al sicuro' (e *mettere le spalle al muro* 'bene assicurarsi'), possono essersi diffuse nell'uso dialettale e gergale varianti a doppio senso della locuzione, delle quali nel tempo si è opacizzata l'allusione sessuale.

Nel Novecento *avere le spalle al muro* è registrata dalla *V Crusca* (s.v. *muro*, sebbene manchino definizione ed esempi, per quel che si è detto sopra) e, alla fine degli anni Novanta, anche dal *GDLI* (s.v. *spalla*), che disambigua il significato positivo che l'espressione ha nell'esempio manzoniano (e che è proprio dei dialetti settentrionali) e il significato negativo (con cui il Battaglia definisce anche la forma *essere con le spalle al muro*) di 'non poter più sfuggire a una situazione difficile o a un pericolo', ma di questo secondo significato il dizionario non riporta esempi. Benché in quest'ultima connotazione negativa *avere le spalle al muro* sia adoperata ancora oggi in alcuni testi (lo conferma una ricerca in Google Libri), tale forma non trova posto negli attuali dizionari dell'uso e di modi di dire, che registrano piuttosto *essere/trovarsi con le spalle*

---

offerta pochi anni dopo da Guglielmo Libri durante il suo soggiorno a Milano nel 1830, il quale traduce *avè i spall al mur* col toscano «'Ho chi mi salva le spalle'» (ivi, 125, n. 217).

8 Si vedano, ad es., il parmigiano *metter el cul el mur* (Pariset 1885, s.v. *cul*), il bergamasco *mèt ol cül al mür* (Tiraboschi 1879, s.v. *cül*), il padovano e veneziano *pozàr el culo al muro* (Patriarchi 1796, s.v. *muro*; cfr. anche Boerio 1829, s.v. *puzàr*).

al muro e *mettere con le spalle al muro qcn.* (cfr. Quartu/Rossi 2012, s.v. *spalla* e *Nuovo De Mauro*, s.v. *spalla*).

4. *Essere la mano di Dio*

La *mano di Dio* è un'immagine di origine remota, ancor più di quella del *legarsi al dito qcs.* come promemoria. È la *manus* o *dextera Dei*, passata dal mondo ebraico a quello cristiano per rappresentare l'onnipotenza e la sapienza divina, e che ricorre spesso nelle raffigurazioni iconografiche medievali del Padre eterno, a simboleggiare il gesto dell'azione divina nel mondo (cfr. Lurati 2001, s.v. *Dio*). Il nesso *mano di Dio* si trova attestato nell'italiano antico, a partire dal XIII secolo, esclusivamente in testi sacri (volgarizzamenti della Bibbia e in particolare, ma non solo, dell'AT) o di carattere religioso (scritti di santi e opere di esegesi biblica, di contenuto spirituale, teologico, morale), di area toscana[9]. In diversi di questi testi antichi la *mano di Dio* è identificata con la Seconda persona della Trinità, ossia il Figlio (Guido da Pisa nel *Fiore di Italia*, X, scrive che per *mano di Dio* si intende il Figlio, così come per *dito di Dio* lo Spirito Santo; un significato analogo di *mano di Dio* si legge in Zanobi da Strada, *Moralia*, XVIII 6), o altrove il Cristo (così, ad es., nell'*Esposizione del Credo* del Cavalca, II 20, e in altri passi)[10]. La locuzione *mano di Dio* assurge quindi anche a simbolo della potenza divina che scaturisce dall'azione divina sul mondo (così si legge ancora nei *Moralia* di Zanobi da Strada, XI, ma anche, ad es., nel volgarizzamento toscano della *Città di Dio* di Sant'Agostino, XII 23, e nel commento di Francesco da Buti del *Purgatorio* dantesco, XVI). La *mano di Dio* non agisce, d'altra parte, solo in senso benedicente e salvifico,

---

9 Spesso nell'italiano antico il sintagma va a formare modi biblici e locuzioni di vario significato, come *abbreviare la mano di Dio, andare in mano di Dio, cadere la mano di Dio sopra qcn., cascare nella mano di Dio, essere fatto/plasmato dalla/per la mano di Dio qcn./qcs., (essere) la mano di Dio sopra qcn., essere nella mano di Dio, essere scritto con la mano di Dio* (detto della *legge*), *fare la mano di Dio a qcn., fare la mano di Dio in qcn., fare la mano di Dio sopra qcn., farsi la mano di Dio sopra qcn., ricevere dalla mano di Dio qcs.* (detto in genere del *bene*), *sedere alla destra mano di Dio, venire la mano di Dio contro a qcn., uscire dalla/di mano di Dio*. Per tali espressioni si veda il *Corpus OVI*. Il fraseologismo *essere la mano di Dio*, invece, manca in *TLIO*, s.v. *dio* (non è stato ancora compilato il lemma *mano*).

10 Per queste e altre attestazioni di *mano di Dio* nell'italiano e nei volgari antichi, cfr. il *Corpus OVI*.

ma, anzi, la potenza divina si dispiega spesso in maniera terribile (in questo senso si vedano i passi dei *Moralia* di Zanobi da Strada, IV 22, e dei *Moralia* di Giovanni da San Miniato, XX 33, i cui contesti sono raccolti nel *Corpus OVI*). Nella Bibbia, e specialmente nell'AT, inoltre, l'immagine della *mano di Dio* è spesso usata per indicare il 'castigo' divino in espressioni come *venire la mano di Dio contro qcn.* (ad es. in *Ruth* 1) ed *essere fatta la mano di Dio sopra qcn.* (ad es. in vari passi di *1 Re*) (cfr. il *Corpus OVI*).

Non risulta, invece, attestata nei volgari antichi l'espressione idiomatica *essere la mano di Dio*, ossia un 'aiuto tempestivo e provvidenziale' (cfr. *Nuovo De Mauro*, s.v. *mano*), che ha un'origine o almeno una diffusione più tarda. A partire dal Cinquecento comincia a circolare la locuzione *essere la mano di Dio* o *del cielo* per indicare innanzitutto un 'medicamento di particolare efficacia', un 'rimedio portentoso' (cfr. Lurati 2001, s.v. *Dio*). In questo senso, è usata in entrambe le forme dal Firenzuola, nelle *Novelle* (X: «Io le 'nsegnai questa medicina, ed ella, disiderosa di guarire, la fece; e fu propriamente la man d'Iddio, perocché in men d'un mese quegli accidenti andaron via [...]»; l'esempio è in *GDLI*, s.v. *mano*) e nel capitolo *In lode del legno santo* («S'uno non mangia, s'uno non si riposa, / o s'ha il fegato guasto, o le budella, / egli è la man del cielo a ogni cosa»). Quest'ultimo esempio è riportato dal Minucci nelle note al *Malmantile* del Lippi – dove ricorre *mano del cielo* (IX 58) –, per spiegare che

> in questo detto la parola *Man* non vuol dire mano, non essendo parola figurata per apocope, ma nella intera sua essenza *Man*, che così si trova scritta nel Sacro Testo quella, che Dio mandò al suo Popolo (che noi poi chiamiamo manna) [...]; e però in questo detto credo che si debba intendere *Manna*, e non *mano* per significare una cosa ottima in ogni genere [...].

Minucci osserva poi che *mano del cielo* ha la stessa accezione dell'espressione *egli è stato la man di Dio*, cioè 'rimedio o medicamento efficace', che rimanda a quei particolari medicamenti reali detti dai medici greci *Mano degli Iddii* per il loro «soccorso potente», e di cui parla Plutarco nelle *Questioni Conviviali*, IV 1. Il Biscioni aggiunge invece, in un'annotazione successiva, che in tale contesto la *man* della locuzione *man del cielo* «significa assolutamente *Mano*, e non *Manna*: e traslativamente *Virtù*, *Valore*, *Facultà operatrice*, essendo proprio della mano l'operare» (Lippi/Minucci et al. 1731, 693). Già nel Cinquecento si trova attestata la locuzione *essere* o *avere la mano di Dio* o *del cielo* nel significato estensivo di 'essere, o riuscire eccellente, ottimo, squisito in alcuna cosa' (cfr. *IV Crusca*, s.v. *mano*). *Avere la mano di Dio* è adoperata dal Lasca nella *Spiritata* (V 8, detta da Nicodemo: «In fine questi discendenti di Nepo colle malíe, e cogli spiriti hanno la man di Dio»), e più tardi, nell'edizione settecentesca della *Tancia* del Buonarroti (III 13: «*Tina.* Questa debbe altrui far gran giovagione. / *Antonia.* Dico ch'ell'è la man del cielo, comare»), Salvini annota il modo *è stata la man d'Iddio*, che indica 'qualsivoglia cosa che è arrivata opportuna' (e non esclusivamente un medicamento) (l'esempio del Salvini è in Tommaseo/Bellini 1865–1879, s.v. *mano*)[11]. In accezione ironica, invece, la locuzione *essere la mano di Dio* è usata dal Fagiuoli nelle *Rime piacevoli* (XXX: «Per questi [uomini disonesti], ho che la man di Dio saria / tratto di fresco sugo di bastone, / che in piena dose preparato sia, / tra capo e collo fattane un'unzione / quattro freghe in sul gobbo replicate / oh che miracolosa operazione!»; l'esempio è in *GDLI*, s.v. *mano*)[12].

Non solo. La *mano di Dio* viene usata, almeno nell'Ottocento, anche per riferirsi a 'persona che si rivela particolarmente utile e provvidenziale in una determinata circostanza' (cfr. *GDLI*, s.v. *mano*; Lurati 2001, s.v. *Dio*). In tal senso la impiega ancora una volta Manzoni nei *Promessi sposi*, quando Bortolo dice a Renzo: «Sai come dice il mio padrone, quando parla di me co' suoi amici? – Quel baggiano, è stato la man di Dio, per il mio negozio; se non avessi quel baggiano, sarei ben impicciato. – L'è usanza così» (Manzoni/Poggi Salani 2013, XVII 58). L'espressione è introdotta dal romanziere solo nell'ultima edizione, in sostituzione della forma *man del cielo* della Ventisettana (e della Seconda minuta), su suggerimento dei collaboratori fiorentini, che confermano la diffusione di *mano di Dio* nella lingua viva[13].

11 Per indicare 'cosa che giova moltissimo o al corpo o all'anima', Tommaseo/Bellini 1865–1879, s.v. *Dio*, registra anche la variante familiare *fare la mano di Dio* (cfr. anche, s.v. *mano*: *far la mano di Dio*, 'benefizi quasi mirabili, o maraviglie di bene', e, «[i]n modo che pare strano», *fare la mano di Dio*, 'sforzi grandi al possibile').

12 Una particolare sfumatura semantica è quella di *volerci la mano di Dio*, attestata, ad es., nel *Cristiano istruito* del Ségneri, in riferimento a 'cosa non facile ad ottenere con i mezzi ordinari' (cfr. Tommaseo/Bellini 1865–1879, s.v. *mano*). La locuzione è formulata anche nella forma esclamativa, *c'è voluta la man di Dio*, ancora in uso nell'Ottocento, e nello stesso secolo è diffusa anche l'espressione *ecco la mano di Dio*, 'di qualsiasi fatto in cui si manifesti o salvatrice o punitrice la Provvidenza' (ibidem).

13 La locuzione *essere la mano di Dio* è proposta da Cioni e Niccolini in risposta a due quesiti manzoniani del 1827 sull'espressione *essere una scopa*. Dapprima, Manzoni

Nel tempo si è conservata l'accezione di *mano di Dio* come 'evento sfortunato e doloroso che sembra colpire qualcuno per punirlo di qualche colpa, come se Dio si muovesse personalmente a infliggere un giusto castigo', accanto a quella positiva che indica 'qualcosa di provvidenziale, che giunge a proposito, al momento giusto, come se Dio si muovesse personalmente a dare il suo aiuto' (cfr. Quartu/Rossi 2012, s.v. *mano*). Anche se oggi l'espressione è più comune nell'accezione positiva (cfr. *Nuovo De Mauro*, s.v. *mano*).

5. Alcune considerazioni finali

L'esame delle espressioni somatiche di cui si è tentato di ricostruire la storia prova ciò che si è detto in apertura, cioè che il campo lessicale del corpo umano è assai produttivo di fraseologia (basti solo considerare le moltissime locuzioni formate col sintagma *mano di Dio*). Si può osservare, inoltre, che la componente idiomatica abbonda nella lingua della tradizione letteraria (cruscante soprattutto): delle espressioni somatiche considerate non mancano,

---

chiede ai fiorentini un corrispondente nell'uso vivo toscano di *una scopa*, a cui gli stessi rispondono: «"La man del cielo", Lippi – ? –. / 'Di Dio' (C. N.). / 'La man di Dio' corrisponde ai due modi: *una scopa*, e *quel che Dio fece*» (Manzoni/Stella et al. 2000, 87, n. 122; cfr. Cherubini 1839–1856, s.v. *Dìo* o *Dìa*: *L'è quell che Dio ha faa*, o *L'è quell che Dio fece*, o *L'è el Dio fece*). In una successiva risposta di Cioni e Niccolini al quesito sull'uso toscano di *essere una scopa*, si legge: «*Essere una scopa*, dicesi di rimedio pronto e efficace. (*) "un tocca e sana". ⟨*Ro.*⟩ | "Esser la man del cielo" – ? –. / Risp. 'Esser la man di Dio'. 'Essere l'olio della Maddalena'» (Manzoni/Stella et al. 2000, 89, n. 137). Nel romanzo la locuzione *la mano del cielo* non scompare del tutto, ma rimane al cap. XXV, dove era stata inserita già nella Seconda minuta (cfr. Manzoni/Poggi Salani 2013, XXV 3, dove a parlare è il narratore: «Ma ora, chi si sarebbe tenuto d'informarsi, e di ragionare d'un fatto così strepitoso, in cui s'era vista la mano del cielo, e dove facevan buona figura due personaggi tali?»). La stessa locuzione è annotata da Manzoni in una postilla alla *Crusca veronese*, e accompagnata dall'esempio del Lippi (cfr. Manzoni/Isella 2005, s.v. *mano*, e *mana*: «E: La mano del cielo. Malm. 9. 58. / Se un cane… ci morde… e il pelo / S'applica presto sopr'alla ferita, / Va via il dolore, ed è la man del cielo»). Anche *essere una scopa* entra nel romanzo (è detta da don Abbondio alla fine della storia), ma è segnalata in corsivo, per indicare che si tratta di un settentrionalismo: «È stata un gran flagello questa peste; ma è anche stata *una scopa*; ha spazzato via certi soggetti, che, figliuoli miei, non ce ne liberavamo più» (Manzoni/Poggi Salani 2013, XXXVIII 18). Nell'ed. del *Teatro comico fiorentino* postillata da Manzoni, infine, è segnalata da un segno di lettura (a foggia di *I*) la locuzione *avere la mano di Dio*, attestata, come si è visto, nella *Spiritata* del Lasca («hanno la man di Dio»).

infatti, una o più attestazioni nella tradizione toscana, a cui attingono gli Accademici della Crusca per il vocabolario.

Quanto al caso particolare di Manzoni e del suo romanzo, in cui, in varia forma, quelle locuzioni si ritrovano (nella Prima minuta o nelle edizioni successive), è noto che lo scrittore lavorò inizialmente e per lungo tempo con gli autori della tradizione cruscante, da cui tolse numerosi modi di dire da usare nella sua opera. Dopo l'edizione del 1827, cercò di avvicinare il più possibile quella lingua libresca al fiorentino vivo, verificando la diffusione nell'uso di voci e modi della tradizione scritta (come nel caso di *essere la mano di Dio*), senza tuttavia riuscirvi sempre in maniera compiuta. Se infatti, come si è visto, la locuzione *legarsi al dito qcs.*, usata nel *Fermo e Lucia* in un'accezione ormai in disuso a metà Ottocento, viene prontamente cassata dall'autore nella stesura successiva del romanzo, nel caso invece di *avere le spalle al muro*, la locuzione è confermata nell'edizione definitiva dei *Promessi sposi*, sebbene non diffusa nel toscano del tempo ma presa in prestito dal milanese e perciò segnalata col corsivo, che è spia della difficoltà – anche per un grande scrittore e protagonista dell'unificazione linguistica italiana – di rintracciare quella lingua viva nazionale.

Un'ultima considerazione si può svolgere riguardo alla struttura dei fraseologismi somatici analizzati e alle parti del corpo umano di cui si compongono, le quali «conservano le loro funzioni di base e il loro ruolo, necessari nella loro comprensione simbolica, che è culturalmente stabilita» (Messina Fajardo 2020, 98). Il *dito* è per natura uno strumento articolato che ha consentito e consente alla creatività umana di esplorare le cose e accertarsi della loro esistenza in maniera concreta, ma anche di svolgere le più svariate funzioni legate non solo al sapere (contare, misurare, ecc.) ma anche alla memoria, come – è il caso di *legarsi al dito qcs.* – non dimenticare di assolvere un compito (cfr. Lurati 2001, s.v. *dito*). La *mano* è l'organo per eccellenza dell'operosità umana e da secoli ha rappresentato la forza, il dominio, il possesso – in questo senso, notevole è l'importanza del simbolismo della mano e dei suoi gesti nella tradizione giuridica (cfr. ivi, s.v. *mano*). Quando poi è associata alla divinità, la *mano* è una delle parti più simboliche dell'onnipotenza, della sapienza, ma anche dell'azione di Dio sul mondo, come si è visto prendendo in esame la locuzione *essere la mano di Dio*. La *spalla* è simbolo di sostegno e come tale va a denotare il significato idiomatico di espressioni quali, per esempio, *fare da spalla a qcn.*, *mettersi le gambe in spalla*. Più spesso, il lessema nelle espressioni somatiche è al plurale (le *spalle*) ed esprime i concetti di forza, sicurezza e responsabilità, ma anche – come si è visto esaminando i modi di dire a cui ha dato origine l'immagine delle *spalle al muro* – costrizione (*essere/trovarsi con le spalle al muro* e sim., *mettere con le spalle al muro qcn.* e sim.), protezione (*avere le spalle al muro*), ostinazione (*mettere/porre le spalle al muro, mettersi con le spalle al muro* e sim.). Ciò che può variare nella produzione della fraseologia del corpo umano, dunque, non è tanto – almeno nei casi qui esaminati – la funzione o l'attività svolta da una data parte del corpo, ma la concettualizzazione di quella funzione o attività, che risente del contesto sociale e culturale in cui si producono le proiezioni metaforiche che conferiscono all'espressione il significato idiomatico.

Bibliografia

Berchet, Giovanni (1816): *Sul "Cacciatore feroce" e sulla "Eleonora" di Goffredo Augusto Bürger. Lettera semiseria di Grisostomo al suo Figliuolo*. Milano: Bernardoni.

Boerio, Giuseppe (1829): *Dizionario del dialetto veneziano di Giuseppe Boerio*. Venezia: Andrea Santini e figlio.

Casotti, Andrea Agostino (1734): *La Celidora ovvero Il governo di Malmantile composto, e diviso in Otto giornate dal conte Ardano Ascetti [...]*. Firenze: Giuseppe Manni.

CEI (a cura di) (2008): *La Bibbia*. Torino: Edizioni San Paolo.

Cherubini, Francesco (1839–1856): *Vocabolario milanese-italiano*. Milano: Imperial Regia stamperia.

Claris de Florian, Jean-Pierre (1788): *La Galatea, romanzo pastorale [...]*. Ginevra: nella Stamperia di Bonnant.

Corpus OVI = *Corpus OVI dell'Italiano antico*, diretto da Pär Larson, Elena Artale, Diego Dotto. URL: http://gattoweb.ovi.cnr.it/(S(qutsd5yqy0fbxi2kybnl5zvo))/CatForm01.aspx (26-03-2025).

Crusca (*I, II, III, IV, V*): *Vocabolario degli Accademici della Crusca*. URL: http://new.lessicografia.it/ (26-03-2025).

Della Porta, Giovanni Battista (1561): *Arte del ricordare del signor Gio. Battista Della Porta napolitano*. Napoli: Marco Antonio Passaro.

Forconi, Augusta (1987): *Le parole del corpo. Modi di dire, frasi proverbiali, proverbi antichi e moderni del corpo umano*. Milano: Sugarco Edizioni.

Gesualdi, Filippo (1592): *Plutosofia di F. Filippo Gesualdo minor con. nella quale si spiega l'arte della memoria con altre cose notabili pertinenti, tanto alla memoria naturale, quanto all'artificiale*. Padova: appresso Paulo Megietti.

GDLI = Battaglia, Salvatore (fondato da) (1961–2002): *Grande Dizionario della lingua italiana*. Torino: Utet.

Leggi, Serafino (1641): *Quadrigesimale fiorentino del Molto Reverendo Padre Maestro Serafino Leggi panormitano […]*, tomo secondo. Venezia: appresso i Bertani.

Lippi, Lorenzo (1676): *Il Malmantile racquistato poema di Perlone Zipoli*. Finaro [Firenze]: nella Stamperia di Gio. Tommaso Rossi.

Lippi, Lorenzo / Minucci, Paolo (1688): *Malmantile racquistato. Poema di Perlone Zipoli con le note di Puccio Lamoni […]*. Firenze: nella Stamperia di S.A.S. alla Condotta.

Lippi, Lorenzo / Minucci, Paolo / Biscioni, Antonio Maria (1731): *Il Malmantile racquistato di Perlone Zipoli colle note di Puccio Lamoni e d'altri*. Firenze: nella Stamperia di Michele Nestenus e Francesco Moücke.

Lurati, Ottavio (2001): *Dizionario dei modi di dire*. Milano: Garzanti.

Maggi, Francesco Maria (1657): *Vita, e morte del venerabil P. F. Alipio di S. Giuseppe Scalzo di S. Agostino Palermitano della congregazione d'Italia […] descritta dal P. D. Francesco-Maria Maggio*. Roma: Ignazio de' Lazari.

Manzoni, Alessandro / Colli, Barbara / Italia, Paola / Raboni, Giulia (a cura di) (2006): *I Promessi sposi, edizione critica diretta da Dante Isella. Prima minuta (1821–1823). Fermo e Lucia*. Milano: Centro Nazionale Studi Manzoniani.

Manzoni, Alessandro / Isella, Dante (a cura di) (2005): *Postille al Vocabolario della Crusca nell'edizione veronese*. Milano: Centro Nazionale Studi Manzoniani.

Manzoni, Alessandro / Poggi Salani, Teresa (a cura di) (2013): *I Promessi sposi. Testo del 1840–1842*. Milano: Centro Nazionale Studi Manzoniani.

Manzoni, Alessandro / Stella, Angelo / Vitale, Maurizio (a cura di) (2000): *Scritti linguistici inediti II*, 2 tt. Milano: Centro Nazionale Studi Manzoniani.

Messina Fajardo, Luisa A. (2020): Dal Trattato di anatomia di Leonardo alle unità fraseologiche. In: *Dialogoi. Rivista di studi comparatistici* 7, 85–102.

Nuovo De Mauro: *Grande dizionario italiano dell'uso*, diretto da Tullio de Mauro. URL: https://dizionario.internazionale.it/ (26-03-2025).

Pananti, Filippo (1817): *Il Poeta di teatro. Romanzo poetico di Filippo Pananti da Mugello. Prima edizione d'Italia eseguita su quella di Londra 1808*. Milano: Giovanni Silvestri.

Pariset, Carlo (1885): *Vocabolario parmigiano-italiano*. Parma: Ferrari e Pellegrini.

Passarini, Ludovico (1875): *Modi di dire proverbiali e motti popolari italiano spiegati e commentati da Pico Luri di Vassano*. Roma: Tipografia Tiberina.

Patriarchi, Gasparo (1796): *Vocabolario veneziano e padovano co' termini e modi corrispondenti toscani in questa seconda edizione ricorretto e notabilmente accresciuto dall'autore*. Padova: Consatti.

Quartu, B. Monica / Rossi, Elena (2012) = *Dizionario dei Modi di dire della lingua italiana*, Milano: Hoepli.

Ricci, Vittore (a cura di) (1904): *Vocabolario trentino-italiano*. Trento: Zippel.

Romano Colonna, Giovanni Battista (1478): *Della congiura de' ministri del re di Spagna, contro la fedeliss. ed esemplare città di) Messina. Racconto istorico del dot. d. Gio. Battista Romano, e Colonna, cavaliere messinese. Parte seconda [...]*. Messina / Lione: appresso Gio e Giacomo Anisson e Gio Posuel.

Roseo, Mambrino (1573): *Delle historie del mondo di m. Mambrino Roseo da Fabriano parte terza. Aggiunta alla notabile historia di m. Giovanni Tarchagnota*. Venezia: per Michele Tramezzino.

Sidereo, Luigi (1646): *Il peregrino della terra Overo Apparecchio per la buona morte Composto dal P. Luigi Sidereo della Compagnia di Giesu. Parte Prima*. Napoli: Honofrio Savio.

Tiraboschi, Antonio (1879): *Appendici al Vocabolario dei dialetti bergamaschi compilate da Antonio Tiraboschi*. Bergamo: Tipografia Fratelli Bolis.

Tommaseo, Niccolò / Bellini, Bernardo (1865–1879): *Dizionario della lingua italiana*. Torino: Unione Tipografico-Editrice.

TLIO = *Tesoro della Lingua Italiana delle Origini*, fondato da Pietro G. Beltrami e continuato da Lino Leonardi, diretto da Paolo Squillacioti. URL: http://tlio.ovi.cnr.it/TLIO/ (26-03-2025).

Vincenti, Giovanni Maria (1659): *Il Messia venuto. Historia spiegata, e provata a gli hebrei in cento discorsi dal P. D. Gio. Maria Vincenti Veneziano [...]*. Venezia: Lorenzo Prodotto.

Male detti mancini: storia di un pregiudizio e dei suoi risvolti linguistici*

Raffaella Setti e Stefano Miani

Abstract: This paper examines the linguistic and cultural discrimination faced by left-handers, rooted in the perception of bodily otherness compared to the right-handed norm. Through a lexicographic and paremiological analysis, it highlights the historically negative connotations of *left* and *left-handed*, present in numerous linguistic expressions. Left-handedness has long been considered an anomaly to be corrected, with educational and social implications that affect individual development. The study sheds light on the role of language in shaping cultural prejudices and analyses repressive educational practices, such as the forced imposition of right-hand-use, emphasizing their psychological and cognitive consequences.

Keywords: left-handedness, linguistic discrimination, semantic polarization, repressive education practices, cultural prejudices

1. Immagine corporea e lateralità

Il corpo è sempre stato per gli esseri umani misura per descrivere e rappresentare la realtà. La simbologia corporea permea di sé ogni lingua e il pensiero associa al mondo circostante forme e significati recuperabili dall'esperienza sensoriale. In primo luogo, pensiamo alle metafore costruite a partire dalla similitudine formale o funzionale tra parti del corpo e oggetti o concetti (la gamba del tavolo, il braccio della gru o di mare, la faccia di un solido, la testa della fila, ecc.), e alle innumerevoli espressioni metaforiche (presenti, peraltro, in tutte le lingue) saldamente radicate nella lingua quotidiana: solo per fare qualche esempio *dare una mano*, *dare un dito e prendere il braccio*, *avere i piedi per terra*, *la testa tra le nuvole o sulle spalle*, *spezzare il cuore*, *incrociare le braccia*, ecc.

Le "anomalie" corporee rispetto a una norma prevalente, benché spesso convenzionale e culturale, come ogni genere di "alterità", hanno sempre suscitato diffidenza, quando non addirittura discriminazione, e questo ha sempre avuto ricadute sugli usi linguistici. Il linguaggio, a sua volta, crea

* Il contributo è frutto dell'elaborazione comune dei due autori, tuttavia si deve a Raffaella Setti la stesura dei §§ 1 e 4 e a Stefano Miani quella dei §§ 2 e 3.

e fissa immagini che diventano convinzioni, "verità" condivise e ritenute assolute traducendosi in conseguenti azioni di denigrazione, discriminazione, segregazione fisica, fino al tentativo di soppressione del più debole da parte del più forte. In ogni tempo e in tutte le culture la difficoltà di accettare qualsiasi tipo di diversità ha portato a marchiare come ostile, impuro, indegno, pericoloso chi presentasse qualche caratteristica "anomala" rispetto alla presunta normalità.

Le parole per indicare questi aspetti si sono progressivamente caricate di accezioni denigratorie e discriminatorie[1], bastino gli esempi di *negro*, *storpio*, *monco*, *orbo*, *nano*, *zoppo*, *spastico*, *mongoloide*, ecc.; a questa deriva hanno contribuito più spinte, dall'alto come il potere politico e religioso volti a uniformare e quindi controllare meglio le masse, ma anche dal basso dove si sono radicati pregiudizi e superstizioni popolari difficili da scardinare.

In questa occasione abbiamo pensato di dedicarci al pregiudizio e alla discriminazione che ha colpito nella storia i mancini: un caso forse meno eclatante di altri ma non meno grave e comunque sintomatico di come ci si possa accanire anche su una caratteristica che non ha conseguenze funzionali e visibili, se non per chi la possiede.

Diciamo subito che non si conoscono le motivazioni scientifiche (ammesso che ci siano) per cui una percentuale sostanzialmente costante di persone prediliga la mano sinistra per attività di maggiore precisione (in particolare si parla di manualità fine e il "vero mancino" è considerato chi scrive con la sinistra). Le ipotesi avanzate vedono alla base ragioni simboliche nell'attribuzione di valori positivi alla parte destra e negativi alla sinistra, una causa "trascendente", dovuta a «forze esteriori alle quali l'uomo, per il sentimento divino che lo abitava, si era istintivamente sottomesso» (Bertand 2003, 19). Si è giunti a tenere in considerazione almeno tre aspetti che devono aver plasmato le strutture mentali collettive alle origini della nostra civiltà: il costume guerriero per cui si sperimentò che le ferite a sinistra (parte del cuore) inferte con la mano destra erano più letali; gli antichi culti al Sole che prevedevano di rivolgersi di fronte al sole nascente, quindi con la parte destra a sud (calda e luminosa) e la sinistra a nord (fredda e buia); la legge di polarità formulata dall'antropologo Robert Hertz (1881-1915) secondo cui le

---

1 Sui processi storici di manipolazione della lingua a fini discriminatori cfr. Faloppa 2004, 2011 e 2022.

prime civiltà dovevano considerare l'universo in coppie di contrari (giorno/notte, maschile/femminile, acqua/fuoco, terra/cielo, nascita/morte fino a sacro/profano e bene/male), collocando in questo schema dicotomico anche il corpo umano e la sua asimmetria organica applicata ai valori opposti di virtù e corruzione, onestà e dissolutezza (cfr. ibidem).

2. Destra-sinistra: una polarizzazione trasversale alle lingue

Per verificare come la polarizzazione destra/sinistra sia presente fin da tempi antichissimi anche da un punto di vista linguistico, basterà guardare al latino. L'agg. *dexter* 'che è a destra, destro' e il sost. *dextera* 'la parte, la mano destra' hanno uno spettro semantico positivo, che comprende non solo 'l'esser propizio, di buon auspicio', ma anche l'abilità ('esser abile, provetto'), la solennità (i romani codificano la stretta di mano con la destra e, per metonimia la destra indica la buona moralità, l''impegno solenne, promessa, patto') e, in senso traslato, la 'forza' e il 'valore'. Al contrario le tre parole che utilizzavano i latini per indicare la 'sinistra' – *laevus*, *scaevus* e *sinister* – sono connotate negativamente. L'agg. *laevus* 'sinistro' può indicare contemporaneamente un buono o un cattivo auspicio (ciò dipende da dove si dispone il sacerdote rispetto al sole) e anche qualificare qualcuno o qualcosa come 'dannoso', mentre l'avverbio *laeve* specifica che un'azione è stata eseguita 'maldestramente'. Anche *scaevus*, famoso per l'aristocratico romano Gaio Muzio Cordo, che proprio a seguito del sacrificio della sua mano destra prese il *cognomen* di Scevola 'il mancino', ha, tra i suoi significati, quello di 'incapace', 'funesto', 'perverso, cattivo', e la *scaevitas* indica la 'malvagità'. Da ultimo verifichiamo come anche nella semantica del più tardo – e di etimologia incerta[2] – *sinister*, da cui poi deriverà l'it. *sinistra*, sono presenti quei significati negativi che già abbiamo incontrato nelle altre parole, aggiungendo che con *sinisteritas* si indica la vera e propria inettitudine. Nel passaggio dal latino alle lingue romanze la "retta" *destra* si è portata dietro tutta un'iconografia semantica di abilità e di capacità, nonché la connotazione morale di giustizia e di forza, mentre l'"obliqua" sinistra ha camminato a fianco del cattivo auspicio, della perversione morale e da un punto di vista, potremmo dire, "pragmatico" ha rappresentato l'incapacità

---

2 Per l'etimologia di *sinister* cfr. De Vaan (2008, 566).

nello svolgere alcune azioni (l'essere *maldestri*, appunto). È stato, inoltre, rilevato come probabilmente un'interdizione tabuistica abbia portato alla sostituzione del termine latino per 'sinistra' con nuove parole (it. *manco*, fr. *gauche*, sp. *izquierdo*, rum. *Stîng*[3]).

È facile verificare che il fenomeno è più ampio e coinvolge anche altre lingue, non solo quelle romanze. In tedesco, ad esempio, il verbo *linken* significa sia 'scrivere con la mano sinistra' sia 'imbrogliare', mentre l'aggettivo *linkisch* indica una persona 'goffa' e l'espressione *zwei linke Hände haben* ('avere due mani sinistre') suggerisce mancanza di abilità (DWDS). In inglese, *left* significa sia 'sinistra' sia 'lasciato indietro' (dal verbo *to leave*), e nel XVII secolo una concubina era talvolta chiamata *left-handed wife* (OED)[4].

Fin dalle origini in italiano i derivati di *dexter* hanno connotazioni positive, come possiamo facilmente ricavare scorrendo la voce *destro* sul TLIO, che dà conto di esempi come *amare* [qualcosa o qualcuno] *più che la mano destra*, *porgere la mano destra* per 'venire in aiuto di qualcuno' e della locuzione *braccio destro* per indicare 'il sostegno, l'aiuto più importante' (TLIO, s.v. *braccio*). Con *destrezza* è indicata l''abilità' e 'qualcuno poco abile, goffo' viene chiamato *maldestro* (cfr. DELI, s.v. *maldestro*, che data la loc. *mal destro* al 1363 con la *Cronica* di Matteo Villani). Inoltre, pur non essendoci quella sovrapposizione così netta come c'è nell'ingl. *right* tra 'destra' e 'legge, giustizia', è pur vero che la parola *diritto* (da lat. volg. **dirĭctu(m)*, lat. *dirēctus*) 'diritto' ha assunto anche il sign. di 'destro' e che al femminile, la *diritta* è la 'mano destra' (EVLI).

Sinistro dal canto suo mantiene accanto al neutro significato spaziale, quello di 'infausto' 'di cattivo auspicio'; un *parlare sinistro* è un 'parlare irragionevole, incauto' e non mancano espressioni come *andare a sinistro* 'avere

---

3 Cfr. EVLI, s.v. *sinistro*.

4 Il GDLI (s.v. *mano*) registra l'espressione *moglie della mano manca* al 1894 con *I Vicerè* di De Roberto, che parla di *figlioli della mano manca* 'figli illegittimi' e, addirittura, di *cognata della mano manca* 'cognata illegittima' in quanto donna che vive con un uomo *more uxorio*. Si veda anche la voce *main gauche* registrata da Alfredo Panzini nel suo *Dizionario Moderno* (Milano, Hoepli, 1905): «matrimonio della mano sinistra Morganatico [*matrimonium ad morganaticam* o *ad legem salicam*), propriamente è quel rito pel quale i principi sposano in seconde nozze, solitamente, donne inferiori di grado; ed offresi la mano sinistra: i figli, benché legittimi, non partecipano della eredità, né del nome, né del grado. La costumanza è antica, di origine germanica, a noi venuta coi Longobardi. Nell'uso comune si dice di persona qualificata che sposi donna di impari condizione, e prevale in tal caso la espressione francese».

esito infausto' e *trarre di sinistro qno* 'tirare fuori da una situazione difficile'. La "mala reputazione" della sinistra è testimoniata, inoltre, dal verbo *sinistrare*, che riferito a un cavallo indica che questo 'ha deviato dalla giusta direzione', 'imbizzarrirsi', ma che può anche indicare, nell'essere umano, che qualcosa 'nuoce alla salute' (cfr. TLIO).

Tuttora vitale, non va dimenticato il *sinistro* 'incidente' che, almeno a partire dal XVI sec., prima di essere *stradale* fu *marittimo*, come è testimoniato da una relazione del 1506 del veneziano Vincenzo Querini: «molti sinistri [...] accadono alle navi e ai marinari in questo così lungo cammino che fanno i Portoghesi, i quali sinistri sono di sorte che ormai poche ciurme si trovano che vi vadano volentieri» (Alberi 1863, 19).

3. Dal *mancino* al *mancinismo*

Manco/manca è stata, fin dalle origini, un'altra possibilità di cui dispone la lingua italiana per indicare la 'sinistra' e *mancino*, fin dagli ultimi decenni del XIII sec., è il termine utilizzato per designare 'chi adopera a preferenza la mano sinistra' (cfr. TLIO). Ricostruirne brevemente la trafila[5] ci svela come questa parola non sia per nulla neutra, ma decisamente dispregiativa. Alla base abbiamo il lat. *mancus* 'privo di una mano' der. di *manus* 'mano' col suff. *-cus*, un suffisso che sarebbe proprio dei difetti fisici (come in *caecus* 'cieco'). Da questa parola abbiamo avuto sia l'it. *manco* 'difettoso, menomato'[6] che *monco* 'privo di una mano'. La sinistra sarebbe stata detta la *mano manca*, cioè difettosa[7], da cui, con ellissi di *mano*, si è avuto il sost. *manca* 'la mano sinistra'. Da *manca*, poi, si sarebbe formato l'agg. *mancina* e da questo il sost. *mancino* 'che usa la sinistra'.

Espressioni già attestate nel XIV sec. come *porre dal canto mancino* per 'mettere in disparte', 'trascurare', 'non dare il giusto riconoscimento a qualcuno' sono di per sé esplicative di quanto conto si facesse della parte e della

---

5 Tra le varie proposte formulate, seguiamo quella dell'EVLI.

6 Da *manco*, come ci informa il DIFIT, derivano il fr. *manque*, che tra i vari significati ha quello di 'offesa', 'mancanza di una cosa necessaria', 'cosa mancante, lacuna' e il ted. *das Manko* 'carenza' a sua volta derivato dal fr.

7 Come registrato anche nel GDLI (s.v. *mano*), spesso la mano sinistra è stata indicata come *mano stanca*; sempre il GDLI registra il s.m. *stancanaro* 'persona mancina', termine raro e poco vitale risalente al XV sec.

mano sinistra. Andrà, infine, ricordato che con una *mancinata* (datata dal GRADIT av. 1869, ma retrodatabile alla metà del XVII sec.[8]), è indicato un 'gesto sleale o disonesto'.

Oltre ai destri e ai mancini, esiste una terza categoria: gli *ambidestri*, capaci di usare entrambe le mani con la stessa abilità. Questo latinismo è attestato già nel Trecento in un volgarizzamento di Cassiano, che ricorda il "liberatore" biblico Eud «che usava l'una mano e l'altra per la ritta» (Bini 1854, 72). Tuttavia, gli ambidestri erano visti con curiosità e sospetto, spesso considerati moralmente ambigui[9].

Certo il mancino dà nell'occhio, colpisce l'attenzione, come testimonia l'abbondanza dei cognomi (cfr. Caffarelli/Marcato 2008), che, com'è noto, spesso traggono la propria origine proprio da caratteristiche fisiche (per es. *Grassi*, *Rossi*, *Longo*...): *Mancini* (con una cospicua serie di varianti) è tra i più diffusi cognomi italiani (al 17° posto) e non "mancano" i cognomi *Manca* e derivati, mentre i pochi cognomi come *Destri*, *Destro*, *Lidestri*, *Diritti* derivano da *destro* 'abile, capace, svelto'.

Nel nono volume della quinta *impressione* del *Vocabolario della Crusca* (Firenze, nella Tipografia Galileiana, 1905), s.v. *mancino* (registrato fin dalla prima *impressione* del 1612 come «che adopra naturalmente la sinistra mano, incambio della destra») è spiegato che in senso figurato «vale Non diritto o retto nelle sue azioni, Tristo, Imbroglione, e simili; ma non è che di uso familiare» e viene riportato il proverbio *Tutti i mancini sono del diavolo* tratto dalle *Note* al *Malmantile* (da una integrazione alla nota su *mancino* di Paolo Minucci [Puccio Lamoni] – che comunque aveva definito il mancino un «huomo non buono» – fatta da Antonio Maria Biscioni [1874–1756] nell'edizione del 1731 [Lippi 1731, 97–98]). Questo proverbio trae la sua origine dal *Vangelo* di Matteo in cui, descrivendo il giudizio universale, era detto che tutti quelli che dio avrebbe posto alla propria sinistra sarebbero stati «maledetti [...] nel fuoco eterno» (Matteo, 25, 41–43).

---

8 Cfr. Rossetti (1669, 127): «e fate caso sopra ad un mio detto in tal proposito; il quale con una vostra solita Mancinata me lo fate camminar senza testa assegno, che non si riconosce».

9 Nel corso del Novecento *ambidestro* è utilizzato anche come sinonimo eufemistico-tabuistico di 'bisessuale', significato registrato nel *Dizionario degli Insulti* di Francesco Lotti (^{2}1991, 20) e poi dal GRADIT.

Quest'ultimo esempio ci dà il "destro" per riportare alcuni proverbi che riguardano i mancini o la sinistra in genere[10]. Così Francesco Serdonati registra l'espressione *Il Largo de' Mancini* per 'avaro', mentre Giuseppe Giusti registra *La diritta è serva della mancina cioè chi è buono a qualcosa è condannato a fare per chi non è buono a nulla*, proverbio ripotato anche da Tommaseo nel *Dizionario della lingua italiana*, s.v. *mancino*, che glossa come «Anco le cose e pers. men perfette e men utili, non solamente fanno il loro servigio, ma tornano necessarie». Sempre Giusti, per indicare la menzogna, usa l'espressione «a sinistra del vero»: *Ogni bugiardo si pone in caffo. Quasi ponendosi a sinistra del vero*. Petrocchi nel suo *Novo dizionario universale della lingua italiana*, s.v. *mancino*, ricorda che *Chi è mancino la mattina, è mancino anche la sera. I vizi non si ismettono dall'oggi al domani*, che già Tommaseo nel suo *Dizionario* aveva spiegato come «Certi mali abiti non facilm. si smettono».

Proverbi, saggezza popolare, superstizioni, usi linguistici tutto sommato, potremmo dire, neutri per la vita quotidiana di un mancino. Ma nel XIX sec. le *magnifiche sorti e progressive* dei mancini si scontrano con il concetto di *mancinismo*. Questo sostantivo, databile al 1861[11] e forse addirittura prima[12], sarà diffuso dalla psichiatria *fin de siècle* che ne farà una patologia. Del resto *mancinismo*[13] va a inserirsi in una serie di termini patologizzanti come *isterismo* (1750), *strabismo* (1745) e il più tardo *daltonismo* (1875).

Non si lascia sfuggire questo nuovo "ismo" Cesare Lombroso (1835–1909), ben consapevole delle recenti scoperte sulla lateralizzazione cerebrale e sulla dominanza dell'emisfero sinistro su quello destro e, dunque, della destra sulla sinistra. Ci concentreremo su uno scritto del 1884 intitolato *Sul mancinismo motorio e sensorio nel sano nel pazzo, sordo-muto, cieco nato e nel criminale*

---

10 La ricerca è stata svolta sulla banca dati digitale *Proverbi Italiani*: https://www.proverbi-italiani.org/ (10-10-2024).

11 ArchiDATA retrodata *mancinismo* al 1864 rispetto a 1900 proposta dal DELI.

12 Nel primo documento che contiene la parola il medico e garibaldino Giacomo Lo Presti, lamentandosi di torti professionali subiti in seguito alla propria fede politica, nell'elenco delle sue pubblicazioni, che non gli sono servite per ottenere il posto desiderato, ci informa di un articolo pubblicato nel giornale «Il Vapore» del «14 e 17 marzo 1858 [...] intitolato *Idee medico-filosofiche sul mancinismo*» (Lo Presti 1861, 19, nota 1). Purtroppo l'unica biblioteca che lo conserva, a Palermo, è inaccessibile.

13 In inglese *left-handedness* 'the quality, state, or condition of being left-handed.' è registrato da OED fin dal 1631, mentre in francese *gaucherie* 'caractère, qualité de celui (celle) qui est gaucher ' è attestato dal 1858 (TLFi).

(Lombroso 1884) che, con tanto di dati e tabelle, illustra il possibile nesso tra mancinismo e criminalità; idee che confluiranno ne *L'uomo delinquente*[14].

Lo psichiatra afferma che i mancini costituirebbero il 13% dei criminali maschi e ben il 22,7% delle donne, «cioè, più del triplo nei primi e del quadruplo nelle ultime che nel normale, il che fa sospettare nel mancinismo un carattere degenerativo più speciale ai delinquenti» (ivi, 436).

Nell'articolo, partendo dalla constatazione che il popolo «da un pezzo adopera mancino, per falso, per truffatore, per uomo pericoloso» (ivi, 437), l'alienista si lascia andare a una digressione storico-linguistica per noi particolarmente interessante:

> In Francia "un gaucher ne fait rien a droit [...]" [...] Negli indiani i mancini sono riguardati come invasi di spirito maligno e tenuti in dispregio come fossero deformi. [...] e così può dirsi anche fra noi [...] Certo l'è fra i Toscani come da queste citazioni: [...] «Et è possibile che quest'animale t'abbia cacciato via, e (quel che puzza di furbo e di *mancino*) t'abbia levato via quanto ti dette? (Fanfani)» [...] Gobba e zoppa è costei, orba e mancina. [...].
> *A l'é un mancin*; in molte parti dell'Emilia, della Lombardia, vale uomo da non fidarsi.
> Che il popolo fosse venuto a questa conclusione grazie all'osservazione diretta (come già per l'uomo di scarsa barba, di pelo rosso, e dall'occhio strabico) e non per la tradizionale ripugnanza derivante dai tempi degli auguri, anzi dei tempi preistorici, in cui come ci rivelano le lingue Arie, la mano sinistra si adoperava ad usi assai poco puliti, e perciò ne restava infamata, sconsacrata, me lo proverebbe il fatto, che con tal nomignolo esso designa più specialmente quei rei di truffa che io ho trovato dare il massimo di queste anomalie, per cui, senza il soccorso di tante statistiche avrebbe anche subodorata la specie di rei, che più spesso presenta questa singolare anomalia (ibidem).

Insomma, la saggezza popolare aveva già capito che i mancini erano per lo più ladri e truffatori! Per Lombroso il mancinismo sarebbe un chiaro segno di *atavismo*, indicherebbe, cioè, la 'presenza, in un organismo, di caratteri appartenenti ad antenati remoti e mancanti negli antenati più vicini' (cfr. GRADIT). Nel corso dell'evoluzione si osserverebbe una progressiva lateralizzazione verso destra: da un grado primitivo di ambidestrismo a un livello di perfezione destrimane. L'asimmetria dei criminali sarebbe «esagerata [...] nel senso inverso di quello che si nota nell'uomo più civilizzato» (ivi, 439).

---

[14] Sulla lingua di Lombroso cfr. De Fazio 2012.

Il mancinismo non è altro che un segno di *degenerazione* che porterebbe a invertire la naturale evoluzione:

> E siccome l'asimmetria cresce sempre in ragione del maggiore sviluppo, e siccome il cervello che è fra gli organi più prediletti dall'evoluzione, si fa sempre più assimetrico [sic] [...] quanto più adunque l'uomo va avanti nello incivilimento e nella coltura, esso presenta insieme alla prevalenza maggiore del lobo sinistro, un sempre maggiore destrismo in confronto al selvaggio [...] come nel maschio in confronto alla donna e nell'adulto in confronto al fanciullo. [...]. E le donne, perciò, e i popoli selvaggi, anche senza essere proprio mancini hanno certi gesti e certi movimenti che accusano una specie di mancinismo; così da un pezzo Delaunay aveva fatto l'osservazione che l'uomo porge il braccio destro, mentre la donna vi si appoggia col sinistro e che le donne si abbottonano i vestiti da destra a sinistra; mentre l'uomo da sinistra a destra; e le donne e i fanciulli quando devono tracciare una riga e maneggiare una chiave, p. es., di un orologio iniziano il movimento da destra a sinistra; mentre l'uomo adulto è sempre nel senso contrario che maneggia il cavatappi, le chiavi, ecc (ivi, 441–442).

In questo corollario discriminatorio la donna viene accostata "naturalmente" al grado di sviluppo inferiore. Il segno evidente? Il fatto che, in risposta all'offerta del braccio destro da parte dell'uomo, questa porga il proprio sinistro!

Terminiamo questa lunga e impegnativa citazione con una nota interessante perché fa comunque riferimento alla pratica di "correggere" il mancinismo: «Ed ecco spiegato perché nei tempi antichi ed ancora presso certi popoli poco inciviliti, Arabi, ecc., si scriva preferibilmente da destra a sinistra, come volentieri fanno i fanciulli fino a che non ne siano corretti» (ivi, 442).

All'inizio del XX sec. queste teorie sono plasticamente cristallizzate nel *Dizionario di scienze filosofiche* di Cesare Ranzoli, opera di grande successo che avrà ben sei edizioni, fino al 1963. Prendendo, infatti, la voce *degenerazione*, pressoché invariata in tutte le edizioni successive, leggiamo:

> Indica in generale l'alterazione d'un organo d'un organismo, per cui esso è condotto ad una forma giudicata inferiore. In modo più preciso si può definire: un'alterazione organica e funzionale, che degrada dal tipo normale ed è trasmissibile per eredità; o anche: l'indebolimento dei caratteri iniziali della specie a cui un essere appartiene. [...] La degenerazione si imprime con stimmate somatiche, fisiologiche e psicologiche. Tra le prime sono più appariscenti la microcefalia, le deformazioni del cranio, l'asimmetria facciale, le orecchie ad ansa, la dentatura irregolare, il progeneismo, il prognatismo; tra le seconde la balbuzie, lo strabismo,

il mancinismo, l'analgesia, il ritardo di sviluppo nelle varie funzioni, l'esagerazione dei riflessi, speciali idiosincrasie del gusto e dell'odorato, la gracilità, l'idrocefalo, i sogni spaventosi, il sonnambulismo. Tra le note psichiche, l'onicofagia, l'onanismo, la mancanza d'armonia tra le tendenze, il difetto di attenzione, la mancanza di volontà, la tendenza alla menzogna, l'egotismo, la criminalità, la scarsezza di senso morale, l'avidità del meraviglioso» (Ranzoli 1905, 281–282).

Tre anni dopo, nella seconda edizione del suo *Dizionario Moderno* (Milano, Hoepli, 1908), Alfredo Panzini registra il neologismo *mancinismo*: «è il predominare della forza e dell'abilità alla mano sinistra più che alla destra. Il *mancinismo sensorio* si ha quando alla mano sinistra la sensibilità è più squisita che alla destra. Questi fatti vengono considerati come segni di degenerazione». Ma nella terza edizione del 1923 l'autore, che qualche dubbio doveva averlo avuto, aggiunge, a chiusura di voce, «Eppure Leonardo Da Vinci era mancino»!

Un certo stigma di malattia nei confronti del mancinismo è rimasto vivo per tutto il XX sec. come testimonia la sfortunata definizione della voce *mancino* contenuta nel DISC (1997) «s.m. persona affetta da mancinismo», prontamente corretta nell'edizione 2006 (Sabatini-Coletti) in «persona con disposizione al mancinismo».

4. Raddrizzare o tollerare

Appurato che il mancino abbia avuto lo stigma di riprovevole e "dannato", l'educazione dei fanciulli non poteva che porsi l'obiettivo di raddrizzare, quindi riportare a destra, la disposizione nell'uso della mano. In particolare, per quelle azioni più visibili e quindi disdicevoli in società: mangiare e scrivere. Nella sua *Storia dei mancini* Pierre-Michel Bertrand (2003) mette in luce un'interessante concomitanza di fattori, non tutti deprecabili, che portarono a far diventare il periodo che va dall'ultimo trentennio dell'Ottocento alla Prima guerra mondiale l'epoca più buia per i mancini, in cui discriminazioni e vere e proprie persecuzioni trovarono il loro apice. Da un lato le derive oscurantiste (cultura borghese bigotta, puritana, patriarcale, nazionalista), ma dall'altro anche i valori umanistici e repubblicani (alfabetizzazione in primis) sembrano essersi alleati nella lotta contro il mancinismo. In effetti, per quanto possa sembrare sorprendente, il Medioevo, epoca di persecuzioni e crociate oscurantiste, appare come un momento di notevole tolleranza, meglio forse dire di indifferenza rispetto ai mancini. Persiste il disprezzo fondato sulla simbologia (soprattutto biblica e più in generale religiosa), ma non si hanno prove di reali persecuzioni nei confronti dei soggetti con tale disposizione; anzi, alcune testimonianze a margine di codici di amanuensi riportano dichiarazioni di mancinismo da parte degli scriventi, compiaciuti di aver scritto con la mano sinistra (*manu sinistra scripsit*; *scripsit hunc librum manu sinistra*)[15]. L'esercizio calligrafico era impostato sulla destra per motivi di direzione della scrittura, ma l'importante era raggiungere un buon risultato e non tanto la mano con cui ci si riusciva. La maggior parte della popolazione europea era del tutto estranea alla scrittura e l'esposizione delle mani avveniva soltanto per chi faceva lavori di grande fatica fisica e privi di alcun prestigio sociale: in questo contesto sembra non importasse quale fosse l'arto dominante. Anche nei galatei medievali non compaiono restrizioni riguardo all'uso della sinistra per mangiare (si mangiava con le mani e la questione della lateralità legata all'uso delle posate non esisteva) e le prime prescrizioni in tal senso le darà Erasmo nel suo *De civilitate morum puerilium* del 1530: «Appoggiando un piatto, come versando da bere [...], non servirti mai della mano sinistra»[16].

Paradossalmente proprio l'avvento delle scuole ecclesiastiche e parrocchiali, insieme alla riforma religiosa e all'avvento della stampa, determinò la fine di questa "tolleranza" e l'imposizione di una disciplina volta alla "normalizzazione" anche nell'uso della mano destra per scrivere: le regole di buona educazione e l'accesso più ampio alla lingua scritta, senza dubbio conquiste di civiltà, significarono per i mancini forzature e vere e proprie costrizioni fisiche, con conseguenti disturbi psicologici. Salvo qualche perorazione isolata e pionieristica a difesa dei mancini[17], bisognerà aspettare le idee illuministiche e l'*Encyclopédie* per trovare una rivalutazione almeno dell'ambidestrismo, visto

15 È stato possibile rintracciare alcuni riferimenti in rete: la postilla «Franciscus Santolinus, Arimin[ensis] canonicus, manu sinistra scripsit» (f. 287r.) è presente, ad esempio, nel manoscritto 775 *Historia romana*, vergato dal canonico riminese Franciscus Santolinus e conservato alla Biblioteca Sainte-Geneviève di Parigi.

16 Si cita dall'edizione del trattato di Erasmo curata da Franco Cambi (2000).

17 Come quella del medico erudito inglese Thomas Browne (1605–1682) che, con la sua *Pseudodoxia epidemica* (1646), confutazione di errori popolari, denunciò anche i pregiudizi "sulla mano destra e sulla mano sinistra", sostenendo che si è destrorsi perché la società ha deciso così e considerando il mancinismo come una variante della natura umana, oggetto di pregiudizi immotivati.

come disposizione naturale e fonte di grandi vantaggi. Il testo settecentesco sicuramente più famoso sulla questione è la *Petizione della mano sinistra per coloro che sono incaricati di educare i bambini* (1785-1790) di Benjamin Franklin in cui, in forma di prosopopea, si immagina la mano sinistra che in prima persona scrive una lettera alla sua gemella destra: «Noi siamo due sorelle gemelle [...] ma la parzialità de' nostri parenti [genitori] fa tra di noi due tante umilianti distinzioni, che non possiamo perfettamente accordarci. Fino dalla mia fanciullezza mi hanno avvezzata a considerare mia sorella come s'ella fosse di un rango più elevato; m'hanno lasciata crescere senza darmi la menoma istruzione, mentre nulla si è risparmiato per l'altra»[18].

Verso la fine del XIX sec. si diffonde, a partire dal mondo anglosassone, la moda dell'ambidestrismo, con l'intento principale di mettere al riparo i giovani dalle forzature educative contro il mancinismo[19], e iniziano a moltiplicarsi manualetti per insegnare a scrivere con la mano sinistra; questa corrente arriva in Francia e anche qui iniziano a circolare numerosi "metodi" veloci ed efficaci di scrittura con la mano sinistra (anche di lingue e alfabeti diversi), soprattutto grazie alla penna prolifica del professore francese di calligrafia L.F. Pillon[20].

In Italia i riflessi di questo rilancio, almeno utilitaristico, dell'uso paritario di mano destra e sinistra sembrano filtrare in alcune pratiche didattiche e pedagogiche innovative che arrivano in poche realtà particolarmente all'avanguardia. Ne troviamo qualche testimonianza nella rivista *Il progresso educativo* (pubblicata a Napoli tra il 1869 e il 1874) che, tra i molti contributi dedicati

---

18 Cito dal Supplemento al n° 93 del *Giornale senza titolo* (p. 283), fondato dal libraio Carlo Barelle, che uscì a Milano in 111 numeri, dal 24 agosto 1797 al 21 settembre 1798. Si tratta dell'inizio della diffusione, anche in Italia, delle idee favorevoli alla promozione dell'uso della mano sinistra, riprese, con fortuna alterna, durante il Risorgimento e immediatamente dopo la Prima Guerra mondiale, per poi essere soffocate dall'intolleranza fascista.

19 *Let the left-handed child alone / Lasciate in pace i bambini mancini!*, diventa un famoso slogan messo in circolazione da Georges M. Gould, di Filadelfia, ai primi del Novecento. Gould sostiene che ogni mancino congenito «if not absolutely diseased, is made morbid, less happy, handicapped, by the peculiarity a little, by the cruelty of changing it a vast deal» (Gould 1907, 3).

20 Il suo manuale di maggior successo (del 1839) è stato tradotto in italiano da C.L. Ferrero Ponsiglione e pubblicato nel 1849 con il titolo *L'arte di scrivere con la mano sinistra insegnata (in poche lezioni) alle persone che già sanno scrivere con la mano destra* (Asti, Raspi e Riba) ed è conservato, in unica copia, presso la biblioteca regionale universitaria di Catania.

alle applicazioni dei metodi pedagogici di August Fröbel[21], parla espressamente dell'educazione all'esercizio di entrambe le mani come preparazione alla scrittura; in uno, in particolare, viene riportato questo passaggio del discorso di Michele Ruggiero (in quel periodo Presidente del Consiglio di direzione degli asili privati municipali di Napoli):

> Dopo di che, ci si è destato nell'animo un concetto maggiore, pensando di rendere al corpo umano la pienezza delle sue forze ed agilità, con l'abituare i bambini a valersi indifferentemente dell'una e dell'altra mano. Il qual pensiero, a parer nostro opportunissimo e vero, venuto fuori da una delle più savie teste del mondo, che fu Beniamino Francklin, non aveva trovato, nel tempo di quasi cento anni, né propugnatori né esecutori (*Asili infantili* 1871, 39).

Se le posizioni più avanzate e innovative trovano sporadicamente voce in riviste di questo genere, sembrano invece del tutto sotterranee e, prive di qualsiasi conferma su canali ufficiali, nonostante facciano parte della memoria collettiva[22], le pratiche coercitive adottate sistematicamente da insegnanti ed educatori per forzare i bambini all'uso della mano destra (nell'ambito di quella che è stata poi definita la pedagogia nera[23], con bacchettate sulla mano cattiva, legature, e molte altre pressioni psicologiche e fisiche). Con l'Unità d'Italia e la scuola obbligatoria iniziano a essere redatti codici d'istruzione e programmi, ma indicazioni pedagogiche o di metodo rispetto all'uso della mano destra continuano a non comparire: a proposito dell'addestramento alla scrittura, si descrive la postura senza però specificare con quale mano sia opportuno impugnare la penna. Per sentir riparlare di tali metodi violenti e discriminatori, dovremo aspettare, nei decenni successivi, le denunce e le condanne esplicite dei promotori di movimenti di innovazione pedagogico-educative, sostenuti anche dal mondo della ricerca psicologica.

---

21 Pedagogista e filosofo tedesco, August Fröbel (1782–1852) è universalmente noto per aver teorizzato e realizzato i *Kindergarten* (Giardino d'infanzia, oggi Scuola dell'infanzia), basati sul principio di partecipazione comunitaria all'educazione espressiva e linguistica del bambino. I suoi principi, i metodi e i materiali proposti avranno grande influenza anche su esperienze educative successive, in Italia, prima fra tutte, su quella di Maria Montessori.

22 La memoria delle orrende pratiche di coercizione arriva fino a noi e in Caruso/Bucca (2017, 83) si trovano ancora riferimenti alle «ormai desuete pratiche di correzione del mancinismo».

23 Sulla storia e le fonti della cosiddetta pedagogia nera si rimanda a Rutschky/Perticari 2018.

Neppure Maria Montessori, certamente la massima autorità dell'avanguardia pedagogica della prima metà del Novecento, dedica osservazioni specifiche in merito alla scelta della mano per la scrittura[24] e pare piuttosto proseguire sul binario dell'educazione all'ambidestrismo che, anzi, vede come predisposizione naturale del bambino. Dai suoi scritti possiamo evincere, infatti, che la studiosa partisse dal presupposto che i bambini sono, fino a 3/4 anni (età ideale secondo lei per introdurli alla scrittura), naturalmente ambidestri e quindi, in quella fase, non vedeva nessuna forzatura nel proporre la presa a destra:

> Studiando in seguito il soggetto, mi accorsi che la bambina aveva un ambidestrismo funzionale: fatto molto diffuso tra i bambini di tre o quattro anni d'età – e che invero animerebbe a studiare più largamente il fenomeno, per giudicare sull'opportunità di una educazione simultanea delle due mani (Montessori 1950, 224).

Nell'opera montessoriana si trovano davvero pochi cenni espliciti alla mano destra, solitamente non riferiti all'impugnatura della matita e assolutamente non prescrittivi:

> Benché il senso tattile sia diffuso su tutta l'epidermide, gli esercizi ai quali vengono iniziati i bambini si limitano ai polpastrelli delle dita e, specialmente, a quelli della mano destra" (Montessori 1950, 125);
>
> Gli si insegna a toccare il contorno delle forme geometriche con la punta delle dita, indice e medio della mano destra, e della sinistra se si desidera l'ambidestrismo" (Montessori 1921, 57);
>
> Io faccio toccare con l'indice della mano destra i contorni così del pezzo come dell'orlo interno della piastrella che dovrà contenerlo (Montessori 1950, 146);
>
> Le fa quindi immediatamente toccare [le lettere smerigliate] dicendo: 'toccate' e senza altra spiegazione ella mostra al bambino come seguire il tracciato della lettera, e, se necessario, guida materialmente il dito indice della mano destra del bambino sulla carta smerigliata, nel senso della scrittura (Montessori 1950, 231).

Dagli anni Sessanta del Novecento iniziano ad affermarsi nuovi metodi educativi e la questione del mancinismo è soltanto accennata in alcuni ambienti

---

24 Le opere di Maria Montessori sono tutte consultabili su atlantemontessori.org.

più avanzati, come testimoniato da molti articoli e studi, mentre nella pratica scolastica sembrano dure da sconfiggere pratiche deleterie, come testimoniano interventi di questo tenore pubblicati sulla rivista montessoriana *Vita dell'Infanzia*:

> In taluni bambini la scrittura precede la lettura, in altri è il contrario: dipende anche dalla disponibilità manuale del bambino, dal suo interesse al disegno, da eventuali problemi di mancinismo contrariato. Diamo un esempio di comportamento errato da parte degli educatori: Fabio di tre anni vuole disegnare ma ha evidenti difficoltà di oscura origine. Poi un giorno lo sentiamo dire a un compagno: "Questa è la manina del diavolo e questa è di Gesù Bambino": quanto basta per angosciare un bambino anche più maturo di Fabio e bloccare i tentativi manuali ed espressivi (Honegger Fresco 1966, 16).

Anche le pervasive teorie del dott. Spock, croce e delizia dei genitori e degli educatori degli anni Sessanta, ribadiscono l'importanza di lasciare ai bambini completa libertà di scegliere la mano che preferiscono e, ancor più, di non contrariare anche chi non abbia ancora una lateralizzazione ben definita; a chi contrapponeva le argomentazioni dello svantaggio sociale dei mancini Spock rispondeva che molto più gravi sono i problemi dei bambini costretti a passare dall'uso della sinistra a quello della destra (cfr. Spock 1968). Queste posizioni continueranno a confrontarsi fino ad anni molto recenti anche negli ambienti più avanzati della pedagogia: su *Scuola & Città*, nel 1967, si notava ancora come il mancinismo venisse affrontato in modi diversi nelle scuole, dall'imposizione dell'uso della destra "tipico della scuola tradizionale" al permettere nel modo più assoluto l'uso della sinistra[25]. Continua poi a essere molto radicato il timore di svantaggiare i bambini nel solo uso della sinistra e troviamo interventi, oggi quanto meno discutibili, che inseriscono il mancinismo tra i disturbi del linguaggio scritto, o comunque, tra quelle condizioni che richiedono particolari attenzioni da parte degli insegnanti[26].

---

25 Si veda, ad esempio, Deva 1967, che riporta i risultati di un sondaggio svolto sugli insegnanti in cui emergeva che ancora il 65% riteneva di dover insegnare a scrivere con la destra a bambini mancini che avessero una qualche abilità anche con questa mano.

26 Come ritroviamo in un articolo di Minuto (1986) che insiste ancora sugli svantaggi sociali del mancinismo e quindi sulla maggiore possibilità di disagi e problemi che vanno oltre la sfera della scrittura.

Bibliografia

Alberi 1863 = *Le Relazioni degli ambasciatori veneti al Senato durante il secolo decimosesto raccolte ed illustrate da Euguenio Albèri. Appendice*. Firenze, a spese dell'editore.

ArchiDATA = *Archivio di (retro)datazioni lessicali*. URL: https://www.archidata.info/.

Asili infantili 1871 = Gli Asili infantili di Napoli ed i loro recenti progressi. In: *Progresso educativo* a. 3, n. 1 (giugno 1871, 38–40).

Bertand, Pierre-Michel (2003): *Storia dei mancini ovvero sulla gente fatta a rovescio*. Roma: Magi.

Bini, Telesforo (a cura di) (1854): *Volgarizzamento delle Collazioni dei SS. Padri del venerabile Giovanni Cassiano*. Lucca: Giusti.

Caffarelli, Enzo / Marcato, Carla (a cura di) (2008): *I cognomi d'Italia: dizionario storico ed etimologico*. Torino: Utet.

Caruso, Caterina / Bucca, Antonino (2017): Gli interventi scolastici correttivi nei mancini con DSA e difficoltà di apprendimento della L2. In: Cruciani, Marco / Tabacchi, Marco Elio (a cura di): *Nuovi sguardi sulle scienze cognitive*. Roma / Messina: Corisco, 83–92.

De Fazio, Debora (2012): *Cesare Lombroso e la lingua italiana: psichiatria, etnologia, antropologia criminale nell'Italia di fine Ottocento*. Galatina: Congedo.

DELI = Cortelazzo, Manlio / Zolli, Paolo (a cura di) (²1992): *Dizionario Etimologico della Lingua Italiana*. Bologna: Zanichelli.

Deva, Ferruccio (1967): Strumenti per l'apprendimento della lettura e della scrittura. In: *Scuola & città* 18, 511–518.

De Vaan, Micheil (2008): *Etymological Dictionary of Latin and the other Italic Languages*. Leiden / Boston: Brill.

DISC = Sabatini, Francesco / Coletti, Vittorio (a cura di) (1997): *Dizionario italiano Sabatini-Coletti*. Firenze: Giunti.

DIFIT = *Dizionario degli italianismi nel Francese, Inglese e Tedesco*. URL: https://difit.italianismi.org/ (01-10-2024).

DWDS: *Digitale Wörterbuch der deutschen Sprache*. URL: https://www.dwds.de/ (05-10.2024).

Erasmo da Rotterdam (2000) [1530]: *Sulle buone maniere dei bambini*, a cura di Franco Cambi. Roma: Armando.

EVLI = Nocentini, Alberto (con la collaborazione di Alessandro Parenti) (2010): *L'Etimologico. Vocabolario della lingua italiana*. Firenze: Le Monnier.

Faloppa, Federico (2004): *Parole contro. La rappresentazione del diverso nella lingua italiana e nei dialetti*. Milano: Garzanti.

Faloppa, Federico (2011): *Razzisti a parole (per tacer dei fatti)*. Roma / Bari: Laterza.
Faloppa, Federico (2022): *Sbiancare un etiope. La costruzione di un immaginario razzista*. Torino: Utet.
Honegger Fresco, Grazia (1966): L'iniziazione alla lettura nelle «Case dei Bambini». In: *Vita dell'Infanzia* 9 (11–12), 15–17.
GDLI = Salvatore Battaglia (fondato da) (1961–2009): *Grande Dizionario della Lingua Italiana*, fondato da Salvatore Battaglia, Torino: Utet.
Gould, George M. (1907): Why is a particular child right-handed or left-handed? In: *Long Island medical journal* nov. 1907, 1–6.
GRADIT = *Grande dizionario italiano dell'uso*, Torino: Utet, 1999–2007.
Lippi, Lorenzo (1731): *Il malmantile racquistato di Perlonio Zipoli colle note di Puccio Lamoni e d'altri*. Firenze: Nella Stamperia di Michele Nestenus e Francesco Moücke.
Lombroso, Cesare (1884): Sul mancinismo motorio e sensorio nel sano nel pazzo, sordo-muto, cieco nato e nel criminale. In: *Giornale della R. Accademia di Medicina di Torino* 47 (32), 433–461.
Lo Presti, Giacomo (1861): *Per l'onore e mia giustificazione a' miei confratelli di Sicilia*. Palermo: Ciliberti.
Lotti, Gianfranco ([2]1991): *Dizionario degli insulti*. Milano: Orsa maggiore.
Minuto, Isolina (1986): I disturbi del linguaggio scritto. In: *I&O* 1 (3), 111–115.
Montessori, Maria (1921): *Manuale di Pedagogia Scientifica*. Napoli: Alberto Morano Editore.
Montessori, Maria (1950): *La scoperta del bambino*. Milano: Garzanti.
OED = *Oxford English Dictionary*, 2022. Oxford: Oxford University Press. URL: https://www.oed.com/ (01-10-2024).
Ranzoli, Cesare (1905): *Dizionario di scienze filosofiche*. Milano: Hoepli.
Rossetti, Donato (1669): *Insegnamenti fisico-matematici del dott. Donato Rossetti Professore Filosofo nello Studio di Pisa dati ad Ottavio Finetti scolate del dott. Geminiano Montanari Professore Matematico dello Studio di Bologna sopra la Prostasi che quegli stampò per questi.* Livorno: Vincenzo Bonfigli.
Rutschky, Katharina / Perticari, Paolo (2018): *Pedagogia nera. Fonti storiche dell'educazione civile*. Milano: Mimesis.
Sabatini-Coletti = Sabatini, Francesco / Coletti, Vittorio (a cura di) (2006): *Il Sabatini-Coletti: Dizionario della lingua italiana*. Milano: Rizzoli-Larousse.
Spock, Benjamin (1968) [1945]: *Il bambino come si cura e come di alleva*. Milano: Longanesi.

TLFi = *Trésor de la langue française informatisé*. URL: https://www.atlif.fr/ressourcese/tlfi/ (05-10-2024).
TLIO = Opera del Vocabolario Italiano: *Tesoro della lingua italiana delle origini*, fondato da Pietro G. Beltrami. URL: http://tlio.ovi.cner.it/ (01-10-2024).

Autori e autrici di questo volume

Anke Auch, annata 1960, ha studiato letteratura e filosofia e ha conseguito il dottorato di ricerca sulle tragedie di Jean Racine presso l'Università di Osnabrück (pubblicato nel 1992 sotto il suo nome da nubile Anke Wortmann). Dal 2000 è docente e ricercatrice alla Martin-Luther-Universität di Halle-Wittenberg. Col passare del tempo l'attenzione della sua ricerca si è gradualmente spostata dalla letteratura francese a quella italiana fino ad abbracciare la cultura italiana in senso più ampio. I suoi interessi di ricerca – oltre la letteratura – sono la comunicazione di massa e la cultura visiva.

Nato a Düsseldorf nel 1960 e cresciuto a Neuss, Christoph Becker ha prestato servizio militare obbligatorio dopo il diploma di maturità e ha studiato giurisprudenza all'Università di Colonia. Dopo il primo esame giuridico di stato (1985), ha ricevuto una borsa di studio dal *land* Renania Settentrionale-Vestfalia per la stesura di una tesi sotto la supervisione di Heinz Hübner. Sono seguiti il servizio preparatorio giuridico col secondo esame di stato (1989) e la promozione a Doctor iuris utriusque (Università di Colonia 1990). Dal 1982 al 1999 Becker ha lavorato presso l'Istituto di storia moderna del diritto privato dell'Università di Colonia. Nel 1996 e 1997 ha ricevuto la supplenza della cattedra di storia del diritto presso l'Università Johann Wolfgang Goethe di Francoforte sul Meno e nel 1998 si è abilitato all'insegnamento presso l'Università di Colonia sotto la supervisione di Klaus Luig. Dal 1999 Becker è ordinario dell'Università di Augusta e titolare della cattedra di Diritto civile e procedurale, Diritto romano e Storia del diritto europeo.

Laura Clemenzi, PhD, è ricercatrice in Linguistica italiana all'Università degli Studi della Tuscia (Viterbo). Durante gli studi ha perfezionato la sua formazione all'estero negli ambiti dei linguaggi audiovisivi, della terminologia e della linguistica dei corpora, e negli anni ha svolto attività di ricerca nel contesto di progetti di rilevante interesse nazionale (PRIN). Alcuni suoi contributi vertono sulla didattica dell'italiano come L1 e come L2, sul lessico dell'immigrazione nei testi legislativi, anche in chiave contrastiva italiano-spagnolo, e sulla rappresentazione dell'immigrazione nel cinema. Le sue attuali linee di ricerca riguardano la scrittura forense e le grammatiche italiane del Settecento. Nel 2023 ha pubblicato la sua più recente monografia, *Il discorso politico* (Firenze, Cesati). Nel 2021 ha curato, con Riccardo Gualdo, il volume *Atti Chiari. Chiarezza e concisione nella scrittura forense* (Viterbo, Settecittà).

Barbara FANINI è ricercatrice di Linguistica italiana presso l'Università degli Studi di Firenze; collabora inoltre con l'Accademia della Crusca e il Museo Galileo. Si occupa principalmente di storia della lingua tecnico-scientifica tra Medioevo e prima età moderna, con particolare riguardo al lessico di Leonardo da Vinci, sul quale ha pubblicato vari studi. Nel 2018, per Franco Cesati Editore, ha curato un'edizione con analisi linguistica delle liste di vocaboli del Codice Trivulziano, fra i più antichi manoscritti dell'artista-ingegnere giunti sino a noi. Nel 2021, per lo stesso editore, è uscito *Leonardo scrittore*. Negli ultimi anni si è occupata anche della lingua e del lessico di Dante; dal 2015 collabora all'impresa del *Vocabolario Dantesco*, un progetto realizzato dall'Accademia della Crusca e dall'Opera del Vocabolario Italiano (Istituto del CNR). Attualmente è responsabile del progetto *LESEF – Lessico storico economico-finanziario italiano*, finanziato dall'Università di Firenze.

Fabio FORNER è professore associato di Letteratura italiana presso il Dipartimento di Culture e Civiltà dell'Università degli Studi di Verona. Si è laureato in Filologia medievale e umanistica presso l'Università cattolica di Milano e ha conseguito nel 2003 il dottorato di ricerca in Italianistica con una tesi sulle lettere di Enea Silvio Piccolomini scritte durante il cardinalato. Dal 1997 al 1999 è stato collaboratore scientifico presso la Technische Universität di Dresda nonché borsista presso la Hill Monastic Manuscript Library, St. John University (Collegeville, USA) e la Vatican Film Library della St. Louis University, St. Louis (USA). I suoi studi si rivolgono principalmente all'epistola come genere letterario e come mezzo di comunicazione e di storia della cultura europea. Tra le sue monografie più recenti si segnala almeno *Scrivere lettere nel XVIII secolo: precettistica, prassi e letteratura*, con una premessa di Amedeo Quondam. Forner è coordinatore per la parte italiana della laurea magistrale a doppio titolo *Europäische Kommunikationskulturen / Tradizione e interpretazione dei testi letterari* delle Università di Augusta e di Verona.

Riccardo Gualdo è professore ordinario di Linguistica italiana all'Università degli Studi della Tuscia. È socio delle Accademie della Crusca e dell'Arcadia e dell'Associazione per la Storia della lingua italiana (ASLI). È stato presidente dell'Associazione italiana per la terminologia e ha fatto parte del comitato scientifico della Rete di eccellenza per l'italiano istituzionale (REI). Coordina l'unità di ricerca dell'Università della Tuscia nel progetto "Atti sempre più chiari. Le parole dell'avvocato". Ha pubblicato monografie e saggi sull'influenza dell'inglese sull'italiano e sul linguaggio contemporaneo delle scienze, della politica, dell'economia, del diritto, del giornalismo e della pubblicità. Tra le sue ultime pubblicazioni: *L'italiano dell'economia* (Roma, 2023) e *Le parole del fascismo* (con Valeria Della Valle, Milano, 2023).

Ray Hein ha conseguito nel 2023 il titolo di laurea triennale in Storia dell'Arte e della Cultura con specializzazione in Etnologia Europea presso l'Università di Augusta. La tesi di laurea, intitolata "La transizione e il binder. Un'analisi delle esperienze delle persone trans in relazione alla teoria della fase liminale e alla funzione liminale di un capo di abbigliamento", ha costituito la base per il contributo in questo volume. Attualmente, Hein sta proseguendo il percorso di studi nel corso di laurea magistrale con lo stesso indirizzo disciplinare. Dal 2021 è borsista del Max Weber Programm e dal 2022 della Studienstiftung des deutschen Volkes.

Giulia Mantovani è dottoranda di ricerca nel corso di dottorato internazionale "Forme dello Scambio Culturale" (XXXVII ciclo) presso le Università di Augusta e Trento. Il suo progetto di dottorato riguarda l'analisi del lessico metalinguistico nel giornalismo spettatoriale italiano, inglese e tedesco, in prospettiva contrastiva e comparativa. I suoi interessi di ricerca si concentrano sulle tradizioni discorsive, il giornalismo europeo del XVIII secolo, la storia delle idee sulla lingua, la lessicologia. Giulia Mantovani è membro dei gruppi di ricerca *R-NHEP* e *InTraLing*, e dal 2019 al 2023 ha lavorato presso le cattedre di Romanistica e di Linguistica Applicata dell'Università di Augusta. Attualmente è borsista del Programma *Frauenförderung* (promozione delle donne nella scienza) dell'Università di Augusta, destinato alle giovani ricercatrici.

Franz Meier insegna linguistica francese e italiana all'Università di Augusta. Si occupa di studi di traduzione, contatto linguistico, sintassi storica, pragmatica interazionale, modalità e ideologie linguistiche. Nell'aprile 2016 ha conseguito il suo dottorato di ricerca con uno studio sulla rilevanza delle norme linguistiche e testuali nella consapevolezza linguistica dei giornalisti francofoni della provincia canadese del Québec. Nella sua tesi di abilitazione, che ha completato nell'ottobre 2023, studia la possibile influenza delle traduzioni italiane di testi scientifici francesi sullo sviluppo sintattico della lingua scientifica italiana alla fine del XVIII secolo.

Raphael MERIDA è ricercatore in Linguistica italiana presso l'Università degli Studi di Messina. È stato *wissenschaftlicher Mitarbeiter* in Linguistica italiana presso la cattedra di Romanistica dell'Università di Augusta e borsista presso l'Accademia della Crusca. Collabora al *Lessico Etimologico Italiano* (LEI) dell'Università del Saarland e ad ArchiDATA, l'archivio online di retrodatazioni lessicali dell'Accademia della Crusca. Con Fabio Rossi e Fabio Ruggiano è curatore del servizio di consulenza linguistica DICO (dico.unime.it). Le sue ricerche vertono soprattutto sulla lingua della prosa sacra del Seicento, sulla storia della lessicografia, sul rapporto fra retorica e sintassi (specialmente nei trattati di eloquenza del Cinque e Seicento) e sulle ideologie linguistiche nella stampa sette-ottocentesca.

Stefano MIANI, nato a Firenze nel 1986, ha conseguito la laurea magistrale in Filologia Moderna nel 2013. Dal 2016, a seguito del superamento di Concorso ordinario, è docente di ruolo in Discipline letterarie negli istituti di istruzione secondaria di II grado. Nel marzo 2024 si è addottorato presso UNIFI (XXXVI ciclo di Dottorato in Filologia, Letteratura italiana, Linguistica, curriculum Linguistica) con un progetto intitolato *Formazione del lessico italiano della psicanalisi*. Attualmente è assegnista di ricerca presso il Dipartimento di Lettere e Filosofia dell'Universitá degli Studi di Firenze. Ha pubblicato articoli scientifici, brani e articoli di argomento musicale e opere di narrativa.

Claudio NOBILI è professore associato di Linguistica italiana presso il Dipartimento di Scienze Umane, Filosofiche e della Formazione (DISUFF) dell'Università degli Studi di Salerno. Si occupa prevalentemente di didattica dell'italiano L1/LS, gestualità italiana in prospettiva linguistico-multimodale e nell'ottica di un'educazione linguistica integrale, italiano variazionale in prospettiva sincronica, pragmatica multimodale in prospettiva diacronica. Oltre che di diversi articoli apparsi su riviste e volumi collettanei, è autore delle monografie seguenti: *L'italiano e le sue varietà* (Firenze, Franco Cesati, 2018; con Sergio Lubello); *I gesti dell'italiano* (Roma, Carocci, 2019); *L'italiano senza parole: segni, gesti, silenzi* (Firenze, Franco Cesati, 2022). È membro della Giunta dell'ASLI (*Associazione per la Storia della Lingua italiana*), sezione scuola, per il triennio 2022–2025. È Vicepresidente del Consiglio scientifico didattico del Consorzio universitario ICoN (*Italian Culture on the Net*) per il quinquennio 2023–2027.

Paolo Orrù insegna linguistica italiana all'Università degli Studi di Cagliari. I suoi interessi di ricerca principali sono l'analisi del discorso, la linguistica dei corpora, la lingua della politica e l'insegnamento dell'italiano a stranieri. È autore di numerosi saggi sui temi della discriminazione linguistica dei migranti, tra cui la monografia *Il discorso sulle migrazioni nell'Italia contemporanea* (FrancoAngeli, 2017). Ha dedicato inoltre diversi contributi ad altre forme di discriminazione, in particolare alla violenza sulle donne e il femminicidio e alla discriminazione antimeridionale, anche in chiave storico-linguistica. È condirettore di ItalDeb, rivista open access del Dipartimento di italianistica dell'Università di Debrecen (Ungheria).

Mara Papaccio è ricercatrice in Linguistica italiana presso la cattedra di Linguistica Romanza (Prof. Dr. Daniela Pietrini) dell'Università di Augusta e docente di lingua italiana al conservatorio Felix Mendelssohn Bartholdy di Lipsia. Ha studiato presso l'Università degli studi di Parma e la Martin-Luther-Universität di Halle-Wittenberg. Per il suo progetto di dottorato esamina la presenza dell'italiano nei dialoghi di film angloamericani e tedeschi. Si occupa di linguistica variazionale, sociolinguistica e italiano contemporaneo nei media, in particolare nel cinema. Ha pubblicato alcuni articoli scientifici, l'ultimo dei quali, insieme a Daniela Pietrini, sui dialoghi tra parlanti nativi e non nel cinema tedesco e angloamericano degli anni Duemila (nel volume *L'italiano dello schermo. Rappresentazioni del reale nel parlato filmico contemporaneo*, curato da Elena Nuzzo, Elisabetta Santoro e Ineke Vedder per Cesati).

Frank Paulikat ha studiato linguistica e letteratura tedesca, francese e italiana presso le Università di Saarbrücken e Nancy e si è laureato nel 1994 presso l'Università di Saarbrücken. Nel 1996 ha ottenuto il dottorato di ricerca in Filologia romanza presso l'Università Friedrich Schiller di Jena con una tesi sull'uso dei nomi propri nella lingua della stampa francese. Tra il 1996 e il 1998 è stato assistente di ricerca per il progetto "Deonomasticon italicum" e dal 1998 al 2007 ha insegnato linguistica francese e italiana presso l'Università di Jena. Dal 2007 è consigliere accademico per la linguistica francese e italiana presso l'Università di Augusta. Ha pubblicato contributi sul linguaggio della stampa, sull'uso della lingua storica nei fumetti e sui linguaggi specialistici.

Daniela Pietrini è professoressa ordinaria di Linguistica romanza presso l'Università di Augusta. Dal 2018 al 2024 è stata professoressa ordinaria di Linguistica italiana e francese presso l'Università di Halle-Wittenberg. È membro di diversi comitati editoriali e socia dell'Associazione per la Storia della lingua italiana (ASLI). Presso l'Università di Augusta ha fondato e dirige il Comics Linguistics Lab dedicato all'analisi della lingua di fumetti e graphic novel. Si occupa di analisi del discorso, linguistica variazionale e testuale, formazione delle parole, pratiche discorsive nei media, italiano e francese contemporanei. Ha conseguito il dottorato presso l'Università di Heidelberg con una tesi sulla lingua dei fumetti Disney italiani (*Parola di papero. Storia e tecniche della lingua dei fumetti Disney*, Firenze: Cesati, 2009). La sua ultima monografia è *La lingua infetta. L'italiano della pandemia* (Roma: Istituto della Enciclopedia Italiana Treccani, 2021) e nel 2023 è uscito per Lang il volume da lei curato *Lingua e discriminazione. Studi diacronici, lessicali e discorsivi*.

Fabio Rossi è professore ordinario di Linguistica italiana all'Università di Messina. Ha conseguito il dottorato di ricerca in Linguistica italiana nel 1998, a Firenze. Si occupa di storia della lingua e delle ideologie linguistiche, linguaggi della musica, parlato dei *media*, analisi sintattica e pragmatica della lingua parlata, didattica dell'italiano anche come lingua straniera. Collabora con la Fondazione I Lincei per la scuola nella realizzazione di corsi di formazione per gli inseganti. Codirige per Cesati, con F. Ruggiano, la collana *Italiano di oggi*. Sempre con Ruggiano dirige DICO, il servizio di consulenza linguistica dell'Università di Messina. Tra i suoi ultimi libri: *Lingua italiana e cinema. Nuova edizione* (Carocci 2023) e, con E. Assenza e F. Ruggiano, *Manuale di linguistica italiana* (Pearson 2023). Insieme con A. Floris e M. Gargiulo ha curato, nel 2023, *Pagine schermate: sui rapporti tra letteratura e cinema nella produzione italiana del nuovo millennio*, numero monografico della rivista «Quaderni del CSCI». Ha pubblicato, con F. Ruggiano, tre grammatiche per le scuole per l'editore Treccani-Giunti TVP (2022, 2024).

Eva Rothenberger ha studiato letteratura francese, filosofia e tedesco come lingua straniera all'Università di Augusta. Nella sua tesi di dottorato, redatta nell'ambito di un programma dottorale binazionale tra l'Université de Lorraine Nancy (Francia) e l'Università di Augusta (Germania), si è concentrata sul filosofo ed erudito francese Pierre Bayle e sul suo *Dictionnaire historique et critique*. Da allora si è occupata di letteratura francese del XVII e XVIII secolo. Attualmente la sua attività di ricerca si concentra sui trattati di danza tra il Rinascimento e la fine del XIX secolo. Lavora come coordinatrice accademica presso l'Istituto di Storia Culturale Europea dell'Università di Augusta.

Irene Rumìne ha conseguito la laurea magistrale in Giurisprudenza e successivamente in Filologia moderna presso l'Università di Firenze. Si è addottorata in Filologia e Linguistica italiana e romanza all'Università di Genova, con una tesi su proverbi e locuzioni idiomatiche nell'edizione Quarantana dei *Promessi sposi* di Alessandro Manzoni, di cui sta attualmente curando la pubblicazione. I suoi interessi scientifici si rivolgono in particolare alla fraseologia, studiata in prospettiva diacronica, e alla lessicografia dell'italiano e dei suoi dialetti. Ha pubblicato articoli su Manzoni, Niccolò Tommaseo e Carlo Dossi, e ha lavorato alla redazione di voci del *TLIO* (Accademia della Crusca) e del *LEI* (Università di Saarbrücken). Attualmente è assegnista di ricerca all'Università di Firenze, dove lavora al progetto *ALON* (*Archivio della Lessicografia dell'Otto-Novecento* – PRIN20222FC7A8) e collabora all'inventariazione del "Fondo Sergio Raffaelli (1934–2010)" e all'allestimento dell'*Archivio digitale* dell'Accademia della Crusca. È cultrice della materia di Linguistica italiana presso l'Università di Firenze e tutor didattico all'Università per Stranieri di Siena.

Raffaella Setti è storica della lingua italiana e professoressa associata di Linguistica italiana all'Università di Firenze. Ha pubblicato numerosi articoli e volumi sui vari argomenti di suo interesse che spaziano dall'italiano dei media alla terminologia secentesca di arti e mestieri con approfondimenti su linguisti e accademici come Benedetto Varchi e Galileo Galilei, fino all'educazione linguistica e la competenza lessicale. Dal 1996 collabora con l'Accademia della Crusca dove fa parte della redazione del Servizio di consulenza linguistica, è coordinatrice editoriale della rivista «La Crusca per voi», di cui ha curato la pubblicazione periodica delle raccolte di risposte linguistiche. Ha partecipato a numerosi progetti di ricerca e attualmente fa parte della sezione fiorentina del Prin 2022 *Questioni d'onore. Immaginario, rappresentazioni e realtà del duello nella cultura italiana dal Risorgimento al Fascismo* (PI prof.ssa Irene Gambacorti).

Claudia Tarallo è ricercatrice in Linguistica italiana all'Università di Napoli L'Orientale. Studia la lingua della politica e la lingua della letteratura per l'infanzia. Conduce ricerche sulla didattica dell'italiano e tiene corsi di formazione per insegnanti. La sua ultima pubblicazione è *La lingua di Luigi Sturzo. Dalla militanza siciliana alla politica nazionale* (Franco Cesati, 2023).

Cecilia Valenti ha conseguito il dottorato di ricerca presso l'Università per Stranieri di Siena nel 2023, sotto la supervisione del Prof. Massimo Palermo, con un progetto sul tema delle scritture digitali e sull'interazione testo-immagine nella comunicazione politica 2.0. Attualmente è assegnista di ricerca presso l'Università per Stranieri di Siena per il progetto PRIN 2022 *LiSDiGio. Lingua e storia della discriminazione nei giornali italiani contemporanei*. Tra i suoi interessi di ricerca vi sono la linguistica testuale e pragmatica dell'italiano, la multimodalità e la linguistica dei corpora.

Indirizzi

Dr. Anke Auch
Institut für Romanistik
Martin-Luther-Universität Halle-Wittenberg
Ludwig-Wucherer-Str. 2
D-06108 Halle
anke.auch@romanistik.uni-halle.de

Prof. Dr. iur. utr. Christoph Becker
Lehrstuhl für Bürgerliches Recht und Zivilverfahrensrecht, Römisches Recht und Europäische Rechtsgeschichte
Universität Augsburg
Juristische Fakultät
Universitätsstraße 24
D-86159 Augsburg
christoph.becker@jura.uni-augsburg.de

Dr. Laura Clemenzi
Università degli Studi della Tuscia
Dipartimento di studi linguistico-letterari, storico-filosofici e giuridici
Via San Carlo 32
I-01100 Viterbo
laura.clemenzi@unitus.it

Dr. Barbara Fanini
Università degli Studi di Firenze
Dipartimento di Lettere e Filosofia (DILEF)
Via della Pergola 60
I-50121 Firenze
barbara.fanini@unifi.it

Prof. Fabio Forner
Università degli studi di Verona
Dipartimento di Culture e Civiltà
Viale dell'Università 4
I-37129 Verona
fabio.forner@univr.it

Prof. Riccardo Gualdo
Università degli Studi della Tuscia
Dipartimento di studi linguistico-letterari, storico-filosofici e giuridici
Via San Carlo 32
I-01100 Viterbo
gualdo@unitus.it

Ray Hein
Postgraduate student at the chair of Europäische Ethnologie/Volkskunde
Universität Augsburg
Philologisch-Historische Fakultät
Universitätsstraße 10
D-86159 Augsburg
rebecca.hein@uni-a.de

Giulia Mantovani
Universität Augsburg
Romanische Sprachwissenschaft
Universitätsstraße 10
D-86159 Augsburg
giulia.mantovani@philhist.uni-augsburg.de

PD Dr. habil. Franz Meier
Universität Augsburg
Romanische Sprachwissenschaft
Universitätsstraße 10
D-86159 Augsburg
franz.meier@philhist.uni-augsburg.de

Dr. Raphael Merida
Università degli Studi di Messina
Dipartimento di Civiltà antiche e moderne
Viale Giovanni Palatucci 13
I-98168 Messina
raphael.merida@unime.it

Dr. Stefano Miani
Università degli Studi di Firenze
DILEF
Via della Pergola 60
I-50121 Firenze
stefano.miani@unifi.it

Prof. Claudio Nobili
Università degli Studi di Salerno
Dipartimento di Scienze Umane, Filosofiche e della Formazione (DISUFF)
Via Giovanni Paolo II 132
I-84084 Fisciano (SA)
cnobili@unisa.it

Prof. Paolo Orrù
Dipartimento di Lettere, Lingue, Beni Culturali
Università degli Studi di Cagliari
Facoltà di Studi Umanistici
Via San Giorgio 12
I-09124 Cagliari
paolo.orru@unica.it

Mara Papaccio
Universität Augsburg
Romanische Sprachwissenschaft
Universitätsstraße 10
D-86159 Augsburg
mara.papaccio@uni-a.de

Dr. Frank Paulikat
Universität Augsburg
Romanische Sprachwissenschaft
Universitätsstraße 10
D-86159 Augsburg
frank.paulikat@philhist.uni-augsburg.de

Prof. Dr. Daniela Pietrini
Universität Augsburg
Romanische Sprachwissenschaft
Universitätsstraße 10
D-86159 Augsburg
daniela.pietrini@uni-a.de

Prof. Fabio Rossi
Professore ordinario di Linguistica italiana
Dipartimento di Civiltà antiche e moderne
Università di Messina
Viale G. Palatucci 13
I-98168 Messina
frossi@unime.it

Dr. Eva Rothenberger
Universität Augsburg
Institut für Europäische Kulturgeschichte
Eichleitnerstraße 30
D-86159 Augsburg
eva.rothenberger@iek.uni-augsburg.de

Dr. Irene Rumine
Università degli Studi di Firenze
Dipartimento di Lettere e Filosofia (DILEF)
Via della Pergola 60
I-50121 Firenze
irene.rumine@unifi.it

Prof. Raffaella Setti
Università degli Studi di Firenze
DILEF
Via della Pergola 60
I-50121 Firenze
raffaella.setti@unifi.it

Dr. Claudia Tarallo
Università di Napoli L'Orientale
Dipartimento di Studi Letterari, Linguistici e Comparati
Via Duomo 219
I-80138 Napoli
ctarallo@unior.it

Dr. Cecilia Valenti
Dipartimento di Studi Umanistici
Università per Stranieri di Siena
Piazza Carlo Rosselli 27/28
I-53100 Siena
cecilia.valenti@unistrasi.it